석유의 종말은 없다

옮긴이 김나연

서강대학교에서 영어영문학과 석사학위를 취득하였다. 현재 출판 번역 에이전시 베네트랜스에서 전문 번역가로 활동하고 있다.

옮긴 책으로는 『니콜라스 다바스 박스이론』『부의 해부학』『여자에게는 야망이 필요하다』『최강의 일머리』 등이 있다.

Crude Volatility

석유의 종말은 없다

세계 부와 권력의 지형을 뒤바꾼 석유 160년 역사와 미래

Robert
McNally

로버트 맥널리 지음
김나연 옮김

P page2

| 일러두기 |

1. 이 책에서 인용된 책 제목 가운데 국내에 소개된 책은 국역본 그대로 쓰였고, 소개되지 않은 책은 번역문과 함께 원전의 제목을 넣었습니다.
2. 인명과 지명, 석유 업계 용어는 되도록 현행 외래어 표기법을 따랐습니다. 그러나 내용을 좀 더 이해하기 쉽게 관용적 표현을 쓴 것도 있습니다.
3. 이 책에는 옮긴이와 편집자 주가 혼용되어 있습니다.

"석유 문제는 항상 너무 많거나 혹은 너무 적다는 것이다."

– 마이런 왓킨스Myron Watkins,
『석유: 안정을 쫓아야 하는가 보존해야 하는가?』 1937년

"나는 정부가 사업을 너무 많이 벌이는 것에 반대한다.
그러나 상황이 바뀌었다.
어떤 사업에는 정부의 손길이 필요하기도 하다.
우리가 부적절하다고 믿었던 것을
이제 그만 잊어야 할 시기다."

– 로스 스털링Ross Sterling, 텍사스 주지사, 1931년 7월 22일

"석유 가격은 배럴당 1달러가 되어야 합니다.
이제 더 이상 빌어먹을 질문은 좀 그만하시오."

– '알팔파 빌' 머레이W. H. "Alfalfa Bill" Murray, 오클라호마 주지사 W. H.
1931년 8월 5일 계엄령을 선포하고 유정 폐쇄를 명령한 후

"우리는 유가에 대해 신경 쓰지 않습니다.
유가가 30달러든 70달러든, 우리에겐 다 똑같습니다."

– 모하메드 빈 살만Mohammed bin Salman, 사우디아라비아 부총재이자 왕세자,
2016년 4월 21일

사랑하는 나의 데니스에게

냉정하게 분석한
원유와 에너지의 미래

글로벌 경제를 담당하는 기자에게 아주 버거운 물질이다. 수많은 스토리도 담고 있어 난감한 주제이기 때문이다. 원유 가격에는 단순히 생산과 수요뿐 아니라 석유수출국기구OPEC 등 원유 생산국의 지정학적 야망 등도 작용한다.

여기에다 한국은 세계 원유의 5위 소비국이다. 두 차례 오일쇼크를 겪었다. 국내 원유 전문가마저도 영원한 수입국 처지인 한국의 운명에 의해 영향을 많이 받는다. 냉정함보다 '우리는 어떻게 되는 거지?' 하는 우려에 젖은 분석을 내놓기에 십상이다.

그 바람에 정확한 분석과 멀어지곤 한다. 우리의 처지나 운명보다 냉정한 분석이 그리울 때가 있다. 내게는 2018년이 그런 때였다. 그해 OPEC의 리더인 사우디아라비아와 비非OPEC의 대표인 러시아가 구성한 OPEC+가 눈에 띄는 움직임을 보이기 시작했다.

투자은행 등에서 원유 가격 전망이나 하는 전문가가 아니라 진짜를 찾아야 했다.

그때 기자는 역사적 내러티브narrative based upon history가 가능한 전문가가 필요했다. 《월스트리트저널WSJ》《파이낸셜타임스FT》《블룸버그 통신》등을 뒤지고 뒤졌다. 뒤지는 일은 늘 자신 있었다. 아니나 다를까. 한 인물이 눈에 띄었다.

로버트 맥널리!

미국 워싱턴의 래피던에너지그룹 대표라고 검색됐다. 그가 블룸버그 등과 인터뷰에서 "사우디가 1990년대 '스윙프로듀서swing producer'로 구실하다 실패한 경험이 있다"며 "이런 사우디가 러시아와 신성동맹을 맺고……."라고 말했다.

스윙프로듀서는 가격의 급변동을 막기 위해 생산량을 적절하게 늘리거나 줄일 수 있는 능력과 영향력을 갖춘 플레이어다. 신성동맹은 영미권 학자들이 의미심장한 담합 등을 묘사할 때 즐겨 쓰는 표현이다. 이런 단어 자체가 기자의 눈에 상당히 섹시했다.

로버트 맥널리가 누구일까…… 궁금증이 급상승했다. 조지 W. 부시 행정부 시절 백악관에서 에너지 정책을 담당했다는데, 도널드 트럼프처럼 미국 우선주의자 아닐까 등 온갖 생각이 머릿속을 뛰어다녔다.

검색 가속페달을 더 밟았다. 순간 맥널리가 쓴 책이 눈에 들어왔다. 『Crude Volatility: The History and the Future of Boom-Bust Oil Prices』였다. 내 눈엔 부제가 더 매혹적이었다. 아마존에서 책을 샀다. 동시에 맥널리에게 이메일을 띄웠다. 인터뷰 요청이었다. 기자에게 가장 좋은 취재원은 응답이 빠른 사람이다. 맥널리는 아주 빨랐다. 하루 만에 응답을 받았다. 그와의 전화 인터뷰는 그의 책이 한국에 있는 내 손에 들어오기도 전에 이뤄졌다.

첫 인터뷰는 한 시간 정도 이어졌다. 얼굴도 알지 못하는 한국 기자를 상대로 열정적으로 설명했다. 미국 원유 개발과 OPEC의 역사, 역사상 최초로 수출만을 위해 개발된 베네수엘라 원유, OPEC을 탄생시킨 베네수엘라 외교관 후안 파블로 페레즈 알폰소(1903~1979년) 등의 스토리는 경제사를 좀 안다고 자부하던 나도 몰랐던 이야기였다.

무엇보다 맥널리는 원유를 둘러싼 어리석은 예측을 되새기게 했다. 그는 "1973년 1차 오일쇼크 직후 가장 음산한 최후의 날 시나리오가 나돌았다"며 "바로 '30년 뒤면 원유가 고갈된다'는 예측"이라고 말했다. 이런 예측이 나돈 뒤 약 50년이 흘렀다. 하지만 원유의 샘이 마른다는 이야기는 종적을 감췄다.

2022년이 저물고 있는 요즘에도 비슷한 예측이 나돌고 있다. 전기차와 신재생 에너지 등으로 원유 시대가 끝났다는 예측이다. 과연 그럴까? 맥널리의 대답은 『Crude Volatility』의 한국어판 제목인 『석유의 종말은 없다』에 나타나 있다.

『석유의 종말은 없다』는 기자가 「삼프로TV」 '글로벌 머니 토크'를 공동 진행하는 인연으로 페이지2 출판사에 번역·출판을 추천했다. 추천한 사람의 자기 부담인 듯, 많은 사람이 이 책을 읽어주었으면 하는 바람이 너무나 크다.

　그럴만한 책이다. 『석유의 종말은 없다』는 상품이나 주식 투자자가 에너지 미래를 판단할 때 아주 좋은 틀을 제공한다. 또 원유 5대 수입국인데도, B급 음모론 등으로 가득한 책이 대부분인 국내 현실에 의미 있는 자극이 될 전망이다. 이 책을 바탕으로 국내 저자들이 좀 더 냉정하면서도 체계적일 뿐만 아니라 재미있는 원유 스토리를 펼쳤으면 한다.

강남규
중앙일보 국제경제 선임기자

다가올 유가의 호황기와 불황기, 위기를 예측하라!

『석유의 종말은 없다Crude Volatility』의 한국어판 서문을 쓰게 되어 기쁘다. 21세기 초부터 비정상적인 흐름을 보이는 유가의 변동성을 알아보고 그 이유를 설명하기 위해 글을 쓰기 시작했다. 2017년 초 이 책이 출판된 이후로도 세계의 유가는 계속해서 큰 폭으로 요동치고 있다. 유가는 2020년 봄, 배럴당 16달러까지 떨어졌다가, 2022년 중반 배럴당 139달러까지 치솟았다.

물론 이런 움직임에는 코로나19와 러시아의 우크라이나 침공 등, 2017년 이후 발생한 경제적, 지정학적 충격도 원인이 되었다. 경제 침체와 지정학적 혼란은 유가를 불안정하게 만드는 요인이기 때문이다. 그러나 우리는 지난 20년간 경제적, 지정학적 참사가 없는 상황에서도 유가가 크게 흔들렸다는 사실을 놓쳐서는 안 된다.

이 책에서 설명하듯, 석유 시장은 선천적으로 변화가 큰 유가 변동성을 가질 수밖에 없다. 1932년부터 약 20년 전까지만 해도 유가는 비교적 안정적이었다. 그러나 유가 안정의 주된 이유는 효과적이고 지속적인 통제가 존재했기 때문이다. 공급을 관리하고 통제하여 수급 불균형, 전쟁 또는 경기 침체에 대응하고, 산유량을 증가시키거나 감소시키며 기꺼이 유가를 안정적으로 유지했기 때문이다. 그러나 지난 20년 동안 우리는 석유 시장을 효과적으로 통제하는 관리자를 잃었다.

석유의 선천적인 변동성은 지구상의 거의 모든 이들에게 무서운 롤러코스터와 같다. 누구든 탑승하면 멀미를 겪을 수밖에 없는 무시무시한 놀이기구. 극심한 유가 변동성은 소비자, 기업, 정부에 갑작스럽게 거대한 비용을 부과하여 경제적 부담을 안긴다. 유가 변동성은 불확실성을 높이고, 산업에 계획과 투자를 망설이게 만든다.

유가의 호황은 특히 한국과 같은 대형 석유 소비국이자 수입국을 강타한다. 세계 최고의 석유 소비국 중 하나인 한국은 하루 280만 배럴(전 세계 수요의 약 3%)가량의 석유를 소비하며 선진 산업화된 경제에 동력을 공급하고 생활 수준을 높은 수준으로 유지한다. 한국은 소비하는 거의 모든 석유와 가스를 수입에 의존하기 때문에, 에너지 가격의 급격한 변화는 경제와 정책, 특히 무역 수지와 인플레이션 조정에 큰 영향을 미친다.

석유를 다른 에너지원으로 빠르게 전환하여 유가의 롤러코스터에서 뛰어내릴 수 있다고 가정한다면 큰 패착일 것이다. 전 세계적으로 탄소 배출량을 줄이려고 노력하고 있고, 한국은 선두 주자로 다른 나라와 함께 비화석 연료로 전환을 꿈꾸며 여러모로 투자를 아끼지 않고 있다. 그러나 에너지 전환은 본질적으로 수십 년에 걸쳐 풀어내야 할 장기적인 문제다. 화석 에너지는 현재 전 세계 에너지 사용의 약 83%를 차지하고 있으며 농업, 산업, 국방에 중요한 교통수단은 석유가 지배하고 있다. 이런 이유로 석유는 앞으로 한국을 포함한 모든 선진국에 문명의 생명선으로 남을 것이다.

우리는 석유에 대한 경제적 의존이나 유가의 변동성에서 쉽게 벗어날 수 없을 것이다. 롤러코스터는 앞으로도 계속 이어질 전망이다. 그러므로 이 책이 앞으로 다가올 유가의 호황기와 불황기를 예측하고 위기를 타개하는 데 도움이 되기를 바란다. 그럼 안전벨트를 꼭 매시라!

2022년 11월
로버트 맥널리

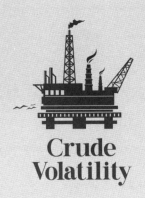

Crude
Volatility

• 차례 •

1부

혼돈에서 질서를 찾기까지
(1859~1972년)

2부

석유수출국기구(OPEC)가
지배하는 석유시장
(1973~2008년)

유가의 호황과
불황을 예측하는 방법!

이 책은 내가 공무원이자 컨설턴트로서 세계 석유 시장과 에너지 정책 등 관련하여 열정적으로 오랫동안 지켜보며 얻은 영감을 바탕으로 집필하게 됐다. 석유라는 분야를 접한 것은 순전히 우연에서 비롯되었다. 서아프리카의 세네갈Senegal에서 평화봉사단으로 자원봉사를 한 후, 나는 국제경제학과 미국 외교정책학 석사과정을 밟기 위해 학교로 돌아갔다. 나의 계획은 졸업 후 역사 선생님이 되는 것이었다. 대학원 학비를 벌기 위해 아르바이트가 필요했고, 운 좋게 석유 컨설팅 회사에서 연구 인턴으로 일을 할 수 있었다.

석유시장의 격동기로 에너지 정책 결정이 활발하던 시기에 우연히 에너지 사업을 경험했다. 1990년에서 1991년, 걸프전이 끝난 조지 H. W. 부시George H. W. Bush 행정부는 휘발유에 대한 새로운 산소화 연료 규제를 시행하기 시작했다. 대니얼 예긴Daniel Yergin이 쓴 홀륭한 석유 역사학 저서, 『황금의 샘 1~2』가 세상에 갓 나오던 시기였고, 많은 사람처럼 나 역시 그 책을 온전히 읽고 받아들였다. 석유시장 데이터를 엑셀 스프레드시트에 입력하고 석유수출국기구OPEC, Organization of Petroleum Exporting Countries와 에너지 규제를 분석하면서 나는 현대 석유시장과 역사에 관하여 나만의 개인적인 관심사였던 경제와 정책, 지정학을 바탕으로 흥미로운 이야기를 풀어낼 수 있다는 것을 깨달았다. 그렇게 나의 진로가 바뀌었다. 졸업 후 나는 회사에 입사하여 에너지를 향한 보람찬 여정을 시작했다. (그럼에도 나는 분명 언젠가 역사 선생님이 되고 싶다고 꿈꾸고 있다.)

이 책을 위해 지난 10년을 준비하는 과정에서 나는 내 동료나 클라이언트들과 공유한 분석 내용을 상세히 다루고자 했다. 핵심 논지는 2014년 이후 유가 폭락 전, 2000년대 중반 석유 호황을 맞이하고, 2008년 최고치 경신 등 최근의 급격한 유가 변동이 석유시장에 끼친 영향을 보다 광범위하게 경제 및 정책 요인의 역사적 맥락에서 이해해야 한다는 것. 공급을 통제하는 가장 큰 이유는 안정적인 유가 달성에 중요한 역할을 하고 있다는 것이다. 그래서 이 부분에 초점을 맞춰 석유의 역사를 새롭게 읽어야 한다는 뜻이기도 하다. 2000년대 초·중반 아시아 수요의 붐과 최근 미국 셰일오일 생산의 갑작스러운 도래 속에서, 오늘날 석유시장의 가장 중요한 특징은 바로 유가를 안정시키기 위해 공급을 조정할 수 있는 생산자가 부재한다는 것이다.

이 책에서 자세히 서술하듯, 1930년대 초반부터 누군가는 지난

10년 동안 유가의 변동을 최소화하기 위해 공급을 통제했다. 상품의 대량 생산을 통제하거나 소유하고 있는 공급자를 뜻하는 스윙 프로듀서*가 더 이상 존재하지 않는다는 것은 우리에게 예전의 기억을 잊고, 석유시장은 관리하기 까다로운 가격 변동성의 상태로 되돌아간다는 것을 의미한다. 나는 이러한 의견을 여러 학술 행사와 의회에 피력하였고, 2011년과 2014년에는 공동 저자인 마이클 레비Michael Levi와 함께 외무부에서 주요 주제 몇 가지를 발표했으며, 2015년 12월에는 펠로우 과정을 밟았던 컬럼비아대학교Columbia University 글로벌 에너지 정책 센터에서 이 주장을 종합한 논문을 발표하였다.

더 나아가 나는 석유의 역사가 어떻게 최근의 흐름을 타게 되었는지를 조금 더 명확히 알아보고 미래를 탐구하기 위해 이 책을 쓰기로 결심했다. 에너지 전문가뿐만 아니라 일반 독자들에게도 나의 연구 결과를 발표하고 싶었던 까닭이다.

이 주제를 다룬다는 것은 사실상 엄청난 도전이었다. 그중에서도 양질의 역사 자료와 정보를 확보하는 것이 가장 까다로웠다. 특

---

* 스윙프로듀서 석유 공급 변화에 따라 석유 생산을 증가 혹은 감소시켜 시장을 안정시킬 수 있는 산유국을 말한다. 1960년 출범한 석유수출국기구OPEC의 최대 산유국인 사우디아라비아가 스윙프로듀서를 담당했다. OPEC은 1973년 자체 감산 및 금수조치를 단행하면서 1차 오일쇼크를 촉발하며 스윙프로듀서의 역할을 강화했다. 하지만 저유가가 장기화되면서 그들의 위상이 악화되고 있다. 또한 미국은 셰일오일shale oil의 수요·공급을 조절하면서 세계 원유 시장에서 차지하는 영향력을 넓히고 있다.

히 '배럴당 가격'의 경우 좋은 데이터를 찾는다는 것은 끝없는 고난의 연속이었다. 이 책에서 가장 중요한 가격과 예비 생산 용량에 대한 과거 기록은 특히 부족하고 빈약했다. 그런 면에서 유능한 연구 조교 페르난도 퍼레이라Fernando Ferreira를 만나 역사적인 데이터를 발굴하고 지금까지 존재하지 않았던 두 개의 새로운 데이터를 이 책에서 공개할 수 있다는 점이 기쁘고 자랑스럽다.

첫 번째 데이터는 1859년까지 거슬러 올라가 현재에 이르는 미국 원유의 시장 기반 가격이다. 이 데이터의 순차에는 현장 견적, 장내 거래 파이프라인 인증서(원유 가격 대체), '스탠더드오일'이 구매 기관에 지불한 가격, 미국 석유 협회와 에너지 정보국의 데이터를 기반으로 파헤친 가격 등이 포함되어 있다.

여기서 중요한 문제는 데이터의 빈도이다. 지급어음은 연간 기준으로 1859년부터 시작된 원유 가격의 역사를 알아내는 데 도움이 되었다. 그러나 연간 평균은 호황과 불황에 따라 달라지기 때문에 가격 동향을 알아내기 충분치 않았다. 매일, 매주, 매월 가격 변동이 잦았다. 별도의 언급이 없는 한, 새로운 과거 월별 가격을 비롯하여 이 책에 인용된 모든 가격은 실질 조건 또는 인플레이션 조정 가격이 아닌 명목 가격이다. 실제 가격을 사용한다고 해서 변동성 관점에서 이야기가 달라지지 않겠지만, 나는 원유의 지배적 역사와 가격 변동을 더 확실히 연결하기 위해 명목 가격을 채택하였다. 월간 원유 가격 흐름은 〈그래프 1-1〉에서 제시한다.

이 책을 위해 개발한 두 번째 고유 데이터는 1940년부터 시작된 미국의 예비 생산능력과 1955년 이후 미국과 전 세계의 예비 생산능력에 관한 지속적인 데이터다(즉, 1970년대 초까지의 세계 7대 석유회사와 이후 OPEC까지 포함한다). 이를 위해 다양한 정부 및 산업 보고서와 출판물에서 정보를 얻어 인용하였고, 현재 미국 에너지 정보국EIA, US Energy Information Administration이 발표한 OPEC 예비 생산능력은 2003년으로 거슬러 올라간다.

나의 목표는 유가를 형성한 경제 및 정치 세력에 대한 이해를 높여 현재와 미래를 더욱 잘 이해해보고자 하는 것이다. 내 연구의 성공 여부는 독자들의 판단에 맡기고 싶다.

다른 말이 없는 한, 이 책에 등장하는 원유 가격은 명목상 가격이며 현재 월별 미국 현물가격을 나타낸다. 참고로 저자는 1859년부터 현재까지의 월간 미국 원유 가격을 시간순으로 수록하였다.

- 1859년부터 1874년까지의 가격은 대략적인 추정치고 현장 시세에 기초한다.
- 1875년부터 1894년까지의 가격은 도시 석유 거래소에서 거래되는 파이프라인 인증서에 기초한다.
- 1895년부터 1899년까지의 가격은 거래소에서 지불한 가격이다.
- 1900년부터 1912년까지의 가격은 저자가 수집하고 집계한 현장의 시세를 기반으로 한다.
- 1913년부터 1982년까지의 원유 가격은 미국석유협회API, American Petroleum Institute 원유로 미 대륙 36도 선을 지나는 중부지방의 가격이다.
- 마지막으로 1983년부터 가격은 미국 서부 텍사스산 원유WTI, West Texas Intermediate의 현물가격이다.

텍사스 패러독스

'텍사스'라고 하면 떠오르는 수많은 유명인 중에서도 주정부를 제한하고 석유를 생산하는 사람들이 있다. 약 80년 전, 텍사스의 공무원들과 석유 굴착업자들이 이전에는 떠올릴 수조차 없을 만큼 강력한 정부 부과 할당제를 고안해 부과했다는 사실이 더더욱 놀랍다. 게다가 상당히 독립적이었던 주정부 관리들과 석유 생산자들은 텍사스뿐만 아니라 다른 산유국에도 할당량을 부과하고 단속하는데 열을 올렸고, 정부 차원의 개입을 서슴지 않았던 프랭클린 델라노 루스벨트Franklin Delano Roosevelt 행정부를 환영했다. 석유수출국기구(이하, OPEC)는 미국의 석유사들이 시행하는 석유 쿼터제 범위와 규정의 엄격함 등 연방 당국의 지원에 상당한 부러움을 느꼈을 것이다. 실제로 OPEC의 설립자였던 베네수엘라인 후안 파블로 페레스 알폰소Juan Pablo Perez Alfonzo 박사는 미국의 할당량을 부러워하며 이를 모방하려 했다. 미국은 40년간 세계 최초이자 가장 강력한 석유 수출국 기구였다.

흔히 론스타주Lone Star State라고 불리는 텍사스주는 다른 주의 자유 애호가와 석유에 대한 정부의 강력한 중앙집권적 계획을 묵인했을까? 간단히 말해, 오랫동안 되풀이됐던 유가의 호황과 불황을 극복하고 안정시키기 위함이었다. 텍사스주의 역설은 단지 역사적 흥미로움 그 이상이다. 텍사스 패러독스는 석유와 에너지뿐만 아니라 경제 성장과 안보 그리고 환경에도 광범위한 영향을 끼치고 있다. 현재 세계 석유시장에서 진행 중인 구조적 변화와 직접적으로 관련되어 있다.

지난 10년간 폭등한 유가로 인하여 '유가 안정'을 재검토할 필요가 생겼다. 20년간 대부분 30달러 이하를 호가하던 시기는 지났고 2004년 원유 가격이 상승하기 시작했고, 2007년 말에는 99달러에 도달했다. 2008년 여름이 다가오자 100달러 이상으로 치솟은 유가는 2008년 7월 145.31달러로 정점을 찍었고, 6개월도 안 되어 갑자기 33달러로 떨어졌다. 2011년에는 100달러까지 올랐다가 이후 3년 반 동안 평균 95달러 선을 유지했다. 그러다가 2014년 6월부터 2016년 2월까지 가격은 107달러에서 26달러로 다시 한번 폭락했다.[1]

수십 년간 상대적으로 안정된 가격을 유지하던 유가가 10년 사이 두 번의 눈부신 호황과 불황을 겪었다. 대체 무슨 일이 일어났던 것일까? 그리고 그 일에 관심을 가지는 것이 옳을까?

이 책은 유가 안정이라는 프리즘을 통해 현대 석유시장의 역사를 되짚어봄으로써 앞에서 말한 질문에 관한 답을 찾을 것이다. 석유시장에 대한 동시대적 논의 대부분은 1973년의 에너지 위기와 그 후의 OPEC 카르텔의 부상으로부터 시작됐다. 그 이전의 114년의 석유 역사는 무시되거나 조명받지 못했다. 결코 일어나서는 안 될 일이다.

1859년 E. L. 드레이크E. L. Drake가 펜실베이니아주 타이터스빌Titusville 인근에 세운 첫 유정을 시작으로 앞으로의 유가를 이해하려면 석유시장 역사를 좀 더 탐구하고 냉정하게 살펴볼 필요가 있었다. (참고로 1858년, 제임스 밀러 윌리엄스James Miller Williams가 온타리오주 에니스킬렌Enniskillen에서 최초로 상업 유정을 발굴했을 때, 드레이크의 유정은 석유산업에 혁명을 일으킨 시추 산업에 불을 붙이고 있었다.) 산업의 탄생과 함께 유가에 대한 이야기를 시작함으로써, 우리는 왜 유가가 자연적으로 변동하는지, 그리고 왜 그 변동성이 석유산업뿐만 아니라 더 넓은 경제에 엄청난 문제를 야기하였고, 석유 노동자들과 관리자들이 유가를 안정시키기 위해 많은 노력을 기울였는지 더 잘 이해할 수 있다.

그들은 유가의 평준화를 얼마나 성공시켰는가? 그것이 과연 인간의 탐욕 혹은 고상한 정서에 의한 것일까? 아니면 둘 다 영향을 끼쳤던 것일까? 또 지난 10년간의 가격 변동은 오늘날 유가가 성공적으로 안정되고 있는지, 그렇지 않다면 미래에 무엇을 의미하는지 우리에게 말해주는가? OPEC은 (혹은 사우디아라비아는) 유가에 대한 통제력을 영구적으로 상실한 것일까? 그리고 그것은 과연 좋은 것일까? 아니면 나쁜 것일까? 미국의 셰일오일이 사우디아라비아(이하, 사우디)를 대체할 수 있을까? 그렇지 않다면 우리는 과연 훨씬 더 광범위한 유가 변동에 어떻게 대처할 수 있을까? 이러한 질문들은 복잡한 문제들로, 이 책에서 완벽한 해답을 제공하기는 어려울 것이다.

그러나 바라건대, 이 책이 부디 현재와 미래의 유가 변동을 이해하기 위한 역사적 관점과 틀을 제공함으로써, 더 깊이 있고 풍부한 논의에 기여할 것이라 믿는다. 이 책은 에너지 시장과 정책 전문가들에게 통찰력을 제공하고 문제를 제기하는 것을 목표로 하고 있지만, 주로 일반 독자를 대상으로 쓰였으며, 누구든 석유의 역사나 시장에 대한 경험이 없어도 읽고 이해하기 쉽게 집필하고자 노력했다.

OPEC이 없다면 평화도 없다

극심한 가격 변동성은 석유산업의 본질적인 특징이다. 역사적으로 유가는 상대적 안정과 요동치는 호황-불황의 다층적인 시대를 경험해왔다. 가격 안정성은 석유회사나 관리직, 또는 생산에 대한 의무 할당제 혹은 카르텔을 통해 공급을 규제하는 양측 모두에 달려 있었다. 그 누구도 공급을 통제하지 않던 시절, 유가는 훨씬 더 심하게 요동쳤다. 1859년과 1879년 사이의 호황기에서 유가는 존 D. 록펠러John D. Rockefeller와 그의 회사였던 스탠더드오일트러스트Standard Oil Company and Trust는 정제 독점을 만들고 철도 및 파이프라인과 협력하거나 통합함으로써 1880년부터 1911년까지 안정적인 원유 가격을 산출했다. 스탠더드오일이 문을 닫으며 다시 가격은 호황기에 접어들었고, 주요 국제 석유회사들이 중동 유전에 대한 카르텔을 설립하며 미국은 할당량을 부과했다. 그에 따라 가격은 1932년부터 1972년까지 가장 안정된 시대를 누렸다. 1970년대 초, OPEC은 지배권을 빼앗아 안정적인 가격 변동성을 유지하였다. 약 10년 전까지만 해도 말이다. 그러다가 2008년 이후, 월별 원유 가격 변화는 평균 38%로 1911년과 1931년의 마지막 호황기와 대등했다. 최근의 변동은 자유롭고 통제받지 않는 원유 시장의 복귀를 의미하며, 그 결과 호황으로 인한 유가는 80년 만에 다시 상승하고 있다(그래프 0-1, 0-2 참조).

유가 안정이 중요한 이유

원유 가격은 새롭고 훨씬 더 불안정한 시대로 접어들었는가, 그리고 우리는 과연 관심을 가져야 하는가? 지속가능성에 대한 우려에도 불구하고, 석유는 가까운 미래에 선진 문명의 생명줄로 남아

⟨표 0-1⟩ 1859~2016년까지 미국 원유 가격의 연간 범위

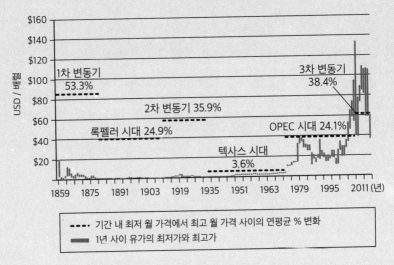

출처: 『데릭(Derrick's)』 1~4권; API, 석유의 사실과 수치(1959); 다우존스앤컴퍼니, 현물 유가; 서부 텍사스산 원유, 미국 에너지정보청, 쿠싱, OK WTI 현물거래가격(FOB). ⓒ 래피던 그룹

⟨표 0-2⟩ 1859~2016년까지 미국의 월간 원유 가격

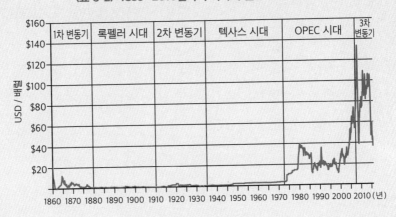

출처: 『데릭』 1~4권; API, 석유의 사실과 수치(1959); 다우존스앤컴퍼니, 현물 유가; 서부 텍사스산 원유, 미국 에너지정보청, 쿠싱, OK WTI 현물거래가격(FOB). ⓒ 래피던 그룹

있다. 전략적인 상품으로서 석유는 경제 성장의 엔진이자 기술 변화를 가속화하고 생산성을 증가시켰다. 풍부하고 적당한 가격의 석유는 20세기에 선진국의 부와 생활 수준을 한층 더 높였다. 오늘날의 선진국은 경제 성장을 위해 예전보다 적은 양의 석유를 소비하고 있으나, 여전히 경제는 석유에 의존하고 있다. 또한 석유는 현재 아시아, 라틴 아메리카, 아프리카처럼 빠르게 성장하는 신흥 경제국을 유지하기 위해 필수적이다.[2]

석유는 의약품에서 플라스틱에 이르기까지 수백 개의 일반적인 제품을 생산한다. 그러나 가장 중요한 쓰임이 있다. 전기자동차 등 친환경 차량이 늘고 있지만 여전히 많은 자동차가 석유를 사용하여 운행된다는 것이다. 제대로 작동하는 교통수단이 없다면 사회는 극심한 피해를 입거나 멈춰버린다. 석유시장의 혼란은 저렴한 액체 연료의 흐름에 의존하는 광범위한 상업과 산업에 고통과 불확실성을 빠르게 확산시킨다. 1970년대의 경제 및 지정학적 에너지 위기가 우리를 여전히 괴롭히고 있다. 2004년부터 2008년까지 유가의 호황은 소비자와 석유 의존 산업에 큰 어려움을 주었고 경제위기를 만들어냈다. 2014년 이후 유가의 폭락은 석유 산업의 실업뿐만 아니라 금융 전반의 안정을 위협했다.

경제에서 석유의 중요한 역할을 고려한다면 아마 사람들 대부분 안정적인 유가를 반기고 변동성을 싫어할 것이다. 지속적인 유가 변동은 계획 기간을 감소시키고 기계 및 장비 (그중에서도 특히 장기적으로 사용 가능한 기계장비)에 대한 투자를 방해하며 실업률마저 증가시킨다.[3] 불안정한 유가가 지속될수록 사람들은 투자와 지출에 신중해진다. 생산자들은 탐사와 생산에 들어가는 수십억 달러 투자처를 두고 저비용의 불안정한 중동지역이냐, 혹은 고비용의 북극이냐를 재고할 것이며 자동차를 구매하려던 소비자들은 닛산의 리프Leaf와 포드의 F-350을 고민할 것이며, 제트기를 구입해야 하는 항공사의 임원들은 당장 수요가 많은 장거리 노선용 대형 비행기와 연료 소모가 적은 단거리 노선용 비행기를 두고 고민할 것이다. 그뿐만이 아니다. 운송업 차량 구매자들 역시 휘발유와 경유 혹은 천연가스 차량을 놓고 고민할 것이다.

정부 지도자들과 정책 입안자들에게 유가의 변동은 큰 골칫거리다. 2015년과 2016년 초, 유가 폭락으로 연방준비은행과 유럽중앙은행의 금리 인상 계획이 지연되며 통화정책을 복잡하게 만들었다. 석유는 대부분의 상품보다 규모가 훨씬 큰 "국제 정치와 사회 경제 발전의 주요 요소"다. 석유는 단일 국제 무역 상품으로도 최대 규모이며 "석유세는 세계 90여 개국의 주요 수입원이다."[4] 유가 변동성이 개발도상국에 미치는 영향 역시 국제 무역과 금융, 정책 수립에 막대하다. 에너지 소비에 보조금을 주거나 수익을 위해 에너지 수출에 의존하는 국가들의 정부는 예산을 계획하기 더 어려워진다.

석유는 경제의 건강뿐만 아니라 석유에 대한 접근과 수입 의존도에 따라 국제 정세와 지정학적 추세가 주도된다. 석유의 호황기는 러시아와 같은 석유 수출 적대국을 대담하게 만들고, 중동의 테러리스트들을 부유하게 한다. 반대로 불황이 오면 석유 의존국가에 사회적 불안이 촉발된다.[5] 유가 변동은 중동, 북아프리카, 라틴아메리카의 생산국들을 불안정하게 만들고 전쟁, 혁명, 그리고 테러를 촉발시키기도 한다.

골치 아픈 유가의 호황과 불황기가 오랜 공백을 거쳐 계속해서 돌아오는 지금, 우리는 왜 석유를 버리지 못하는가? 물론 효율성이 향상되고 석유의 대체 자원이 발견되어 경제적으로 석유의 중요성도 떨어지고 있기는 하다.[6] 자동차는 휘발유의 사용을 줄여나가고 있으며 석유는 천연가스, 석탄, 원자력과 재생 에너지로 대체되고 있다. 국제에너지기구와 대부분의 분석가들은 효율성과 대체가 개선됨에 따라 국내총생산GDP 단위당 에너지 강도가 감소할 것으로 예상하고 있다. 물론 이것과 함께, 석유 생산과 소비가 환경과 기후에 미치는 영향에 대한 우려도 존재한다.

하지만 마땅히 소비를 줄여야 한다고 생각은 하면서도, 몇 가지 이유로 우리는 당장 석유를 끊어낼 수 없다. 우선 에너지 효율이 하룻밤 사이에 개선되지 않는다. 휘발유를 많이 소비하는 스포츠 유틸리티SUV 차량과 픽업트럭 차량을 제외하고도 미국의 신형 승용차의 연비는 1973년 이후 2.5%의 비율로 증가했다.[7] 특히 효율성 향상은 가령 대형 자동차와 SUV 같은 소비자 선호도 그리고 경제학자들이 말하는 '리바운드 효과Rebound Effect*'에 따라 대부분 상쇄된다. 즉 효율성이 높을수록 운전 비용이 낮아지고 운전의 양이 더 늘어나도록 유도한다는 것이다.[8] 따라서 석유의 대체 자원이 있어도, 세계 소비의 55%를 차지하는 운송용 석유를 당장 대체할 만한 확장 가능한 대체품이 없다.[9] 운송 분야에서 석유는 다양한 차량 유형과 비용 경쟁력, 인프라 가용성 및 정부 지원 정책 등 강력하고 지속적인 이점을 가질 수밖에 없다.[10]

에너지 변환을 생각하는 데 있어 규모 또한 매우 중요하다. 에너지의 규모가 클수록 (그러니까 이 경우, 휘발유와 경유처럼 운송 산업을 완전히 지배하는 것처럼), 에너지의 소비 전환은 더욱 오랜 시간이 걸릴 수밖에 없다. 에너지 연구의 선두주자인 환경과학자 바츨라프 스밀Vaclav Smil은 "즉각적인 대안이 있다고 하더라도, 건설하는 데 1세기 이상 걸린 이 거대한 인프라를 폐기하는 것은 5조 달러가 훨씬 넘는 투자를 폐기하는 것과 마찬가지다. 에너지 산유량은 앞으로 향후 10년에서 20년간 그 어떤 대안으로도 대체할 수 없다는 게 분명하다."[11]라고 하였다.

정책적인 측면에서도 기후 변화 때문에 석유 사용을 중단해야 한다는 목소리가 많다. 2015년 파리Paris에서 맺은 미래 탄소배출 감소 협약으로 많은 나라의 고위직 관리자들이 약속했지만, 갑자기

---

* 리바운드 효과 어떤 생각을 더는 하지 않겠다고 결심한 것 때문에 오히려 그 생각이 더 자주 떠오르는 경우를 말하며 '반동 효과'라고도 한다. 여기서는 환경 보호를 위한 일이 오히려 환경을 훼손하는 것을 말한다.

석유 소비를 강제적으로 줄일 순 없다. 파리 협정은 집행력이 없으며 효과적으로 확장 가능한 대안을 제시할 수 없는 상황이다. 운송 사업에서 석유 소비를 극적으로 줄이려면 엄청나게 비싼 세금과 보조금 또는 소비와 생산에 관하여 침해적 명령과 제한이 필요하다.

게다가 영향력 있는 기후학자이자 정부의 자문위원이 요구한 대로, 석유나 다른 화석연료에 대해 엄격한 규제를 가할 준비가 되어 있다는 증거도 없다.[12] 기후 변화에 관하여 우려하는 환경론자들과 정책 입안자들은 현재 정책이 너무도 불충분하며,[13] 석유의 사용을 획기적으로 줄임으로써 경제적, 보완적, 환경적 이점이 있다고 내세우는 대부분 주요 분석가들마저도 석유가 시장에서 곧 사라지지 않으리라는 것에 동의한다.

예컨대, 탄소 배출을 줄이고 청정에너지로 전환하는 것을 강력히 지지하는 선진국 중심의 국제 에너지 기구의 최근 장기적인 에너지 전망은 다음과 같다. "석유 시대의 종말이 임박했다는 현재의 모든 논의에도 불구하고, 탄화수소*는 적어도 다음 25년 동안, 그리고 아마도 훨씬 더 그 이후까지 세계의 증가하는 에너지 수요를 충족시키는 데 주도적인 역할을 계속할 것이다."[14]

우리가 좋든 싫든 적어도 가까운 미래까지, 우리 사회는 석유에 지속적으로 의존할 수밖에 없을 것으로 예상한다. 전시 상황을 제

---

* 탄화수소 탄소와 수소로 이루어진 유기 화합물로 대표적인 탄화수소로 석유를 들 수 있다.

외하더라도, 미래 문제를 해결하기 위해 유권자들에게 세금을 요구하는 것을 선호하는 선출직 공무원은 존재할 리가 만무하기 때문이다. 재정 정책에서도 이런 문제는 쉽게 드러난다. 세계가 화석연료로부터 벗어나기 위해 필요한 정책의 복잡성과 범위 및 비용에 비해 사회 보장과 의료 보험 제도를 고치는 것이 더 쉬운 일이다. 즉, 간단하게 세금 인상과 혜택 삭감이 필요하다. 간단한 해결책이지만 정치적 셈법으로 보면 매우 어려운 일이기 때문에, 공무원들은 이러한 사안에 대해 행동을 취하거나 드러내 놓고 이야기하는 것을 꺼린다. 지도자들은 기후 변화에 대해 계속해서 이야기할지 모르지만, 극단적인 조치를 취하리라는 징후는 찾기 어렵다. 그러므로 축복이든 저주든, 석유는 가까운 미래에도 세계의 경제와 안보, 그리고 환경을 형성하는 데 계속해서 주도적인 역할을 할 것이다.

독점자를 극복하라

만약 향후 많은 세월 동안 석유가 필요한데도, 석유 가격이 계속해서 불안정하다면, 우리는 유가 변동의 원인과 그 해결법에 대한 마음가짐 자체를 업그레이드해야 할 필요가 있다. OPEC의 소멸과 호황으로 인한 유가의 복귀는 안정의 관점에서 유가를 보다 균형 있게 바라볼 것을 요구한다. 석유시장을 좌지우지하는 사람들을 떠올려보자. (오늘날 대부분의 사람은 OPEC을, 일부는 이전의 7대 석유회사라든가 텍사스 및 다른 석유 국가의 규제 기관 등을, 그리고 그 이전에는 존 D. 록펠러의 '스탠더드오일'을 떠올릴 것이다.) 이들은 세계 석유시장에 목을 매고 있는 탐욕스러운 집단으로 소비자들을 속이기 위해 가격을 지시하고 있다. 그러나 이 흔한 이미지는 불완전하고 오해의 소지도 있다. 이렇게 탐욕스러운 독과점의 이미지는 제대로 작동하는 경제와 세계 공동체, 집단의 정부 지원이나 파트너십을 통한 물가 안정 지탱 방식을 간과하고 있다.

결국 루스벨트 행정부는 석유산업의 부자연스러운 개입을 시행했지만, 경제를 보호하기 위해 석유 국가 할당제를 시행하는 데 도움을 주었고, 이는 미국 내 석유산업에 이익을 가져다주었다. 미국의 민주당과 공화당은 수십 년 동안 중동 생산을 지배했던 세븐 시스터스(7대 석유회사)의 석유 카르텔을 용인하고 종종 지지했다. 자동차를 몰아야 하는 일반 시민을 속이고 석유 재벌들의 주머니를 채우기 위한 정책은 결코 아니었다. 우리는 왜 정부와 행정부가 석유 생산 통제에 청신호를 켰는지 먼저 확인하고 이해하려고 노력해야 한다.

분명히 말하자면 나는 OPEC이나 다른 규제 기관들이 안정적인 유가를 위해 다시 석유 공급 할당량을 부과하는 것을 권장하지 않는다. 공급 할당량 규제는 유가 변동에 만성적인 불안정함을 가져올 것이고, 일반 대중은 다른 대안을 찾아야만 하기 때문이다. 그렇다면 당시 텍사스는 대체 무슨 생각이었던 걸까?

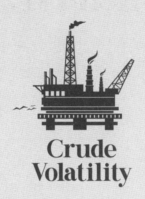

Crude
Volatility

Crude
Volatility

1부

혼돈에서 질서를 찾기까지

(1859~1972년)

1장

빛이 있으라 하시니
빛이 생겼노라

등유의 시대(1859~1911년)

지금으로부터 160년 전 사람들에게 인공의 빛을 누리며 산다는 것은 거의 기적과도 같은 일이었다. 오늘날 전기를 마음껏 쓰는 운 좋은 우리로서는 그들을 온전히 이해할 수 없겠지만 말이다. 지난 천 년 동안, 인간의 활동은 대부분 낮에만 가능했다. 1800년대 중반에 이르러 인류의 문맹률은 빠르게 감소했고, 산업화와 도시화는 빠르게 증가하였다. 그리고 이 모든 것에는 값싸고 밝으며 안전한 조명이 필요했다. 일반적으로 인간의 조명에는 고래기름과 같은 동물성 지방이나, 알코올의 폭발성 혼합물인 캄펜(용뇌유), 나무를 건류시킨 테레빈유 등이 주로 쓰였으나, 이런 재료들은 공급량이 한정되어 있었을 뿐 아니라 위험도도 높았다. 인간의 에너지 역사를 연구하는 로버트 L. 브래들리 주니어Robert L. Bradley, Jr.는 이 시기의 조명을 일컬어 "인공 빛은 필수품이 되기만을 기다리는 사치품이었다"고 하였다.[1]

액체 석유인 '원유'는 값싼 인공 빛을 갈망하던 인류에게 구원이 되었다. 지구의 모공에서 흘러나오는 원유는 당시에도 그다지 새로운 물질이 아니었다. 인류는 오랫동안 땅 위의 샘에서 기름을 퍼내고, 파내고, 닦아내었기 때문이다. 애초에 '석유petroleum'라는 단어는 '돌'과 '기름'을 뜻하는 라틴어에서 파생되었으며, 건축과 의학에서 시작하여 이후엔 아주 적은 양이나마 빛을 만들어내기 위해 사용하였다. 그러나 1850년 후반에 이르러 발명가들은 단단히 묻혀 있던 거대한 기름 저장고를 추출하여 이용하는 법을 알아내었고, 그로 인해 수백만 명의 가족과 노동자, 투자자들은 인류의 밤을 정복할 수 있게 되었다.

종종 '검은 황금'이라 불리기도 하는 원유는 노란빛의 금속인 황금과는 다르게 본질적으로 쓸모가 없고, 심지어 가공되지 않은 상태에선 꽤 위험한 물질이다. 원유를 우리에게 유용한 소비재나 공산품으로 바꾸기 위해서는 증류, 즉 액체를 가열하여 부분적으로 추출하거나 소비재를 만드는 데 필요한 '유분' 형태의 등유 혹은 경유를 뽑아내는 과정이 필요하다. 그리고 석유산업의 초창기 50년에서 가장 중요한 소비재는 등유였다. 등유는 같은 목적의 석탄이나 테레빈유에서 증류된 연료보다 더 밝게 빛나고 폭발성도 적었기 때문이었다.[2]

그러나 애초에 원유는 침투유나 웅덩이에서만 발견되었기 때문에 가장 윗부분에 있는 원유를 뜨거나 천을 덮어 흡수시킨 후 짜내는 공정이 필요했고, 따라서 등유는 공급량이 매우 적어 부유한 사람들만이 살 수 있는 값비싼 사치품이었다. 1858년까지 미국은 약 50만 배럴의 고래기름과 60만 배럴의 라드(고기 기름), 공업용 우지를 태웠는데, 이와 비교하여 원유 소비량은 불과 1,183배럴밖에 되지 않았다.[3] 광범위한 고래 수확으로 고래기름 값이 치솟자, 산업화가 빠르게 이루어진 세상은 빛과 주유를 위해 더 저렴하고 우수한 대체품이 필요했다. 해답은 등유였지만 문제는 여전히 해결될 기미가 보이지 않았다. 석탄이나 고래기름을 대체하여 수백만 개의 조명을 밝힐 만한 충분한 양의 기름을 대체 어떻게 얻을 것인가? 그리하여 1850년대 후반, 인류는 지구로부터 훨씬 더 방대하고 지속적으로 공급이 가능한 '석유를 뽑아 올릴 방법'을 찾기 시작한다.[4]

1855년, 미국 예일대학교Yale University의 저명한 화학자 벤저민 실리먼 주니어Benjamin Silliman, Jr 박사는 두 명의 투자자를 대표하여 준비한 연구 자료를 발표했다. 그의 투자자들은 펜실베이니아 서부의 알러게니 강Allegheny River 남쪽으로 흐르는 개울가에 자리 잡은 타이터스빌이라는 외딴 마을 근처의 땅을 임대한 사람들이었다. 초기 유럽에서 온 탐험가들이 '오일 크리크(Oil Creek, 기름 개울)'라 부르던 이 계곡 바닥에는 천연 샘에서 흘러나온 기름이 오랫동안 스며들었고, 미국 원주민들은 이 기름을 사용하여 연고를 만들거나 장식을 해왔다. 벤저민 실리먼의 투자자들은 빠르게 성장하는 조명 시장을 장악하기 위해, 오일 크리크의 원유가 고품질의 등유를 생산한다는 것을 입증하고자 노력하였다.

의뢰인이 넘긴 조악한 샘플을 증류한 실리먼 박사는 이 땅에서 생산한 원유가 조명을 밝힐 수 있는 고품질의 등유일 뿐만 아니라, 윤활유와 양초용 파라핀 같은 다른 상품도 만들어 낼 수 있다는 반

가운 결론을 내렸다.

따라서 실리먼은 재빨리 결과를 요약한 보고서를 작성하고 이를 광고 팸플릿으로 만들어 석유산업 역사에 한 획을 그은 문서를 만들었다. "결론부터 말씀드리자면, 제 생각에 귀사의 원유는 저렴하면서도 간단한 공정을 통해 매우 가치 있는 제품을 제조할 수 있다는 강한 믿음이 듭니다. 추진하셔도 좋을 듯합니다."[5] 그리고 나서 실리먼은 이토록 전도유망한 사업에 직접 뛰어들어 새로 설립된 '펜실베이니아 석유회사, 코네티컷 지점' 사장 자리에 취임했다.

그러나 가장 중요한 문제가 남아 있었다. 어떻게 하면 타이터스빌 주변의 샘에서 기름을 더 많이 얻어낼 수 있을까? 당시 생산자들은 단순히 물과 기름이 넘실거리는 고랑의 양을 늘렸다. 6갤런의 기름을 생산하기 위해 온종일 땅만 파야 했다는 뜻이다.[6] 그러던 1857년, 실리먼의 후임이자 뉴헤이븐New Haven 은행가인 제임스 타운센드James Townsend는 소금 생산 기술을 사용하여 석유를 시추해보자는 의견을 제시했다.[7] 무려 2000년 전 중국 쓰촨성四川에서 발명된 소금 생산 기술은 철제 드릴 비트와 나무 굴착기를 이용해 축대를 들어 올리고 암반을 밀어 넣어 땅을 으스러뜨리는 작업을 반복하는 것이었다.[8] 이 천공 기술은 이후 '시추'라는 용어와 혼용되기도 하는데, 유럽과 미국에 전수한 이후 미국에서는 1800년대 초부터 널리 사용되기 시작한 소금 채취 공법이었다. 미국의 천공기술자들은 점차 이 기술을 혁신하고 개선하여, 1830년대에 이르러 미국의 염정鹽井은 깊이가 무려 1,600피트(약 480m)에 다다랐다.

소금과 석유는 일반적으로 함께 발견되었다. 그러나 지상에서 발견되는 유출유나 침투유는 종종 더 값진 소금의 존재를 알리는 신호로만 여겨졌고, 소금을 채굴할 때 나오는 갈색 빛의 기름은 이따금 우물을 파괴하는 커다란 불행의 씨앗일 뿐이었다.[9]

석유를 시추하겠다는 당시의 발상은 열화와 같은 옹호를 받지 못했다. "세상에, 타운센드! 땅에서 기름을 끌어 올리겠다니, 물을 퍼 올리는 것처럼 기름을 푸겠다고? 말도 안 되는 소리야! 자네, 제정신인가?"[10]라며 타운센드의 친구들은 모두 그를 만류했다. 그러나 타운센드와 공동 투자자들은 굴하지 않았다. 그들은 전직 철도 회사 차장인 38세의 에드윈 로랑틴 드레이크Edwin Laurentine Drake를 파견하여 토지를 검사하고 시추가능성을 탐색하기로 결정했다. 이들은 지역 주민들에게 좋은 인상을 남기기 위해 드레이크에게 '대령'이라는 별명을 붙였다. 사교적이고 모험적인 성격의 드레이크 대령은 재빨리 타이터스빌로 정찰을 나섰고, 코네티컷으로 돌아오는 길에서 풍부한 석유와 소금 시추 현장을 발견했다. 드레이크의 열광적인 반응이 담긴 검토 보고서를 받아본 뉴헤이븐 투자자들은 곧바로 행동을 취했다. 곧 '세네카 석유회사Seneca Oil Company'가 설립되고, 드레이크와 그의 식솔은 곧 타이터스빌로 이주한다는 것.

1858년 5월, 장비를 확보한 드레이크는 노동자를 고용하여 시추작업을 시작했다. 그러나 1년이 지나가도록 작업은 별다른 진전이 없었고 드레이크는 조금의 석유도 끌어올리지 못했다. 회의적인 시선으로 마을 주민들은 드레이크를 향해 "그저 광활한 석탄 밭에서 낙숫물"이나 쫓는 신세라고 비아냥거렸다.[11] 그러던 1859년 8월 27일, 투자자의 마지막 한 푼까지 모두 끌어 쓰고도 포기하지 않은 드레이크는 마침내 69.5피트(약 21m) 깊이의 우물에서 처음으로 표면에 흐르는 10배럴가량의 석유를 발견했고, 곧 펌프를 사용하여 하루 40배럴의 석유를 추출할 수 있게 되었다.[12] 바야흐로 석유 시대의 막이 오른 것이다. 그렇게 서부 펜실베이니아는 그야말로 시장통처럼 북적이기 시작했다.

역사학자이자 저널리스트이며 존 D. 록펠러의 전기작가 앨런 네빈스Allan Nevins는 당시를 이렇게 묘사했다. "드레이크의 소식은 회오리 폭풍처럼 미 대륙을 강타했다."[13]

시추업자들과 탐사꾼들이 새로운 붐을 타고 거대한 굴착기 행렬을 앞세우며 타이터스빌과 그 주변 지역으로 몰려들었다. 광적인 시추작업이 이어졌다. 이전에 생산된 어떤 목재보다 조금 더 가치가 있는 토지의 가격은 갑자기 치솟았고, 가난한 농부들과 노동자들이 하룻밤 사이에 엄청나게 부유해졌다. 제임스 에반스James Evans라는 이름의 대장장이는 200달러를 들여 드레이크의 유정에서 18마일 떨어진 앨러게니강에 있는 우물을 시추했고, 기름이 떨어진 후 즉시 10만 달러에 대한 제안을 받았다. 에반스처럼 하룻밤 사이에 부자가 되었다는 소문이 퍼지자, 더 많은 탐사꾼, 투기꾼, 시추업자들이 도로 건설, 토지 개간, 시추의 부산한 벌집이 된 석유 지역으로 몰려들었다.[14]

그러나 석유를 시추하는 것은 곧 위험하고 불확실한 노력이라는 것을 알게 되었다. 1867년 모든 유정이 석유를 품은 것은 아니었다(새 우물의 절반이 말라 있었다). 또 일부에서는 채굴이 시작되었다. 소수 행운의 투자자들은 큰돈을 벌었지만 많은 사람은 마른 구멍을 뚫고 재산을 잃었다. 가장 불행한 사람들은 생명을 위협하는 화재로 목숨을 잃은 석유 노동자들과 몇몇 구경꾼들이었다.[15]

초기의 석유 굴착업자들과 토지 소유자들은 주로 빠른 시추에 집중했다. 신속한 시추의 필요성은 '포획의 법칙'으로 알려진 지배적인 법적 원칙에서 비롯되었다. 다른 누군가의 인근 지역 재산의 움직임과 상관없이 지면을 소유한 자가 땅에서 수집할 수 있는 모든 자원을 소유한다고 주장하는 법이었다. 포획 규칙은 영국의 관습법에서 비롯되었으며, 종종 토지 소유자들이 사슴이나 다른 야생동물을 포획할 권리를 누리는 것과 관련이 있다. 천연자원을 수확, 추출 또는 '포획'한 최초의 토지 소유자가 소유권을 얻었다.[16]

포획의 법칙은 지하자원에도 적용되었다. 당시 석유 매장량에 대한 지질학적 이해도는 높지 않았고, 석유는 지하 웅덩이에 있는 것으로 생각되었다. (이후 석유가 암석과 퇴적물 속에 묻혀 있다는 사실이 밝혀진다.) 이 석유를 합법적으로 소유하기 위해 굴착업자들은 다른 누군가보다 먼저 지하의 '연못'을 배수해야 했다. 민간 굴착업자들과 열성적인 땅 주인들은 모두 빠르게 굴착할 당위성을 얻었다. 한 전문가가 묘사한 것처럼, 지하 퇴적물을 빼내기 위한 쟁탈전은 두 명의 목마른 소년이 두 개의 빨대로 한 잔의 레모네이드를 마시는 것과 닮았다. "가장 덜 먹는 사람이 제일 바보가 되는 겁니다."[17] 서

부 펜실베이니아 석유산업의 조잡한 시추와 과잉 생산이었다.[18]

지하 웅덩이에서 가장 많은 양의 석유를 채취하기 위해 작업자들은 지하 석유가 다른 쪽으로 이동하기 전에 지하 석유를 차단하고, 배수하기 위해 소유지의 가장자리에 여분의 또는 '벌충'용 우물을 파냈다. (가끔씩 물이 유정에 침수되어 유정을 손상시키거나 파괴할 때도 있었다. 정말 악랄한 사업가의 경우 인접한 소유지의 유정에 가까운 갱도를 무너뜨리고 자신의 유정 갱도에 배관을 제거하여 함께 공유하는 유정을 손상시키겠다고 위협하기도 했다.)[19]

굴착 쟁탈전은 곧 지표면에서 석유를 취급하는 사람들에게 큰 문제를 일으켰다. 운영자들은 다음 분출이 어디서 발견될지 몰랐으므로 1860년대 후반까지 원유를 저장하거나 이동하기 위해 근처에 작은 지름의 단거리 '집합' 파이프라인이 필요했다. 처음에 운영자들은 기름을 보관하기 위해 나무 위스키와 와인통을 사용했는데,[20] 오일 크릭을 따라 번창하는 도시의 지역 정유소로 운반하거나, 더 자주 항해가 가능한 하천이나 멀리까지 보낼 수 있는 열차로 운반했다. 주로 피츠버그Pittsburgh와 클리블랜드Cleveland에서 발견됐으며, 나중에는 뉴욕New York과 뉴잉글랜드New England에서 볼 수 있었다. 그러나 초기의 운송업자들은 새로운 유정에 보조를 맞출 수 있을 만큼 충분하고 빠르게 파이프라인, 바지선을 건설할 수 없었다. 거대한 쓰레기는 기름이 땅에 쏟아져 나와 개울이나 들판으로 흘러 들어갔다. 1861년 10월, 석유산업의 초기 무역 출판물 중 하나인 『데릭의 석유 안내서The Derrick's Handbook of Petroleum』(이하 『데릭』)는

"석유가 너무 많이 생산되고 있어서 관리하는 것이 불가능하며, 수천 배럴이 강으로 흘러들고 있다. 강의 표면은 프랭클린Franklin 아래로 몇 마일이나 기름으로 덮여 있다"[21]고 하였다.

원유 산유량은 저장하고 운반할 수 있는 한계치를 넘어서면서 가격이 폭락했다. 1860년 1월부터 1862년 1월까지 유가는 배럴당 20달러에서 10센트까지 떨어졌고, 많은 석유업자가 조업을 중단하고 시추를 포기하도록 강요했다.[22] 석유 역사상 수많았던 엄청난 규모의 가격 폭락 중 첫 번째였다.

물가가 폭락한 직후, 지속적으로 강한 수요와 일시적인 공급 중단은 유가를 빠르게 치솟게 했다. 남북전쟁으로 북부의 캄펜 제조용 테레빈유 공급이 끊기면서 석유 수요가 꾸준히 증가했다. 전시 상황에서 석유업자에게 세금이 부과되었고, 활발하게 진행되던 유럽행 수출도 석유 수요를 증가시켰다. 1864년 말, 원유 가격은 배럴당 10달러로 되돌아갔다. 종합하면, 1860년대 초의 가격 충격은 1970년대의 '에너지 위기' 당시보다 실질 달러 측면에서 더 컸다. 그러나 석유는 초기 단계에 있었고 국가 경제에서 거의 역할을 하지 않았기 때문에, 그 충격은 거시 경제에 영향을 거의 미치지 않았다.[23]

드레이크가 시작하고 유행시킨 유정의 개발 이후, 석유시장은 곧 호황과 폭락의 첫 번째 패턴을 보였다. 오늘날 석유 시추를 어렵게 하는 두 가지 중 하나의 특징이었다. 즉 석유가 너무 많거나 너무 부족한 것 말이다.

공급과 수요의 법칙은 균형을 잃었고 그 결과 가격이 크게 변동했다. 한편, 등유와 다른 석유제품에 대한 수요는 미국뿐만 아니라 해외에서도 증가하고 있었다. 펜실베이니아에서 발견된 석유는 1년 만에 파리와 런던에서 판매되었고, 1866년 클리블랜드 석유 산유량의 3분의 2가 해외로 운송되었다.[24] 반면, 새로운 석유 유정이 계속해서 발견되었지만 "불규칙하고 변덕스러운 패턴"[25]이었다. 새로운 시추 산업에 들어가는 것은 손쉽고 값쌌다. 모든 민간 굴착업자들이 석유를 발견하지 못했지만, 그들 대부분 석유를 저장하고 운반하며 정제할 수 있었다.

그 결과 가격은 폭락했고, 언제나 그랬듯이 가격이 다시 오를 때까지 시추를 중단했다. 저렴한 가격으로 시장에 진입해 원유를 시추할 수 있다면 재정적인 보상이 충분히 보장되었다. 이에 따라 시추업계는 "(바지선, 왜건, 이후 기차와 파이프라인으로 이어지는) 반출 용량" 설비나 정유시설에 새로운 투자를 쏟아부었다. 새로 공급된 원유의 정체 수요를 앞질러 가격 폭락을 촉발했고 그 결과 유가는 호황과 불황의 사이클을 반복하며 자체적으로 강화되었다.

실제로 1866년과 1867년에 원유 가격이 다시 폭락했다. 때로는 원유를 담는 데 쓰이는 나무통도 내용물보다 더 귀중했다.[26] 다음 몇 년 동안 유가 변동성은 처음 몇 년 동안과 비교하여 다소 완화되었지만 시장 상황은 매주 크게 달라질 수 있다. 1866년 8월 7일, 『데릭』의 기사를 보면 "시장이 호황을 누리고 있다. 구매자들에게 문제는 무엇을 지불하느냐가 아니라 어디서 석유를 구하느냐이다."라고 했다가 하루 만에 "급격한 불황, 구매자들이 모두 사라졌다"[27]고 하였다.

급격한 가격 변동성에도 불구하고 석유산업에 대한 흥분과 자신감이 싹텄다. 석유 제품에 대한 수요는 주로 주거용과 사무실 조명, 공장과 철도용 윤활이었지만, 결국에는 페인트처럼 다른 제품의 제조에 대한 수요도 지속적이었다. 그러나 만족스럽지 못했다.[28] 폭발적인 수요와 가격 호황으로 인해 투자자들은 더 많은 저장 시설, 더 나은 교통 시스템 및 더 많은 정유 시설을 건설하게 되었다. 중요하게 여겨졌던 원유의 정체 현상이 꾸준히 제거되었고, 특히 철도가 끝난 후, 파이프라인이 터미널과 정유소에 연결되었다. 시추, 운송, 정제 등의 대규모 확장은 등유와 기타 석유 제품을 희귀한 사치품에서 대량 소비의 주요 품목으로 변화시켰다.

야수 길들이기: 카르텔, 안정화, 그리고 존 D. 록펠러

석유 수요가 급증했음에도 불구하고, 굴착업자, 운송업자, 정유업자 등 새로운 석유 사업에 관련된 모든 사람은 불안정한 원유 생산으로 인한 유가 변동성의 두려움에 끊임없이 시달렸다. 과잉 공급은 단지 조급한 부동산 소유주들과 포획 규칙 경쟁 하에서 운영되는 광적인 굴착으로부터 비롯되지 않았다. 석유 생산, 운송, 정제의 모든 단계에서 투자자와 운영자들은 모든 것을 생산해야만 했다.

원유를 시추하고 운송한 다음 정제하기 위해 미리 투자했던 자본에 관한 수익을 창출하려면 먼저 굴착기를 구입하고, 파이프라 인을 설치하고, 정유소를 건설하기까지 하면 운영비는 상대적으로 저렴했다. 높은 초기 자본 비용과 낮은 운영비의 조합은 생산자와 정유사가 손실을 감수하더라도 석유를 계속 끌어올리고 정제하도 록 유도했고, 최소한의 투자 비용을 충당하기 위한 현금 흐름을 창 출하였다. 그 결과 생산 과잉이 지속되어 파멸적이고 장기화된 가 격 침체로 이어졌고, 결국 크고 작은 생산자들을 전멸시키는 광범 위한 파산을 초래했다. 수요가 살아나면 공급이 부족하고 물가가 급격히 올라 호황과 불황의 사이클을 반복하게 되었다.[29]

1860년에서 1861년 발생한 첫 유가의 폭락 이후, 굴착업자들 은 '카르텔(생산을 제한하고 가격을 인상하기 위해 협력하는 경쟁 회사들의 그룹)'을 형성하려고 시도했다. 카르텔은 종종 파멸적인 가격 경쟁 시기에 태어난 '고난의 아이들'로[30] 상품에 대한 수요가 꾸준하고, 표준화된 제품과 자본 또는 운송비가 운영비에 비해 높을 때 발전 하는 경향이 있기 때문에 기업이 변화하는 상황에서 신속하게 대 응하기 어렵다. 석유는 이러한 조건을 충족시켰다. 그러나 카르텔 을 가능하게 하는 다른 특징은 바로 상대적으로 적은 수의 생사자 들이 공급 과잉이 발생할 때 자연스럽게 카르텔을 통합하고 집단 행동을 보인다는 것이다. 카르텔은 생산자가 한정돼 있고 진입장 벽이 높으며 생산에 특허나 정교한 기술이 필요할 때 가장 잘 작동 한다. 석유의 경우, 초기 펜실베이니아 유전의 상황은 생산자 카르 텔의 형성이나 성공에 있어서 분명히 불리했다. 새로운 민간 굴착업자들은 굉장히 많았고 진입장벽은 낮았으며 석유 시추는 정교하지도, 기술 특허의 대상도 아니었다.

좋지 않은 분위기에도 불구하고, 초기의 석유 굴착업자들은 가격 폭락에서 벗어나기 위해 필사적으로 카르텔을 형성하려고 했다.[31] 그러나 그들의 노력은 오래 지속되지 않았고 결국 실패했다. 주로 부자를 열망하는 새로운 무리들이 계속해서 새로운 원유 매립지를 발견하면서 회원들이 사기를 치고자 하는 유혹에 굴복했기 때문이다.

예를 들어, OPEC은 초창기였던 1861년 11월 석유 시추 협회를 결성하기 위해 연합하여 생산을 제한하기로 약속했다. 어떤 생산자도 갤런당 10센트 또는 배럴당 4달러 이하로 팔지 않을 것이라고 명시한 계약 조항이 포함되어 있었다.[32] 원유가 불과 두 달 전에 배럴당 10센트에 팔렸으니 꽤 야심찬 일이었다.[33] 목표는 "원유의 가격과 공급이 유정 소유주들에게 보상률을 보장할 수 있도록 규제할 만한 수단을 찾는 것"이라고 《피츠버그 가제트Pittsburgh Gazette》는 보도했다.[34] OPEC의 위원들은 한 우물당 제한한 원유 이상을 생산하지 않도록 보장하는 검사관을 임명하는 데 동의하였다. 그러나 오일 크릭 협회는 준수 부실로 인해 실패했고, 침체기에 유가를 끌어올리는 데 성공하지 못했다.

여전히 원유는 1862년 1월에도 배럴당 10센트에 거래되고 있었다.[35] 산유량을 줄이는 데 효과적이었던 유일한 이유는 유가가 오랫동안 저가로 유지했기에 일부 생산자들이 시추할 만한 매력을 느끼지 못했다는 것이다. 3월, 『데릭』은 일부 민간 굴착업자들은 더 나은 가격을 기다리며 생산을 중단하기 시작했다고 언급했다.[36] (업계에 '폐정'이란 단어는 생산할 수 있지만 생산하지 않는 우물을 말한다.) 많은 소규모 업자들은 문을 닫거나 굴착을 포기했다. 1864년, 다시 가격을 올리기 위해서는 전시 상황 정도의 강력한 수요가 필요할 것이다.[37]

1869년 2월, 1866년과 1867년의 두 번째 가격 폭락에 이어 가격이 다시 오르자 일부 지역의 굴착업자들은 펜실베이니아 석유생산협회를 결성했다. 이 단체의 원래 목적은 주에서 매긴 유류세를 반대하고 생산, 재고, 수요에 관한 산업 전반의 자료를 수집하는 것이었다.[38] 그러나 1870년까지 가격이 떨어지면서 굴착업자들은 협회에 공급을 제한하는 카르텔로 만들도록 설득했고, 1870년 6월 29일 협회는 3개월 동안 굴착을 중단하기로 결정했다.

하지만 결정을 따르는 동력이 약했다. 단 하루만에 『데릭』은 "석유가 발견된 이래로 그 어느 때보다 더 많은 야생 시추가 진행되고 있다"[39]고 했다. 결국, 운영자들은 협회의 중지 요청을 무시했고 새로운 시추는 곧 새로운 기록을 깼다.

따라서 석유 카르텔은 초창기부터 산유량 제한을 제대로 준수하지 못해 어려움을 겪어왔다. 카르텔이 가격 인상에 성공할수록 카르텔 가입을 거부하는 생산자뿐 아니라 합의된 한도를 초과하며 시추를 계속한 회원들의 보상이 커지게 돼 협정은 결렬된다.[40]

수천 명에 달하는 민간 굴착업자들을 카르텔화 하는 것은 헛된

일이었지만, 만성적인 가격 폭락과 호황의 재앙은 이제 갓 태어난 산업을 계속해서 괴롭혔다. 신생 산업이 오래된 불안정성으로부터 스스로를 구하려면 굴착업자, 운송업자 및 정유업체가 석유산업의 공급망에서 다른 병목 현상을 공략해야 할 것이다. 바로 이 부분에서 대담하고 선견지명이 있으며 부지런하게 움직였던 클리브랜드의 한 정유업체가 등장했다.

존 D. 록펠러는 1855년 농산물 운송업자 겸 상인의 경리보조로 출발했지만, 1850년대 후반 클리블랜드Cleveland에서 농산물을 유통하는 상인으로 독립했다. 매우 총명하고 '극도로 체계적'[41]이었던 그는 동쪽으로 약 100마일 떨어진 펜실베니아 서부에서 석유가 쏟아져 나왔다는 보고에 흥미를 느꼈다. 록펠러는 관련 사항을 조사했고, 정유 사업의 엄청난 잠재력을 빠르게 인식했다. 펜실베이니아주 타이터스빌 주변 유정에서 약 50마일 떨어진 이리Erie 카운티에 있던 소규모 정유회사들은 원유를 배럴당 15달러에 사들여 정제하는데 30센트를 더 들였다.[42] 1863년 록펠러와 그의 사업 파트너는 클리블랜드 정유소에 투자함으로써 신생 정유 사업에 발을 담갔다.

당시와 그 이후의 모든 정유회사처럼 록펠러는 지속적이고 신뢰할 수 있는 원유의 흐름, 즉 이상적으로 안정된 가격에 의존했다. 전기 작가 론 처노Ron Chernow는 "극단으로 요동치는 경향이 있었다"면서 "가격이 생산 원가 이하로 폭락할 정도로 과잉 공급되거나, 가격이 치솟을 정도의 공급 부족으로 석유가 곧 고갈될 것이라는

망령을 불러왔다"고 하였다.[43]

록펠러는 거대한 소비재로서 석유의 장기적인 전망을 굳게 믿었다. 그는 "석유가 고갈될 것"이라는 우려를 때때로 일축했다. 록펠러에게 석유의 미래에 대한 가장 큰 위협은 석유의 만성적인 불안정성과 운송, 정제, 마케팅 부문들을 통해 펠멜 시추로 인한 결과적인 가격 변동이었다.[44] 안정화를 위해서는 통제와 질서가 시급하다고 그는 결론 내렸다. 그리고 그것은 과잉 생산, 가격 붕괴, 가격 호황의 파멸적인 순환을 피하기 위해 공급과 투자를 규제할 수 있는 큰 회사로 작은 회사들을 결합하는 일이 반드시 필요할 것이다.

석유산업에 있어서, 경쟁적인 자유 시장은 혼돈의 비결이었다. 레오나르도 마우게리Leonardo Maugeri는 다음과 같이 말했다.

> 록펠러의 세계는 애덤 스미스의 세계가 아니었다. 스미스의 세계에서, 보이지 않는 손의 꾸준한 작업이 모든 불균형을 바로잡는 동안, 각 개인은 경제 활동에 착수하고 경쟁함으로써 사회의 전반적인 진보에 기여했다. 그러나 록펠러는 세상을 있는 그대로만 보았다. 탐욕과 그로 인한 잔인한 맹목적인 투쟁 말이다. 그의 세상에는 배후에서 일하는 "보이지 않는 손"은 없고, '석유는' 공중에서 성을 쌓는 것에 중독된 비이성적인 사람들에 의해 움직였다.[45]

1865년 펜실베이니아주 피솔 크릭Pithole Creek에서 발견된 거대한 새로운 유전은 25세의 록펠러에게 다른 사업 활동을 버리고 오로지 정제 산업에만 집중하도록 만들었다. 그의 빈틈없는 새로운 파트너 헨리 M. 플래글러Henry M. Flagler의 도움을 받으며 뛰어난 투자와 경영 능력을 바탕으로, 록펠러는 1865년 클리블랜드의 가장 큰 정제소에서 10년도 채 되지 않아 거의 모든 도시의 정제소 소유자가 되었다.

그러나 시추꾼들과 마찬가지로, 엄청난 양으로 늘어난 정유회사는 두 개의 지리적 중심지인 '내륙(석유가 매장된 피츠버그, 클리블랜드 시역)'과 '해안 도시(필리멜피아뿐만 아니라 뉴욕과 뉴저지)'에 집중되어 있었다. 이들은 정유 산업을 뒤흔들었고 록펠러의 지배를 받았다. 정유소를 건설하고 운영하기 위해서는 시추보다 더 많은 자본과 기술력, 사업 기량이 필요했지만, 여전히 비교적 간단했다.[46] 1870년까지 미국의 정제 능력은 원유 산유량보다 3배 초과했고, 거의 모든 정유소는 손해를 보고 있었다.[47]

반면 운송 부문은 시장 진입 비용이 훨씬 비쌌다. 처음 원유는 마차와 바지선으로 펜실베이니아 서부에서 옮겨졌지만, 곧 철도로 대체되었다. 철도는 집합 라인이라 불리는 단거리 배관을 통해 우물과 연결된 터미널에서 기름을 수집했다. 철도가 들어오면서 원유 수송은 대량 사업이 되었다. 1880년대 장거리 송유관이 확산되어 마침내 지배하기 시작할 때까지 철도 회사는 산업의 '중류' 또는 운송 부문을 지배했다. (석유산업의 용어로 시추업자들은 '상류', 운송은 '중류', 정제 및 마케팅은 '하류'를 구성했다.)

굴착업자나 심지어 정유사와 달리 철도의 수는 매우 적었고 신규 진입자도 제한적이었다. 그들의 제한된 수와 규모의 경제는 상류의 생산자와 하류의 정유사에 대한 철도, 엄청난 지렛대와 시장 권력을 부여했다.[48] (시장 권력은 경쟁 조건에서 우세할 수 있는 수준 이상으로 가격을 올리고 유지하는 기업의 능력에 있다.)

민간 굴착업자들과 정유업체들은 믿을 수 있고 경쟁력 있는 운송 수단을 확보하기 위해 앞다투어 뛰어들었다. 당시 철도는 대량 선적 고객사에 보편적으로 광고 수수료보다도 낮은 '리베이트'를 지급하였다. 그러나 당시 굴착업자들의 수는 너무 많았고, 선적량은 무척 적어 철도회사와 리베이트를 흥정할 수 없었다. 그러나 수가 적고 훨씬 더 큰 규모로 운영되는 정유사들은 가능했다. 클리블랜드에 기반을 둔 록펠러 같은 정유사들은 뉴욕이나 석유 지역의 경쟁자들과 비교하여 지리적으로 불리한 위치에 있었다. 그들은 한 번의 여행 대신 두 번의 여행을 위해 돈을 지불해야 했다. 하나는 원유를 펜실베이니아에서 서쪽 클리블랜드의 정유공장으로 운반하는 것이고, 다른 하나는 등유를 동쪽 소비 지역과 해안의 수출 터미널로 보내는 것이다. 그래서 클리블랜드는 철도와 수로에 쉽게 접근할 수 있도록 수많은 교통수단에 의존했다.

남북전쟁 이후 클리블랜드 내 정유업체 간 경쟁은 치열했다. 록펠러는 가장 큰 정유소를 소유하고 있었지만, 그는 거의 50개 이상의 다른 정유소와 경쟁했고, 피츠버그에서는 더 많은 경쟁자와 겨

뤄야 했다.[49] 석유 사업의 성공은 규모의 경제를 달성함으로써 용량을 관리하고 비용을 절감하는 것을 필요로 한다고 확신한 록펠러와 플래글러는, 가장 효율적으로 운영하여 더 낮은 비용으로 경쟁사를 흡수하거나 퇴출시키고 철도로부터 리베이트를 획득하는 이중 궤도 전략을 추구했다.

록펠러는 저비용 운영에 뛰어났다. 그는 표준화 및 기타 효율성을 우선시하고, 자신의 배럴을 생산했으며 구매자를 펜실베이니아로 직접 보내 정제소를 위한 원유 공급 원료를 구매함으로써 중간상인을 배제했다. 클리블랜드에서 그의 경쟁자들이 땀을 흘리는 동안 록펠러는 철도 산업의 주요 위험 요소를 기회로 바꿀 수 있는지 주의 깊게 주시했다. 위험 요소 중 하나는 석유 굴착업자들과 철도회사들이 연합하여 그의 정유공장을 공격할 수도 있다는 것이었다. 만약 록펠러의 정유회사가 철도회사들과 협력할 수 있다면, 록펠러는 효율이 낮은 정유회사들을 더 빨리 사업에서 몰아낼 수 있을 뿐만 아니라 석유 지역으로부터 석유의 홍수를 제한하여 원유 가격을 안정시킬 수 있었다.

석유 운송의 병목현상을 경험한 록펠러는 철도회사의 시장 지배력을 경계할 필요가 있었다. 록펠러의 정유회사는 완전히 새롭게 등장한 신생 기업이었지만 철도회사들은 서로가 치열한 경쟁자인 동시에 여객, 가축, (1860년대 후반에서 1870년대 초 대규모 공급을 하던 무연탄과 같은) 대량 벌크 상품 시장에 맞서 연합한 카르텔로서 격동의 역사를 공유하였다. 이러한 협력은 시장 점유율 계약에 따라 트래픽(또는 트래픽으로부터의 수익)을 나누는 것을 수반하는 '풀링 협정'*의 형태를 취했다. 이론적으로 운송 업계에 속한 모든 회사는 고객사를 상대로 운송비를 할인해주지 않는다는 담합에 동의하는 대가로 공정하고 보장된 몫을 받아야 했다.[50] 그러나 이러한 풀링 협정은 새로운 굴착업자들이 직면했던 부정행위라는 동일한 문제로 인해 어려움을 겪었다. 철도회사들은 몇몇 협회원들로 하여금 사기를 치기에 좋은 환경이라는 것을 알게되면서 무너졌다.[51]

록펠러와 플래글러의 초기 전략은 스탠더드의 성장하는 정유 시설망으로 오가는 크고 꾸준한 석유 수송을 교묘하게 서로 경쟁하는 것이었다. 1868년 록펠러와 플래글러는 조용히 펜실베이니아 철도의 라이벌인 '이리'와 '레이크 쇼어Lake Shore'라는 이름의 뉴욕 센트럴의 자회사였던 철도 회사에 접근했다. 구두 합의와 악수로 록펠러와 플래글러는 펜실베이니아 라이벌들로부터 매우 유리한 리베이트를 받았다. 원유를 클리블랜드로 운송하고 정제유를 뉴욕으로 운송하기 위해 록펠러는 배럴당 2.40달러라는 기준가에 못 미치는 1.65달러만 지불했다.[52] 또 더 싼 운송료에 대한 대가로 록펠러는 지속적인 교통량을 약속했고 창고, 적재 플랫폼, 기타 철도 운송 시설에 투자함으로써 철도 비용을 낮추는 데 동의했다.[53]

---

* 풀링 협정pooling agreement 동맹 선사 간의 이해를 조화롭게 하고 구속력을 강화하며 집화 경쟁의 격화를 방지하기 위하여, 수입을 미리 정한 배분율이나 물량을 기준으로 배분하는 협정.

이와 같은 리베이트 거래를 통해 스탠더드사는 정제 사업에서 레버리지를 크게 강화했으며, 향후 몇 년 동안 경쟁업체를 인수하거나 파괴시킬 수 있었다.[54] 레이크쇼어사와의 거래는 록펠러를 클리블랜드의 거인으로 만들었고, 곧 피츠버그를 제치고 주요 정제 센터가 되었다. 록펠러는 나중에 비밀 리베이트를 최고의 정치적 논쟁으로 만들 언론인들과 반대자들의 시선을 끌기 시작했다.[55]

록펠러와 플래글러가 운송비를 줄인 뒤에도 정제 능력이 지나치게 높다는 문제는 여전했다. 민간 굴착업자들의 과잉 생산 능력으로 카르텔 형성을 시도하듯이, 궁지에 몰린 정유사들을 논의로 몰아넣었다. 록펠러와 그의 남은 클리블랜드 경쟁자들은 석유 굴착기뿐만 아니라 피츠버그의 경쟁 정유사들을 상대로 단일화를 논의하기 위해 1869년에 만났으나 협상은 이루어지지 않았다. 협상이 실패로 돌아갈 가능성이 커지면서, 록펠러는 결국 가장 거대한 규모의 한 회사가 원유 시장 전체를 통제하리라 확신했다.[56]

그리하여 1869년과 1870년 록펠러는 "끊임없는 기업, 끊임없는 경계, 그리고 끊임없는 경제"를 이야기하며[57] 전체 석유산업을 지배하려는 대담한 계획을 세웠다. 이 전략은 정제 및 운송에 대한 직접적인 통제는 아니더라도 협력의 거의 완전한 독점화 바탕이 되었다. 록펠러는 석유 수송 철도와 통합하는 동안 경쟁자들을 흡수하거나 파괴하기 위해 약탈적인 가격 전쟁, 위협, 협박과 같은 당대의 일반적이고 무자비한 전술과 결합한 뛰어난 효율성을 활용하는 이중 궤도 전략을 추구했다.

1870년 록펠러는 오하이오 클리블랜드과 스텐더드오일을 합병하여 뉴욕, 필라델피아, 피츠버그 시장을 능가하는 것을 먼저 목표로 삼았다. 1870년대 초 경제 불황으로 스탠더드오일은 작고 비효율적인 정유소를 신속하게 구매하고 폐쇄하거나 폐업시키는 데 성공했다. 1872년 4월까지 스탠더드오일은 국가 정제 능력의 4분의 1을 소유하거나 통제했다.[58]

록펠러가 정련에 대한 통제를 강화하고 있을 때, 가격 하락 압력은 굴착업자, 정유사, 철도회사에 이제 불편함으로 익숙해진 금융 파탄의 공포를 일으켰다. 경제적 고통으로 인하여 굴착업자들과 정유사, 그리고 철도회사는 서로 간 협력하며 록펠러에 반대하기 시작했다.

1871년 11월, 펜실베이니아 철도 회사의 사장이었던 톰 스콧 Tom Scott은 록펠러를 포함한 소수의 정유사들뿐만 아니라 이리, 뉴욕 센트럴에 있는 경쟁자들의 협력을 위한 계획을 추진하고 있었다. 그러나 록펠러가 공개적으로 국가의 정제 능력의 대부분을 차지하기 위해 노력함에 따라 스콧은 그와 함께 일해야 했다.

록펠러는 스콧을 의심하는 동안 요란한 석유 지역을 안정시키기 위해 기꺼이 협력을 시도했다. 스콧은 남부개발회사 SIC, South Improvement Company를 중심으로 한 계획을 제안했다. SIC에 가입한 철도회사들과 정유회사들은 가격을 인하하며 서로 경쟁하지 않고, 안정적인 석유 흐름을 보장하며, 비회원국들에게 더 높은 운임을 부과하는 것에 동의했다. 이러한 방식으로 철도는 화물 시장을 분할하고 공유하며, 정유사는 '이브너(공평하게 만드는 사람)' 역할을 한다. 즉, 각 철도 구성원들이 합의된 분담금과 꾸준한 교통 흐름을 받도록 한 것이다.[59] 석유 흐름의 대가로, 정유사들은 철도로부터 최대 50%의 리베이트를 받을 수 있을 뿐만 아니라, 철도가 SIC가 아닌 회원의 경우 더 높은 가격을 요구하였고, 이렇게 받은 수익의 일부를 통해 '할인'을 받았다. 철도회사는 경쟁사가 선적한 석유에 대한 정보를 조합원 정유사에 제공했고, 이는 스탠더드사와 다른 조합원 정유사가 경쟁사를 (악의적으로) 과소평가하는 데 사용할 수 있는 귀중한 정보였다.[60] SIC 회원들은 비밀을 지킬 것을 맹세했다.[61] 록펠러 전기 작가 론 처노는 "전반적으로 그것은 미국 산업의 대규모 유착을 발견했던 아주 놀라운 일이었다"고 언급했다.[62]

스콧은 처음에 굴착업자들이 SIC를 안정시키기 위해 공급을 제한할 필요가 있다는 것을 예상하면서 SIC에 가입하는 것이 매력적인 대안이 되기를 바랐다. 록펠러는 원칙적으로 굴착업자들과 협력하는 것을 반대하지 않았다. 그가 SIC에 가입하게 된 동기는 원유 가격을 낮추기 위한 것이 아니라 '가격과 투자 수익을 안정'시키기 위한 것이었다.[63] 그러나 록펠러는 까다로운 민간 굴착업자들이 하나의 조직처럼 뭉칠 수 있다는 의심을 품었고, 곧 의심은 정당화되었다. SIC의 공모자들이 1872년 초에 비밀 협상을 끝냈을 때, 펜실베이니아 서부의 굴착업자들이 소문을 듣고 동요했다. 2월 말경, 철도 운임 인상이 발표되자 업자들은 분노의 폭발을 일으켰다. 타이터스빌, 오일 시티Oil City, 펜실베니아주 석유 지역 등에서 수천

명의 시추공과 지지자들이 시위를 벌이며 작업을 중단하고 거리로 쏟아져 나왔다.[64]

'독점에 또 독점'과 맞서 싸울 것을 다짐한 석유 굴착업자들의 분노는 펜실베이니아주 석유생산자협회의 후원을 통해 반격을 계획했다.[65] 새 연합은 "두 달 동안 새로운 유정을 시작하지 않고, 일요일에는 작업을 중단한다"는 데 동의했고, 무엇보다 SIC에 참여하는 회사들에게 석유를 팔지 않는다는 데 동의했다.[66] 처음에는 이러한 조치가 어느 정도 성공을 거두었는데, 부분적으로 금수조치에 반항하는 사람들의 부상이나 재산상의 손상 위협 때문이었다. 말 순찰대는 허가 받지 않은 시추에 대비해서 감시했다. 원유 수송량은 1872년 2월 40만 배럴에서 3월 27만 6,000배럴로 감소했다. 클리블랜드와 피츠버그 정유사들은 공급 물량이 조금씩 줄었다.[67] 록펠러는 그의 정유 공장 노동자들의 90%를 일시적으로 해고해야 했다.[68]

석유 시추사들의 거센 압력으로 SIC는 무너졌고 결국 1872년 3월 말 붕괴되었다. 승리를 확신하는 사이, 펜실베이니아 시추사들은 점점 강력해지는 스탠더드오일 재벌의 또 다른 음모를 두려워하며 록펠러를 계속 주시했다.

그리고 실제로 SIC가 붕괴된 직후, 록펠러는 정유회사들을 통합하려고 시도했다. 그와 그의 동업자였던 플래글러는 철도회사들과 시추 업체들과 함께 집단적으로 흥정을 할 목적으로 전미 정제협회를 제안했다. 피츠버그는 그 후 타이터스빌에 있는 경쟁자들

을 만났다. 이른바 피츠버그 플랜Pittsburgh Plan은 가격을 정하고, 정유
사를 위해 모든 원유를 구매하고 할당하며, 운임을 위해 철도회사
와 협상하는 집단 이사회를 설립하였다.[69] 모든 정유사가 썩 선호
하지 않는 아이디어였다. 타이터스빌 정유업체들은 대도시 경쟁업
체들이 자신들이 누리는 근접성의 이점을 약화시키려고 하는 꼼수
라고 의심하며 굉장히 회의적이었다. 한 지역신문 사설은 "지역의
정유사들이 독점자와 공모자들의 달콤한 말에 연약해지지 않기를
바란다"고 경고하기도 하였다.[70]

대부분의 석유 지역 정유사들이 피츠버그 계획을 기피하는 동
안, 록펠러는 가장 강력한 몇몇 정유 회사들을 이겼다. 1872년 8월
그들은 록펠러를 필두로 전미정제협회National Refiners' Association를 설립
하여 클리블랜드뿐만 아니라 피츠버그, 뉴욕, 필라델피아에 있는
모든 정제소에 가입을 허가하였다. 그러나 협회는 부정행위와 무
임승차로 인해 회원들이 일상적으로 생산 쿼터를 초과하고 비회원
국들은 생산 제한에 대한 부담을 나누지 않고도 높은 가격을 통해
이익을 챙겼다. 정제협회가 지상에서 벗어나기 위해 고군분투하는
동안, 펜실베이니아 시추사들은 산유량을 줄이고 가격을 올리기
위한 그들만의 계획을 준비를 하고 있었다.

SIC에 대한 압도적인 승리에 고무된[71] 시추사들은 또 다른 가격
폭락에 흥분했다. 1872년 8월 펜실베니아주 클라리온 카운티Clarion
County의 대규모 신규 석유 발견으로 석유 지역의 가격이 전년보다
1.13달러 낮은 3.67달러로 폭락했다. 저장 탱크와 파이프라인이 가

득 찼고 일부 굴착업자들은 강에 기름을 버리는 데 의존했다. 하지만 새로운 업자들이 계속해서 이 지역을 찾아왔다. 수많은 업자들로 인산인해를 이루며 혼돈의 아수라장이 되었다. 그로 인하여 큰돈을 벌 수 있다는 마음은 꺾이기 시작했다. 절망을 느낀 민간 굴착업자들은 전보다 더 큰 규모로 카르텔화를 시도하기로 결정했다.[72]

1872년 8월 말, '우리가 옳다는 믿음'[73]에 물든 운영자들은 1872년 9월 1일부터 6개월 동안 시추 작업을 중단하기로 약속했다. 그들의 의도는 500개의 새로운 유정이 뚫리는 것을 막는 것이었고, 일단 오래된 유정이 줄어들기 시작하면 전체 산유량은 하루 5,000배럴에서 3,000배럴로 떨어져 유가가 배럴당 5달러까지 오를 것이라고 계산했다. 타이터스빌 운송 회사는 공급 저하를 "과잉생산이라는 거대한 악에 대한 유일한 해결책"이라고 환영했다.[74] 협회 지도자들은 새로운 시추공들로부터 시추 중단과 새로운 우물을 뚫을 때마다 2,000달러의 벌금을 지불하겠다는 약속을 받아냈고, 그렇게 유전을 지켜보았다.

딱 한 가지 문제가 있었다. 클라리온 카운티에서 대규모 파업을 하고 있는 새로운 굴착업자들이었다. 그들은 함께 가는 것을 거부했다. 산업 초기에 뛰어든 굴착회사들의 수익을 위해 왜 신생 회사들이 수익을 포기해야 하는가? 당연히 시추 작업은 계속되었고 오히려 증가했다. 유가는 9월 중순까지 배럴당 2.75달러로 떨어졌다.

실망한 시추 회사들은 30일 동안 기존 유정의 생산을 중단하기로 합의했다. 9월 말까지 기존 우물의 4분의 3가량이 흐름을 멈췄다. 강제적으로 우물을 폐쇄하기 위해 '완력'을 쓰기도 했으므로 시추는 종종 남의 눈을 피해 재개되기도 하였다.《피츠버그 가제트》지는 "굴착기가 불에 타고 엔진이 파괴되고 기름 탱크가 잠겼다"[75]고 보도했다. 트라이앵글 시티Triangle City의 시추 회사인 레이벤스앤에반스Lavens & Evans는 협회에 "결의, 우리는 전혀 상관하지 않는다!"라는 선언문을 보냈다.[76]

30일간의 셧다운 운동은 어느 정도 성공을 거두었다. 석유 지역에서의 활동은 중단되었고 9월 산유량은 전월의 하루당 18,816배럴에 비해 16,651배럴로 떨어졌다. 10월에 공급은 14,308배럴로 떨어졌다. 그러나 30일간의 금수조치가 해제되자 산유량은 23,000배럴 이상으로 증가했다. 석유 생산이 반등하면서 유가는 다시 급락했다.[77]

생산자들은 10월 말에 새로운 카르텔 계획을 재빨리 구체화하면서 처음부터 다시 논의를 시작했다. 석유 생산자 협회장은 석유 생산자들을 위한 기구를 제안했는데, 이 기구는 100만 달러를 자본금으로 하고 배럴당 5달러까지 가격을 올리기 위해 필요한 만큼 석유를 사들일 예정이었다. 여분의 기름은 그 기관이 관리하는 탱크에 저장될 것이다. 그 기관은 또한 수요가 영구적으로 공급을 초과할 때 필요시 초과 공급을 할 수 있도록 건설 중인 유정이 조속히 완성될 수 있도록 "실용적이면서 반드시 필요한, 합법적일 수 있는 조치"를 고려했다.[78] 다시 말해서, 펜실베이니아 석유 지역에서 원유의 생산, 저장, 심지어 정제까지 완전히 독점하고자 한 것이다.

이 기관은 또한 데이터를 수집하고 공유하여 굴착업자들이 철도회사 및 정유사보다 시장 상황을 더 잘 이해할 수 있도록 도와줄 원대한 목표를 갖고 있었다.

1872년 10월 말까지 협회원들은 약 20만 달러의 자본을 모았다. 11월 6일, 모든 회원이 정해지자 이들은 계획이 성공하리란 자신감을 보였다. 펜실베이니아의 《옥수수 농장의 석유 일간 기록지 The Petroleum Centre Daily Record of Cornplanter》는 "곧 좋은 소식이 있으리라, '석유, 배럴당 5달러!' 게다가 남부 개발 회사의 부고 소식 또한 기대 중!"이라고 크게 환영했다.[79] 값싼 석유를 탐내던 뉴욕의 석유 소비자와 정유업체들은 이번에 시추업자들이 공급을 제한하고 가격을 올리는 데 성공할 수 있다는 징조에 대해 우려를 나타냈다.

굴착회사들이 정유사에 대해 느끼는 반감에도 불구하고, 록펠러를 포함한 일부 정유사들은 생산을 통제하고 원유를 안정시키기 위한 굴착업자들의 노력을 강력하게 지지했다. 당연히 정유사들은 낮은 가격의 원유를 선호했지만 호황으로 인한 가격 상승으로 인해 무엇보다 유가의 안정을 원했다. 비록 그들이 고약한 '오일 전쟁'을 막 치렀지만, 많은 정유업체와 굴착업체들은 이러한 안정을 이루기 위해서는 어떤 형태로든 협력이 필요하다는 것을 깨달았다.[80] 실패한 SIC는 철도 및 정유사들의 담합을 시도했다. 이제 정유업자들과 굴착업자들은 기꺼이 그것을 시도했다. 두 집단은 투기꾼들, 즉 석유 선물 계약의 초기 버전에서 거래하고 시추업자들과 정유업자들은 유가를 왜곡하고 변동성을 가중시키는 중간상인들에 대한 혐오감을 공유했다.[81] 상호 합의된 가격을 협상하고 생산 규율을 시행함으로써, 정유사와 생산자들은 투기꾼들을 제거하고 마침내 그들이 소중히 여기는 유가의 안정을 기대했다.

록펠러는 생산자들의 새로운 카르텔 형성에 열성적으로 반응하여 협회 지도부에 호의의 메시지를 보냈고, 그의 구매자 중 한 명에게 배럴당 4.75달러에 새로운 기관으로부터 원유를 사도록 주문하였다.[82] 1872년 12월 록펠러와 그의 새로운 정유 협회는 '타이터스빌 조약'이라고 불리는 생산자들과 합의에 도달했다. 이 조건에 따라 생산하는 원유를 하루 약 1만 5,000배럴로 제한하고 정유협회에 독점 판매하기로 합의했으며, 정유협회는 협회에서 독점 구매하기로 했다. 정유사들은 굴착회사들에게 뉴욕에서 판매되는 정제제품의 소매가격에 따라 배럴당 5달러, 즉 4달러를 지불하고 나머지 금액은 조건부로 지불하기로 했다. 뉴욕 석유 가격이 갤런당 26센트 이하(배럴당 11달러 상당)일 경우 정유사들은 에이전시에 배럴당 4달러를 지불하지만, 26센트 이상이면 갤런 생산자들은 배럴당 25센트를 더 받게 된다.[83]

그러나 타이터스빌 조약이 잉크로 체결되자 생산자들 사이의 규율은 다시 한번 무너졌고 야생 굴착이 재개되었다. 공급은 약속했던 하루당 1만 5,000배럴을 훨씬 웃도는 2만 2,000배럴을 향해 상승 행진을 시작했다. 공급 과잉으로 인해 정유업체와 굴착업체들은 배럴당 4.00달러를 3.25달러로 인하해야 했다. 록펠러는 3.25달러를 주문했지만, 자금난에 처한 우물 소유주들은 계약 외

구매자들에게 배럴당 2달러 할인된 가격을 제공하기 시작했다.[84] 보스턴 정유사들은 타이터스빌 조약에서 제외되었고 목표 가격인 3.25달러 이하의 가격으로 독립 생산자들로부터 석유를 사들일 것을 맹세했다.[85] 1873년 1월 14일 《타이터스빌 헤럴드Titusville Herald》는 과잉 생산된 많은 석유 재고를 비난하며 소규모 생산자들을 대표하여 "60일간의 결단적이고 지속적이며 보편적인 생산 중단"을 호소했다.[86] 그러나 약 1만 명에 달하는 산업 규모로는 감당할 수 없는 것이었다.

록펠러는 난리가 난 생산자 회의에 참석했고 규율과 규약을 존중하지 않는 이들의 태도에 혐오감을 느꼈다. 시간이 한참 흐르고 나서야 담배를 씹던 생산자가 왜 합의했던 한도를 초과하여 석유를 판매했는지 설명하던 모습을 회상하며 록펠러는 이렇게 말했다. "나는 공정한 상거래가 될 것이라 굳게 믿었다!"[87] 단합과 배신에 의기소침해진 생산자들은 1월 중순 타이터스빌 조약을 무효라고 선언하며 항복했다.

석유 지역에 절망을 느낀 굴착업자들이 공급을 통제하기 위해 자발적인 노력을 했고, 1880년대까지 이어졌다. 몇몇은 아주 짧은 기간 동안 성공을 거두었지만, 결국 개별적으로 살펴보면 패배로 끝나곤 했다. 새로운 유정이 계속해서 발견되었고, 그에 걸맞게 열심인 굴착업체들이 있었다. 가라앉은 우물에서 얻는 이익과 새 우물에 대한 보상은 너무 컸다. 록펠러의 전기 작가 네빈스는 "종합적이고 고도로 중앙집권적이며 영구적인 조직만이 시장의 과잉을

통제할 수 있다는 것이 명백했다"고 썼다.[88]

정유사들이 자체 조직화에 성공한 것은 생산자 못지않았다. 1873년경에는 정유사 협회 자체가 너무 작고 약해서 규율과 통제를 할 수 없었다. 석유산업은 전반적으로 다시 불안정해졌다. 록펠러는 이제 굴착업체 및 수송기와의 자발적인 결합에 대한 어떠한 희망도 버렸고, '우리의 계획'이라고 부르는 것을 진행하기로 결심했다. 1869년에서 1870년 사이에 처음 구상된 이 전략은 강력한 경제적 압력을 통해 정유사들을 운송 업체와 하나로 통합할 것을 요청했다. 이 전략을 구사하는 과정에서 우연히 부를 거머쥘 핵심 관리자 그룹이 감독을 맡게 되었고, 그들은 네빈스가 쓴 것처럼 록펠러는 "부도와 파멸이 잦은 비정형적인 이 산업은 이미 고도로 발전되었다. 비용의 낭비가 심한 정제 산업이 하나로 통일되어 관리자들에 의해 확실하게 통제될 수 있다면, 재편성된 소규모 관리 그룹은 부의 원칙을 갖게 되리라"고 말했다.[89]

스탠더드오일은 클리블랜드를 넘어 다른 지역까지 확장하기 위해, 록펠러는 클리블랜드에서 행했던 것과 같은 전술을 사용했다. 수평적 통합이든 수직적 통합*이든 록펠러는 일반적으로 먼저 설득을 시도했고, 회사의 대표나 임직원에게 (종종 스탠더드오일에서 일

---

* 수직적 통합vertical combination 다각화의 한 방법으로 제품의 전체적인 공급과정에서 기업이 일정 부분을 통제하는 전략이다. 수직적 통합은 원료를 독점함으로써 경쟁자를 배제하고, 원료에서 수익을 얻고, 원료부터 제품 생산까지 기술적으로 일관성을 지킬 수 있는 등 장점이 있다.

을 계속할 수 있게 보상하는) 판매나 합병을 요청하거나, 또는 (종종 독립 정유사들과) 그들이 과잉 생산 기간에 산유량을 제한한다면 이익을 보장받을 수 있게 계약을 체결하였다. 록펠러와 함께 일하지 않은 생산자와 정유사들은 자신들이 시장에서 값을 매길 수 없다는 것을 알았다. 그는 특정 시장에서 중요한 소유권이나 지배권을 얻은 다음, 그것을 이용하여 나머지 회사들을 폐쇄하도록 압박하였다.

록펠러는 클리블랜드에서 그랬던 것처럼 경쟁자들이 산업 스파이를 보내거나, 기습적인 가격 책정 등 비밀스럽고 기만하는 행위에도 자신의 뛰어난 경영 실력으로 조직을 다스렸다. 그와 그의 동료들은 정유사와 철도사의 경쟁에 약점을 이용했다. 1879년까지 스탠더드오일은 미국 전체 정제 부문의 90% 이상을 지배했다.

스탠더드오일의 독점적 체재는 원유 생산과 가격에 영향을 미치기 시작했다. 1880년대까지 원유 수송을 위한 주요 수단으로써 철도 차량을 대체한 경쟁 철도사는 대직경 파이프라인의 소유권을 이용하여 스탠더드오일의 생산자들이 과도하게 공급하지 못하도록 방해했다. 어떤 경우에는 스탠더드오일과 관련된 파이프라인을 민간 굴착업자들이 이미 구매자를 확보했거나, 적절한 저장고가 없는 굴착업체는 원유 수송을 거부하기도 했다.[90] 록펠러는 석유 지역에서 예상치 이상의 과잉된 원유를 사는 것을 거부했고, 그의 정유소들은 제품 가격을 유지하기 위해 생산을 줄였다.

이러한 공격적인 전술에도 불구하고 스탠더드오일과 석유 굴착업체들의 관계는 항상 적대적이지만은 않았다. 1887년 11월부터 1888년 11월까지 그들은 '대규모 셧다운 운동'에 협력했다.[91] 록펠러는 굴착업자들에 대한 깊은 불신을 억눌렀다. 그 이유로는 록펠러도 굴착 사업에 뛰어들었기 때문이다. 펜실베이니아 석유의 지속적인 공급 과잉은 스탠더드오일이 오하이오주 리마에 대규모 유전을 위해 투자하는 것을 위협했다. 특히 러시아로부터 해외 원유 공급 경쟁이 심화되는 상황에 직면했다. 언제나처럼 석유 지역 굴착업자들은 저유가의 구제를 외쳤다. 그러므로 록펠러와 석유 굴착업자들은 가격을 안정시키기 위해서 뿐만 아니라, 가격을 올리기 위해서도 하나로 뭉쳐야만 했다.[92]

생산업체를 대표하는 단체와 체결한 조건에 따라 시추사들은 새로운 유정을 시추하는 것을 중단하고 하루 6만 배럴에서 4만 5,000배럴 이하로 공급을 줄이기 위해 다른 조치를 취했다. 그 대가로 스탠더드오일은 나중에 팔릴 원유를 더 높은 가격에 사들여 보관하고, 그 수익의 일부를 휴업으로 폐기된 굴착업체들과 공유했다. 이 대규모 셧다운 운동은 1년 동안 지속되었고 성공적이었다. 워싱턴과 그린 카운티의 새로운 생산자들이 생산을 늘린 반면, 전체 공급량은 하루 4만 5,000배럴로 떨어졌다. 가격은 같은 기간 배럴당 70센트에서 90센트로 올랐다.[93] 1년 동안 지속된 협정은 록펠러와 스탠더드오일 생산자들 사이에서 흔치 않은 동맹과 찬사를 얻었다.

그러나 스탠더드오일과 펜실베이니아 굴착업체들과의 동맹도 일시적인 것이었다. 원유 가격은 1890년부터 하락하기 시작해 1890년대 초반 배럴당 50에서 60센트까지 떨어졌다. 스탠더드오일은 오하이오주 원유 신제품을 시장에 내놓았고 펜실베이니아주 굴착 회사들은 "스탠더드오일의 운송, 정제, 마케팅 전략을 착안하고 더 개발하여 스탠더드오일과 경쟁하기로 결정했다."[94]

스탠더드오일이 가격 안정에 미친 영향

1880년대 중반까지, 스탠더드오일은 원유 생산에서부터 정제된 제품의 마케팅에 이르기까지 석유 사업의 모든 측면을 지배했다.[95] 록펠러가 석유산업에 가져온 질서와 안정은 회사와 미국 그리고 유럽과 아시아의 초기 시장에 엄청난 성장을 가져왔다. 정제 독점화와 철도 및 파이프라인과의 수직적 통합은 록펠러의 통내通內가 유가를 단독으로 정하거나 유가 변동성을 완전히 제거하기에 불충분하더라도 유정으로부터 석유의 흐름을 간접적으로 제한하고, 이에 따라 표준 석유 호황과 붕괴 이전의 가격 주기를 폐지하기에 충분했다.[96] 그 후 21년 동안 스탠더드오일의 지배력 이전, 원유 가격은 연평균 약 53% 변동했다(그래프 1-1 참조).[97] 록펠러 통치 기간에 유가는 약 절반인 24% 변동했다. 물론 소비자들은 순수한 경쟁 하에 그들이 가질 수 있는 것보다 더 높은 가격을 지불했지만, 록펠러 시대 동안 유가가 추세적으로 하락했기 때문에 대중들은 가격이 내려간 것을 알아차리지 못했다.

록펠러의 제국은 정제, 운송, 그리고 간접적으로 펜실베이니아,

북동부, 그리고 후에 중서부의 원유 생산에 집중했다. 그러나 세기가 바뀔 무렵, 원유 생산은 스탠더드오일의 손이 닿지 않는 텍사스와 오클라호마 지역으로 빠르게 확산되어 갔다. 스탠더드오일의 입장에서는 썩 반갑지 않은 소식이었다.

1901년 텍사스주 버몬트Beaumont 인근의 파틸로 히긴스Pattillo Higgins라는 이름의 끈질긴 탐사자에 의해 발견된 괴물 같은 유정, 스핀들톱Spindletop은 석유산업 역사의 분수령이 되었다. 하루 10만 배럴의 유량을 가진 이 거대한 스핀들톱은 두 개의 유명한 회사, 걸프와 텍사코Texaco뿐만 아니라 텍사스 전체에 석유 붐을 일으켰다. 과도한 시추로 인해 스핀들톱이 1년 만에 말라붙었지만, 텍사스와 오클라호마는 거대한 유정을 곧바로 계속해서 발견했다. 대규모 텍사스 유전과 오클라호마 유전의 도래는 미국 내 석유 공급량이 '부

〈그래프 1-1〉 1860~1911년까지 월간 미국 원유 가격

출처: 『데릭』 1~4권; API, 석유의 사실과 수치(1959) © 래피던 그룹

족할 것'이라는 석유 업계의 지속적인 우려를 불식시켰다.

텍사스에 새로운 경쟁자가 나타났지만 스탠더드오일의 지배력에 대한 국제적 위협은 고조되었다. 텍사스와 오클라호마의 발견은 잠시나마 세계 최고의 생산국이었던 러시아보다 앞서게 만들었다. 1870년대 초, 카스피해 연안의 아제르바이잔Azerbaijan의 당시 러시아령 바쿠Baku에서 대규모 석유 생산이 시작되었다. 스웨덴의 다이너마이트 발명가 알프레드Alfred의 형제인 로베르트Robert와 루트비히 노벨Ludwig Nobel은 바쿠를 기반으로 한 석유 생산과 정제를 빠르게 개발했고 제정러시아(1917년의 혁명이 일어나기 이전의 러시아, 러시아 제국)에 주요 공급자가 되었다.

처음에는 바쿠에서 지리적으로 멀리 떨어져 있는 것과 대규모 유조선의 부재로 인하여 발굴에 한계를 느꼈지만, 1880년대에 프랑스 로스차일드Rothschild 가문은 러시아 석유가 유럽의 석유시장을 놓고 스탠더드오일과 경쟁할 수 있도록 흑해로 가는 철도 자금을 조달하기 위해 개입했다. 바쿠의 산유량은 1879년과 1889년 사이에 10배나 증가했고, 당시 산유량은 미국 산유량의 57%에 달했다.[98] 바쿠의 유정 소유주들은 서부 펜실베이니아와 마찬가지로 그들의 거대한 발견을 위한 새로운 시장을 찾기 위해 백방으로 뛰어다녔다.

해외에서 대규모의 석유를 발견하자 록펠러는 위협을 느꼈고, 그가 보인 첫 번째 행보는 외국 도전자들을 매수하는 것이었다. 스탠더드오일은 노벨과 타협하려 했으나 거절당했다.[99] 협상 실패 후,

스탠더드오일은 러시아를 혹독한 가격 전쟁에 끌어들였다. 1890년대 석유전쟁으로 알려진 유혈사태를 종식시키기 위해 스탠더드오일은 노벨, 로스차일드 가문 등이 소유한 회사들과 타협을 시도했다. 1892년과 1893년 스탠더드오일은 미국의 독립 정유소와 생산업체들의 지지를 받지 못하면서 미국과 러시아의 모든 회사들과 관련된 거래가 무산되었다. 1894년 가격 전쟁 후, 스탠더드오일과 러시아의 경쟁자들은 1895년에 다시 거래를 시도했다. 그들은 미국 생산자들에게 "전 세계 수출 매출의 75%를 자신들이 가지고 러시아인들에게 25%를" 넘기자는 계약을 맺었다. 그러나 이 협정이 발효되기 전, 그 협정은 명백히 러시아 정부의 반대 때문에 결렬되었다.[100] 동맹을 위한 자발적인 노력이 자국 내에서만큼, 그리고 국제적으로도 어렵다는 방증이었다.

한편 스탠더드오일의 글로벌 지배력에 대한 또 다른 주요 위협 요소는 아시아에서 일어나고 있었다. 런던에 본부를 둔 무역업자 마커스 새뮤얼Marcus Samuel은 러시아산 석유를 아시아에 판매할 수 있는 권리를 획득했고, 특히 새로 개통된 수에즈 운하를 통해 항로를 만들 때 비용을 절감할 수 있는 기발한 유조선을 설계했다. 새뮤얼의 회사는 조개로 장식된 선물 상자를 팔았던 아버지를 기리기 위해 '셸Shell'이라고 이름 지었고, 스탠더드오일과 전면전을 선포했다.[101]

스탠더드오일과 셸은 적극적으로 지분 인수와 소비 시장에 가까운 아시아에 대규모 유전 개발을 시작했다. 두 회사 모두 로열 더치Royal Dutch라 불리는 네덜란드 동인도 회사에 주목했다. 이 회사는 수마트라에 기반을 둔 유망한 석유 생산 사업을 하고 있었다. 1900년 네덜란드의 은행가 헨리 디터딩Henri Deterding이 이끌었다. 그는 수익성이 좋은 아시아 시장 근처에 많은 원유를 가지고 있었지만, 마케팅 네트워크를 가진 기업들과 통합할 필요가 있었다. 록펠러처럼 디터딩은 가격 경쟁을 싫어했고 합병에 개방적이었다. 셸사社는 네덜란드 왕실과의 합병을 선택했지만, 거의 불가능한 길이었다.

셸의 사장 마커스 새뮤얼은 경영권을 포기할 생각이 전혀 없었다. 그러나 로열 더치는 공동 경영을 선호했고, 협상가로 참여했던 프레드 레인Fred Lane은 새뮤얼에게 공동 경영을 해야 석유 공급 과잉으로 인한 시장의 파멸을 피할 수 있다고 설득했다. 공급 과잉과 가격 붕괴에 대한 공포가 다시 한번 석유산업에 있어 중요한 동맹 중 하나를 형성하는 데 도움을 주었다. 1901년 셸과 로열 더치는 공동 경영에 동의했고 1907년 로열더치셸 그룹에 합병되었다. 신흥 제국은 스탠더드오일 제국에 대항하는 새로운 '공세 및 방어 동맹'의 일부가 되기를 압박한 로스차일드 가문의 재정적 지원을 받았다. 합병 직후, 셸의 수장인 디터딩은 네덜란드령 동인도의 공급 과잉을 막기 위해 산유량을 줄이고 할당량을 부과했다.[102]

그러나 스탠더드오일에게 가장 큰 위협은 텍사스나 셸이 아니라 워싱턴에 있었다. 세기말 진보적인 미국에서, 남북 전쟁 이후 생겨난 독점권과 트러스트*는 널리 퍼진 대중의 불신과 함께 조사 대상이었다. 독과점은 가격을 올리고, 경쟁을 제한하고, 질 낮은 상품을 생산하고, 혁신을 막고, 소수의 소유주를 부유하게 만들기 때문에 인기가 없었다. (일부 산업은 진입 비용이 높거나, 정부가 규제하고자 하는 가격의 상품을 제공하거나, 한 대기업이 더 경제적으로 효율적일 경우 '자연 독점'으로 간주된다. 그 예로는 수도나 전기 시설이 있으며, 일반적으로 국유화되거나 또는 규제된다.) 1800년대 중후반의 산업화와 교통의 확장은 많은 독점을 낳았고, 세기말에는 대중이 뒤로 밀려났다.

트러스트는 철도나 석유산업과 같이 하나의 연방주에 국한되지 않고 여러 주를 넘나들며 운영되는 대기업을 위한 해결책으로 고안되었다. 그러한 기업 신탁은 복잡한 지분 보유와 지배 체계를 통해 수십 개의 회사에 지분을 보유하는 것으로, 종종 비밀리에 설립되었다. 미국 최초의 사건은 다름 아닌 록펠러에 의해 주도되었고 그의 변호사였던 새뮤얼 C. T. 도드Samuel C.T. Dodd가 맡았다. 1882년 도드는 스탠더드오일 신탁을 비밀리에 설립하는 계획을 고안했다.[103] 록펠러를 포함한 9명의 수탁자가 스탠더드오일 제국의 자산을 공통으로 보유하게 됨으로써, 그들은 법적으로 단 한 회사도 다른 회사를 소유하지 않았다고 주장할 수 있었다. 그러나 실질적인 방법으로, 트러스트 협정은 스탠더드오일 제국을 명확하고 통일된

---

* 트러스트trust '기업 합동'이라고도 한다. 같은 업종의 기업이 경쟁을 피하고 보다 많은 이익을 얻을 목적으로 자본에 의하여 결합한 독점 형태를 말한다. 가입 기업의 개별 독립성은 없어진다.

방향으로 통제했다.[104]

대중과 관료들은 트러스트를 독점적 음모라고 여겼다. 분노에 찬 여론으로 시작된 정밀 조사는 1870년대 후반에 본격적으로 시작되었다. 초기 대상은 철도사였는데, 육류, 소금 포장업 등 석유 이외의 많은 산업과 결탁했기 때문에 주목과 함께 의심도 받았다. 리베이트와 기타 광범위한 반경쟁적 관행에 대한 언론 보도는 대중의 관심을 불러일으켰고, 1880년대 중반 스탠더드오일은 미국 최초의 석유회사일 뿐만 아니라 가장 큰 트러스트를 보이며 집중 조명의 대상이 되었다.

존 D. 록펠러는 '트러스트의 아버지, 독점의 왕, 석유 사업의 황제'라고 비난받았다.[105] 목재나 기계 같은 산업의 트러스트는 대중으로부터 멀리 떨어져 있었지만, 스탠더드오일은 19세기 후반 소비자들에게 잘 알려져 있었다. 그것은 등유와 연고와 같은 일반적이고 필수적인 상품을 팔았다. 일상생활에서 석유는 익숙했고 스탠더드도 그랬다. 록펠러에 대한 언론의 비방이 심해지자, 익숙함은 경멸로 바뀌었다. 스탠더드오일의 지지자들조차 비밀 전략, 경쟁을 망치기 위해 특정 시장에서 약탈적인 가격 전쟁을 벌이는 것을 포함한 철도사와 협력, 경쟁자들에 대한 정보를 수집하기 위한 스파이 고용을 인정했다.[106]

주정부 및 연방정부 관리들은 스탠더드오일의 활동을 조사하기 시작했다. 1888년 2월, 뉴욕 상원의 트러스트 조사 위원회는 록펠러와 임원진과의 유선 조사를 시작했다. 1888년 4월, 설탕 산업을 맹비난한 후, 하원 조사 위원회는 스탠더드오일에 대한 조사를 이어 나갔다. 록펠러의 조사에서 새롭게 나온 법률은 없었지만, 하원 위원회는 스탠더드오일의 시장 지배하에 있던 생산자, 정유사, 소규모 유통업자들의 불평에 대체로 손을 들어주었다. 스탠더드오일의 막대한 수익, 강압적인 전술, 비밀 유지에 대한 증언은 대중의 분노를 불러일으켰고, 의회 행동을 촉발시켰다. 1888년 클리블랜드, 해리슨Harrison에서 열린 대통령 선거운동에서 많은 사람이 독점적 사업 활동에 관한 법을 강화했고 두 후보 모두 대기업의 트러스트를 비난했다. 1889년 존 셔먼John Sherman 상원의원은 "무역과 생산을 제한하는 불법, 트러스트, 조합을 선언하는" 법안을 제출하였다.[107] 해리슨 대통령은 1890년 셔먼 반독점법에 서명하였고, 이때 미국에서 약 50개의 트러스트가 운영되었지만 스탠더드오일사가 주범으로 간주되었다.

오하이오주는 1892년 스탠더드오일의 트러스트가 불법이라고 선언하여 록펠러와 그의 동맹을 재편성하도록 강요하였다. 1899년 스탠더드오일은 뉴저지주의 지주회사법을 이용하기 위해 본사를 다시 세웠다. 그러나 트러스트 회사에서 지주회사로 전환하여 당면한 법적 문제를 해결했지만, 사람들의 비판 강도는 거의 줄지 않았다. 록펠러의 무자비한 사업 관행은 수년에 걸쳐 수많은 분노한 정당을 낳았다. 언론인 아이다 M. 타벨Ida M. Tarbell은 누구보다 앞장서서 록펠러의 명성을 더럽히고 스탠더드오일의 몰락을 부추겼다.

타벨은 펜실베이니아주 서부 석유 도시인 타이터스빌과 피솔에서 자랐으며, 스탠더드오일사로 인해 피해를 입은 독립 굴착업자의 딸이자 누이였다. 1902년 11월부터 《맥클루어McClure》지에 연재한 록펠러의 생애와 스탠더드오일사의 역사를 추적하는 그녀의 책은 "미국의 가장 역사적인 사람을 가장 대중적이고 증오스러운 인물로 만들었다."[108] 타벨은 록펠러를 미국의 사업 도덕성을 훼손한 혐의로 고발했다.[109] 또한 그녀의 강도 높은 비판은 트러스트와 대기업 재벌들에 대한 분노가 가장 최고조에 달했을 때 대중을 강타했고 "진보 시대 동안 '추문 들추기식' 저널리즘의 성공한 예가 되었다."[110]

록펠러는 또한 1901년 맥킨리McKinley 대통령의 암살과 함께 대통령이 된 진보적인 지도자 시어도어 루스벨트Theodore Roosevelt의 이상적인 타깃이었다. 루스벨트는 1906년과 1909년 사이, 몇 번의 조사 끝에 스탠더드오일을 공격하고 기소하였다.[111] 1906년 11월 루스벨트 행정부는 스탠더드오일 뉴저지 지사Standard Oil Company of New Jersey와 록펠러를 포함한 7명을 주州간 무역을 제한함으로써 석유 산업을 통제하려는 음모를 꾸민 혐의로 고소했다. 대법원에 도달하기까지 법적 절차가 5년 동안 지연되는 동안 스탠더드오일의 승부는 끝났다.

록펠러의 전기 작가 네빈스는 "루스벨트 행정부와 12개 주의 관료들, 그리고 대다수의 미국 국민은 '스탠더드오일 뉴저지 지사의' 조합이 해로운 독점이며 반드시 해체되어야 한다고 결정했다"고 언급하였다.[112] 그리하여 1911년 대법원은 록펠러의 트러스트를

34개의 회사로 분리했다. 그중 주목할 만한 회사로는 뉴저지주의 스탠더드오일(오늘날의 엑슨모빌), 뉴욕주의 스탠더드오일(나중에 엑슨과 합병한 모빌), 캘리포니아주의 스탠더드오일(셰브론), 인디애나주의 스탠더드오일(나중에 영국 석유회사 회사에 인수된 애모코)이 있다.[113]

안정성의 대가

록펠러 시절 원유 가격은 의심할 여지 없이 이전보다 더 안정적이었다. 그러나 원유 가격에 대한 록펠러의 영향력이 얼마나 큰지는 논란의 여지가 있다. 1859년과 1879년 사이 매년 최저와 최고 월평균 가격 사이의 백분율 변화는 평균 53%였다. 그러나 록펠러 시대에 이 비율은 24%에 불과했다(그래프 1-2 참조). 이후부터 오늘

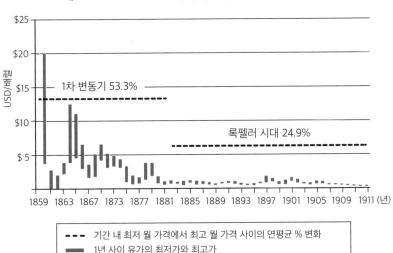

〈그래프 1-2〉 1859~1911년까지 미국 원유 가격의 연간 범위

출처: 『데릭』 1~4권; API, 석유의 사실과 수치(1959) © 래피던 그룹

날까지, 역사학자들은 스탠더드오일이 정제하고 판매한 석유 지역으로부터 원유의 양과 가격에 큰 영향을 끼쳤다고 생각한다.[114] 원유 생산과 가격에 대한 록펠러의 영향력은 대부분 간접적이었다. 왜냐하면 스탠더드오일은 정제하거나 운송하는 것처럼 원유 생산을 지배하지 않았기 때문이다. 하지만 록펠러는 그가 통제하는 파이프라인과 저장 탱크에 석유를 저장하는 많은 비용을 적절하게 바꾸는 능력을 통해 강력한 영향력을 끼쳤다.[115] 가격 상승 추세에 맞서 그는 저장 비용을 낮출 수 있었고, 굴착업자들이 더 많은 석유를 생산하고 저장하도록 유도할 수 있었다. 공급 과잉 기간에는 저장 비용을 높이거나 가용성을 제한할 수 있었으므로, 결국 굴착업체가 생산을 줄일 수밖에 없었다.

아이다 타벨은 원유 가격에 대한 록펠러의 영향력을 독재라고 묘사했다. 타벨은 "스탠더드오일의 석유 정제 및 운송 사업은 독점"이라고 결론 내렸다. 타벨은 "스탠더드오일은 그동안 시장에서 거의 유일한 구매자였고, 당시 실제 가치보다 훨씬 낮은 원유의 가격을 지시하고 확립할 수 있었다"[116]고 하였다. 전기 작가인 론 처노가 지적했듯이 타벨은 록펠러의 영향력을 지나치게 과대평가했다며 이렇게 말했다. "록펠러에 대한 유언비어 중 하나는 짚고 넘어가야 한다. 록펠러는 포괄적 법칙을 강요하며 원유 가격을 정한 것이 아니다."[117]

록펠러가 없었다면 기술이나 법률, 석유 생산과 수요의 패턴 등 더욱더 석유사업이 안정적으로 발전했을지 알 수 없다. 우리가 알고 있는 것은 석유산업이 극심한 불안정성을 겪기 쉽고, 통합에 대한 충동을 일으키며, 생산 통제 기간에 가격이 더 안정적이었다는 것뿐이다.

록펠러는 유가를 높게 유지하기 위해, 또 안정시키기 위해 자신의 힘을 사용했을까? '우리의 계획'을 설계하고 실행하며 록펠러는 분명 높은 가격보다 안정적인 가격에 더 많은 관심을 보였다. 1872년 석유시장 가격인 배럴당 3.25달러를 카르텔화 하려는 시도를 인정했고 동의했었다. 그리고 록펠러 시절 원유 가격이 이전보다 더 안정되었듯이 (뒤에 더욱 자세히 알아보자.) 등유 가격 역시 록펠러 이전 시기보다 더 안정적이고 낮았으며, 1863년부터 1890년대 중반까지 갤런당 45센트에서 대략 6센트로 떨어졌다.[118] 놀랍게도, 전 세계에서 폭발적으로 증가하는 등유 시장 규모에도 불구하고 1859년 0에서 금세기 말까지 하루 6000만 배럴을 시추하며 가격을 안정시켰다.[119] 세계적으로 석유 사용이 빠르게 확대되는 동안, 산업은 특히 파이프라인과 대형 철도 차량 및 유조선과 같은 대량 운송 방법에서 새로운 기술을 도입하고 더욱 효율화함으로써 비용 절감을 지속적으로 달성했다. 그러나 1900년대 초 미국 기업국Bureau of Corporations 보고서는 등유 가격 하락의 대부분 스탠더드오일의 효율적인 정유 부문 경영 때문이 아니라 유가 하락에서 비롯되었다고 결론지었다.[120]

원인이 무엇이든 간에 처노는 1998년 "일반적으로 스탠더드오일은 대중에게 적당한 가격으로 등유를 선보였다…… 이는 안티 스탠더드오일이라는 독에 대한 장기간의 예방접종과도 같은 효과를 냈다."[121] 낮은 등유 가격에 대한 록펠러의 선호는 이타주의에서 비롯된 것이 아니라 시장 점유율을 장악한 크고 저렴한 공급업체에 대한 강박에서 비롯되었다.[122] 스탠더드오일이라는 독점가는 높고 낮은 가격 사이에서 균형을 잡았다며 처노는 "대기업 트러스트가 경쟁을 막기 위해 인위적으로 가격을 낮추어 유지했고, 결과적으로는 독점적인 힘을 발휘했다"고 결론지었다.[123]

스탠더드오일은 결국 트러스트에 대한 반감, 강경한 사업 관행, 그리고 설립자의 극심한 비호감 때문에 무너졌다. 널리 보급될 석유를 안정적이고 낮은 가격으로 소비자에게 제공했다는 이유 때문만은 아니었다.

2장

록펠러 없인
평화도 없다

호황과 불황의 반복

THERE IS NO END TO OIL

호황기의 귀환

1911년 스탠더드오일의 해산은 석유산업의 역사에 대단한 이정표를 세웠다. 그러나 석유 사용에 전면적인 변화가 아니었다면 감히 비견할 수 없는 중요한 시점이기도 하였다. 1859년 드레이크의 첫 상업 유정 이후 50년 동안 석유는 주로 조명용 등유로 사용될 뿐, 주유는 두 번째 목적이었다. 초기 정유사들이 원유를 증류하면서 등유보다 용제나 가정용 그리고 휴대용 난방기처럼 상업적 용도의 활용이 낮았고, 따라서 더 가볍고 가연성이 높은 휘발유 생산은 이미 피할 수 없는 미래였다.

19세기 후반 전기, 백열전구, 내연기관 등과 관련된 혁신은 석유의 주요 용도를 조명에서 교통수단으로 바꾸었다. 1879년 토머스 에디슨Thomas A. Edison에 의해 눈부시게 개선된 전구는 1880년에 상업적으로 사용되기 시작했고, 에디슨은 1882년 뉴욕에 최초의 발전소를 열었다. 전기 조명은 석유나 천연가스보다 더 좋은 빛을 제공했고, 불꽃의 위험도 없었다. 전기는 또한 "밀가루 공장, 화학

088

공장, 도서관, 심지어 석유 정제소"와 같이 석유가 사용될 수 없는 곳에서 안전하게 이용되었다.[1] 그러나 전기 발전기와 송전선의 확산은 20년 이상 걸렸고, 20세기가 도래하기 전까지 전기가 등유를 대체할 수 없었다.

한쪽 문이 닫히면 또 다른 문이 열린다고 했다. 1885년, 독일의 엔지니어 고틀리프 다임러Gottlieb Daimler와 그의 동료 빌헬름 마이바흐Wilhelm Maybach는 오늘날 여전히 사용되는 현대식 내연기관의 첫 번째 가솔린 엔진 시제품을 특허 등록했다. 이듬해 독일 발명가들은 세계 최초의 4륜 자동차를 만들었고, 루돌프 디젤Rudolf Diesel은 1897년에 최초의 디젤 엔진을 선보였다. 유럽의 자동차 엔진 기술이 미국보다 10년 정도 앞서는 사이 기술은 빠르게 발전과 확장을 이어 나갔다. 프랑스는 1890년에 상업적인 이윤을 낼 수 있는 규모의 자동차 제조를 시작했고 미국은 세기가 전환된 1901년, 올즈모빌Oldsmobile에서 425대의 자동차를 판매하면서 시작되었다.

초창기만 해도 석유는 새롭게 떠오르는 자동차 산업에서 오래된 증기기관이나 새로운 전기 엔진에 밀릴 것으로 보였다. 증기 기관차는 1890년대 후반에 만들어졌지만, 영하로 내려가는 온도에서 운전할 수 없는 등 다양한 기술적 난관에 부딪히면서 선풍적인 인기를 끌지 못했다. 전차와 철도는 전기를 이용했고, 최초의 전기 자동차는 1884년에 시연되었다. 조용하고 부드럽고 작동하기 편리했지만, 전기자동차는 오늘날까지 남아 있는 한 가지 주요 함정에 빠졌다. 바로 사용 범위가 제한적이란 단점이었다.

초기 발명가들은 곧 액체 연료로 작동하는 내연기관이 자동차에 가장 실용적이라고 결론 내렸다. 액체 연료는 전기 배터리보다 더 많은 에너지를 충전하고 더 쉽게 채우며 사용하기 수월했다. 액체 연료 중 휘발유의 주요 경쟁자는 발효된 설탕과 녹말에서 얻은 에탄올*이었다. 알코올은 램프와 엔진에서 연료로 널리 사용되었지만, 1906년 남북전쟁이 끝난 후에도 휘발유보다 더 비쌌다. 또한 휘발유는 생산할 때 알코올 연료보다 더 적은 에너지를 소비하지만, 부피당 더 많은 에너지를 포함하기 때문에 훨씬 우수했다.

초창기 자동차 산업에서 과학자들은 석유가 거대한 자동차 시장을 지탱하기에 충분치 않을 거라 우려했다. 헨리 포드Henry Ford 역시 1908년 대량 생산된 자동차들이 에탄올로 달릴 것이라고 상상했다. 그러나 스핀들톱과 텍사스 그리고 오클라호마에서 발견된 (대규모) 유정의 발견은 급성장하고 있는 자동차 산업에 석유를 공급할 수 있었고, 풍부한 매장량을 보유하고 있다는 신뢰할 만한 사실로 사람들을 안심시켰다. 석유는 곧 차량 엔진을 향한 발걸음을 뗐다.

원유 발견 후 첫 50년 동안, 등유는 원유를 정제하여 얻은 가장 귀중한 제품이었다. (앞서 언급한 대로 휘발유는 위험하고 쓸모없는 부산물일 뿐이었다.) 그러나 이 시기를 시작으로 휘발유는 이제 미국의 석

---

* 에탄올 무색 투명한 휘발성 액체로, 특유한 냄새와 맛을 지닌다. 다른 말로 '에틸 알코올'이라고 한다. 인체에 흡수되면 흥분이나 마취 작용을 일으키기도 한다.

유 정제 산업에서 가장 중요한 상품이 될 예정이었다.

석유를 사용했던 첫 번째 주요 교통수단은 선박이었다. 셸의 설립자 마커스 새뮤얼은 석유를 적극적으로 홍보했고, 1890년대 후반부터 셸의 유조선은 사용 연료를 석탄에서 석유로 전환하기 시작하였다. 세기가 바뀔 무렵 1901년 스핀들톱 외에 캘리포니아와 멕시코에서 대규모 유전이 발견되면서 선박의 연료를 석유로 바꾸려는 해운업자들의 관심이 높아졌다.[2] 1914년 파나마 운하의 개통은 해상 무역을 증가시켰으며, 다행히도 파나마 운하의 양쪽 연안에는 연료가 풍부했다.[3]

미 해군 역시 석탄에서 석유로 연료 전환을 고려했지만 진전은 더디기만 했다. 처음으로 전환을 고려했던 시점은 남북전쟁 중 북 해군이 몇 가지 전술적 이점을 상의하며 시작되었다. 석유연료의 높은 밀도와 열효율 때문에 군함은 더 오래 바다에 머물 수 있었고 독립적인 운항도 가능했다. 석유는 저장하고 관리하기 훨씬 쉬웠다. 석탄은 선원의 4분의 3 정도의 인원이 모두 매달려야 저장소에서 용광로로 운반이 가능했기 때문이다. 오랜 전투에선 군사력에 치명적인 상실을 불러왔다.[4] 마지막으로, 석유로 움직이는 배들은 석탄으로 움직이는 배보다 더 빨리 이동하고 더 많은 화물을 운반할 수 있었다. 1913년이 되어서야 윈스턴 처칠은 영국 해군함의 연료를 석탄에서 석유로 바꾸었고, 미 해군도 그제야 그 뒤를 따랐다.[5]

선박이 석유 사용에 대해 우위를 점하는 동안 자동차 역시 빠르게 선박을 따라잡았고, 곧 운송 부문에서 석유 사용을 지배했다. 조

립라인과 호환 가능한 부품의 도입으로 헨리 포드는 처음으로 자동차를 저렴하게 대량 생산하였고 미국을 세계 자동차 생산과 소비의 국가로 올렸다. 최초의 T형 자동차가 1908년에 등장했고, 1910년에는 가솔린 판매가 처음으로 등유와 기타 조명 제품을 앞질렀다. 원유 1배럴에서 정제된 휘발유의 양은 1880년 10%에서 1926년 35%로 증가했다. 같은 기간 동안 등유의 평균 산유량은 75%에서 8%로 떨어졌다.[6]

석유의 종말은 진실일까?

석유의 수요가 호황인 운송 부문으로 옮겨가는 동안 공급 면에서 새로운 석유를 찾는 업계의 성공이 거침없이 계속되었다. 대규모로 석유를 생산하려면 다른 지역을 새롭게 찾아야 했고, 그러기 위해서 오래된 시추 기술을 대체하는 회전식 시추 기술이 발명되었고, 크게 도움을 받았다.[7] 펜실베이니아 유전은 세기가 바뀔 때까지 쇠퇴하고 있었지만, 새로운 석유가 발견되어 미 전역에서 생산되고 있었다.

1901년 거대한 스핀들톱의 발견은 텍사스를 세계 석유시장의 반열에 올렸다. 5년 만에 석유가 스며든 루이지애나의 지하 소금돔을 포함하여 스핀들톱의 반경 100마일(약 160km) 내에 풍부한 매장량의 새로운 유정이 발견되었다. 걸프 지역의 유정은 처음엔 많은 양의 석유를 생산했으나 시간이 지날수록 산유량은 빠르게 감소했다. 그러나 걸프 지역의 들판이 점점 좁아지는 사이, 미국 캔자스와 오클라호마 북쪽에서 새로운 유정이 발견되었고, 1919년에 이르자 미 대륙 중부 지방이 최고의 원유 생산 지역으로 자리매김했다.

한편 캘리포니아의 산유량은 1900년과 1903년 사이에 6배, 1907년과 1911년 사이에 2배 증가했다. 앞서 언급했듯이, 1910년 이후 멕시코에서 석유 생산은 급증했고, 그중 상당수는 미국으로 수출되었다. 1911년 멕시코 산유량은 미국 생산의 1% 미만이었지만 1919년에는 14%로 증가했다.[8]

대규모의 신규 석유 발견은 원유와 정제 제품 가격 하락에 압력을 가했다. 소비자들은 기뻐했지만, 굴착업자들은 실망했다. 엄청난 규모의 발견과 스탠더드오일사의 정제 및 운송에 대한 지배력 약화로 인해 유가는 더욱 자주 폭락했다. 두 명의 코넬 대학교수가 쓴 글에 따르면, "석유산업은 1911년 스탠더드오일의 해체 후에도 산업을 계속해서 괴롭혔던 경제적 난제"에 맞서야 했다…… 새로운 우물이나 유정이 언제 발견될지 예측할 수 없었고, 일단 석유의 흐름을 억제할 독점 세력도 부족했다."[9] 원유 가격은 1913년부터 1915년까지 3분의 1가량 떨어졌고, 굴착업자들은 다시 "석유가 넘치며 사기가 저하되었다."[10]

스탠더드오일 트러스트는 무너졌고, 가격 불안이라는 유령은 업계를 괴롭히고 있었다. 너무 많은 기름이 땅에서 너무 빠르게 나오고 있었다. 초기 펜실베이니아 시추업자들에게 정신적 충격을 주었던 것과 같은 문제들도 남아 있었다. 원유 탐사와 생산은 더 나은 기술과 개선된 탐사 및 생산 방법을 갖춘 크고 작은 신규 진입자들에게 계속 열려 있었다. 소규모 및 독립 시추업자는 주머니 사정이 넉넉하지 않아 신속한 투자 회수가 필요했다. '와일드캐터(석유가 존재한다는 명백한 징후가 없는 곳에 우물을 파던 시추업자들)'는 노리던 곳에 기름이 없으면 재빨리 지대를 바꿔가며 구멍을 뚫고 굴착을 해댔다. 반면 규모와 자본이 풍부한 굴착업체들은 한 지대에 더욱더 오래 머무르며 생산 제한에 훨씬 개방적인 자세를 취했다.

1911년 스탠더드오일의 붕괴 이후, 시추업자들과 공무원들은 가격 폭락이라는 달갑지 않은 문제의 해답을 찾기 위해 고군분투했다. 공급의 증가를 억제할 방법을 찾으려는 속셈이었다. 그러나 쉽지 않았다. 카르텔은 불법이었고 업계의 관행은 주와 연방정부의 반독점 정책에 따라 면밀한 감시를 받는 중이었다.

처음에는 업계와 정부 양쪽 다 가격 규제를 위해 모든 형태의 공급을 통제하지 않았다. 공급 통제는 곧 자유 시장 원칙의 위반이며 산업이나 정부에 과도한 권력을 부여하기 때문이었다. 그래서 양측은 공급을 제한할 또 다른 명분을 찾았다. 바로 낭비를 방지하고 보존을 촉구하는 것이었다. 업계와 정부가 이 명분을 정의하고 그럴싸한 역할을 주장하며 유가를 안정시키는 데 약간의 정교함이 필요했다.

석유산업의 초기 수십 년 동안, 주와 연방 규제는 시추업자의 재산을 보호하고 정제된 석유 제품에 대한 안전 개선으로 제한되었다. 1867년 펜실베이니아주 베낭고 카운티에서는 우물을 범람시키겠다고 위협하는 굴착업체의 불법적인 협박이나, 재산 손괴로부터 부동산 소유주들을 보호하기 위해 유정의 배관과 폐정 규제를 제안하였다. (비록 이 법안은 1878년에야 통과되었다)[11] 다른 주 역시 사정은 비슷했다. 안전한 시추를 위하여 등유 및 규정된 등유 저장 구역 설정, 시공에 대한 최소 점화나 점화점 온도를 설정하기도 하였다.[12]

연방정부 차원에서 공무원들은 일부 연방정부 토지에서 생산을 막음으로써 연방정부 차원에서 공급을 억제하려고 하였다. 1909년 9월 태프트Taft 대통령은 캘리포니아와 와이오밍의 연방정부 소유의 토지 300만 에이커(약 12,140㎢)의 석유를 보존하겠다고 명령했다. 그리고 스탠더드오일사가 문을 닫으며 국민의 관심은 곧 식품업계의 아동 노동 규제와 위생 기준 같은 사업 관행 감독으로 옮겨갔다.[13]

안전 및 재산 보호가 초기 규제의 주요 목표였지만, 일부 산업 전문가들은 무분별한 시추로 귀중한 자원이 낭비되는 것을 우려했다.[14] 초창기에는 석유 증발, 과도한 범람 혹은 회수가 불가능한 지하 가스 압력 등의 이유로, 석유를 말 그대로 '고갈 상태'라 정의하기도 했다. 일부 사람들은 (지질학자들이 나중에 확인한 것처럼) 광기 어린 시추로 인해 회수가 가능한 석유의 양이 영구히 감소할 수 있다고 경고했다.[15] 1861년 초, 일부 시추업자들은 과도한 시추로 인해

석유는 곧 고갈되고 석유산업이 붕괴될 것이라고 걱정했다.[16]

오늘날에도 '피크오일(peak oil 원유 생산 정점)'이라고 불리는 파도는 때때로 공포를 일으키며 산업을 휩쓸고 지나간다. 그러나 피크오일이나 매장량 고갈에 대한 걱정은 오래 지속되지 않았고, 산업 초창기 몇십 년이 지나며 규제로 이어지지도 않았다.[17]

세기가 바뀌고 산업 관행을 개선하기 위한 규제에 대중의 관심이 쏠렸고, 무분별한 경쟁과 과잉 생산이 석유시장과 가격을 불안정하게 만든다는 산업계의 우려가 커짐에 따라 정부는 '자원 보존'에 초점을 맞추었다. 가격 폭락으로 인한 경제적 손해가 일으킬 재원 낭비에 시추업자들의 근심이 깊어졌다. 석유를 운반할 때 석유 보존의 중요성이 커지면서 관련하여 걱정과 관심이 고조되었다.[18]

따라서 자원 보존에 대한 정부 불안과 업계에서 걱정하는 파멸에 가까운 가격 하락은 물리적·경제적 정의로 수렴되었다. 공동의 관심에 따라 보존과 안정이라는 개념이 서로 얽히고설켰으며, 정부와 산업 관계의 분위기는 적대적에서 협력적으로 순식간에 변했다. 정부와 산업계는 공통 문제에 대한 해결책을 찾기 위해 긴밀히 협력했다.

늘 그렇듯이 풍요로운 유정의 발견이 사건을 주도했다. 1905년에 처음 발견된 오클라호마의 거대한 글렌풀Glenn Pool을 개발하면서 지역 원유의 생산은 시장성 없는 과대 공급과 낭비를 막기 위해 주의회에 청원을 넣었다. 1907년 교통이나 송전회사 같은 공공 복지에 필수 사업을 규제하기 위해 설립된 오클라호마주 정부 기관, 오클라호마 기업 의원회OCC, The Oklahoma Corporation Commission는 빠른 흐름으로 '과잉 공급'을 불러오는 새로운 산유량과 가격 폭락의 연관성에 대한 청문회를 열었다. 그 결과 OCC는 글렌풀 유가를 배럴당 65센트 이상으로 책정하라고 명령했다. 집행력이 없는 상태였기에 그 명령은 효과가 없었지만, 그런 움직임은 이후 수십 년 동안 계속되는 주 차원의 규제를 예고했다.[19] 실제로 풍요로운 쿠싱Cushing 평원에서는 1912년부터 과잉 생산을 시작했고, 1913년 힐드턴Healdton에 이어 오클라호마의 석유산업은 위기에 직면했다.[20] 오클라호마 생산자들은 1914년 4월 독립생산자연맹Independent Producers League을 결성하고 함께 연합하여 주 당국의 통제를 압박하였다. OCC는 1914년 5월, 힐드턴과 쿠싱 지역에서의 '비례 배분' 명령 또는 생산 할당량(쿼터제) 명령을 내리고 산유량을 규제했다 (이하 '산유량 쿼터제'라 지칭한다).

　OCC는 석유 생산을 규제할 수 있는 직접적인 법적 권한이 없었다. 때문에 쿠싱과 힐드턴 지역에서 생산하는 석유를 고정된 가격보다 낮은 가격으로 구매하는 것을 금지하는 방식으로 파이프라인에 일반적인 독점금지법을 적용할 수밖에 없었다.[21] 그러나 1915년, 국가는 OCC가 생산을 제한할 수 있도록 허가하는 석유 및 가스 보존법을 제정하였다. 규정은 "특정 지역에서 원유의 고갈이 확실히 발생할 경우" 또는 석유 수요가 공급에 비해 부족하거나 가격이 생산 비용보다 낮을 때 시행되었다.[22] 따라서 이 법은 '석유의 고갈'이라는 정의를 물리적 및 경제적 개념으로 모두 인정했다.

이 법령은 정부 관리들이 유정으로부터의 산유량을 직접적으로 규제함으로써 유가를 안정시키기 위해 공공 정책을 사용한 첫 번째 시도였다는 점에서 주목할 만하다. 아칸소는 오클라호마의 선례를 따랐고, 1923년 지역 내 석유 매장량 보존법을 제정하고 자원 고갈에 대비하였다.[23]

오클라호마 법은 전례가 없었던 만큼 법적 구속력도 약하고 시행도 확실치 않았다. 국영 석유회사들은 힐드튼과 쿠싱 지역의 신생회사들이 가격 폭등을 촉발한 뒤 바로 공급 통제에 동의하였다. 그러나 이후 석유 시추업체들은 시추의 필요성에 대해 의견이 갈렸다. 그들의 입장은 주로 상업적 이익을 얻을 수 있느냐에 달려 있었다.[24] OCC 관계자들은 시추 명령을 집행하기 어렵다는 것을 알았다. 운영자가 너무 많았기 때문에 생산 한도를 초과해야 했고, 시추업자 한 명이 한계를 초과하면 다른 이들도 이와 같이 해야 한다는 압박을 느꼈다.[25]

1919년 텍사스주에서도 보호법이 시행되었지만 오클라호마보다는 더 조심스러운 움직임을 보였다. 오클라호마 생산자들은 대형 석유회사가 가격을 낮추어 작은 석유회사가 폐업할 수밖에 없는 상황을 막고 싶었지만, 텍사스에서는 "주요 석유회사들에 대한 반대 견해가 지배적이었다. 텍사스에 만약 물가 조절을 목표로 수요에 맞춰 공급을 규제할 수 있는 권한을 부여한다면, 대기업은 결국 규제 당국을 통제하고 트러스트를 설립해 담합으로 가격을 올릴지도 모른다며 우려하였다."[26]

1891년 철도와 후기 철도를 규제하기 위해 텍사스철도위원회 TRC, The Texas Railroad Commission를 설립했다. 다른 준공기업은 지하 또는 지표면 고갈의 경우에만 석유 생산을 제한할 수 있는 권한을 부여받았다. OCC와 달리 텍사스 정부는 가격 안정을 위해 생산을 규제하는 것처럼 보이지 않으려고 애썼다. 텍사스 법은 시장의 수요를 초과하거나 생산원가보다 낮은 가격으로 공급하는 경제적 낭비를 의도적으로 배제했다.[27] TRC는 오클라호마주 국경 근처의 텍사스 북부 버크버넷Burkburnett 유전에서 생산하는 기업에 첫 쿼터제를 시행했다.[28]

할당량을 정할 때 주정부는 법에 명시된 두 가지 상반되는 법적 원칙을 해결하려고 노력하고 있었다. 하나는 "땅에서 발굴한 것은 발굴한 자의 것이다"라고 하는 '포획법'이었다. 석유는 지하에서 유전을 향해 이동하므로, 이 법칙에 따라 굴착업자들은 다른 사람들이 굴착하기 전 유전과 우물을 말리려고 안달이었다. 또 다른 법적 원칙은 바로 '상관관계'의 권리였다. "누구라도 유전에서 다른 토지 소유권자의 재산권을 보장하는 데 익숙지 아니하다."[29] 이런 상관관계의 권리는 파이프를 부설할 때 작용하였다. 만약 파이프라인 소유자가 다른 생산자를 제외하고 한 생산자에게만 서비스를 제공한다면, 파이프라인에 접근할 수 없는 사람들은 피해를 입게 된다.

따라서 상관관계의 권리 원칙은 파이프라인 회사가 모든 생산자에게 서비스를 제공해야 한다고 요구하였다. 또한 모든 시추업자에게 공급할 만큼 파이프라인의 용량이 충분하지 않을 경우, 각 생산자는 파이프라인에 일부 석유를 채굴할 의무가 있으며, 그 양은 해당 생산자가 총산유량에서 차지하는 비율에 따라 결정되었다.[30] 상관관계의 권리에 따라 유정 각각의 채굴 허용량이나 채굴 제한량은 결국 쿼터제와 동일한 효과를 발휘했다.

상관관계 권리에 의한 석유 생산량과 제한량은 함축적인 의미의 쿼터제로 기능하며 석유 생산에 복합적인 영향을 끼쳤던 것이다. 상관관계 권리는 대량 생산의 원인이 되었다. 주 당국은 시추업자가 파이프라인에 산유량 일부를 공급하라는 강제 명령이 가능해졌기 때문이며, 덕분에 유맥을 찾아야 한다는 압박감은 줄었지만, 문제는 끌어올린 석유를 저장할 곳이 부족했다.[31] 또 한편으로 주 당국이 파이프라인 반출 용량을 초과하는 생산은 과잉 생산으로 규정할 수 있었기 때문에, 상관관계 권리는 개별 시추업자의 무분별한 생산을 통제하는 기능도 하였다.

초기의 쿼터제는 경솔했고 분산적이었다. 규제 당국은 새로운 법적 기반을 밟고 있었으며, 스스로 법적 집행력을 확신하지 못했고 대중은 경계했다. 기업들은 할당량을 집행하기 위해 민간 부문의 '심판'을 고용하고, 어느 날 어떤 유정에서 얼마나 많은 석유가 흘러나오는지를 판단하며 스스로를 감시했다.[32]

석유산업과 주 당국은 석유의 물리적 고갈 및 재원 낭비, 그리고 유가의 불안정성이 서로 얽혀 있는 문제이며, 곧 재원 낭비가 유가 불안정을 불러오고, 유가 불안정이 다시 석유의 물리적 고갈을 불러오는 악순환이라는 사실을 깨달았다. 결국 석유산업과 주 당국이 함께 골머리를 앓으며 해결해야 하는 문제였던 것이다. 그리고 1917년, 미국이 제1차 세계대전에 참전하면서 석유산업과 연방정부는 더욱 긴밀하게 협력하기 시작했다. 제1차 세계대전으로 인해 교전국들이 석유로 움직이는 차량에 점점 더 의존하게 되었고 선박, 비행기, 탱크, 트럭 운행에 필요한 석유는 전략 상품이 되어 석유의 중요성을 부각시켰다. 전쟁이 발발하기 불과 20년 전, 프랑스 총리 조르주 클레망소Georges Clemenceau는 석유는 "피만큼이나 중요하다"고 했었다.[33] 프랑스의 오일 황제는 베르됭Verdun, 솜므Somme, 엔Aisne 전투 모두 동력 수송이 없었다면 승리할 수 없었다고 말했다.[34]

전쟁으로 인한 석유에 대한 갈증은 정부 차원에서 높은 산유량과 빠르게 생산할 것을 요구했으며, 경제적 피해를 막으면서 군의 요구를 충족시키기 위해 안정적인 유가가 필요했다. 이를 위해 윌슨Wilson 대통령은 캘리포니아 출신의 석유 기술자 마크 레쿼Mark Requa를 전시 석유 책임자로 임명했다. 산업과 정부의 협업에 열정적이었던 레쿼의 석유부는 최대 산유량 보장, 운영 효율성 향상 및 정제 제품 표준화를 위해 석유회사들과 긴밀히 협력했다. 레쿼는 직접적인 연방 공급과 가격 통제 위협을 유보했지만, 굴착업자, 화주, 정유사가 자발적으로 통합하여 (정부의 지원을 받아) 생산을 극대화하고 가격을 안정시키는 것을 선호했다. 그는 석유회사 지역위원회를 만들어 최대 산유량 증대를 계획하고 산업계에 연료 공급을 모아 달라고 요청했으며, 철도청이 25%의 운임 인상을 시행하지 못하도록 석유 생산업체를 대표해 개입했다. 레쿼는 또한 1918년 굴착업자들과 정유회사들이 폭리를 취했다고 비난하면서 경각심을 가지고 산업의 협력을 높이는 데 주목한 연방무역위원회FTC, Federal Trade Commission의 경쟁 감시단과 석유산업을 위해 간섭했다.[35]

제1차 세계대전 동안 록펠러가 석유시장의 가격을 안정시키기 위해 사용했던 많은 전략이 이번에는 연방정부의 지휘하에 되풀이되었다. 석유 업계 관계자들은 격동하는 산업을 안정시키기 위해 새롭게 맺어진 산업계와 정부 간의 협력에 기뻐했다. 전시의 필요성은 석유산업이 석유 생산과 가격을 통합하고 안정시키도록 장려했다. 역사학자 제럴드 내시Gerald Nash는 "독점법 때문에 불가능했던 자금 정보, 트러스트, 합병 등이 산업 내 협력을 위해 이 새로운 장치를 통해 가능해졌다"[36]고 언급하였다.

제1차 세계대전의 호황 뒤에 쫓아온 어둠

전쟁이 끝나감에 따라 상대적으로 평온하고 조화로웠던 석유 가격, 산업과 정부 간의 관계 역시 끝을 보이고 있었다. 석유 가격은 현물 부족, 억눌린 민간 수요, 석유 연료의 기술 발전으로 인해 급격히 상승했다. 예를 들어, 제1차 세계대전 동안 석탄에서 석유로 전환했고, 전후로 선박 손실을 대체하면서, 석유를 연료로 쓰는 선박이 전체 상선에 큰 비율을 차지하게 되었고, 1914년 3.5%였던 비율이 불과 4년 후 16%로 증가했다.[37]

중동산 원유는 1915년 3월 전쟁 전 배럴당 0.40센트에서 1920년 3월 3.50달러로 775% 급등해 향후 50년간 넘을 수 없는 수준으로 치솟았다.[38] 1917년 1월 2일자 《피츠버그 프레스Pittsburgh Press》는 "석유 생산자들이 갑자기 폭등한 가격에 기뻐하면서도 혹시 유가가 계속해서 치솟지 않을까 하는 '불안감'에 시달렸다"고 보도했다.[39] 다른 신문은 "원유 시장가격이 언제 하락할지 아무도 모른다"고 하였다.[40] 1917년, 원유 가격이 한 세대 만에 가장 높은 수준을 기록했다. 업계 역사상 처음으로 모든 가격이 하락하지 않고 상승했다.[41]

휘발유 가격이 원유만큼 오르지 않은 것은 정유소의 효율이 급격히 상승했기 때문이다. 예를 들어, 1914년과 1918년 사이 명목상 중부대륙의 원유 가격은 300% 이상 올랐지만, 시카고의 휘발유 가격은 그 절반도 오르지 못했다.[42]

휘발유 가격이 원유와 다른 상품의 가격만큼 오르진 않았으나 산업에 혼란을 불러일으키기엔 충분했다. 전국적으로 많은 불평이 쏟아졌다. 캔자스시티에서는 육류 포장 업자들이 트럭을 버리고 말이 끄는 마차를 이용했다. 인디애나주의 한 신문은 "휘발유 가격이 다시 마차의 시대를 이끌었다"고 보도하였다.[43] 소비자들은 휘발유 가격이 지나치게 비싸며 정유사에서 가격을 터무니없이 올리고 있다고 주장했다. 1915년에 시작된 이 소동으로 상원 결의와 미국의 연방무역위원회의 조사를 촉발시켰다. 1915년 연방무역위원회는 수요가 생산을 앞질러 가는 바람에 "유가가 소폭 상승하였다"고 결론 내렸다. 더불어 재고 비축의 필요성도 대두되었다.[44] 그러나 위원회는 시장 상황에 따른 휘발유 가격의 상승 폭을 정확히 예측할 수는 없다고 경고했다.[45]

계속해서 오르는 유가는 더욱더 가격을 급등시켰고 공급 부족에 대한 소문을 일으켰다.[46] 1918년 자동차 딜러들은 고객들에게 휘발유 생산과 재고가 충분하다고 주장하며 "휘발유 부족이라는 뜬소문을 잡기 위해" 신문에 광고를 게재하기도 했다.[47] 자동차 운전자들은 격분했고 관계자들은 특히 실제 부족이 발생한 서해안의 산업 관행에 대한 조사를 착수했다.[48] 1920년, 인디애나주의 스탠더드오일사는 "휘발유 가격은 원유를 따른다"면서 "휘발유 수요를 충족시키기 위해 전문화된 모든 기술을 동원해 원유를 정제하겠다"고 약속했다.[49] 1920년 6월, 연방무역위원회는 다시 의회를 찾아, 휘발유 가격 상승은 "무역을 제한하여 발생한 것이 아니라, 곧 석유가 고갈될지도 모른다는 비관적 시장 여론 때문이라고" 보고하였다.[50]

당시 휘발유 가격 상승으로 촉발된 두 번째 조사이자 앞으로 이어질 많은 조사의 시작이었다. 최근 몇 년간 우리가 목격한 것처럼, 유가 상승으로 의회는 석유산업의 반경쟁 관행에 대한 연방무역위원회의 조사를 요구했고, 위원회의 결론은 늘 문제가 없다는 답변이었다.

제2차 세계대전 후 경제 성장과 함께 서부 해안지역의 차량 수요 급증은 1920년의 서부 해안의 가솔린 기근이라는 휘발유 부족 현상을 초래하였다. 그 후 오늘날처럼 서부 해안은 운전자는 많았으나 다른 지역에 비해 석유를 공급하고 정제하기 어려웠다. 그로 인하여 서부 지역은 로키산맥을 사이에 두고 미국 내에서 고립될 수밖에 없었다. 오리건주에서는 기름값이 낮아질 것으로 예상하고 휘발유에 대한 품질 기준을 완화했다. 그러고 나서 가격이 오르자 석유회사 관행에 대한 조사를 착수했다.[51] 다른 지역에서는 실제 휘발유의 부족 때문에 배급제가 시행되었다. 이를 두고 폴 로드Paul Rhode와 앨런 올름스테드Alan Olmstead 교수는 다음과 같이 설명했다.

> 1920년 봄과 여름에 심각한 가솔린 기근으로 서부 해안 전체가 마비되었고, 사업은 중단되었으며 중요한 서비스가 심각한 위험에 빠졌다. 운전자들은 2갤런(약 7.5l)의 석유 배급을 받기 위해 한 시간 동안 줄을 섰고, 대부분의 배급은 일주일에 한 번 이루어졌다······ 태평양 북서부 지역의 운전자들은 몇 달 동안 2갤런의 배급만으로 견뎌냈으며, 심지어 이러한 제한에도 불구하고 오전 9시면 배급이 끝날 때가 잦았다. 샌프란시스코에서는 배급 분쟁으로 총기 난사 사건이 발생하기도 했다.[52]

모든 사람이 치솟는 휘발유 가격에 불만인 것은 아니었다. 오하이오주의 한 신문은 1920년 4월 지역 전력회사 유통업자의 말을 인용하며 "가솔린 공급의 불확실성 때문에 전기차의 새로운 시대가 올 것이다"라고 하였다.[53]

치솟는 휘발유 가격과 서해안 지역에서 일시적인 부족 현상으로 석유가 고갈될 것 같은 불안감이 사람들의 공포심리를 자극했다. 1차 세계대전 이후 석유에 대한 피크오일 공포는 행정부 사이에서 전면적인 공황 상태를 불러왔다. 1920년 미국 지질조사국u.s. Geological Survey은 국가가 공급하는 석유의 40%가 고갈되었고, 국가 산유량은 3년에서 5년 사이에 최고조에 이를 것으로 예상한다고 하자 공포는 빠르게 확산되었다. (물론 시간이 흐르고 나서 행정부의 지하자원 지식이 얼마나 부족했는지 아는 계기가 되었다.) 미국 소비량의 약 20%를 차지하는 상대적으로 안전한 멕시코의 공급량도 곧 하락할 것으로 보았다.[54] 관료들은 석유 자원의 보존과 새로운 유정의 발견이 석유 고갈을 피할 유일한 방법으로 여겼다.[55]

석유 연료를 쓰는 함선을 대규모로 도입한 미 해군이 석유 가격 인상과 공급 고갈 가능성에 가장 많은 우려를 표명했다. 급작스러운 공급 부족과 치솟는 유가에 직면한 해군은 우선 영국 해군의 선례를 따라 석유 공급을 장악하고자 했다. 가격이 오르기 전부터 해군은 비싼 기름값에 불만을 드러냈다. 1913년 12월, 조셉허스 대니얼스Josephus Daniels 당시 미 해군 장관은 연례 연설에서 "해군의 경비회계에서 유일하게 가능한 구제책은…… 유정 통제와 자체 석유 정제뿐이다."라고 말했다.[56] 극심한 석유 부족과 가격 폭등에 직면한 대니얼스는 1919년 해군 장교들에게 다음과 같이 명령했다.

만약 석유 판매업자들이 합리적인 가격을 제시하지 않는다면 석유를 징발하라는 것. 1920년 여름, 태평양 함대의 사령관은 해군이 원하는 배럴당 1.72달러의 가격에 합의되지 않자, 샌프란시스코에 기반을 둔 공급업체로부터 강제로 석유를 징발하기 위해 여섯 척의 구축함을 파견했다. 참고로 당시 시장가격은 배럴당 2달러 선이었다. 협박은 효과가 있었고 해군 함정들이 연료 회사의 부두에 정박하여 잠깐의 협상을 거친 후 원하는 연료를 얻을 수 있었다.[57]

1918년부터 1920년까지 석유 가격의 호황은 수많은 신규 시추를 불러왔다. 1915년과 1920년 사이에 시추된 유정의 수는 거의 34,000개로 증가했으며 산유량은 대략 45%까지 치솟았다.[58] 1920년대에 캘리포니아, 특히 로스앤젤레스에서 대규모의 새로운 유정이 발견되면서 석유 부족에 대한 공포가 빠르게 사그라졌고, 새로운 생산 붐이 일었다.

새로운 공급으로 인하여 유가가 호황이던 전후 상황에 또다시 불황기가 찾아왔다. 1920년, 절망에 빠졌던 서부 해안지역은 중부지방에서 비싼 석유를 기차로 수입해야 했던 반면, 몇 년 사이 캘리포니아에 과잉 공급 바람이 불었다. 파나마 운하를 통해 원유가 동쪽으로 흘러들어 가면서, 중부대륙의 오클라호마와 텍사스주 생산업체들은 '불공정한' 가격에 불만을 품었다.[59] 1921년 초 3.50달러였던 가격이 6개월 후엔 1달러로 급락했다.[60] 행복하던 시대는 끝났고 가격이 떨어지며 호황으로 돌아서면서 석유산업에 또다시 어

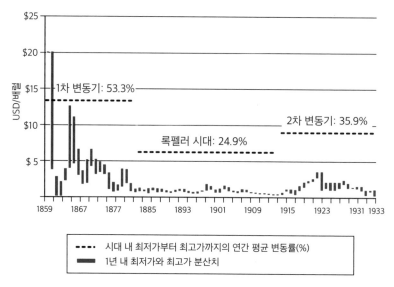

〈그래프 2-1〉1859~1933년까지 미국 원유 가격의 연간 범위

1차 변동기: 53.3%

2차 변동기: 35.9%

록펠러 시대: 24.9%

- - - - 시대 내 최저가부터 최고가까지의 연간 평균 변동률(%)
▬▬▬ 1년 내 최저가와 최고가 분산치

출처: 『데릭』1~4권; API, 석유의 사실과 수치(1959) © 래피던 그룹

두운 그림자가 드리웠다(그래프 2-1 참조).

1920년대 중반, 지질학자들은 석유 매장지역의 무제한 시추가 압력의 손실을 야기한다고 밝혔다. 지하 유정의 천공으로 기름을 지표면으로 끌어올리는 데 필요한 가스나 물의 압력 (또는 구동력)이 빠르게 손실된다는 것이었다. 게다가 일부 지질학자들은 시추로 인해 매장된 석유가 영구적으로 소실될 가능성이 있다고 우려했다. 유정에서 끌어올리는 유량을 제한하면 유전 내의 압력이 증가하여 지표면으로 끌어올릴 수 있는 석유의 총량이 증가했다.[61] 게다가 1920년대의 원유 가격 폭락은 석유산업 내부적으로 공급 통제에 대한 훨씬 더 강력한 지지를 촉발했다. 석유 역사학자인 브래들리는 "'지하 매장량 고갈'과 '경제적 고갈'이라는 모호한 용어가 조금 더 확실하게 구분되었다면서, 전자는 말 그대로 석유 자원 고갈을, 후자는 불필요한 시추 비용을 의미한다"고 언급하였다.[62]

원유 공급을 억제해야 한다는 필요성이 대두되면서 그 방법이 문제가 되었다. 1860년대 이후, 석유 공급과 가격을 안정시키기 위한 업계 내부의 자발적인 노력은 계속해서 실패했다. 휘발유를 독점하고 정제했던 록펠러의 전략은 효과가 있었지만, 트러스트와 다른 유사한 담합 활동은 이제 불법이 되었다. 1915년과 1919년에 제정된 국가 보존법은 효과가 없었다. 평화로운 분위기와 낮은 유가 속에서 정부가 묵인해오던 업계의 카르텔이 느슨해졌다. 워싱턴은 불공정한 관행을 타파해보고자, 정책 방향을 전환하여 록펠러의 전략에 주목했다.

다수의 석유 업체와 주 당국은 석유산업을 구제하기 위한 목적으로 점점 더 강제적으로 공급을 통제할 것으로 생각했다. '운영 단일화'라고 불리는 한 가지 선택사항이 있었다. 대형 매장지의 모든 토지 소유자가 단일의 형태로 매장지를 운영해야 한다는 법적 제재가 있어야 한다는 것과 한 운영자가 효율성과 경제적 수익을 극대화하기 위해 시추 방법과 시기를 결정하는 것이었다. 시추권을 상실한 대가로 토지 소유자는 단일 운영 수입에 비례하여 몫을 받는다. 단일화는 건조한 미국 서부 지역에서 사용되던 관개灌漑 계획 시스템과 유사한 형태로 만들어졌다.[63]

단일화로 떠오른 업계 챔피언은 헨리 L. 도허티Henry L. Doherty라는 인물로, 두 차례의 세계대전 사이에서 저명한 산업계 인사였다. 도허티는 캘리포니아에서 일어난 새 석유의 홍수로 인하여 중부 지역에서 운영하던 자신의 석유회사 수익이 50% 감소한 후 단일화의 아이콘이 되었다. 1923년 도허티는 산업 동료들에게 어떤 형태로든 규제는 불가피하다고 경고하였다. 도허티는 "단일화는 최악과 차악 중 후자다"라고 주장하였다.[64] 도허티의 간청은 석유산업 내부적으로 엇갈린 반응을 불러왔다. 많은 사람이 의무적인 통제를 "참을 수 없는 시장의 불안에서 벗어날 유일한 방법"이라 여긴 반면, 소수는 "통제로 인해 자유권을 침해받는다"고 여겼다.[65] 시장의 불안정성이 전체 석유산업에 해를 끼쳤지만, 이에 대항한 통제 방안에 대한 반응은 엇갈렸다. 일반적으로 대규모의 통합된 기업은 작고 독립적인 업체보다 더 안정적인 방안에 찬성했고, 국가가 개입해야 할 필요성을 기꺼이 받아들였다.[66] 일부의 경우 단일화를 치명적인 가격 붕괴와 직접적인 정부 통제를 피할 최선의 방편으로 보았지만, 또 다른 편에서는 단일화가 통제하기 복잡하다는 이유로 비판하였다. 자원 기반이 명확하게 정의되지 않는 석유 매장지의 운영자와 임대인의 재산권을 결정하고 이익을 분류하는 것 자체가 엄청난 난제였다.

여러 석유회사의 임원진은 재산권 침해라는 강제적 단일화에 강력히 반대했다. 이들은 반독점 규제 면제라는 이상적인 형태의 산업 통합과 협력을 선호했다. 무엇보다도 그들은 연방정부의 강제적인 단일화에 반대했다. 석유 공급의 불안정이 만연하여 공급 제한이 불가피하다면, 이들은 차라리 연방정부보다는 자신들에게 우호적인 주 위원회의 조치를 따르는 게 더 낫다고 여겼다.[67] 단일화에 대한 대응으로 석유산업의 주요 무역 협회가 도허티의 계획이었던 (단일화에 반대하는 두 인물이 운영하는) 미국 석유 연구소를 검토하기 위해 구성되었으나 교착 상태를 초래할 뿐이었다.

업계 내부가 단일화에 부정적인 여론으로 흘러가자, 도허티는 시선을 돌려 연방정부의 단일화 강제를 요청하기 위해 쿨리지 대통령에게 손을 뻗었다. 처음엔 쿨리지 행정부도 소극적이었다. 권력형 비리였던 티포트돔 스캔들(하딩 행정부에서 국가 비상사태가 발생할 경우 해군 연료 요건을 충족시키기 위해 남겨두었던 정부 유전을 당시 행정부의 내무부 장관이 뇌물을 받고 대여하여 투옥된 사건, 미국 최초로 각료와 관련된 뇌물 사건)로 여전히 1면을 장식하던 상황이었다. 그러나 1924년 티포트돔 스캔들이 일단락된 후, 쿨리지 대통령은 연방 석유 보존 위원회Federal Oil Conservation Board에 석유산업 관행을 조사하고 석유 고갈을 방지하고 자원을 보존하는, 연방정부 차원의 조치를 결정할 수 있는 권한을 위임하였다.[68] 쿨리지는 석유 (보존의) 경제적 의미를 명시적으로 언급하지 않았다. 그러나 그는 과도한 석유 생산은 미래의 석유 부족으로 이어질 것이라며 우려를 분명히 했다.

쿨리지 대통령은 "국가의 힘은 이용 가능한 석유 자원과 석유 생산품에서 나온다"며 워싱턴은 냉담하게 반응해서는 안 된다고 경고했다.[69] 다만 쿨리지 대통령에게 석유산업을 민간 부문에 맡길 수 있을지 여부는 여전히 미해결 문제였다.

석유산업은 스스로 자신의 미래를 결정할 수 있다. 그 미래는 수요와 공급의 단순한 법칙에 따라 달라질 수도 있지만, 석유산업의 복지가 전 국민의 산업 번영과 매우 밀접하게 연관되어 있다는 사실에 입각하여, 정부와 기업이 실질적인 자원의 보존 문제를 해결하기 위해 협력할 수도 있다.[70]

도허티의 적극적인 움직임과 쿨리지의 공급 우려에도 불구하고, 석유산업 내부와 워싱턴의 부주의는 문제를 미궁에 빠뜨렸다. 석유시장의 짧은 긴축과 그에 따른 재원 고갈에 따라, 1925년과 1926년이 지나가며 미국 내 여론은 또 한 번 가까운 시일 내 석유 공급이 원활하지 않을지도 모른다는 우려를 내비치었다.[71]

쿨리지 대통령은 원유 공급이 풍부하고 가격 안정성이 불안할 때도 자원의 미래 희소성에 대해 우려를 표명했으나, 다른 정책 입안자들과 선출직 관료들은 가격이 급상승하지 않는 한 석유에 관심이 없었다. 석유산업 종사자와 국가 관료 사이 유가의 폭락은 경종을 울릴만한 사건이었지만, 워싱턴의 시각은 달랐고 석유 정책에 관한 관심은 제1차 세계대전 이후 사그라들었다. 새로운 석유 발견과 가격 폭락으로 인해 야기된 새롭고 더 큰 불안정의 경험이 업계와 석유 국가 관리들을 행동에 옮기게 만들었다.

3장

유가는
왜 호황과 불황의
주기를 반복하는가?

유가 변동성의 진짜 이유

1920년대 중반에 이르며, 석유는 인류에게 '조명'을 쓸 수 있는 수단에서 '운송'을 가능케 하는 수단으로 중요한 전환기를 맞이하였다. 산업과 정부 모두 석유를 필수적이고 전략적인 상품으로 생각했다. 2장에서 우리는 석유에 대한 워싱턴의 관심이 적었다는 것을 살펴보았다. 경제적인 측면에서 석유가 점점 중요한 역할을 차지하면서, 석유산업 안팎에서 유가의 변동 또한 지대한 관심을 얻게 되었다.

초기 수십 년 동안 유가 변동을 악화시켰던 몇몇 상황이 개선되었다. 예를 들어 반출 기반 시설이 개선되었고, 파이프라인, 유조선 및 기타 저장 방법의 수와 효율성이 크게 확장되었다. 그로 인하여 새롭게 시추한 석유는 정유소나 마케팅 센터와 더 원활하게 연결되었다. 다만 유가 변동성의 근본 원인은 여전했다. 최대한 빨리, 최대한 많은 것을 생산하겠다는 굴착업계의 동기부여가 거대하고 새로운 분야를 만들어 내고 있었다. 업계는 새로운 유정을 주요 파이프라인과 정유 시설을 점점 더 능숙하게 연결하고 있었지만, 새로운 유정의 발견은 여전히 저장하거나 반출하는 용량을 압도했다. 업계 기반은 발전하고 있었지만 석유산업은 과잉 공급을 제대로 통제하지 못하는 고질적인 어려움을 겪고 있었다. 신규 공급이 계속되면서 가격은 폭락했다. 가격 불황을 겪으며 꾸준히 증가세를 보였던 수요가 가용 공급을 초과하자, 유가는 다시 치솟았고, 정부 관리자와 소비자인 국민 사이에서 인류의 중요한 자원인 석유의 종말이 임박했다는 공포 분위기가 감돌았다. 분명 석유산업과 시장 사이의 어떠한 연관관계가 유가 변동성의 구조적 패턴을 만든 것이다.

석유 역사의 연대기를 계속 알아보기 전에 중요한 질문을 한다. 왜 석유는 구조적으로 가격 변동에 취약할까?

간단히 말해서, 석유는 수요와 공급에 무감각하기 때문이다. 혹은 가격 변화에 대응하기에 다소 '끈끈하다sticky demand'*고 할 수 있겠다. 다시 말해서 유가가 변동해도 이에 대응하는 수요와 공급이 신속하게 조정되지 않는다. 그러므로 생산하지 않은 것을 소비할 수 없다는 것, 생산되는 것은 소비하거나 버려야 한다는 경제학의 법칙 때문에 공급과 수요 사이의 불균형이 일어나면 커다란 가격 변동성을 불러온다.[1] 석유 공급과 수요를 특히 끈끈하게 만드는 특

---

* 끈끈하다sticky demand 보통 (가격, 수요의) 경직성 정도로 표현할 수 있으나, 최대한 원문의 의미를 살려 번역하였다.

정 요인 중 일부는 시간이 지남에 따라 변화했지만, 석유시장의 기본적인 변동성, 석유시장 특유의 특성은 지속되어 왔다. 이제 석유의 수급을 조금 더 자세히 알아보자.

운전은 계속되어야 한다

석유는 필수품이다. 유아식, 수돗물, 휴대폰 서비스, 집과 의류까지 우리가 정의하는 필수품 대부분 석유가 사용된다. 소비자는 필수품을 계속 소비하는 것 이외에는 선택의 여지가 거의 없으므로 가격이 변해도 꾸준히 살 수밖에 없다. 경제학자들은 이러한 소비 패턴을 '탄력적이지 않은 형태'라고 묘사하며, 높은 가격에도 불구하고 지속되는 소비자의 수요를 '끈끈하다'라고 표현한다.

석유와 같은 상품의 수요가 가격 변화에 둔감한 또 다른 이유는 대체품이 부족하다는 것이다.[2] 가령 쇠고기 가격이 오르면 우리에 겐 닭고기라는 대체품이 있다. 하지만 휘발유는 가격이 오르면 불만은 가득하지만 여전히 휘발유 말고는 대체품이 없다. 결국 휘발유와 경유 등 정제유 가격이 올라도 스쿨버스는 여전히 학생들을 태워야 하고, 근로자들은 출퇴근을 하고 여행도 가야 하며, 군대는 제트기를 띄워야 한다. 대부분의 석유 사용자는 가격이 오르더라도 소비를 급격하게 줄일 수 없다. 가격 변동과 수요의 관계는 가격이 하락할 때뿐만 아니라 상승할 때도 마찬가지로 끈끈하다. 바로 같은 이유로 베테랑 석유 경제학자 폴 프랑켈Paul Frankel의 70년 전 묘사가 오늘날에도 여전히 적용된다.

> 맥주나 담배 가격이 반토막 났다면, 소비량은 지금 당장 엄청나게 증가할 것이다. 그러나 휘발유는 그렇지 않다. 기름값이 절반으로 줄어든다고 해도 이미 차를 끄는 사람들이 주행 거리를 갑자기 두 배로 늘리겠다고 생각하는가?[3]

또는 미국 에너지관리청EIA의 고위 간부인 하워드 그린슈페히트Howard Gruenspecht는 "디젤이 배럴당 2달러로 떨어진다고 해도, UPS 트럭이 주차장에서 무한대로 공회전하지는 않을 것이다."라고 하였다.[4]

마지막으로 연료비는 차량의 초기 비용에 비해 상대적으로 적은 값이다. 일단 운전자가 차를 사면 기름값이나 튜닝 같은 이후의 유지비는 상대적으로 저렴하고, 운전자는 그저 필요한 만큼만 차를 사용하게 된다.

그렇다고 해서 연료 가격 변화가 소비에 영향을 미치지 않는다는 뜻은 아니다. 하루, 일주일, 한 달 같은 단기적인 연료비의 변화는 소비에 미미한 영향을 끼친다. 우리는 1970년대 오일쇼크 이후 미국과 같은 선진국의 경제에서 이와 같은 예시를 직접 목격하였다. 당시 오일쇼크로 인한 유가의 상승은 일부 지역의 전기, 난방비와 같은 석유 소비를 천연가스, 석탄, 원자력 등으로 대체했으며 단계적으로 사용량을 줄이는 데 도움이 되기도 했다. 또 1990년대 지속해서 하락세를 띠던 휘발유 가격은 SUV 자동차 유행에도 영향을 주었다.

정확히 판단하기 어렵지만, 학술 조사에 따르면 원유의 단기 수요 가격탄력성(수요량 변화율의 크기를 가격 변화율의 크기로 나눈 값. 상품의 가격이 변화할 때 판매량이 어떻게 달라지는지를 나타내는 지표-옮긴이)은 -0.06 정도다.[5] 즉, 1%의 가격 변화가 수요의 측면에서 -0.06%의 변화를 낳는다. 따라서 원유 가격이 100% 오르면 수요는 6%밖에 줄어들지 않는다는 뜻이다.[6] 원유의 -0.06 가격탄력성을 레스토랑의 식사나 신선한 토마토처럼 가격 변화에 더 민감한 상품과 비교해보자. 연구에 따르면 외식의 가격탄력성은 -2.3%, 신선한 토마토는 -4.6%였다.[7] 원유 가격이 10% 오를 경우, 휘발유 정유사들은 0.6%의 적은 원유를 구매하는 반면, 토마토나 외식비용이 10% 오르면, 소비자들은 외식 비율을 23%, 토마토 소비를 46% 줄인다는 뜻이다.

수요의 탄력성이 이처럼 낮다는 문제로 인하여, 즉 가격과 생활 소비가 지나치게 직접적인 관계를 맺고 있기 때문에 공급이나 수요의 비교적 작은 변화는 시장의 균형을 위해 급격한 가격 변화를 촉발할 수 있다. 이는 앞서 설명한 가격탄력성이 어떻게 발휘되는지 상상하면 이해하기 쉽다. 가령 엄청난 태풍이 불어서 토마토와 원유를 모두 생산해내던 가상의 섬이 초토화되고, 각각의 공급량이 모두 5%씩 줄었다고 생각해보자. 태풍이 오기 전에 원유와 토마토의 재고가 적었고, 외부 공급품도 예전처럼 구하기 어렵다. 섬사람들은 소비가 공급을 초과하는 것을 막기 위해 가격을 올려야 한다. 이 경우 이상적으로는 두 품목 다 소비량이 5%씩 감소해야 한다. 소비자들이 꼭 원유와 토마토를 필요로 하는 건 아니지만, 가격 균형을 맞추기 위해 각각의 소비를 5%씩 줄이게 만들어야 할 경우, 가격탄력성에 따라 원유 가격은 85% 상승해야 하지만, 토마토 가격은 1%만 상승해도 된다.[8]

여기서 우리가 우려하는 것은 극심한 유가의 변동성이다. 몇 개월에서 몇 년 사이 짧은 기간에도 상대적 안정성을 유지하는 것이다. 수십 년에 걸친 장기적 관점으로 보면 원유 생산자와 소비자가 소비 결정을 바꿔가며 가격 변화에 대응할 시간이 더 많으므로 원유에 대한 가격탄력성은 더 커진다(약 −0.3에서 −0.2까지).[9] 따라서 원유 가격이 50% 상승하고 휘발유 가격이 25% 상승할 경우에도, SUV 차량 소유자들은 당장 차를 팔고 전기자동차를 구매하지는 않는다는 뜻이다. 하지만 50% 상승한 원유 가격이 몇 년간 지속된다면, 운전자들의 구매 성향도 당연히 바뀔 가능성이 커진다.

학계 전문가들은 1980년부터 2007년 사이 미국 내 수요가 더욱 '끈끈'해지며 가격탄력성이 떨어진 것으로 보고 있다.[10] 석유 수요가 가격 변화에 민감하지 않은 이유 중 하나는 석유가 더 이상 전기 발전에 널리 사용되지 않고, 휘발유를 대체할 운송 연료가 많아졌기 때문이다. 석유 소비가 차지하는 비중이 줄어들면서 소비자들은 예전보다 더 유가 변동에 민감하게 반응하지 않게 되었다.[11]

미국 외 다른 나라에서는 수요의 가격탄력성이 미국만큼 두드러지지 않은 곳도 종종 있다. 이런 국가의 경우 직접적으로 정제 품목에 세금과 보조금을 지원하지 않는다. 따라서 원유 가격 변동에 따라 정제 품목의 가격도 변화하기 때문에 탄력성이 떨어지는 것이다.

석유에 대한 수요는 단기적으로 가격 변화에 크게 반응하지 않을 수 있지만 소득의 변화, 즉 GDP에는 빠르게 반응한다.[12] 소득탄력성은 가격탄력성처럼 측정하기 어렵지만, 전문가들을 대상으로 한 조사에 따르면 석유에 대한 소득탄력성은 1.0 정도로 평가한다.[13] 즉, GDP가 10% 변화하면 석유에 대한 수요 가격탄력성 역시 10% 변화한다는 뜻이다. 석유 수요 소득탄력성은 나라에 따라 크게 다르다. 선진국은 상대적으로 에너지 집약적인 산업 분야가 적고 에너지 효율이 높은 서비스 분야가 많기 때문에 석유에 관한 소득탄력성이 낮다. 두 명의 분석가는 선진국의 경우 소득탄력성을 0.55배, 개발도상국의 경우 1.1배로 추정했다.[14] 유가 상승 자체만으로 석유 수요를 줄이진 못하지만, 경기가 침체한다면 상황은 빠르게 반전한다. 효과적이긴 하지만 불경기는 석유 수요를 급격하게 줄이는 잔인하고 인기 없는 방법일 것이다.

이론적으로 휘발유, 디젤 등 석유를 대체할 상품이 있다면, 그 제품이 충분히 경제적 효과를 보여줄 때까지 유가는 상승한다. 하지만 현실적으로 휘발유와 경유를 완벽히 대체할 상품은 없다. 따라서 현실에서 에너지 지출이 소비자와 넓은 범위의 경제에 기여하거나 불황을 일으킬 정도로 큰 부담을 느낄 때까지 유가는 계속해서 상승할 것이다. 경제 성장은 유가와 에너지 소비 외에 많은 것에 의존하기 때문에 유가가 경제 성장에 부담이 되는 정확한 수준을 알 수 없다.

그러나 최근 현상을 분석해보면 유가가 배럴당 100달러를 훨씬 웃돌면 경제가 성장하고, 이는 유가의 상한선이 세 자릿수라는 것을 시사한다. 2011년 오바마Obama 행정부는 유가가 배럴당 125달러 이상이 될 때 경제가 위험에 빠진다고 간주했다.[15] 같은 해, 분석가들과 은행은 배럴당 120달러 선이 세계 경제를 위협하는 상한선이라고 하였다.[16] 2012년, 국제에너지기구IEA는 유가 상승이 "세계 경제를 다시 불황으로 몰아넣을 수 있다"고 경고하였다.[17] 다행히 2008년 이후 유가는 120달러를 넘지 않았고, 아쉽게도 분석 결과를 확인할 수는 없었다.

가격 변화에 대응하는 원유 공급

석유 공급 역시 '끈끈하기'는 마찬가지다. 즉 가격 변화에 민감하게 반응하여 공급량이 떨어지지 않는다는 뜻이다. 이는 단기 변화일수록 더욱 그렇다. 원유 가격이 원가를 상회할 경우에도, 석유 생산자 대부분 당장 공급을 줄이지 않는다. 가격이 상승해도 최대 용량으로 생산하는 사업자들 역시 산유량을 더 늘리지 못한다. 오늘날 새롭게 석유를 공급하기 위해서는 새로운 분야를 개척하고 개발하는 것만 해도 수년이 걸린다. (이 책의 뒷부분에서 논의할 미국의 셰일오일은 예외다.) 현재 원유의 공급탄력성에 대한 추정치는 수요탄력성과 비슷하다고 예측하며 단기적으로는 0.04 정도, 장기적으로는 0.35 정도다.[18]

석유산업의 구조를 살펴보면 왜 석유 공급이 가격에 민감하게 반응하지 못하는지, 그리고 왜 각 핵심 부문이 가격에 상관없이 최대 용량으로 운영되는지를 쉽게 이해할 수 있다. 지금까지 살펴본 바와 같이 석유산업의 공급 분야는 크게 세 부문으로 구성되어 있다. 우선 석유를 탐색하고 시추하는 '업스트림(upstream, 원유 생산업자)', 석유를 정유 공장으로 운송하는 파이프라인, 철도 및 해상 유조선 등의 '미드스트림(midstream, 운송업자)', 마지막으로 휘발유, 난방유, 석유화학 원료와 같은 최종 제품을 생산하고 판매하는 정유사와 마케팅 회사가 속해 있는 '다운스트림(downstream, 제품 생산 및 판매업자)'로 나뉜다.

시추에서 정제까지 모든 부문에 걸쳐 석유 사업은 자본 집약적이어서 대규모 선행 투자가 필요하다. 또한, 석유 추출, 운송 및 저장에 사용되는 특수 장비(특수 제작된 시추 장치 및 우물, 저장 탱크, 파이프라인, 선박 등)도 있다. 제조 비용이 많이 들고 유독성 액체인 원유 외에는 다른 것이 필요하지 않다. 석유가 고체라면 널리 사용되는 다목적 장비를 사용하여 생산하고 운송할 수 있었을 것이다. 프랑켈은 "만약 조명이나 내연기관을 태울 재료를 가루로 만들어 포장해 일반 상점에서 판매할 수 있었다면 석유의 역사는 완전히 달라졌을 것"이라 하였다.[19] 그러나 석유산업 장비는 오로지 석유를 생산하고 운송하고 정제하는 데 사용된다.

이 책에서 중심이 되는 '업스트림'에 대해 살펴보자. 사업에 필요한 지출 대부분 원유를 생산하고 판매하기 전 미리 지출과 사용이 끝난다. 일단 유정을 생산한다면 가변 비용 즉, 인건비와 재료비 같은 운영비와 세금 및 로열티처럼 생산되는 석유의 양에 따라 달라지는 비용은 상대적으로 낮다.[20] 사업 자본을 모두 새 유정을 찾고 개발하는 데 쓰면, 석유회사는 유가가 급격히 떨어진다고 해도 공급을 멈추지 않는다. 유가가 비교적 낮은 변동비를 메꿀 수 있는 한, 생산자는 계속해서 원유를 생산한다는 것이다.[21] 특히 소규모 사업자의 경우 비용과 채무 상환 및 로열티를 충당하기 위해 당장 수익을 창출해야 하는 필요성이 자본화된 대기업보다 더 크다.

'미드스트림' 운송업자나 '다운스트림'의 정제업자 역시 장비를 최대 용량으로 가동할수록 인센티브가 있다. 파이프라인 비용은 일반적으로 원유 흐름 양과는 무관하다. 파이프라인이 설치되면 운영비는 상대적으로 적은 관리, 검사, 유지 보수 및 펌프장에 대한 전력으로 구성된다.[22] 파이프라인을 통과하는 오일의 양을 줄이는 것은 비용 절감에 큰 도움이 되지 않는다.

정유소 역시 고정적인 선행 투자금이 높다. 그러나 정유소는 시추 및 운송 업체보다 더 많은 유연성이 있다는 장점이 있다. 아스팔트나 난방유 같은 중연료부터 의약품, 양초, 화장품, 방수제품 등을 생산하는 데 사용하는 경연료까지 원유를 수백 개의 제품으로 바꾼다. 정유사는 시장 수요에 따라 정제하는 원유의 종류를 조정할 수 있기 때문에 시추업자에게는 없는 유연성을 가지고 있다.[23] 그러나 정유사의 유연성도 이 분야의 높은 고정-변동가격의 비율을 바꾸지 못한다.[24] 실제로 원유와 제품 구성을 동적으로 전환할 기회를 얻으려면 종종 새로운 자본설비가 필요하다. 그러므로 일단 설비를 갖추고 나면 정유사는 장비를 최대한 사용해야만 한다.

마지막으로 석유 제품을 유통하고 판매하는 사람들인 마케터들도 탱크, 트럭, 주유소를 최대한 운영하기를 원한다. 마케팅은 마진과 이익을 남기는 매우 경쟁력 있는 비즈니스다. 휘발유에 대한 수요는 전반적으로 생산 가격 변화에 둔감하지만, 운전자들은 주유소 간 비교 쇼핑을 통해 저렴한 주유소에서 기름을 채운다. 단일 시장이라 볼 수 있는 휘발유 판매에 큰 차이를 만든다. 따라서 마케팅 부문은 설비를 모두 가동하면서 원유 가격의 변화를 고객들에게 빠르게 전가하는 경향이 있다.

석유산업은 높은 선투자 비용을 부담하기도 하지만, 동시에 업스트림, 미드스트림, 그리고 다운스트림과 마케터들이 보유한 저장 탱크처럼 유가 변동성을 줄이는 데 도움이 되는 부문도 있다. 가격 변동성은 스토리지를 구축하여 인센티브를 얻는다.[25] 가격이 낮을 때 원유를 구입한 다음 저장해 놓고 사용하거나, 미래에 더 높은 가격에 판매하여 수익을 창출하는 것이다. 스토리지의 가용성은 유가 변동성을 형성하는 데 큰 역할을 한다. 2장에서 보았던 것처럼, 서부 펜실베이니아의 시추 대지 근처 저장고 부족은 이후 새로운 유전이 발견되었을 때 원유 가격을 똥값으로 폭락시켰다. 그러나 스토리지가 가격 안정을 보장하지는 않는다. 저장 탱크를 만드는 데 비용이 많이 들기 때문에 저장 용량은 저렴하지도 않고 무제한적이지도 않다. 저장 탱크가 멀리 떨어져 있거나 비싸기 때문에, 스토리지는 대부분 늘 가득 차 있다. 그런데도 스토리지만이 과잉 석유 공급을 차단하거나 수요가 많을 때 신속하게 석유를 공급할 수 있는 유일한 방법이다. 스토리지 용량과 비축 원유의 양은 석유 산업에서 가장 중요한 부분 중 하나이며, 초창기부터 오늘날까지 데이터 기록이 허용되는 범위 내에서 언제나 중요한 모니터링의 대상이 되었다.

석유 생산업자들을 다시 살펴보았을 때, 석유회사들이 유정 폐쇄를 심각하게 고려했던 시점은 유정 가격이 운영비 이하로 떨어졌을 때다. 그럼에도 불구하고 석유 생산업자들은 하청업체에 원가 절감을 요구하거나 로열티를 줄이는 등 계속해서 생산 원가를 낮추기 위해 다른 수단에 찾으며 저항할 것이다. 운영비는 다양하고 투명하지도 않다. 오늘날 석유시장에서 주요 석유 공급원의 운영비는 배럴당 5달러에서 30달러로 추정된다.[26] 최근의 경험에 따르면 유가는 운영비보다 낮아도 여전히 유동적일 가능성이 크다.

실제로 최근 세계 석유시장에서 발생한 사건들과 함께 공급의 끈끈함도 엿볼 수 있었다. 2014년 6월, 원유 가격은 배럴당 105달러에서 2016년 2월, 30달러로 급락했다. 그러나 예상치 못한 유가의 붕괴에도 불구하고 투자자들이 유가 하락을 예견했다면 승인하지 않았을 것 같은 대규모 금액이 투자된 석유 개발 프로젝트와 함께 엄청난 양의 새로운 석유가 시장을 강타하였다. 예를 들어, 유가가 100달러 정도였던 몇 년 전 미국 멕시코만에 건설된 크고 비싼 새로운 생산 시설이 막 완공을 끝냈고, 재고량이 기록적인 수준으로 상승하는 가운데 석유는 과잉 공급의 시장으로 흘러들고 있었다. 비록 이 거대한 해상 석유 굴착기기가 배럴당 60달러 이하의 경제적 성공 가능성을 가지고 있지는 않았으나,[27] 소유주들은 되도록 굴착기를 멈추지 않았다. 가격이 일시적으로 하락해서 곧 반등할 것으로 확신했기에, 무슨 일이 있어도 굴착을 멈추지 않았던 것이다.

러시아의 원유 생산업체들은 과잉 공급에도 불구하고 생산을 줄이지 않았다. 실제로 러시아 산유량은 2016년 9월 소련 이후 최고치를 기록했다. 부분적으로 최근 몇 년 동안 시작된 사업과 루블화 평가절하, 감세, 그리고 많은 석유회사의 필사적인 대출 상환 필요성 때문이기도 하다. 1999년 이후 석유 공급이 감소하던 영국 북해에서도 유가가 100달러에 육박했고, 전년에 이루어진 투자로 인해 2015년 산유량이 증가했다.[28] 두 경우 모두 이러한 대형 프로젝트를 개발할 목적으로 이미 자본이 투자된 상황이었다. 새로운 분야를 운영하는 데 드는 비용은 상대적으로 낮은 편이다. 비록 세계 석유시장이 포화 상태이고 유가는 하락세지만, 생산업자들은 계속해서 석유를 끌어올릴 것이다.

가격 변동에 민감하지 않은 수요와 공급의 결합으로 인해 석유시장은 공급이 수요를 초과하거나, 반대로 수요가 공급을 초과하는 불균형한 상태에서도 소비나 생산의 변화를 위해 대규모 유가 변동은 늘 존재한다. 중동에서 일어난 전쟁이 세계 석유 공급을 20%나 감소시켰지만, 세계의 수요는 계속해서 증가했었다. 재고가 바닥나면 수요와 공급의 법칙에 따라 누군가는 휘발유, 디젤, 가정용 난방유의 소비를 줄여야 한다고 말한다.

하지만 누가 줄일 것인가? 카풀이나 대중교통을 이용한 출퇴근을 현실화하기 위해서 과연 기름값은 얼마나 올라야 할까? 또는 석유 공급이 수요를 초과하는 반대의 상황이라면 어떨까? 예를 들어 2015년 발생한 이라크와 사우디의 생산 증가와 미국의 셰일오일의 대규모 신규 공급처럼 말이다. 공급이 수요를 초과하고 재고는 늘어났으며 유가는 배럴당 30달러 이하로 떨어졌었다.

수요와 마찬가지로 공급은 결국 가격 변화에 대한 반응이지만 여러 해 동안 시차 발생 역시 불가피하다. 이러한 다년간의 지연 상황은 가격의 호황과 부진을 악화시킬 수 있다. 현재 지연 중이거나 취소되는 미래 공급용 개발 프로젝트가 있을 때, 시간이 흐른 후 완공 예정 시점이 되었을 때는 수요가 공급을 초과해버릴 수도 있기 때문이다. 따라서 오늘날 과잉 공급과 가격 폭락은 미래에 불충분한 공급과 가격 호황의 씨앗이 된다.

석유 가격은 막대한 변동과 다년간 시차 없이 자체적으로 균형을 이룰 수 없다. 따라서 생산 부문(시추업자, 운송업자, 정유사 및 마케터)은 내부적으로 같은 분야의 정유사처럼 경쟁업체 사이의 수평적 통합과 각 부문 간의 수직적 통합에 대한 충돌이 발생한다. 각 부문에 속한 기업은 가격이나 이익 감소를 초래할 가능성이 있는 과잉 스토리지에 대한 투자를 경계할 수밖에 없다. 앞서 살펴본 것처럼 초기의 굴착업자들은 시추와 생산을 억제하기 위해 수평적 합의를 시도했고, 스탠더드오일은 파이프라인과 유정을 통한 수직적 통합뿐만 아니라 경쟁적인 소규모 정유소를 사들이고 폐쇄시키는 보다 공격적인 방법으로 수평적 통합에 접근했다.

이러한 형태의 합병을 통해 석유회사들은 자연스럽게 공급망 내 가격변동에 대비할 수 있었다. 공급망 확보는 물론 합병으로 개별 석유회사들이 지나치게 많은 우물을 파거나, 정제하거나, 대량으로 수송하고 저장 시설을 건설하는 현상도 막을 수 있었다. 아마도 산업과 더 넓은 개념의 경제에 있어 가장 중요한 것은, 이러한 합병을 통해 기업들이 "생산자와 소비자 모두 비용을 부담하는 가격의 파격적인 변동"을 피할 수 있게 되었다는 점이다.[29]

그러므로 통합은 초창기부터 석유산업의 생존 방식이었다.[30] 록펠러는 석유 사업의 핵심 부문을 성공적으로 통합한 첫 번째 기업인이었으나, 정제 및 철도와의 협력과 독점으로 엄청난 비난의 대상이자 불법으로 규정되었다. 제1차 세계대전 동안 워싱턴은 경쟁을 촉진하기 위하여 석유산업 관행을 규제하며 일시적으로 산유량을 빠르게 최대화하고, 기업이 자원을 모으고 협력하도록 장려하였다. 그러나 1920년대 스탠더드오일 트러스트와 제1차 세계대전은 역사의 한 페이지를 장식한 후 사라졌고, 워싱턴은 석유산업을 무시했으며 경쟁 당국의 감시를 받았고 카르텔 형성을 금지당했으며, 탄생 당시 만연했던 새로운 유정의 발견과 가격 폭락에 끊임없이 시달렸다. 1920년대 중반에 이르러 석유산업은 공급망을 광범위하게 규제하는 새로운 위기를 맞이했다.

4장

텍사스 시대, 유가의 안정을 가져오다

미국의 공급 통제와 국제 카르텔 (1934~1972년)

미국의 공급 통제와 국제 카르텔

1920년대 후반, 미국과 세계적인 역학관계로 인해 유가가 하락하였다. 텍사스와 오클라호마에서는 새로운 유정이 발견되었고, 정제한 러시아 원유의 중요 시장인 인도에서는 등유 가격 전쟁이 벌어졌다. 로열더치셸과 모빌(Mobil Corporation, 미국의 모빌석유의 지주회사)[1] 간의 경쟁으로 미국과 영국 시장의 주요 마케팅 회사들은 시장 점유율을 유지하기 위해 가격을 억지로 인하해야만 했다. 이로 인한 가격 폭락으로 1930년대 초까지 볼 수 없었던 가장 공격적인 공급 규제와 카르텔 시스템을 초래하는 일련의 사건이 발생하였고, 그 후 40년 동안 전 세계에 유례없는 유가 안정의 시대가 왔다.

1927년, 텍사스주와 오클라호마주는 미국 전체 산유량의 55%를 차지했다.[2] 두 지역의 경제는 석유 운영에 극도로 의존하게 되었고 주 예산은 산업에 대한 세금 수익에 의존하게 되었다. 이 두 지역은 독점을 선호하는 것처럼 보였고, 자유 시장에 대한 주정부의 간섭을 경계하였다. 반면 주정부는 굴착업계가 석유 공급과 가격 결정에 중심이 될까 봐 불안해했다.

1926년 오클라호마주 중심부에서 중요한 발견을 했다. 이른 바 그레이터 세미놀Greater Seminole이라 불리는 유전으로 인해 또 다른 불황의 순환이 시작된 것이다. 세미놀 유전은 1927년 7월까지 하루 50만 배럴이라는 경이로운 산유량을 자랑했다.[3] 1926년과 1927년 사이 이 지역 산유량은 총 55%나 급증했다.[4] 오클라호마주와 텍사스의 예이츠Yates 유전에서 다른 유전을 발견했고, 이 지역의 생산 증가는 결국 미국 중부의 원유 가격을 강타하였다. 오클라호마 석유 가격은 배럴당 0.17달러까지 떨어졌다.[5] 생산업체는 구제를 외쳤다. 석유 역사가 노먼 노드하우저Norman Nordhauser는 "가격 및 생산 불안정의 근본적인 위험이 또다시 나타났다. 갑자기 보존이라는 복음서가 주요 석유 경영자들 사이에서 종교처럼 재부상하기 시작했다"[6]고 말했다.

세미놀 유전 이전에 오클라호마주의 많은 시추업자들과 관계자들은 석유 생산에 대한 강제 통제를 반대했다. 그러나 새로운 공급의 홍수는 노드하우저가 말하는 '대역전'[7]을 촉발시켰다. "몇 달 전까지만 해도 미국은 석유를 사용하는데 부족함이 없었다고 증언했던 낙관적인 시추사들이 생산 과잉을 점검할 필요가 있다고 울부짖었다."[8] 당초에 오클라호마 코퍼레이션 위원회OCC와 생산자, 파이프라인 회사들은 세미놀의 석유 수송을 제한하는 계획을 수립했고 새롭게 발견된 유정의 신규 시추를 제한하였다. 그럼에도 불구하고 산유량과 재고량은 계속해서 증가하였으며 가격은 폭락했다. 1927년 8월 9일 OCC는 청문회를 열어 폐기물이 발생하고 있다고 판단했고, 1915년 보존법에 따라 첫 번째 주요 의무 할당량을 발표하여 세미놀 산유량을 하루, 45만 배럴로 제한하였다.

그러나 새로운 시추작업이 계속되어 생산을 억제하려는 OCC의 시도는 좌절당했다. 1928년 9월 9일, OCC는 산유량을 늘림으로써 주 내의 다른 분야들이 이익을 얻는 것을 막았고, 연방정부가 질서를 강요하는 것을 우려하여 주 전체의 하루, 70만 배럴의 할당량을 부과하는 '과감한 조치'를 취했다. 그리고 생산을 제한하는 대규모 할당량의 첫 번째 사례였다. OCC는 석유 생산자의 수를 제한하기 위해 분투했지만, 1929년부터 엄격한 통제가 산유량에 영향을 미치기 시작했다.[9] 유가는 1929년 중반까지 1.45달러까지 올랐다.

그러나 오클라호마 시추사들이 숨을 고르던 1928년 12월 오클라호마시티 필드Oklahoma City Field라고 불리는 새롭고 거대한 유정을 개발하기 시작했다. 가장 먼저 자발적으로 공급을 억제하려고 시도했으나 실패하였고, 1929년 7월 OCC는 잠재적 산유량의 2.75%에서 40% 사이의 범위 내에서, 새로운 할당량을 오클라호마시티 필드 유정에 부과했다.[10]

OCC가 유정의 총수용량보다 훨씬 낮은 할당량을 부과함에 따라, 공급 통제의 필요성을 한마음으로 등원했던 오클라호마시티의 석유 생산자들도 부과 받는 할당량에 따라 두 진영으로 갈리기 시작했다. 할당제 반대파들, 특히 운반시설이나 정유소 근처에 유정을 운영하던 이들은 주정부가 부과하는 의무적인 공급 감축을 신랄하게 비판했다. 정유업계 역시 의무적으로 고가의 원유를 사들여야 한다는 사실에 불쾌함을 감추지 않았다. 그러나 상대적으로 우물 안의 매장량이 적거나 저장 능력이 떨어지는 굴착업가들은 생산 제한을 선호했다. 더 많은 산유량을 생산할 좋은 위치적 조건을 확보하지 못했기 때문이었다. 반대파들은 오클라호마의 제한에 법적으로 반기를 들었지만 1930년 오클라호마 대법원에 의해 기각되었다.[11]

오클라호마주의 의무적인 할당제에도 불구하고, 유가는 하락하기 시작하여 1930년 상반기에 평균 1.31달러를 기록했다. 규정 준수를 강화하기 위해 OCC는 민간 부문 심판에서 현장 생산을 감시할 관리로 교체했다. 1931년 6월과 7월 국가 원유 가격은 배럴당 평균 0.33달러로 급락했다. 그 원인은 높은 산유량과 악화된 경제, 그리고 곧 이어질 텍사스의 새로운 석유 파업에 있었다.

1931년 8월 3일 연방법원은 OCC에 불리한 판결을 하고 오클라호마의 쿼터제를 정지시켰다. 오클라호마주 선출직 공무원들은 법원의 간섭에 대해 즉각적인 반응을 보였다. 법원의 명령 다음날, 오클라호마 주지사 윌리엄 알팔파 빌 머레이William Alfalfa Bill Murray는 계엄령을 선포하고, 그의 사촌이자 국가방위군 중령이었던 키케로 머레이Cicero Murray에게 3,106개의 활성 우물을 폐쇄하도록 명령했다. 텍사스주의 한 신문은 "머레이 주지사는 학교를 계속 개방하고 독립 생산자들의 재산을 보호하며, 주의 에너지 자원을 보존하는 세수 유지의 필요성에 따라 할당량을 부과할 권리"를 주장했다.

"우리 주의 천연자원을 반드시 보존해야 합니다. 석유 가격은 배럴당 1달러는 유지해야 합니다. 이제 더 이상 나에게 빌어먹을 질문은 하지 마시오."라고 주지사가 성토했다[12]는 기사를 내보냈다. 주지사는 자신의 법적 권위에 의문을 품은 이들을 '어리바리한 놈들'이라 비난하며 석유 가격이 석유의 가치보다 낮을 때 주법에 따라 주지사는 생산을 금지할 수 있는 권한을 명시적으로 가진다고 주장했다.[13] 더 나아가 주지사는 "석유 가격이 1달러가 될 때까지" 쿼터제는 계속 유지하겠다고 못을 박았다.[14]

1931년 10월 초 머레이 주지사는 원유 가격이 주지사의 1달러 목표치에 도달하지 못했지만 주 할당량에 대한 주정부의 감독은 유지했다.[15] 머레이는 유가가 상승할 것이라고 예측하고 "유정은 언제든 다시 폐쇄될 수 있다"[16]면서, 1932년 5월 6일 오클라호마시티의 경계를 침범하는 굴착업자들에 대응하기 위해 계엄령을 선포하였다.[17] 5월 20일, 오클라호마 부지사는 알팔파 빌이 민주당 대통령 후보가 되기 위해 자리를 비운 사이 계엄령을 해제했다.[18] 이에 머레이는 권한을 대행하던 부지사를 "빌어먹을 바보"라고 비난했고, 5월 27일 뉴욕 유세에서 돌아온 즉시 계엄령을 다시 선포했다.[19] 1932년 9월, 한 신문은 오클라호마주 방위군이 월콕스석유가스회사Wilcox Oil & Gas Company에 고용된 석유 노동자들과의 충돌에서 "주먹, 개머리판, 최루탄"에 의존했다고 보도했다.[20]

미국 대법원이 오클라호마의 쿼터 명령에 대한 하급 법원의 가처분 신청을 번복하자 오클라호마는 1933년 4월 10일 더 강력한 법안을 통과시켜 생산 통제를 허용했다. 이제 법원이 국가의 생산 제한 권한을 인정했기 때문에 군대는 철수할 수 있었다. 석유 역사학자 브래들리는 "1차 채굴 명령 후 6년 만에 오클라호마 원유 생산에 대한 정치적 통제가 완료됐다"고 언급했다(그래프 4-1 참조).[21] 그리고 나서 텍사스의 차례였다.

1927년 하루 산유량 21만 7,000배럴로 국가 생산의 24%를 차지했던 텍사스, 일명 론스타주는 북부 오클라호마와 평행하게 움직이고 있었다.[22] 텍사스는 1919년 TRC에 물리적 폐기물 방지를 위한 할당제를 부과할 수 있는 권한을 부여했고, 1929년 텍사스주 의원들은 오클라호마주 법보다 더 비겁했다. 텍사스 정부 공무원들은 특히 유가에 영향을 주어야 한다는 인식과 법령을 통해 경제적 낭비를 막아야 한다고 믿었다. 텍사스 관계자들은 규제 당국이 물리적 고갈만을 제한할 수 있다고 주장했다. 1920년대 후반까지 TRC

〈그래프 4-1〉 1925~1934년까지 오클라호마주와 미국 중부의 유가 비교

출처: API, 석유의 사실과 수치(1959)

는 화재 위험을 줄이고 서로 너무 가까이 뚫린 우물에 물이 침투하는 것을 막기 위해 우물 간격을 규제하는 데만 권한을 사용했다.[23]

그러나 오클라호마와 비슷하게 텍사스 역시 1920년대 후반 대규모 발견이 이어지자 원유 가격은 폭락세를 이어 나갔다. 석유회사들은 가격을 안정시키기 위해 할당량을 부과할 것을 TRC에 간청했다. 1926년 텍사스 서부에서는 당시 미국에서 가장 컸던 거대한 예이츠 유전의 발견으로 기업들은 더욱더 박차를 가해 할당량 부과를 요구했다. 처음에는 텍사스철도위원회도 민간 기업에게 자발적인 할당량을 마련하라고 말했다. TRC는 민간 자율 할당제의 승인을 고려했지만, 기업들의 수요에 맞게 생산을 제한하고 그에 따라 가격을 안정시키자고 명시적으로 제안하고 있었기 때문에, 위원회는 명확한 입장을 취하기로 결정했다. 예이츠 유전의 생산을 제한하고자 하는 민간의 자발적인 노력은 여느 때와 마찬가지로 부족하기 짝이 없었다.[24]

예이츠의 자발적 쿼터제 실패로 TRC는 1927년 말 처음으로 등급 쿼터제를 시행했다. 경제적 낭비나 물리적 고갈, 가격 담합이 아니라는 주장을 뒷받침하기 위해, TRC는 과잉 생산으로 인한 저유가를 소규모처럼 부피가 작고 비용이 많이 드는 '영세 유정(하루 산유량 10배럴 이하의 소규모 유정-옮긴이)'의 영구적 파산을 막기 위함이라 주장했다. '영세 유정'은 이후 유가가 회복되어도 대규모 유정보다 재가동될 가능성이 적었다. 이런 영세 유정의 영구적 손실은 TRC의 관점에서 보자면 '고갈'에 해당되었다. 오클라호마에서

처럼, TRC는 규제 지역에서 비규제 지역으로의 공급 이동을 막기 위해 다른 분야에 할당량을 부과했다.[25] 1927년에서 1930년 사이의 이러한 초기 의무 할당량은 거의 저항을 받지 않았다. 소수의 석유회사만이 규제된 분야에서 운영되었고, 그들은 TRC의 합법성과 권한을 받아들였다.

비록 TRC의 규제 방침이 점점 더 확고해지고 있었지만, 검증되지 않은 법적 근거에 기초하고 있었을 뿐이었다. TRC가 할당량을 주 전체로 확대하자, 할당량을 '자원 고갈'로 정당화하는 것에 이의를 제기하는 기업들의 시위가 빗발쳤고, 위원회가 가격을 고정하여 '경제적 고갈'을 방지하려는 핑계를 대며 불법을 자행하고 있다고 주장했다. 그러나 1931년 2월, 텍사스 대법원은 TRC를 지지하였고, 위원회가 물리적 고갈을 방지하고 가격을 통제하는 것은 아니라고 판결하였다.[26]

그런데도 텍사스의 규제는 그 후로도 오래도록 잡음을 낳았다. 유정을 소유한 회사들이 텍사스 석유 규제의 전체 구조를 흔들며 미국, 그리고 더 나아가 세계의 석유 가격의 시스템을 변화시키려고 했기 때문이었다.

검은 거인이 만든 재앙

'검은 거인'이라 불리는 이 괴물 유정은 1930년, 콜럼버스 마리온 '대드' 조이너Columbus Marion 'Dad' Joiner(석유 등을 찾아 닥치는 대로 캐내는 전문 채굴꾼-옮긴이)에 의해 발견되었다. 1926년 텍사스주 동부의 러스크Rusk 카운티에 도착했을 때 조이너의 나이가 벌써 66세였다. 녹슬고 조각난 굴착업자와 지역 농부들로 구성된 대원들을 배치한 그는 구멍을 뚫은 후 두 개의 우물을 버리고 1930년 10월 3일 마침내 거대한 석유 웅덩이를 발견했다.[27]

유맥이 발견되었다는 소식을 들은지 몇 주 만에, 그 인근으로 수천 건의 토지 거래가 성사되었다. 1931년 4월 그 지역 일대는 "하루 34만 배럴을 생산하고 있었고 매시간 새로운 우물이 쏟아지고 있었다."[28] 1931년 7월 약 14만 에이커의 땅에서 하루 100만 배럴 이상의 석유를 생산해냈고, 산유량으로 오클라호마를 겨우 앞서 나가던 텍사스는 1928년부터 빠르게 선두를 유지했다. 1932년까지 텍사스는 미국 산유량의 40%를 차지하면서 경쟁자였던 오클라호마보다 두 배나 많은 양을 생산하고 있었다.[29]

사학자 노드하우저는 "미국 국민에게 주는 훌륭한 자연의 선물이 석유산업에는 재앙이었다"고 말했다.[30] 익숙한 패턴처럼 놀랍게도 새로운 유정의 발견은 유가를 붕괴시켰다. 텍사스 동부의 원유 가격은 1930년 배럴당 1달러에서 1931년 7월 말에는 배럴당 0.10달러로 폭락했다. 검은 거인의 잔물결은 미국 전역에 걸쳐 유가를 약하게 만들 것이라고 위협했다. API 관계자는 "텍사스 동부에서 현재 속도로 생산을 지속할 경우 미국 독립 사업자의 95%를 파산시키고 주요 기업 대부분을 뒤흔들 것"이라고 경고했다.[31]

오클라호마의 생산 할당제 파동을 유심히 지켜보던 텍사스 주지사 로스 스털링Ross Sterling은 해로운 공급 과잉에 대해 점점 더 걱정하게 되었다. 1931년 8월 초까지만 해도 그는 유가 안정이나 유정 폐쇄 조치 등에 군사를 배치하는 오클라호마식 할당제에 반대했다. 그러나 시간이 흐르며 조금씩 반대 의사를 접었고, 같은 해 8월 7일 기자와의 만남에서 "머레이 주지사의 행보에 찬성한다고 할 순 없지만 과감한 조치는 필요하다"고 말했다.[32]

TRC의 입장에서 텍사스 동부의 생산 급증은 확실히 새롭고 어려운 도전이었다. TRC 역시 가격을 안정시키는 대신 자원 고갈을 막기 위해 할당량을 부과했지만, 여전히 수천 명의 생산업자들이 텍사스 동부에서 시추하고 있었다. 평온하던 TRC 회의장이 아수라장이 되었다. "회의는 전문가와 업계 지도자들의 모임에서 공공과 사적 이익의 균형을 맞추기 위해 가장 효과적인 정책을 찾는 장으로 돌변하였다"고 역사학자 차일스Childs는 묘사했다.[33]

TRC는 4월부터 하루에 9만 배럴이라는 할당량을 텍사스 동부에 부과하려고 시도했다. 오클라호마와 마찬가지로 주법원은 할당량 부과를 기각했다. 법원이 반대파의 손을 들어주며 생산업자들의 산유량 초과를 묵인한 것이다. 갈수록 긴장되는 정치적 분위기속에서 쿼터제 반대파들은 TRC의 정책이 가격 담합이라고 맹렬히 비난했다. 데이비드 프린들David Prindle 교수는 찬성파들이 어떻게 속마음을 숨기며 두 마리 토끼를 다 잡으려고 했는지를 명쾌하게 설명했다.

무제한 생산으로 천연자원이 낭비되었다. 이 자원들을 보존하려고 노력하는 것은 합리적이고, 합법적이며, 심지어 애국이었다. 그러나 무제한 생산은 또한 가격을 불안정하게 하고 경쟁을 부추겼다. 시장을 통제하려고 시도하는 것은 독점적이고 불법적이며 사악했다. 할당량 반대파들은 쿼터제로 가격 담합이 가능할 것이며 따라서 불법이라고 주장하였다. 그들의 주장은 사실이었다. 결국 쿼터제는 자원 보존의 수단이자, 가격 담합을 위한 전략이었기 때문이다.[34]

1931년 7월 연방 지방 법원은 예상과 달리 할당제 반대론자의 손을 들어주었다. TRC의 할당량 부과를 위법이라 판단한 것이다. 텍사스 대법원의 판결을 뒤집은 연방법원은 TRC가 실제 자원 고갈을 근거로 할당제를 불법적으로 시행하려 했다고 결론지었다.

연방법원의 결정에 따라 스털링 주지사 역시 달리 방법이 없었다. 1931년 8월 17일 그는 오클라호마 주지사 머레이의 선례를 따라 계엄령을 선포하고 1,200명의 국가 방위군을 동부 텍사스 유전으로 배치하였다. 스털링 주지사는 병사의 임무가 "국가 보존법에 반하는 반란 상태의 조직적이고 고착화된 원유 및 천연가스 생산자 집단을 단속하는 것"이라고 발표한다.[35] 제이콥 F. 월터스Jacob F. Wolters 장군이 지휘를 맡았다. 문제는 그가 텍사스주의 대기업 생산업체 중 하나인 텍스코Texaco의 변호사로 겸직하고 있었다는 것. 텍사코는 쿼터제에 반대하는 소규모 생산업자가 아니었고, 국가가 부과하는 공급 제한을 대기업의 이익에 대한 예속의 한 형태로 간주하였다.[36] 1931년 8월 17일 월요일 새벽, 킬고어Kilgore, 오버턴 Overton과 같은 텍사스 동부의 다른 마을 주민들은 텍사스주 방위군 제56 기병여단 800명의 병사가 진흙탕 위를 뚜벅뚜벅 행진하는 소리를 듣고 잠에서 깼다. 우물에서 번뜩이는 가스 불꽃이 병사들의 서슬 퍼런 행군을 섬뜩하게 비추고 있었다[37](자료 4-2 참조).

텍사스 신문인《브라이언 데일리 이글Bryan Daily Eagle》은 "이번 조치가 미국 중부의 원유 가격을 인상하고 미국 석유산업을 안정시킬 수 있기를 희망한다"고 보도했다.[38] 총과 검을 든 군부대 투입이 처음에는 효과가 있었다. 1931년 8월 평균 배럴당 0.24달러였던

〈자료 4-2〉 계엄령에 따라 텍사스 동부 유전으로 행군하는 군인들

HOOF BEATS DROWN DRILLING DIN
AS CAVALRYMEN PATROL
EAST TEXAS OIL FIELDS

엽서에는 "기병들이 텍사스 동부의 유전을 돌아다니는 소리가 온 마을을 집어삼키고 있다"고 쓰여 있다.

출처: 제프 스펜서의 엽서 컬렉션, 잭 놀런의 원본 엽서 사진

텍사스주의 원유 가격은 1932년 3월 0.75달러로 올랐다.[39]

검은 거인의 등장에 휘청거리다가 1932년 오클라호마의 쿼터제에 대한 미국 대법원의 지지가 하락하며 용기를 얻은 텍사스 의회는 가격 안정을 목적으로 생산 규제의 정당성을 얻었다. 텍사스 의회는 1932년 시장수요법을 제정하여 물리적 폐기물뿐만 아니라 경제적 낭비의 예방을 명시적으로 허가했다.[40] 텍사스는 이제 명목상 가격 담합 사업을 하고 있었다.

생산량을 규제했던 애초의 할당제 규제가 가격 담합의 성격으로 변하자 텍사스주 상원의원이었던 조 L. 힐Joe L. Hill과 같은 자유시장 지지자들은 깊은 유감을 드러냈다. 힐은 "여기서 쿼터제의 시행이 가격 담합이 아니라 가격 안정이라고 말하는 건 정말 비열한 위선"이라며 "사람들이 자리에서 일어나 시장 수요를 추상적인 명제로 싱겁게 다루고 가격 담합과 아무런 관계가 없다고 주장하는 꼴을 보고 있기 힘들다"고 거칠게 항의했다.[41]

석유 생산주마다 석유 생산에 의무적인 공급 통제를 부과하였지만, 굴착업자들의 불법적인 석유 판매(이른바 '핫 오일hot oil')가 성행하며 유가 하락세는 계속해서 이어졌고, 주정부의 골칫거리도 해소될 기미가 없었다. 1931년부터 1935년까지 국가 생산 통제를 피하려는 굴착업자의 노력은 "미국 역사상 가장 대표적인 시민 불복종과 법을 어기는 독창성의 사례"로 여겨졌다. 위법한 굴착업자는 "글래드워터의 요새Fortress of Gladewater"라는 시멘트 요새로 유정을 감추기도 했다.[42] 그 외에도 굴착업자들은 유정을 개발하기 위해 받았던 대출금 상환으로 곤욕을 치르고 있었다. 두 전문가는 당시 이들의 경제적 어려움을 이렇게 설명했다.

> 텍사스 동부 지역의 유정 시추 비용은 대략 2만 달러에서 3만 달러에 이른다. 독립 시추업자의 경우 보유하는 투자금 중 대부분 이 과정에서 차입된다. 아마 기업의 투기성으로 인해 프리미엄이 붙은 가격일 것이다. 원금 중 최소 6%의 이자를 고려하여 유정 운영 첫 3~4년 안에 상환해야 하고, 총소득 중 8분의 1을 로열티로 지불할 것이며, 운영자는 생산세와 같은 세금, 운송 및 운영비를 추가로 지출한다. 우물에서 지출을 뺀 순수익이 나오기도 전에 말이다. 따라서 이 모든 비용을 충당하려면 유정에서 생산되는 기름을 '적당한' 가격으로 판매한다고 해도 수지가 맞지 않는다. 그에 따라 피할 수 없는 '비용'을 감당하기 위해서라도 불법 생산을 통해 산유량을 늘리고자 하는 마음이 들 수밖에 없다.[43]

텍사스 동부에서 초기에 세운 할당량 규제를 지키는 것은 양쪽 모두 쉽지 않았다. 필요악으로 의무 할당제를 지지하는 회사들조차 암시장 석유 거래의 유혹을 받았다. 수천 개의 새로 뚫린 유정을 감시하는 것조차 어려웠다. 주정부는 한도를 초과하는 굴착업자들을 흐린 눈으로 봐주기도 했고, 잘 봐달라는 뇌물도 흔히 오갔다. 《오일 위클리The Oil Weekly》는 "군대가 동부 텍사스 유전의 1만 2,500

개에 이르는 모든 유정을 감시하는 동안, 또 다른 군대가 감시군을 감시한다"고 보도했다. 우물 중 약 10%가 할당량 규제를 위반하는 것으로 추정되기도 하였다.[44] TRC는 다른 부문에서 정부의 지지를 거의 받지 못했기 때문에 신중하게 행동했고, 주의회는 소규모 생산자들로부터 압력을 받아 할당량을 관리하는 법을 자주 변경했다.[45] 할당량은 월별로 크게 달라져 밀매 성행을 부추겼고, 선거 전에는 완화되었다가 이후 다시 강화되었다.[46]

검은 거인에서 흘러들어온 거대한 석유량이 중부 모든 주의 유가를 불안정하게 만들었다. 총산유량은 미국의 총소비량 하루 70만 배럴을 초과한 것으로 추정되었다.[47] 1933년 4월 동부 텍사스의 산유량은 사상 최고치를 기록했고 유가는 배럴당 0.25달러 이하로 떨어졌다. 1933년 여름까지 '불법 석유(핫 오일)'와 결합한 산유량이 "한 손으로 미국 석유시장 전체를 불안정하게 만들며 전국적으로 주목을 받았다"고 브래들리는 언급했다.[48]

오클라호마주 역시 과도한 석유 생산으로 어려움을 겪었다. '불법 석유'의 대부분은 주의 국경을 넘나들었고, 따라서 주 당국의 손이 닿지 않았다. 주정부 관리들은 다른 주와의 석유 수송을 금지하여 석유 산유량 제한을 강화하겠다며 연방정부에 도움을 요청했다.

워싱턴에서 프랭클린 루스벨트의 두 번째 행정부는 경제적으로 공격적인 연방 개입을 옹호했고, 연방주마다 생산 조절에 관심이 없었던 공화당의 전임자들보다 가격 담합에 훨씬 우호적이었다. 루스벨트 대통령은 텍사스와 오클라호마를 지배하고 있는 석유산업에 우방이 아니었기 때문에 석유업계의 고위직들을 경계했다. 강한 의욕과 의지를 갖고 있던 내무장관 해럴드 이키스Harold Ickes는 특히 석유의 만성적인 불안정성에 대한 해결책을 찾는 데 관심을 가졌고, 처음에는 곤경에 처한 산업계 전반에 도움이 되리라 여겼다. 그러나 이키스는 1933년 9월 "우리의 임무는 수익성이 좋은 기반에서 석유산업을 안정시키는 것이다."라면서[49] 석유 생산과 가격에 대한 직접적인 연방 통제를 적극적으로 추진했다.

루스벨트 대통령과 십자군 개입주의적인 뉴딜 정책으로, 주 규제당국과 석유산업의 문제는 갑자기 방임이 아닌 적극적인 연방 지원으로 바뀌었다. 석유업계는 루스벨트의 주 생산 통제 시행 의지를 환영했지만, 지나치게 광범위한 연방 규제를 두려워했다.[50] 대공황에서 회복하기 위한 광범위한 조치의 일환으로, 루스벨트 대통령은 1933년 6월 '국가산업회복법NIRA, National Industrial Recovery Act'에 서명했다. '국가산업회복법'은 독점 금지법을 중지하고 업계가 경쟁을 위해 임금과 가격을 고정하고 쿼터제를 세분화하여 조직하고, 신규 창업을 금지하는 법이었다.[51]

또한 '국가산업회복법'은 각 주에서 원하는 대로 '불법 오일' 운송을 불법으로 규정하는 제9조 c항을 추가했다.[52] 연방정부 공무원들은 산유량 제한을 시행하기 위해 텍사스 동부로 파견되었고, 파견 1주일 만에 불법 오일이 이동하는 주요 경로인 철도 수송이 1933년 여름 대부분 중단되었다. 브래들리는 1931년 8월 폐쇄 이후 처음으로 "비록 암거래상들이 소강상태에 접어들었을 뿐 해체

된 것은 아니었지만, 거대한 유전이 관리당국의 통제를 받았다"고 언급했다.[53]

그러나 연방정부와 석유 생산주 사이에 긴장이 고조되고 있었다. '국가산업회복법'은 연방석유관리위원회가 각 주에 할당량 권고를 할 수 있도록 허용하는 조항을 포함했다. 그러나 주정부는 연방정부가 원하는 것보다 더 높은 생산 제한을 원했다. 내무장관은 이에 따라 연방이 권고한 이상의 할당량 제한을 시행할 경우 법적 조치를 취하겠다며 주정부를 위협했고, 1933년 12월에는 실제로 캘리포니아를 불복종 죄목으로 법정에 세웠다.[54]

연방과 주정부 사이에 언쟁이 벌어지면서, 방대한 수의 시추업자와 강제력 집행의 느슨함, 그리고 인간의 탐욕은 산유량을 다시 한번 법적 한계 이상으로 증가시켰다. 야간 불법 생산, 우물과 정유소를 연결하는 비밀 파이프라인, 그리고 다른 속임수들이 넘쳐났다. 한 여성 굴착업자는 욕실 수도꼭지를 이용해 불법 오일을 위장하여 경찰을 속이기도 했다.[55] 또 다른 업자는 "밸브를 왼쪽으로 당기면 완전히 텅 빈 곳이 보이게 꾸미기도 했다."[56]

연방과 주 규제당국에 의한 생산 제한을 강제하려는 노력은 1934년까지 계속되었지만 1935년 미국 대법원이 '국가산업회복법' 제9조 c항에 대해 위헌 결정을 내리며 벽에 부딪혔다. 그러나 의회는 텍사스 상원의원 토머스 코널리Thomas Connally의 발의로 제9조 c항에서 법적 결함을 뺀 나머지를 부활시켰다. 1935년 제정된 '코널리법The 1935 Connally Hot Oil Act'은 주 간 석유 수송을 금지하고 이를 준수하지 않을 경우 벌금을 부과했다. 또 워싱턴이 석유시장의 수급 상황과 재고 상황에 대한 자료를 수집하고 보급해 규제당국이 한계를 정할 수 있도록 했다.

1934년 석유 생산에 부과된 세금에 대한 권한도 늘었다. 수입보다는 석유 밀매 치안 유지를 용이하게 하기 위함이었다. 세무 당국은 공무원들에게 생산자와 정유사에 대한 새로운 검사 권한을 부여했다.[57] 1935년 여름 의회는 석유산업에 대한 직접적인 규제에서 벗어나기로 결정했다. 대신 새로운 주간 석유 및 가스 보존 협약과 그 관련 위원회인 주간석유연합IOCC, Interstate Oil Compact Commission을 지지하는 법안을 통과시켰으며 텍사스, 오클라호마, 캔자스, 콜로라도, 일리노이, 뉴멕시코 등이 포함되었다. 나머지 주 역시 이후 IOCC에 가입했지만, 모든 주에 쿼터제가 시행된 것은 아니었다. 코널리법의 제정과 IOCC의 설립으로 "의무적 통제에 대한 논의가 시작된 1920년대 이후 사실상 생산 통제를 위한 메커니즘이 갖추어졌다."[58] 쿼터제와 함께 묶이긴 했지만, 이듬해 단일화 역시 법제화되어 시행되었다. 1920년대에 시추업자들이 단일화와 할당량 사이에서 끝없는 논쟁을 벌였다면 1930년에 이르러 국가는 두 가지 모두 석유산업에 부과해버린 것이다.

동부 텍사스는 제2차 세계대전을 앞두고 확실한 주정부와 연방정부의 지원을 받아 석유 밀매를 통제하기 시작했다(그래프 4-3과 4-4 참조).

⟨그래프 4-3⟩ 텍사스 동부의 유정, 총 산유량, 불법 석유량의 비교

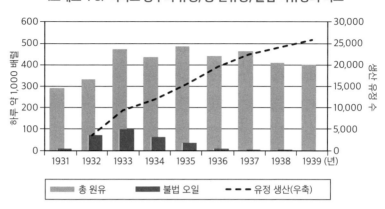

출처: 윌리엄슨 외, 미국 석유산업

⟨그래프 4-4⟩ 1930~1940년까지 미국 중부의 원유 가격

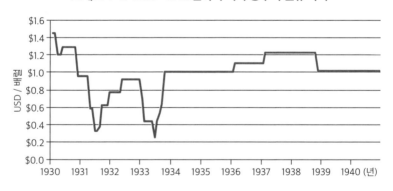

출처: API, 석유의 사실과 수치(1959)

쿼터제는 어떻게 운영되는가

1935년까지 석유 안정 시스템의 핵심 요소가 자리를 잡았고 미국 생산의 80%에 달하는 주가 포함되었다. 윌리엄슨Williamson과 안드레아노Andreano는 이 시스템의 주요 목적은 "새로운 지역과 오래된 지역의 원유 흐름을 제한하여 현재의 공급과 수요의 균형을 수익성 있는 가격으로 유지함과 동시에 더 명백한 '고갈'을 최소화하고 주어진 유정 내에서 얻어낼 수 있을 만큼 최대한 많은 원유를 시추하는 것"이라고 지적했다.[59] 산업 관행을 지배하는 주법은 이제 공무원들이 수요를 추정하는 것으로 공급을 제한하고 가격을 안정적이고 산업적으로 이익을 유지하기 위해 의무적인 감축을 포함한 생산 변경을 명령할 수 있도록 허용했다.

브래들리는 "주정부의 석유 규제 핵심은 생산 통제"였다고 지적한다.[60] 주정부의 생산 통제에는 세 가지 형태가 있었다. 첫 번째이자 가장 과감한 규제로는 1931년 텍사스와 오클라호마에서의 군사 행동과 같은 폐쇄 명령이었다. 1939년 캔자스, 뉴멕시코, 텍사스에도 폐쇄 명령을 내렸다.

두 번째 형태는 도로 안전 속도 제한과 비슷한 최대효율생산속도MER에 상한선을 정하는 것이었다.[61] 이 규제는 저장소의 압력을 보호하고 최종적으로 생산될 수 있는 기름의 양을 최대화하기 위한 것이었다.

"시장 수요 비례할당제market-demand proration"라고 불리는 시장·수요의 법칙과 같은 세 번째 형태의 통제는 석유 공급을 수요에 맞추어 가격을 안정시키기 위한 수준으로 설정된 생산 할당량이었다. 브래들리는 "모든 주정부의 석유 규제 중에서 시장 수요 비례는 가장 복잡하고 논쟁적이며 결과적이었다"고 묘사했다.[62] 유정을 최대 생산 속도로 산유량을 제한하는 것은 물리적 자원 보존을 촉진하기 위한 의도였던 반면, 시장 수요 비례는 가격을 안정시키기 위한 제도였다. 그렇다면 '쿼터제'라고 불리는 이 시스템이 어떻게 작동되었는지를 조금 더 자세히 알아보자.

주정부는 과거에 '허용 가능량'이라고 불렸던 석유 생산 할당량을 월 단위로 설정했다. 규제 당국이 할당량을 결정하는 첫 번째 단계는 시장 공급, 수요 및 재고 상황에 대한 데이터를 수집하는 것이다. 할당량을 결정하는 주 위원회는 수요 추정을 얻기 위해 매달 또는 격월로 청문회를 열었으며, 원유 구매자는 다음 기간에 '지명량' 또는 예상 구매량을 제출해야 했다. 원유 구매자는 법적으로 지정된 금액을 구매해야 하는 것은 아니었지만, 규정에 따라야 하는 압력이 있었다.[63]

결정적으로 원유 구매자는 '시장 수요' 추정치를 제출하기 위해 미래 가격을 예측하거나 추정하지 못할 경우 가장 최근의 거래 가격으로 매입량을 결정해야 했다. 즉 쿼터제는 암묵적으로, 그러나 분명하게 유가 안정을 위한 제도였다. 브래들리는 "매월 청문회에서 가격이 언급되지 않았다고 해서 가격 담합에서 자유로운 것은 아니었다"고 지적하였다.[64]

다음으로 공무원들은 할당량에서 제외된 주 내 유정의 재고와 다른 주에서의 공급 및 수입을 고려하여 다음 기간에 이용 가능한 공급량을 추정했다. 워싱턴은 이렇게 각 주에서 자료를 수집하고 제공하면서 주정부를 도왔다. 주정부는 예상 수요량에서 가용 공급을 빼서 해당 기간 사이 원유 수요량 또는 '지정량'을 대략 추정했다. 주정부는 가격변동을 최대한 줄인다는 최우선 목표를 가지고 주에서 확보한 원유 수요량을 계산한 다음 각각의 웅덩이나 유정에 할당량을 부과했다.[65]

공식적으로 보였지만 실제로는 위원들이 시장 상황에 대한 '감'을 이용해 쿼터제의 할당량을 결정했다.[66] TRC는 또한 가격 안정 목표를 추구하면서 가격 폭락으로 가장 위협 받는 소규모 독립 석유 생산자들의 경제적 이익을 보호하고 이에 따라 국가의 경제를 지원하고자 했다.[67] 예를 들어, 소위 '영세 유정'이나 인공 가압 등에 의한 석유와 천연가스의 경우 2차 회수가 필요한 유정은 할당량이 면제되었다. 가스나 물을 유정에 밀어 넣어 압력을 증가시켜 기름을 표면으로 끌어올리는 2차 회수 기술 비용이 상당히 비쌌기 때문이었다.[68] 주정부는 저비용으로 운영되는 자연유정이나 산유량이 높은 유정에 할당량을 부과했다. (대부분 유정에 갇힌 천연가스나 물이 유정 바닥에서 더 높은 압력을 발생시켜 자연스럽게 원유를 지표면 위로 끌어올리기 때문이다.) 이렇게 "자연의 구동력으로 채유가 가능한 유정을 '천연 유정flow well'이라고 부르며, 자연의 힘을 이용한 생산 방식을 '천연 생산'이라 일컫는다."[69] 이러한 천연 유정은 싱크대에 흐르는 물을 조절하는 것처럼 더 쉽고 저렴하게 채유량을 조절할 수 있었다.

소규모 고비용 생산업자들을 구제하기 위해 고안된 TRC의 할당제는 전반적인 석유 생산 비용을 증가시켰고, 순수한 경쟁하에서 유가를 더욱 높게 유지시켰다. 석유가 생산되는 각 주와 연방정부는 주로 가격 안정에 관심을 두었지만, 지역 경제를 보호하고 크고 안전한 에너지 저장소를 제공함으로써 산업의 수익을 늘리고 국가의 이익을 증대하기 위해 봉사하는 것에 관심이 있었다.

오클라호마의 쿼터법은 1915년 길을 열었고, 1920년대 후반 극심한 석유 가격 약세 동안 캔자스, 텍사스, 루이지애나, 뉴멕시코, 미시시피, 아칸소, 미시간 등이 그 뒤를 따랐다. 해당 주는 각각 특정 연도의 국가 수요 추정치를 비공식적으로 준수하면서도 쿼터 제한을 조정하거나 일괄적으로 설정하지 않았다. 1930년대 초 거대한 유전을 발견한 텍사스와 오클라호마의 호재로 인하여 시장 점유율은 동결됐다. 1930년대 중반 캔자스는 매장량을 10배 늘렸지만 시장 점유율을 거의 늘리지 못했다.[70]

각 주는 할당량을 다르게 시행했지만, 기본적인 요소는 공유했다. 예상 수요량에 따라 석유 공급량을 제한하여 가격을 안정시키는 것이 공동의 목표였다.[71] 텍사스는 미국 최대 생산주로 국가 유가를 결정하는 데 가장 중요한 역할을 했다. TRC는 국가 공급 총량을 국가 석유 수요와 동일하게 유지하기 위해 다른 주들의 증감에 따라 할당량을 부분적으로 조정하였다.[72]

주정부 인사 대부분이 가격 담합이나 가격 안정화가 할당제의 목표라는 것을 완강히 부인했다. 1933년부터 1965년까지 TRC의 위원장을 역임한 어니스트 O. 톰슨Ernest O. Thompson은 "우리는 청문회에서 가격 논의 자체를 금한다"[73]고 발끈하였다. 그러나 정치학 교수인 데이비드 프린들David Prindle이 지적하였듯, 위원회는 "시장 수요 예측으로 공급량을 제한하는 비례할당제가 가격 담합이라는 일종의 부산물을 낳았다는 사실조차 이해하지 못하는 수준"이었다고 비난하였다.[74] 실제 톰슨은 1935년 이런 글을 남기기도 했다.

> 텍사스는 원유를 좋은 가격에 공급하고 싶어한다…… 텍사스주 시민은 원유 가격을 낮추는 방식으로 석유법을 시행하기를 원치 않으리라. 나는 확신한다.[75]

쿼터제에 도전하다

유정에 대한 할당량은 산유량을 다른 방법보다 낮게 제한했고, 그 결과 '폐쇄' 공급이 이루어졌다. 주정부가 명령하면 며칠 또는 몇 주 안에 유정은 가동했고 정해진 양만큼 생산하였다.[76] 제한된 양이지만 빠르게 생산되는 석유 공급량을 유효생산능력Effective Capacity 또는 '비축량'이라고 불렀다. 쿼터제를 시행하는 주정부는 특정 용량을 목표로 하지 않았다. 비축량은 과잉 생산에 대응하여 부과한 쿼터제 강화의 부산물이었다. 쿼터제는 또한 유효생산능력을 증가시켰다. 규제 당국은 유전 외에 개별 유정에도 할당량을 부과했고, 더 많은 석유를 생산하고자 하는 생산업자들은 더 많은 유정을 뚫어야 했다. 새로운 유정의 지속적인 시추는 생산 능력을 증가시켰는데, 따라서 모든 유정에 대한 낮은 할당량으로 인하여 예비 생산 용량이 증가하고 말았다.[77]

의무 할당제는 이전에 존재하지 않았던 공급 유연성을 도입했고, 록펠러가 과잉 생산을 통해 스스로 발등을 찍어가며 막고자 했던 산업의 '수도꼭지'가 되었다. 관계자들은 원유 공급을 변동시키며 석유 공급의 보편적인 '가격 민감성'을 없앴다. 즉, 새로운 시장 상황에 대응하여 빠르게 변화하는 능력을 잃어버린 것이다. 새로운 땅에서 석유를 찾고 개발하고 생산하는 데 몇 개월에서 몇 년이 걸릴 수 있지만, 예비 생산 용량으로 인한 새로운 석유 공급은 며칠에서 몇 주면 충분했다. 쿼터제가 원유 생산이라는 혼란에 일종의 질서를 가져왔다.[78]

따라서 1931년부터 1935년까지의 격동기를 거치며 통제되지 않았던 민간 부문에서 엄격한 규제를 통한 생산으로 석유시장은 완전히 변화되었다. 유가는 이제 더 이상 배럴당 1달러 아래로 떨어지지 않았다. 1911년 스탠더드오일이 해체된 이후 여러 차례의 가격 폭락과 한 번의 호황을 맞이했다. 군사력으로 이루어낸 공격적인 연방정부의 통제와 원유의 경제적 재원 고갈을 막기 위해 부여한 합법적 할당제로, 마침내 유가는 안정세를 찾았다(여전히 당국은 할당제의 부산물이 가격 담합이라는 사실은 인정하지 않는다).

새로운 할당제는 석유산업의 오래된 문제, 즉 할당량에 동의하지 않는 새로운 생산 지역의 도전을 받아야 했다. 오직 텍사스와 오클라호마만이 가장 엄격한 형태의 쿼터제를 시행하여 개별 유정과 유전의 산유량을 제한하고 있었다. 반면 캘리포니아와 일리노이주는 규제가 훨씬 약했다. 캘리포니아는 1974년까지 IOCC 회원이 아니었고, 일리노이주는 할당제를 시행하지 않았다.[79] 1930년대 후반 두 주의 산유량이 크게 증가하자 텍사스와 오클라호마가 감산을 강요했다. 오늘날 OPEC과 비非OPEC 국가들 사이의 긴장감을 미리 전조하듯, 텍사스와 다른 쿼터제 시행 주들은 다른 주의 생산 증가를 상쇄하기 위해 자신들의 산유량을 줄이는 '스윙 프로듀서swing producer' 역할에 반기를 들었다.

반면 '무임 승객'들은 산유량을 제한하고도 높고, 안정적인 가격으로 이익을 낼 수 있었다. 1936년과 1940년 사이 "일리노이주의 생산 점유율은 0.4%에서 10.9%로 증가했고", 캘리포니아는 미 중부에서 대규모 새로운 유정의 발견에도 불구하고 상당한 시장 점유율을 유지할 수 있었다. 1939년 TRC의 위원장 톰슨은 무임 승차 주들에 대해 쿼터제 폐지를 제안할 정도로 분노를 숨기지 않았다.[80]

텍사스에서 세계로, 유가 안정의 길

　1920년대 후반에서 1930년대 초반, 미국 내 산업 종사자들과 관리 당국이 자국 내 공급을 통제하면서 석유산업은 과잉 생산과 이를 통제해야 한다는 압박에 시달렸고, 이런 분위기는 곧 세계로 급속히 확대되고 있었다. 록펠러가 초창기 노벨과 셸사에 손을 내밀어 동맹을 맺으려다가 실패했다. 그러고 나서 미국의 석유산업은 1차 세계대전 이후 석유 파동이 절정에 달하기 전까지 해외의 석유 개발을 무시해오다가, 조금씩 해외 유전과 외국의 경쟁자들에게 관심을 기울였다.[81] 가격 안정을 위해 세계 주요 원유 생산국이자 수출국인 미국 뿐만 아니라 해외에서도 공급을 제한해야 한다는 기조가 흐르기 시작한 것이다.

　외국산 원유 공급량을 어떻게 관리할지에 대한 의견은 분분했다. 외국에 지분을 두고 있는 대형 석유회사들은 석유 수입을 환영했고, 값싼 외국 공급품을 사용할 수 있는 독립 정유사들도 마찬가지였다. 그러나 자국 내 굴착업체들은 수입 제한을 외쳤다. 주 당국이 할당량을 부과함에 따라, 그들이 가장 원하지 않는 것은 멕시코와 베네수엘라에서 수입품을 들여오는 것이었다. 여느 때처럼 정유업계가 먼저 자발적으로 조치를 시도했다. 1931년에 시도된 자발적인 수입 제한 조치로도 미국 내 독립 굴착업체들을 평정하는 것은 쉽지 않았다. 미국의 석유회사들은 주정부 및 연방정부 관리들의 신뢰를 얻고 있었고, 국제 석유회사보다 우위를 점하고 있었다. 각 주와 카운티에서의 점유율이 높았고 많은 미국인 노동자를 고용했기 때문이다. 후버Hoover 대통령은 검은 거인으로 인한 가격 붕괴가 발생하자 1932년 6월 수입 원유에 대해 자국 내 원유 가격의 23%에 해당하는 배럴당 0.21달러의 관세를 부과하는 법안에 서명했다.[82]

쿼터제와 수입 관세는 미국 내 유가를 높고 안정적으로 유지한 반면, 미국, 영국, 네덜란드 기업 간의 해외 시장에서의 경쟁은 심화되었다. 오클라호마와 텍사스에서 새롭게 발견된 거대한 유전으로 인하여 할당량이 부과된 것처럼, 중동에서 새로운 유전의 발견과 가격 경쟁 소모전으로 인해 다국적 기업들은 세계의 가격 안정을 위해 협력할 수밖에 없었다.

스탠더드오일과 그 뒤를 잇는 기업들은 정유사로 출발했다. 그들은 결국 일부 원유 생산지를 인수했지만, 그들의 주요 집중 분야는 파이프라인과 정제, 마케팅이었다. 1920년 해체된 스탠더드오일에서 분리된 계열사들은 해외 석유 비축량에 관심이 없었다. 미국에서도 많은 양의 석유를 발견했기 때문에 이들의 주요 관심사는 과잉 생산이었다. 그러나 제1차 세계대전 이후 미국 내 유정 발견 속도가 일시적으로 둔화된 것은 물론 원유 부족과 가격 급등으로 인해 모든 것이 바뀌었다. 석유에 대한 두려움이 팽배했고, 남아 있는 미국 유정은 해외에서 발견되는 것보다 비용이 더 많이 들었다.

따라서 미국의 석유회사들은 아시아와 중동에 있는 거대하고 값싼 매장량에 접근할 수 있는 영국과 네덜란드의 경쟁사들에 비해 경쟁력을 잃었다. 미국 기업들은 라틴 아메리카로의 쉬운 진출만을 즐겼다. 그들이 멕시코, 베네수엘라, 콜롬비아에서 적극적으로 매장량을 개발하는 동안, 미국의 국제 석유회사들은 필사적으로 더 멀리 떨어진 지역의 매장량을 공략하고 싶어 했다.

이들이 다른 나라에 매장된 석유를 수색하기 시작하자, 중동과 아시아 지역의 매장량을 확보한 미국의 '석유 트러스트'의 영향력에서 벗어나고자 했던 영국과 네덜란드가 즉각 반기를 들었다. 제1차 세계대전을 앞두고 영국은 이란 내 매장량이 풍부한 유전을 기반으로 원유를 생산하던 영국-페르시아 석유회사(이후 영국 석유회사 또는 BP, British Petroleum)의 직접 소유 지분을 가졌고, 제1차 세계대전 이후 영국과 프랑스는 현재 시리아와 이라크로 불리는 터키의 옛 영토를 통제했다. 그 지역에서는 석유 채유가 한창이었다. 이라크는 수 세기 동안 쏟아지는 석유와 함께 새로운 수많은 유정이 발견되는 풍요로운 땅이었다. 워싱턴의 뒷배를 얻은 미국 회사들은 국제적 경쟁사가 발견한 중동의 석유를 빼앗고자 압력을 가했다. 길고 까다로운 회담 끝에, 전쟁 직후 워싱턴의 심기를 거스르고 싶지 않았던 영국 석유회사는 런던으로부터 미국 석유회사들의 이라크 입국 승인을 받아냈다.

1928년 7월, 영국 석유회사, 로열더치셸, 프랑스 석유회사(CFP, 이후 토탈사) 그리고 5개 회사가 속한 엑손, 소코니, 걸프, 아르코, 팬-아메리칸Pan-American의 근동 개발 코퍼레이션Near East Development Corporation이 이라크의 석유 매장량을 공동으로 개발하기로 합의했다.[83] 파트너들은 처음에 이 사업을 터키석유회사Turkish Petroleum Company로 정했다가 나중에 이라크석유회사Iraq Petroleum Company로 변경했다. 이들은 이전의 쿠웨이트를 제외한 터키 영토에서 석유 자원을 독자적으로 개발할 수 없다는 '자기부정' 조항에 동의했다. 중동의 석유 자원의 전체 지역이 아직 정해지지 않았지만 파트너들은 공동으로 생산하기로 합의했다. 이들이 공동 소유권을 약속한 지역을 구분하기 위해 레반트, 터키, 이라크를 아우르는 아라비아 반도를 중심으로 붉은 선이 그어졌다.

역설적으로 1920년대 초반, 석유 고갈 공포에 시달리던 미국의 주요 석유사들이 중동을 대상으로 연합지배 협상을 시작했지만, 10년에 걸친 협상이 끝나자 과잉 생산 문제는 미국을 넘어 해외로 뻗어 나갔다. 세계 시장으로 빠르게 확산된 인도의 등유 가격 전쟁은 1928년 말 모빌, 셸, 영국 석유회사가 인도 시장을 분할하기로 합의하면서 마침내 막을 내렸다.[84]

석유업계 임원들은 미국 내 석유 가격 전쟁이 세계 석유시장을 그렇게 빨리 위협할 수 있다는 사실에 충격을 받았다. 1928년 8월 로열더치셸의 헨리 디터딩 경은 엑손 회장 월터 C. 티글Walter C. Teagle과 영국 석유회사의 존 캐드먼John Cadman 경을 스코틀랜드의 아크나캐리 성Achnacarry Castle으로 초대했다. 주말 동안 스카치를 마시고 꿩사냥을 나섰던 석유 업계의 총수들은 세계 석유시장의 혼란을 막기 위한 협상을 벌였다. 이 자리에는 걸프와 인디애나 스탠더드오일 총수 역시 동석했다. 캐드먼의 목표는 영국 정부의 지원을 받아

셸과 엑손을 동맹 네트워크에 가입시켜 이란과 이라크로부터 영국 석유회사의 석유 공급을 안정적으로 할 수 있도록 마케팅하는 것이었다. 그는 아프리카 시장 분할을 위해 디터딩과 협상을 해왔고, 이제 미국 경쟁자들과 함께하는 논의로 확대하고 싶었다.

2주간의 회담에서 석유회사의 총수들은 10년 전의 '피크오일'에 대한 공포가 새로운 유전에 막대한 투자와 재고 증가를 초래했다고 언급하였다. 이들은 "전 세계 유정에서 채유가 가능한 매장량이 실제 소비되는 산유량의 약 60%라고 보고 오랜 기간 충분한 공급이 가능하리라 추정하였다."[85] 이런 환경에서 각 기업은 서로 깎아내리며 시장점유율 다툼을 벌이면 결국 '파괴적 경쟁', 과도한 투자와 생산 능력 저하, 운송 및 정제에 과도한 운영 비용 투자 등 산업 전체에 해를 끼칠 수 있다고 보았다. 과잉 건설과 가격 경쟁, 혼돈의 위험은 이론적인 것이 아니었다. 석유산업은 이제 석유의 변동성을 너무나 잘 알고 있었다.

그들은 록펠러가 대부분의 생산과 정제가 미국 북동부 지역에 국한되었을 때처럼 서로를 괴롭히지 않고 함께 세계를 재패할 수 있으리라 믿었다. "따라서 정복보다는 아크나캐리 협정이 목표였다."[86] 이들은 과잉 생산이 모두를 망치기 전에 주요 석유사들이 단합해야 할 때가 왔다고 결론 지었다. 이에 따라 디터딩, 티글, 그리고 캐드먼은 중동 석유 공급을 관리할 카르텔의 기본 공식을 제시하는 협정서를 작성했다.[87]

오늘날 아크나캐리 협정이라고 불리는 이 협정은 원유 생산 증가를 억제하고 운송 시설을 통합하며, 소매 시장에서의 가격 전쟁을 피하는 것을 목표로 했다. 동맹사들은 1928년 시장 점유율을 "있는 그대로" 동결하는 것에 동의하였다(이런 이유로 아크나캐리 협정을 '현상 유지 협정'이라 부르기도 한다). 또 다른 동맹사의 지분을 위협하지 않고 점진적인 소비를 충족시키는 데 필요한 경우를 제외하고 공급을 늘리는 것을 자제하고, 자산을 취득하는 것을 제외한 모든 시장에서 계약 당사자가 아닌 회사의 점유율 확보 제지에도 동의하였다. 여러 차례의 고된 회의 끝에 개정된 협정에 따라, 동맹사는 주로 판매와 가격 책정을 공동으로 관리하기 위해 설립된 현지 지사 카르텔에 초점을 맞추었다. 각 회사는 석유제품 판매에 대한 할당량을 정하였고, 할당량의 일부를 비동맹사로 이전하지 않는다는 조항에 합의하였다. 또한 동맹사는 유럽 시장에서 휘발유와 난방유 같은 정제된 제품의 가격을 정하기 위해 카르텔을 운영하기로 합의했다. 전반적인 목표는 가격 전쟁을 방지하고 특히 중동 지역의 낮은 생산 비용과 소비 시장의 높은 정제 제품 가격 사이의 차이에서 발생하는 큰 이익을 유지하는 것이었다. 세 회사는 새로운 동맹사에 계약 조건을 개방하였고, 1932년에는 모빌, 걸프, 텍사코, 애틀랜틱이 이 협정에 가입했다.

'현상 유지' 협정이 협상을 하던 당시 엑손, 영국 석유회사, 셸의 총수들은 중동산 원유 공급이 유망하다고 보고 공동 개발이 최적이라고 판단했지만 공급 규모는 알려지지 않았다. 1930년대에서 1940년대에 이르기까지 중동, 특히 사우디에서는 엄청난 유전이 발견되었다. 1926년 영국 석유회사의 임원은 사우디에서 석유가 발견될 가능성을 일축했다.[88] 셰브론Chevron과 걸프라는 두 개의 미국 회사가 사우디의 동부 지방에 인접한 작은 섬나라 바레인의 땅을 임대하여 1932년에 상업 활동이 가능한 양의 석유를 생산했다.[89] 그러자 쿠웨이트와 걸프 공국, 아라비아 반도에 대한 관심이 늘어났다. 1933년 사우디 국왕 이븐 사우드Ibn Saud는 셰브론에 세계 최대의 원유 공급원이 될 동부 지역에 대한 60년간 임대 법령에 서명한다.

석유 채굴권 각서는 주로 외국에서 석유를 생산하는 수단이었다. 단독이든 공동이든 주요 석유사들은 정부와 계약적 틀, 즉 석유 채굴권을 기초로 산업과 지배 체제를 밀접하게 연결시켰다. 석유 채굴권은 크게 달랐지만 주로 다음과 같은 조항을 수반했다.

- 자원보유국의 정부는 정해진 기간 동안 특정하여 석유를 탐사하고 개발하는 독점권을 기업 또는 기업 협력단에 부여한다
- 기업 또는 기업 협력단은 발견된 모든 석유를 소유하고 원하는 대로 폐기한다
- 기업 또는 기업 협력단은 모든 재정적, 상업적 위험을 부담한다
- 기업은 자원보유국의 정부에 합의한 상여금, 토지 세금, 로열티 등 일정 금액을 지불한다[90]

그리고 영국 석유회사, 엑슨, 모빌, 텍사코, 셰브론, 그리고 걸프 등 7개의 주요 석유사가 중동 전역에 석유 채굴권 협력단(컨소시엄)을 설립했다. 이들을 두고 1950년, 이탈리아의 국영석유회사 에니 Eni의 총재 엔리코 마테이 Enrico Mattei가 '7대 석유사 Seven Sisters'라 칭하면서 고유 명사가 되었다. 이후 수십 년 동안 이들 기업 중 하나 이상이 이라크, 사우디, 쿠웨이트, 카타르, 이란, 베네수엘라, 인도네시아에서 석유 생산 대부분을 통제했다. 1949년까지 그들은 검증된 석유 매장량의 82%를 미국 밖에서 보유하고 있었다.[91] 그들은 또한 공동 소유의 자회사와 계열사로 이루어진 복잡한 네트워크를 통해 세계 정제 능력의 57%와 미국과 소련 밖의 운송 및 마케팅 시설의 대부분을 통제했다.[92]

이러한 석유 채굴권 협정의 일환으로 7대 석유사는 업계의 오래된 고질병이었던 가격 붕괴를 막기 위해 주요 신규 유정의 산유량을 제한했다. '생산 계획' 혹은 '오프테이크 Offtake'(두 용어 모두 쿼터제와 동의어다)를 통한 협정으로 여러 석유 채굴권 협정 발전과 세계 시장 상황에 따라 특정 석유 채굴권 산유량을 조정하기도 했다. 미국의 자국 내 석유 쿼터제와 마찬가지로 7대 석유사 생산 계획의 주요 목표는 석유 가격을 안정적으로 유지하는 것이었다.[93] 전 OPEC 사무총장이었던 프란시스코 파라 Francisco Parra는 생산 계획과 오프테이크 협정 그리고 TRC 할당량 사이의 유사성에 주목했다.

7대 석유사는 다른 나라로부터 오프테이크 협정을 공동으로 계획할 수 있었고 실제로 그렇게 실행하기도 하였다…… 그리고 이들의 주요 목적은 당연히 가격 하락을 방지하기 위함이었다. 이들의 시스템은 원칙적으로 TRC와 크게 다르지 않았다. TRC는 오프테이크를 지정하고 해당 기간에 허용되는 총 산유량을 결정하였으며 각 생산업체에 비례하여 할당했다.[94]

유가를 적정선으로

7대 석유사의 국제 석유시장 통제 시스템의 중요한 특징은 원유와 정제 제품의 가격 결정과 소비 시장의 판매였다. 원유 가격이 1920년대 이후 1970년대 초까지 어떻게 책정됐는지를 이해하려면, 세계를 두 개의 분리된 시장, 즉 미국과 비非미국으로 나누어 생각하는 게 좋다. 미국 내 원유 가격은 구매자와 판매자가 제휴를 맺지 않은 공정거래 상태로 자유 무역 시장에서 설정되었다.

즉 미국 내 지역별로 가격을 선도하는 역할을 맡은 대량 구매업체가 유정에서 채유되는 원유의 값을 자체적으로 예측하여 나머지 시장에 공개하는 방식이었다. 그러면 소규모 정유사들이 그 가격과 비교하여 자신들의 제안가를 정하는 것이었다. 이러한 가격 결정에는 협력이나 담합이 없었고 거래는 주 및 연방 반독점 당국에 의해 면밀히 감시되었다. 선도자는 수요와 공급으로 정당화할 수 없는 수준의 가격을 부과할 수 없었다. 만약 선도자가 가격을 너무 높게 책정하면 경쟁자들보다 상대적으로 많은 돈을 지불해야 했고, 너무 낮게 책정하면 주어진 기간 내에 필요한 양을 확보할 수 없었다. 따라서 가격 선도자는 시장 상황에 최대한 가까운 가격을 유지할 필요가 있었다. (물론 시장 상황은 주정부의 영향을 많이 받았다.)

미국을 제외하면 원유를 활발하게 거래하는 시장이 없었기 때문에 가격 구조가 매우 달랐다. 미국 이외의 원유 생산 대부분 주요 통합 기업들이 자체 정유소에서 사용하기 위해 처리했다.[95] 그러나 주요 기업들은 서로 원유를 거래하고 공급 물량의 일부를 독립 정유소에 팔았다. '현상 유지' 협정 동맹사는 가격 전쟁을 막을 수 있는 가격 공식이 필요했고, '기지점'도 수립했다. 최종 판매가는 지정된 위치(일반적으로 주요 공급 또는 수출 지점)의 가격, 그리고 기지점과 최종 목적지 사이의 운송비와 관련되어 있다. 최종 판매가는 입고되는 항구에서만 정해졌다.[96] 유정이 아닌 기지점과 운임을 기준으로 받는 항구에서 가격을 제시하면 운영자들이 수천 개의 유정이 아닌 상대적으로 제한된 수의 항구에서 얼마나 많은 양의 석유가 거래되고 있는지를 더 쉽게 알 수 있었기 때문에 투명성이 향상되었고 따라서 신뢰도도 상승했다.

기지점 가격제의 목표는 투명성을 통한 부정행위를 막고 가격 전쟁을 방지하는 것이었다. 시멘트 및 철강 산업도 비슷한 시스템을 운영했었다. 결국 카르텔의 골칫거리는 카르텔이 정한 가격보다 낮은 가격이었지만 여전히 엄청난 이윤을 남겼고, 비밀 판매자에 거대한 이익을 안겨주는 불법적인 거래를 자행하려는 동맹사의 부정행위였다. 따라서 모든 사람이 기지점 가격을 볼 수 있도록 공개되었고 공동으로 운임을 합의했기 때문에, 모든 생산자는 경쟁사보다 낮은 가격으로 판매하지 않는다고 확신할 수 있었다. 기지점에서 출항하여 목적지에 납품되는 모든 원유가 균일한 가격으로 책정되기 때문에, 경쟁사가 보이지 않는 곳에서 나보다 낮은 가격으로 물건을 판매한다는 의심을 없앨 수 있었다.[97] 게다가 이런 가격 공식은 관리하기도 쉬웠다.

비동맹사와의 거래를 위해 셸, 엑손, 영국 석유회사는 기지점 가격으로 미국 멕시코만의 원유를 선택했고 화물 비용을 추가했다. (미국 서해안의 기지점은 아시아 판매를 위한 항구였지만 걸프만이 대부분의 수출을 처리했다.) 미국의 걸프만을 기지점으로 선택한 근거는 미국이 그때나 지금이나 세계 최대 생산국이자 수출국이었으며, 한계 공급원이었다는 사실에서 비롯됐다. 만약 지구상의 어느 정유회사가 추가 원유를 필요로 한다면, 가장 가능성이 높은 공급원은 미국일 것이고 그 원유의 가격은 텍사스 항구의 비용과 정유사에 대한 운송비를 합한 것이다.[98] 운임은 카르텔 회원들에 의해 책정되어 6개월 동안 동결되었다가 재설정되었다. 원유와 정제 제품 가격에 사용되는 가격 공식은 '걸프 플러스' 또는 '텍사스 플러스'로 불리게 되었다.[99]

예를 들어, 엑손이 이라크에서 생산된 석유를 이탈리아 정유회사에 판다고 가정하자. 알 바스라Al Basra 터미널에서 베니스 근처의 마르게라Marghera까지 거리는 대략 4,700해리(약 8,704km)다. 그러나 엑손이 이 화물을 미국 걸프만에서 이탈리아로 보낸다면, 거리는 5,560해리(약 1만 ㎞)로 더 높은 운임을 부과할 수 있다.[100] 모든 원유를 마치 텍사스 걸프만에서 납품한 것처럼 가격을 매겨 얻은 부수입을 '유령 운임'이라 불렀다.

이라크에서 이탈리아로 석유를 운송하는 데 드는 엑손의 비용은 미국 걸프 해안에서 이탈리아로 석유를 운송하는 비용보다 훨씬 낮았고, 이는 이탈리아 정유사가 지불해야 하는 가격에 반영되었다. 운송 시설 확충으로 '유령 운임' 수익을 획득할 수 있는 능력도 향상되어, 과잉 산유량과 초과 비용을 방지하였다. (이는 록펠러의 스탠더드오일이 추구하던 목표이기도 하였다.) 비동맹사에게 청구하듯 걸프만에 목적지 항구까지의 운임 비용을 서로 청구하는 대신, 그들은 (종종 미국 걸프만보다 최종 목적지에 가까운) 선적항 사이의 운임 비용만 서로 청구했다. 카르텔 동맹사 사이의 운송 시설과, 선박 시설 합의와 함께 운임 절감은 그들의 이익을 더욱 증가시켰다.

주요 동맹사에게 국제 유가를 텍사스주 가격에 기초하기로 한 결정으로 얻은 행복한 결과물 중 하나가 바로 막대한 이익이었다.[101] 미국의 쿼터제는 유가를 안정적이고 높게 유지시켰다. 판매가를 텍사스 플러스로 합의하면서 카르텔 회원들은 미국 정부의 호의에 따라 기지점 가격에서 최고 가격을 받을 수 있었다. 가격을 낮추고 전쟁을 하며 서로를 속일 이유가 더 줄어든 것이다. 게다가 높은 가격의 미국 원유를 바탕으로 한 세계 원유 가격은 경쟁하는 독립 정유사들의 시장 진입을 단념시켰다.

전쟁은 워싱턴과 석유산업을 다시 더 가깝게 만들다

제2차 세계대전 발발이 다가오고, 1938년 루스벨트 행정부의 법무부가 수백 개의 석유회사들을 상대로 광범위한 독점 금지를 행하며 석유산업계와 미 정부 사이의 협력이 다시 일시적으로 중단되었다. 목표는 산유량과 효율을 극대화하고 전쟁에 필요한 엄청난 양의 연료를 신속하게 공급하는 것이었다. 법무부의 반독점 소송이 취하되었고 업계는 통합과 활동 조정을 허용하는 면제를 받았다. 해럴드 이키스는 국방부의 석유 조정관으로 임명되었다가 전쟁을 위한 석유 행정관이 되었다. 이키스는 대리인으로 노련한 석유 경영자를 고용하여 원유 생산의 30% 증가를 주도했다. 미국은 제2차 세계대전 승리를 위해 사용된 70억 배럴 중 60억 배럴의 석유를 제공했다.[102]

제2차 세계대전 말기에 석유 공급은 중단되었지만 쉽게 구할 수 있는 예비 생산 능력의 중요성이 부각되었다. 전쟁이 발발했을 때, 미국은 여분의 생산 능력을 충분히 가지고 있었다. 1930년대 중반, 쿼터량 감축을 제외하고도, 미국발 유럽행 석유 수출은 전쟁이 발발한 후 거의 25% 감소했으며, 따라서 TRC 역시 할당량을 약 20% 감축하는 방법으로 비축량을 늘려야 했다. 1942년 추가적인 감축으로 텍사스는 잠재 생산량의 약 40%에 달하는 비축량을 확보하였다.[103]

처음에는 전시 설계자들도 비축량에 대한 걱정을 덜었고, 서로 다른 석유 수송, 정제, 마케팅 시스템을 가능한 한 효율적이고 많은 양으로 작동하게 만드는 것에 더 신경 썼다. 정부는 록펠러의 철도 차량 및 기타 교통 시설을 합친 옛 전략을 승인했다. 1940년 미국은 하루 370만 배럴을 생산했으며, 이는 하루 가능 산유량인 480만 배럴의 4분의 3에 해당했다.[104] 전시 석유 계획의 역사에 따르면, 이 예비 생산 능력은 처음에 "풍부한 환상에 영양을 공급했고, 많은 사람이 새로운 미국 내 매장량을 찾고 개발할 필요성을 의심하게 했다."[105]

그러나 정책가들은 현재의 용량이 충분하지 않을 것이라는 것을 깨달았다. 군사 목적으로 더 높은 원유 생산을 유지하려면 더 많은 매장량을 개발하고 시추꾼들의 시추를 허가하고, 2차 회수와 영세 유정의 생산을 증가하는 공격적인 프로그램을 시행했다. 전쟁 중 석유 부문을 감독했던 미국은 생산을 촉진하기 위해 가격 인상을 추진했다. 1942년 펜실베이니아주와 같은 일부 지역 가격 인상이 승인되었지만, 제안된 광범위한 인상은 거부되었고 대신 영세 유정에 대한 보조금 지원이 1943년에 시행되었다.

전쟁이 끝나자, 미국 정부는 비축량을 적정선으로 유지하는 것만이 전쟁 중 국가가 세울 수 있는 석유 정책의 가장 중요한 요소라고 생각했다.[106] 만약 분쟁에서 소비된 매장량을 대체할 전시 시추붐이 일어나지 않았다면, 계획자들은 전쟁이 끝날 때까지 잠재적인 산유량은 320만 배럴 아래로 떨어졌을 것이었다. 그러나 추가적인 시추로 460만 배럴을 유지하며 전쟁 전 수준에 가깝게 유지할 수 있었다.[107] 산유량을 100만 배럴이나 늘렸음에도 불구하고, 미국은 1944년 후반까지 여전히 비축량을 일정하게 유지했다. 독일 및 일본에 대한 최종 추진에 필요한 막대한 연료 수요로 석유 생산업자들은 최대 효율 생산 속도를 하루 10배럴 이상 초과하였다.[108]

전쟁이 끝나고 전범국을 기소하며, 미국과 영국은 적대 행위가 중단되면 중동으로부터의 석유 공급이 급증할 것으로 예상했고, 이 산유량을 어떻게 관리할 것인가에 몰두했다. 양국은 산유량을 통제하고 가격을 안정시키는 7대 석유사의 카르텔 체제가 대규모 신규 공급의 압박을 견딜 수 있을지 확신하지 못했으나, 전시 연합군은 앞으로 나아가는 최선의 방법에 대해 서로 다른 의견을 가지고 있었다. 미국은 자국 내 공급량이 줄어들 것을 우려했고, 중동을 무제한 생산으로 개방하기를 원했다. 그중 하나는 유럽의 의존도를 미국에서 중동으로 전환하는 것이었다.

한편, 영국은 전후 중동에서 시추의 물결이 가격을 짓누르고 산유 체제를 불안정하게 할 것을 우려했다. 미국과 영국의 우려는 수십 년간의 국제 석유시장에 대한 경쟁과 불신으로 물들었다. 영국은 미국이 이란 석유 채굴권을 침해한다고 의심하는 반면, 미국인은 영국이 미국 회사의 사우디의 이익과 보유 지분에 개입하기를 원한다고 의심했다. 양측 모두 7대 석유사 카르텔을 의심했다. 영국 정부가 전쟁 수행에 사용된 석유에 유령 운임을 지불하고 있다는 것을 알게 된 후였다.

7대 석유사에 대한 의혹이 두 나라를 한 팀으로 만들었다. 미국과 영국 정부는 석유시장 카르텔을 위한 조건 협상에 나섰다. 1944년 4월, 미 국무부는 "중동 석유의 질서 있는 분배"를 목표로 전시 동맹국 간 협상을 시작했다.[109] 8월 8일, 양측은 여덟 개의 회사로 구성된 국제 석유 위원회를 설립하는 영미석유협약Anglo-American Petroleum Agreement에 서명했다. 위원회는 무엇보다도 세계 수요를 추정하고 다양한 국가에 생산 할당량을 제안하기로 했다. 그 합의에는 양국 정부가 수수료 권고를 이행할 것이라는 보장이 포함되어 있었다.

영미석유협약은 석유업계의 신속하고 강력한 반대에 부딪혔다. TRC와 7대 석유사의 '현상 유지' 협정에서 완전히 벗어난 것처럼 보이는 쿼터제에 대한 연방정부의 통제권 찬탈과 가격 담합에 다시 한번 경계했다. 석유업계는 미국의 석유시장 관리사업 진출 시도에 적극적으로 반대했다. 결국 영미석유협정은 업계의 우려를 낳으며 철회라는 결과로 이어졌다.[110]

전쟁에서 승리하고 세계 석유시장을 통제하려는 영국과 미국의 계획이 무너지면서, TRC와 다국적 석유회사들은 다시 석유시장 안정이라는 목표로 돌아섰다. 그러나 이들은 곧 복잡한 문제로 골머리를 앓았다. 전시 계획자들이 두려워하는 석유의 새로운 대규모 발견을 어떻게 처리할 것인가, 중동에서 발견되고 생산되기 시작한 거대한 석유의 새로운 발견을 어떻게 처리할 것인가, 그리고 이 새로운 무게 중심에 비추어 텍사스 플러스라는 국제 가격 공식을 어떻게 조정할 것인가, 전시 상에서 받던 감시에 어떻게 대응할 것인가 하는 문제였다.

미국과 영국은 기지점 가격 공식에 '유령 운임'이 포함되어 있다는 사실을 알고 크게 분노했다. 정부의 압력으로, 7대 석유사는 유럽 시장에 가까운 페르시아만에 두 번째 '기점'을 추가함으로써 '유령 운임'을 줄이고 텍사스 플러스 시스템을 조정했다.[111] 전후 미국 의회도 주요 석유사의 전시 가격 정책을 조사했고, 이들이 중동에서 미국으로 저가의 석유를 판매하면서 상당한 이익을 내고 있다는 것을 발견했다. 전쟁 후 상원 청문회에서 사우디의 석유 생산 비용은 배럴당 약 0.40달러(사우디 정부에 전달된 배럴당 0.21달러 로열티 포함)로 추정되었지만, 미국 해군에는 1.05달러 또는 그 이상에 판매되었다. 이에 따라 셰브론과 텍사코에 엄청난 비난이 쏟아졌고, 가격 체계를 향한 엄청난 조사가 이루어졌다.[112] 텍사스 플러스와 기지점 가격제는 1948년 미국이 원유 수입국이 되면서 더 이상의 경제적 근거를 상실했다. 제2차 세계대전 전에는 카리브해와 미국 걸프만이 세계에서 가장 중요한 산유국이자 석유 수출 지역이었던 반면, 그 후 그 역할은 중동으로 옮겨갔다.

7대 석유사와 텍사스 플러스 가격제는 미국과 유럽의 비난이 아니라, 석유 채굴권 각서를 맺은 국가의 내부에서 비난을 받게 되었다. 석유 채굴권 협정은 일반적으로 생산되는 모든 배럴에 대한 로열티를 포함했기 때문에, 자원 보유국은 배럴당 가격보다 생산되는 배럴을 최대화하는 데 더 신경썼다. 그러나 1948년 베네수엘라의 한 민족주의 정부가 석유 생산에서 얻은 이익의 절반을 얻어

내자, 사우디와 다른 중동 생산국 역시 같은 대우를 요구하기 시작
했다.[113]

이 수요를 충족시키는 것은 전 세계적으로 책정되는 석유 가격
체계를 크게 바꾸는 것과 같았다. 예전의 텍사스 플러스 가격제 아
래에서 원유는 생산국의 지분이 적었고, 대신 배송 항구의 지분이
컸다. 그러나 새로운 50대 50의 이익공유제profit sharing를 시행하기
위해서는 석유가 매장되어 있는 생산국이 수입과 이익을 계산하여
정할 필요가 있었다. 1949년, 텍사스 플러스 가격 체계는 베네수
엘라와 페르시아만의 선적항에서 견적을 낸 유가로 대체되었다. 7
대 석유사는 모든 고객을 위해 카르텔 동맹사끼리 설정했던 동일
한 '기지점'을 다시 설정해야 했다.

1950년대 초반, 석유 채굴권 국가가 설정한 가격은 텍사스 가
격을 반영했다. 그러나 새로운 중동 석유의 범람과 7대 석유사와
무관한 새로운 생산자들의 진입으로 인해 주요 석유사들은 중동과
미국 사이의 가격 평등을 유지하는 게 점점 힘들어졌다. 베네수엘
라는 1950년대에 일부 독립 생산자들의 접근을 허용했고, 리비아,
사우디, 이란이 뒤를 이었다.[114] 한편 주최국들은 석유 채굴권을 통
한 증산으로 주요 석유사를 압박했다. 주요 석유사의 이익은 양측
으로부터 타격을 받고 있었다. 텍사스 기반 가격보다 낮은 가격으
로 석유를 파는 성가신 독립 생산자들과 이제 이익의 절반을 요구
하며 더 높은 지분을 요구하는 자원보유국까지. 결국 원유 가격은
내려갈 수밖에 없었다.

중동의 가격 인하 추세는 주요 석유사 뿐만 아니라 텍사스의 석유산업과 주정부에게 도전장을 던졌다. 미국에 값싼 석유의 대규모 신규 공급으로 인하여 미국 시장을 범람시키고 가격을 하락시킬 것이라는 위협이었다. 독립 정유소와 미국에 정유소를 둔 주요 기업들은 휘발유와 난방유에 대한 더 높은 이익을 얻기 위해 저가의 중동 원유를 공급하는 것을 선호했다. 그리고 일단 텍사스 플러스 가격 공식이 깨지자, 값싼 중동산 원유를 사는 것이 더 쉬워졌다. 미국의 원유 수입 총량은 1945년 하루 20만 3,000배럴에서 10년 뒤 78만 1,000배럴로 4배 가까이 증가했고, 이 중 중동산 원유의 비중은 0에서 3분의 1로 크게 증가했다.[115] 미국의 규제 당국은 새로운 도전에 직면했다.

TRC를 위한 전후 균형법

중동에서 새로운 석유가 쏟아져 나왔음에도 불구하고, 미국은 전쟁이 끝난 후 정부가 우려했던 공급 과잉과 가격 폭등을 즉시 경험하지 못했다. 대신, 억눌린 수요와 전시 가격 통제 해제로 인해 악화되어 터진 인플레이션 때문에 세계 원유 가격이 전후 배럴당 1.05달러에서 1947년 2.75달러로 거의 3배 가까이 상승했다.[116] 1947년, TRC가 완전 생산을 명령할 정도로 엄청난 수요였다.

로버트 브래들리는 제2차 세계대전 이후 처음으로 석유 가격이 상승한 것은 공급과 수요의 부족에서 비롯되었다고 주장했다.[117] 그러나 다음 두 번의 가격 인상은 국가 공급 규제 당국에 의해 억제되었다. 첫 상승의 원인이 주정부의 쿼터제가 아니었다면, 1950년대의 두 번의 가격 상승은 확실히 주정부의 쿼터제가 원인이었다. 1953년 제2차 가격 인상은 한국전쟁이 휴전되며, 또 다른 가격 통제의 해제와 산유량 감소를 위한 것이었다. 당시 원유 가격은 1월에서 2월 2.5%, 5월에서 6월 8.4% 급등했다.[118] 1953년의 유가 인상은 시장에 엄청난 수요 혹은 공급 부족에 시달리던 시기가 아니었으므로 꽤 논란이 되었다. 실제로 원유 재고와 전반적으로 산유량이 높았기 때문에 수요를 앞질러 버린 것이다.[119] 따라서 이 시기의 가격 인상은 어떤 측면에서 보면 TRC의 할당량 감소에서 비롯되었다고 봐야 할 것이다.

세 번째 가격 인상은 1956년 수에즈 운하 위기로 촉발되었으며, TRC의 개입 외에 세계 시장을 관리하는 데 어려움이 있다는 좋은 예시가 되었다.

1956년 10월, 이집트 민족주의 지도자 가말 압델 나세르Gamal Abdel Nasser와 영국, 프랑스, 이스라엘 사이의 긴장이 고조되어 군사 분쟁으로 번졌다. 수에즈 운하를 통과하는 교통의 혼란과 중동에서 지중해 동부를 잇는 송유관의 붕괴는 유가를 상승시켰고, 중동 공급에 의존하는 서유럽은 석유 부족에 시달렸다. 유럽은 미국에 석유를 더 풀어 달라고 아우성쳤다.

그러나 미국은 유럽의 요구를 묵인하고 중동 석유의 장기 중단

가능성에 대한 계획을 세우기 시작했다. 9월, 미국 내무부는 4대 석유사를 소집하고 텍사스, 루이지애나, 뉴멕시코와 오클라호마에서 예비 생산 용량 수준을 평가했다. 내무부의 석유 및 천연가스 부서 H. A. 스튜어트H. A. Stewart는 기자 회견에서 "'유럽의 석유 기근'을 막기 위해 미국의 각 주가 선적량을 하루 50만 배럴에서 110만 배럴로 늘려야 한다"고 말했다. 미국 내 생산업체들은 미국의 비축량을 하루 225만 배럴로 추정했는데, 이는 수에즈가 미국과 서유럽으로 흘러갈 수 있을 만큼 충분한 양이었다(그래프 4-5 참조). 주정부는 중동 원유가 공급을 중단할 경우 재고량 부족으로 동부 해안이나 유럽으로 신속하게 공급하기 어려울 수 있다고 스튜어트에게 보고했다.[120] 그러나 텍사스는 생산을 서두르지 않았다. 사실 TRC는 비상사태가 발생할 경우 정책을 뒤집겠다고 약속했지만 오히려 10월에 산유량을 감축했다.[121]

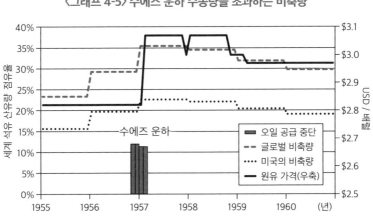

〈그래프 4-5〉 수에즈 운하 수송량을 초과하는 비축량

출처: API, 석유의 사실과 수치(1959), 래피던 그룹 수정 © 래피던 그룹

이라크의 파이프라인 파괴와 수에즈 운하의 폐쇄로 인해 11월 전 세계 석유 공급량의 10%인 하루 150만 배럴의 손실이 발생했고, 워싱턴은 석유 공급을 집중하기 위한 비상 계획을 시행했다.[122] 주로 걸프만의 항구와 좋은 교통망을 가진 텍사스 서부에 위치한 대형 석유회사들은 즉시 TRC에 석유 수출을 늘리기 위해 할당량을 대폭 늘릴 것을 촉구했다. 그러나 소규모 독립기업들은 텍사스 동부에 집중되어 있었고 파이프라인 연결도 잘 되어있지 않아 할당량 증대에 완강히 반대했다. 게다가 그렇게 힘들게 판매하더라도 받을 수 있는 가격은 한없이 낮았다. 독립기업들은 비상사태가 아니기 때문에 당시의 위기는 과잉 원유 재고를 줄이는 데 도움이 될 수 있다고 주장하였다.[123] TRC는 비상사태가 발생하면 쿼터를 늘리기 위해 신속하게 행동하겠다고 다시 약속했지만, 할당량을 아주 조금 늘리는 데 그치며 독립기업들의 편을 들었다.[124]

루이지애나는 산유량을 더 빨리 늘렸다. 존 허시John Hussey 환경보호국장은 11월과 12월에 걸쳐 대규모 생산 증가를 명령했다. 이 당시 루이지애나 12월 산유량은 하루 97만 3,000배럴로 10월 산유량이었던 85만 배럴을 넘기며 최고치를 기록했다.[125] 또 오클라호마는 11월부터 12월까지 산유량을 42만 배럴로 증가시켰다. 마침내 텍사스는 원유 가격이 상승하면서 미국의 재고량이 감소하였고, 12월 75만 배럴이라는 상대적으로 적은 산유량 증가로 주요 석유사와 서방 국가들이 추진하는 유럽용 공급량 증가 정책, '오일 리프트Oil Lift'에 어려움을 주었다. 비록 주마다 산유량을 늘렸음에도 불구하고, 워싱턴만 생산을 늘리라는 어떠한 요청이나 명령도 내리지 않았다. (오히려 분노한 아이젠하워Eisenhower 대통령은 영국, 프랑스, 이스라엘 군대가 점령한 이집트 영토에서 철수하기 전까지 유럽에 석유를 공급하기 위한 비상 계획을 중단했다.)[126] 그리고 TRC는 1월까지 대형 석유회사들이 요청한 공급량보다 훨씬 적은 수준의 산유량에서 천천히 증가하는 것을 허용했다.

지난 1월 유가가 6.7% 급등하자 영국 일부에서는 TRC가 유럽 소비자들을 착취하려 했다며 텍사스에 증산을 요구하기도 했다. 당시 TRC 총재 올린 컬버슨Olin Culberson은 "내 코도 영국인들만큼이나 뻣뻣하고 높다"면서 "우리도 남의 일에 간섭 말고 남들도 우리 일에 간섭하지 않아야 하는 게 아니냐"는 반응을 보였다.[127] 영국 런던의 한 기자가 컬버슨에게 텍사스가 산유량을 늘리지 않으면 영국의 산업이 망한다고 말했다. 그러자 총재는 "그래서, 어쩌라는 겁니까? 나는 텍사스의 주법을 지키는 주민이요, 영국인이 아니라." 하고 대꾸해버리기도 했다.[128]

1957년 2월까지 '오일 리프트'는 엉망이었다. AP통신은 "의견 불일치와 혼란, 그리고 목표 상실로 인해 큰 우려를 낳고 있다"는 한 관계자의 말을 보도했다. 아이젠하워 대통령은 이집트 침공에 대해 여전히 분노했지만, 석유산업에 충분한 원유를 유럽으로 수송하기 위해 개입해야 할 수도 있다고 경고했다.[129] 텍사스 주지사는 아이젠하워 대통령이 먼저 원유 수입을 제한하고, 텍사스가 생산을 늘리기 전에 정유사들이 휘발유 재고를 줄이도록 설득해야 한다고 주장하며 한발 물러섰다. 그러나 지속적인 비판에 따라 TRC는 결국 1957년 3월에 하루 21만 1,000배럴의 생산 증대를 명령했다.[130] 온화한 겨울과 수에즈 운하의 빠른 재개로 공급 부족도 완화되었다. 위기는 곧 지나갔다. 이듬해 4월, TRC와 다른 석유 생산주는 가격 약세를 막기 위해 생산을 중단했다.

비록 미국의 높은 예비 생산 능력이 계획적이었다기보다 할당량의 부산물이었지만, 수에즈 위기는 공급 중단 시기에 쿼터제의 이점을 보여주었다. 충분한 예비 생산량으로 손실된 공급량을 상쇄했고, 미국과 동맹국, 그리고 적국에게 영향력을 보여주며 유가 충격을 막을 수 있었다. 11년 후인 1967년 6월, 미국은 이스라엘과 아랍 이웃 국가들 사이 6일의 전쟁 동안 이 힘을 다시 느꼈다. 수에즈 운하가 폐쇄되었을 뿐만 아니라 몇몇 아랍 국가에서의 생산도 줄어들어 처음에는 하루 600만 배럴의 산유량이 줄었다. 아랍 국가의 수출이 재개됨에 따라 최대 손실은 150만 배럴에 가까웠고 나이지리아 분쟁으로 인해 6월 말과 7월 초에 50만 배럴의 공급이 끊겼다.[131] 그러나 텍사스와 루이지애나는 각각 15일 이내에 생산을 하루 100만에서 150만 배럴까지 늘릴 수 있을 것으로 예상했으며, TRC의 지원을 받은 미국의 총 공급량은 거의 하루 100만 배럴로 급증했는데, 이는 아랍의 금수조치로 인한 최대 손실의 거의 2분의 3에 해당하는 수치였다. 비축량의 가용성은 다시 한번 귀중한 국가 안보 자산으로 입증되었다.[132]

1947년의 가격 인상과는 달리 1953년과 1957년의 경우 텍사스는 중동산 값싼 신유와의 경쟁에 대응하여 감산을 명령했다(그 래프 4-6 참조). 수에즈 위기로 야기된 높은 가격에도 텍사스와 석유 생산주에 낮은 할당량을 고수했지만[133] '외국 석유'를 수입하기 위 해 생산을 줄이는 것이 독립 업체와 석유 생산주, 그리고 워싱턴에 게 기꺼운 일은 아니었다. 위기 상황에서 사용할 수 있는 비축량을 늘렸다고 해도 말이다. 1950년대 중반까지 세계 총 공급량의 23% 는 미국이, 주로 텍사스에서 생산된 원유가 차지했다(나머지 12%는 중동에서 7대 석유사가 생산하는 양이었다).

TRC는 1930년대 캘리포니아와 일리노이의 과잉 생산을 상쇄 할 스윙프로듀서를 원치 않았고, 외국 석유에 대해서도 마찬가지 였다. TRC뿐 아니라 미국 내 석유업계와 의회 지지자들 역시 중동 산 원유의 쓰나미로부터 보호무역을 외쳤다. 수입품 관세는 1930 년대 초반 부과되었지만, 석유의 필요성이 높았던 1939년과 1943

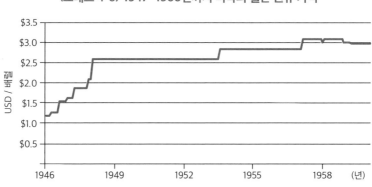

〈그래프 4-6〉 1947~1960년까지 미국의 월간 원유 가격

출처: API, 석유의 사실과 수치(1959); 다우존스앤컴퍼니, 현물 유가; 서부 텍사스산 원유

년에, 그리고 1947년 관세 및 무역에 관한 일반 협정의 맥락에서 제2차 세계대전 이후에 다시 감소되었다.[134] 그러나 미국이 원유 수출국에서 수입국으로 바뀌면서 중동에서 밀려드는 새로운 값싼 석유의 홍수가 수입 통제에 대한 논쟁을 되살렸다.

TRC는 주요 석유사에게 수입에 관한 자료를 공개하라고 요구함으로써 수치심과 협박을 주려 했다. 높은 수입에 대한 폭로로 대중의 부정적 여론을 끌어내고자 한 것이다.[135] 1949년부터 1950년까지 의회는 그들이 '7대 석유사'라 불리는 '국제 석유 카르텔'의 악행에 대해 세 번의 조사를 시작했다. 불법 담합이나 소비자 위해 증거는 발견하지 못했지만, 수입이 늘어날수록 수입에 따른 입법적 제한을 가하겠다는 꼼수를 부렸다. 주요 석유사는 의회의 압박을 받아들여 1931년과 마찬가지로, 1954년 자발적으로 미국의 수입 제한에 동의했다. 자발적 수입 쿼터제는 기업의 과거 수입 점유율을 기준으로 할당되었다. 1929년 동결했던 '현상 유지' 협정과 비슷한 수준이었다. 그러나 자발적 수입 할당제는 이전의 자발적 공급 제한과 마찬가지로 별다른 성과를 얻지 못했다.

값싼 중동산 원유 수입이 증가하면서, TRC는 생산을 더 줄일 것인가에 대한 어려운 결정에 직면했다. 1956년 6월, 총재 컬버슨은 단축을 위한 석유사 지명에도 불구하고, 할당량을 늘리는 청문회를 한 후, "많은 생산업체를 심각하게 무력화하지 않는 한, 주정부의 허용량을 줄일 수 없는 지점이 되었다"고 발표하며 할당량이 있는 텍사스의 시장 점유율을 빼앗으며 몸집을 불려 나가는 다른

주와 해외 생산자들을 비난했다.[136]

수입품이 시장에 넘쳐나자, 미국의 독립 생산자들은 값싼 수입품이 중요한 자국 내 에너지 분야를 죽이고 있다는 국가 안보 주장을 발동하며 연방정부에 항의했다. 1955년 연방정부는 로키산맥 동부의 모든 주에 적용되는 자발적인 수입 할당량을 감독했다. 석유 자원이 상대적으로 부족한 서해안은 수입량과 생산 석유의 '합리적 경쟁'이 되지 않으면 할당량을 고수하지 않겠다고 맞받아쳤다.[137] 목표는 원유 수입을 1954년 수준으로 제한하는 것이었다. 문제는 중동에서 밀려드는 막대한 수입량이었으므로 베네수엘라와 캐나다 수입 원유는 면제됐다. 중동산 석유를 수입한 엑손과 다른 주요 석유회사들은 강제적인 통제에 대한 미국의 은밀한 위협을 감안하여 이 계획에 동의했다. 그러나 다른 회사들은 그러지 않았다.

실제 원유 수입은 1954년 수준을 넘어 계속 증가했고, 미국 내 생산자들 사이에 분노를 불러일으켰다. 워싱턴은 어쩔 수 없이 강제적 통제 카드를 꺼내 들었다. 1957년 열린 각료급 특별 위원회는 값싼 석유 수입이 '매력적'이지만, 석유에 대한 '과도한' 수입 의존이 국가 안보를 위태롭게 할 것이라고 결론지었다.[138] 따라서 아이젠하워 대통령은 1959년까지 미국 내 소비의 9%에 해당하는 강제적인 석유 쿼터를 제정했다. 캐나다와 멕시코 수입품은 면제되었다. 매우 복잡하고 까다로웠던 석유 수입 쿼터제MOIP는 무려 14년간 지속되었다.[139]

미국 시장을 뒤흔든 것과 같은 세력이 주요 석유사들을 괴롭히고 있었다. 1800년대 새로운 공급 업체들의 경쟁이 카르텔을 설립하려는 펜실베이니아 시추업자의 초기 시도를 무산시켰듯이, 해외 석유가 역사상 가장 강력하고 오래된 생산자 카르텔의 지배력을 약화시키기 시작했다. 베네수엘라에서는 1966년까지 독립기업이 전체 생산의 약 15%를 차지했다. 리비아는 아메라다 헤스Amerada Hess, 코노코Conoco, 넬슨 벙커 헌트Nelson Bunker Hunt와 같은 독립 생산자들에게 개방했고, 1960년 0에서 시작했던 산유량이 1968년에는 하루 260만 배럴로 증가했다.[140] 1950년대 후반, 이란은 페르시아만 연안 석유 채굴권 각서를 위해 두 개의 탐사 개발 협정에 서명했다. 1957년 사우디는 또 다른 비주요 석유 무역 회사인 일본 석유 무역 회사Japan Petroleum Trading Company와 중립 근해 지역을 탐사하고 개발하기로 계약을 맺었다. 소련의 원유도 시장에 진출하기 시작했는데, 1956년 하루 10만 배럴 미만이었던 석유 수출이 1961년 70만 배럴로 급성장했기 때문이다. 1950년대 후반, 수십 년 동안 국제 석유시장을 지배하던 7대 석유사의 주변에서, 독립 생산자들은 통제의 사각지대에서 나름대로 고군분투하며 주요 산유국으로 향하는 길을 스스로 찾아냈다.[141]

생산과 수입 쿼터제로 억제했던 공급과 수요 압력은 미국 원유 가격을 상승시키고 중동 원유 가격을 하락시켰지만, 중동의 자원 보유국들은 자신들의 지분이 줄어드는 생산이 아닌 이익에 대한 지불이라는 새로운 시스템을 받아들이며 자신들의 몫을 늘리려 저항했다. 그러나 점점 더 붐비고 경쟁이 심해지는 시장에서, 석유 판매를 위해 주요 석유사들은 페르시아만의 관리 가격을 낮추고자했다. 그럼에도 여전히 지불해야 할 로열티는 높았다. 7대 석유사의 수익이 점점 줄어드는 시점이 온 것이다. 1950년대 후반에 이르러 주요 석유사들은 낮은 원유 가격에 대한 부담을 자원보유국과 분담하는 것이 합리적이라는 결론에 이르렀다. 회사의 입장을 전달하며 프란시스코 파라는 "지금 양측이 이익을 공유하고 있다는 원칙을 사실상 재확인하고, 이익을 공유하면 손해도 함께 공유해야 한다는 점을 명확히 할 필요가 있다"[142]고 설명하였다.

1959년 9월, 엑손은 약 5%의 가격 인하를 주도했고 그로 인하여 베네수엘라와 중동 국가들을 화나게 했다. 1960년 8월 주요 석유사들은 관리가격을 10% 더 인하하여 분노의 폭풍을 촉발시켰으며, 결국 세계 석유시장의 안정을 전담하는 위원회의 창설을 초래했다(물론 당시에는 알지 못했다).[143] 갑작스러운 수입 감소에 격분한 자원보유국은 연합을 결성하였다. 주요국들의 가격 인하에 저항하기 위해 석유 생산국을 연합하는 새로운 기구, 바로 석유수출국기구Organization of the Petroleum Exporting Countries, OPEC이 창설된 것이다.

텍사스와 7대 석유사의 내리막길

1950년대 후반 TRC와 7대 석유사는 국제 석유 공급과 유가의 통제로 정점을 찍었다. 1970년대 자원보유국이 가격 결정권을 장악하고 양보를 국유화하면서 주요 석유사들의 지배력은 약화되었다. 그 당시 미국은 치솟는 석유 수요로 공급을 앞질렀고 1960년대 후반에 이르자 텍사스 시대는 끝나가고 있었다. 수입관세 때문에 미국은 세계 석유시장과 어느 정도 단절된 상태였다. 미국 밖에서는 미국 시장에서 사실상 금지되었던 값싼 석유 공급이 급증하면서, 수요량이 적정선을 유지했음에도 불구하고 10년간 유가는 계속 하락세를 보였다. 미국에서 TRC는 1960년대 대부분의 기간 동안 원유 가격을 안정적으로 유지할 수 있었지만, 이를 위해 쿼터제를 늘려야 했고, 결과적으로 미국의 예비 생산 능력이 줄어들었다(그래프 4-7 참조).

그러나 미국의 수요 급증과 공급 증가세 둔화는 TRC의 시장 지배력을 점차 약화시켰다. 1970년 8월, 《샌안토니오 익스프레스 San Antonio Express》는 TRC가 '분명히 꺼리는 태도로' 산유량을 1951년 10월 이후 가장 높은 수준인 80%까지 올렸다고 보고했다. 위원회는 많은 양의 원유 생산으로 인해 환경 오염을 초래하고 현장 장비에 과도한 세금을 부과할 것을 우려하여 꺼렸다. 그러나 "시장이 있을 때 허용 가능한 생산을 늘려야 하는 법적 의무에 선택의 여지가 없다"는 것을 알았다.[144]

계속해서 오르는 수요량을 따라잡기 위해 산유량을 늘려야 했고, 수요가 늘면서 자연스레 비축량은 줄어들었다. TRC의 석유시장 관리 체계는 사실상 1972년 3월 16일 엘 파소El Paso에서 열린 회의에서 마침표를 찍었다. 석유회사 간부들로 가득 찬 옥상의 회의

<그래프 4-7> 미국의 비축량과 원유 가격

출처: 프레이, 아이드, 『전시 석유 관리의 역사(History of the Petroleum Administration for War)』; 미 상원; 영국 석유회사, "2035년 에너지 전망"; API, 석유의 사실과 수치들(1959); 다우존스앤컴퍼니, 현물 유가; 서부 텍사스산 원유 © 래피던 그룹

장에서 바이런 터넬Byron Tunnell 총재는 1947년 이후 처음으로 전면 생산을 명령하며 "역사적으로 빌어먹게 슬픈 사건이자 슬픈 일이다"라고 말했다. 그는 석유 발견이 늘어나서 '슬프다'고 했지만, 의회는 세금 인상과 새로운 환경 정책으로 수색 탐사를 방해했다. 텍사스의 8,500개 유전은 예전처럼 다른 주들과 동맹국들의 긴급 수요를 충족시키기 위해 산유량을 증가시킬 수밖에 없었다. 더 이상 예전의 '믿음직스럽던 노장'이 아니었다.[145]

텍사스의 유전은 수십 년간 생산을 지속하며 낡고 오래된 장비를 보유하고 있었고, 총재와 다른 위원들 역시 텍사스의 유전이 이제 얼마나 더 많은 석유를 생산할 수 있을지 확신하지 못했다. 하루 15만 배럴에서 20만 배럴까지 생산할 수 있지 않을까 추측만 할

뿐이었다.[146]

1972년 말, 텍사스 시대 석유시장 통제의 마지막 흔적은 사라졌다. 그리고 미국 내 수요 증가에 힘입어 수입 할당제의 근거도 약화되었다. 미국은 이제 해외에서 더 많은 석유가 필요했다. 1973년 닉슨 대통령은 석유수입쿼터제가 불필요하고 비생산적이라고 선언하고 이를 종료했다.

석유시장을 관리하던 텍사스 시대는 대략 1927년부터 1972년까지 지속되었고, 석유에 대한 세계적인 공급과 수요의 놀라운 성장이 동시에 일어났다. 19세기 후반과 20세기 초반에 유가가 하락하는 가운데 조명에 사용하는 등유의 성장을 만들었고, 교통수단으로써 가솔린의 전환을 끌어냈듯 말이다. 그리고 1950년대와 1960년대를 거치며 중동, 미국, 러시아의 저렴하고 거대한 새로운 공급품인 석유는 현대 문명을 바꿔 놓았고, 소비 붐을 이끌었다. 석유시장에서는 공급이 수요를 창출하거나 촉진하는 경우가 많았다. 두 차례의 시대적 전환은 산업과 정부 또는 양쪽이 보여준 확실한 석유 공급 통제와 여기서 비롯된 상대적 시장 안정이라는 연관성을 보여주었다.

제2차 세계대전 이후 석유 소비의 붐은 새로운 용도와 오래된 용도에서 비롯되었다. 제2차 세계대전 이후 값싼 새로운 공급품이 나오면서, 석유는 난방과 전기 생산을 위해 석탄을 대체하기 시작했다. 1960년대 후반과 1970년대 초반에는 '자동차의 대중화'가 수요를 이끌었다. 1950년부터 1973년까지 전 세계 자동차 및 기타 승용차의 수는 5300만 대에서 2억 5000만 대로 폭발적으로 증가했다.[147] 유럽과 일본은 동력 수송을 위한 석유 사용이 크게 증가했다. 민간 항공의 급속한 확대와 플라스틱 산업의 탄생도 석유 사용을 증가시켰다. 저명한 석유시장 학자 다니엘 예긴이 말한 '탄화수소의 시대Hydrocarbon Man'가 도래한 것이다.[148]

세계 정치의 우여곡절이 어떠하든 제국 권력의 쇠퇴와 국가적 자부심의 흐름이 어떻게 흘렀든, 제2차 세계대전 이후 수십 년 동안 세계는 빠르게 석유를 소비하고 있다. 태양이 지구에 에너지를 불어넣었다면, 현재 인류에게 연료의 익숙한 형태로, 새로운 석유화학 제품의 확산이라는 측면에서 동력을 공급한 것은 석유였다. 석유는 의기양양하게 나타나 논쟁의 여지 없이 눈부신 플라스틱 옷감을 입고 군주가 되었다. 그는 충성스러운 신하들에게는 관대했고, 자신의 부를 아낌없이 낭비하며 그 너머까지 나누어주었다. 그의 통치는 자신감과 성장, 확장과 놀라운 경제 성과의 시기였다. 그의 업적은 그의 왕국을 변화시켰고, 자동차를 타고 입장하는 새 문명을 열었다.[149]

1945년부터 1970년 사이 미국의 석유 수요는 17억 배럴에서 54억 배럴로 3배 증가했고, 1인당 석유 소비량은 13배럴에서 26배럴로 2배 증가했다.[150] 세계 에너지 수요는 1949년에서 1972년

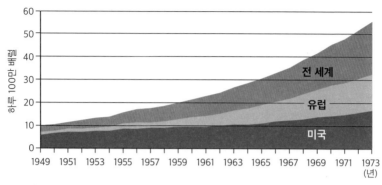

〈그래프 4-8〉 1949~1973년까지 전 세계 원유 소비량

출처: 영국 석유회사, "세계 에너지 통계 검토"

사이 3배 증가했지만 석유 수요는 5배 이상 증가했다(그래프 4-8 참
조). 유럽은 전쟁으로부터 회복되면서 원유 수요가 13배 증가했고,
일본은 소비가 137배 증가했다. 두 지역 모두 석탄에서 석유로 완
전히 대체되었기 때문이다. 이런 사실은 세계적인 추세의 일부였
다. 1949년 전 세계적으로 석탄은 에너지 수요의 3분의 2를 공급
했지만 1971년이 되자, 석유와 가스가 전체 수요의 3분의 2를, 석
탄이 나머지 3분의 1을 공급했다.[151] 제2차 세계대전 이후 석유 붐
은 엄청난 양의 저비용 페르시아만 석유와 그 시기 놀랍게 증가한
미국의 석유 산유량으로 가능했다.

　1920년대의 호황과 불황 속에서 태어난 석유산업은 텍사스를
비롯한 여러 산유주의 활약으로 "불을 밝힐 수 있는 저녁과 가고
싶은 곳으로 갈 수 있는 기동력"이라는 엄청난 생활방식의 변화를
만들어냈다. TRC와 7대 석유사는 저가의 미국 석유를 시장에서 지

키기 위해 쿼터제를 시행하며 더 비싸지만 안정적으로 유가를 지켰다. 익숙하고 파괴적인 글로벌 가격 전쟁의 망령에 시달리던 주요 기업들은 시장 점유율을 유지하기 위해 광범위한 카르텔 시스템을 구축했고, 시설을 통합했으며 대규모 신규 유정 발견으로 인한 원유 흐름을 제한하고, 큰 이익을 창출한 소비 시장에서 원유와 정제 제품에 대해 높고 안정적인 가격을 설정했다.

록펠러와 스탠더드오일은 초기 석유산업과 정제기술, 운송을 독점하고 통합하여 안정기를 가져왔지만, 20세기의 훨씬 거대하고 세계화된 석유시장은 외국 생산, 운송, 정제 대부분을 카르텔과 업스트림 유정 통제로 이루어냈다.

미국의 쿼터제와 주요 석유사의 카르텔화는 전 세계 석유 생산을 완전히 통제하지는 못했으며, 특히 소련과 독립 생산국과의 경쟁이 활발했다. 그러나 공급 관리가 용이했던 텍사스 시대는 호황과 불황의 가격 주기를 극복했다. 1930년 검은 거인의 발견 이후 초저 유가부터 1970년대 초까지, 석유산업과 정부의 공급 및 가격 규제로 인하여 선진국에서 소비가 급증했고 전 세계적으로 공급 붐을 이루면서 전 세계에 안정된 유가를 제공했다. 1934년 이후, 통제되지 않는 기간에 붕괴를 초래했을지도 모를 새로운 대규모 석유 매장 발견에도 불구하고 유가는 다시 상승했다(그래프 4-9 참조). 1911년에서 1934년 사이 이전의 2차 변동기 동안 원유 가격 변동률은 약 36%였던 것에 비해, 텍사스 시대의 평균 변동률은 3.6%였다(그래프 4-10 참조).

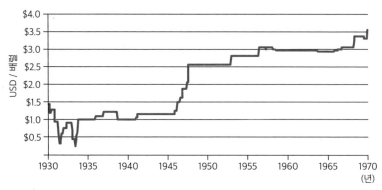

〈그래프 4-9〉 1930~1970년까지 미국의 월간 원유 가격

출처: API, 석유의 사실과 수치(1959); 다우존스앤컴퍼니, 현물 유가; 서부 텍사스산 원유

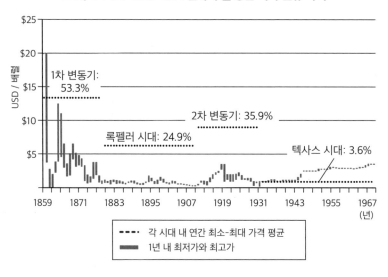

〈그래프 4-10〉 1859~1970년까지 월 평균 미국 원유 가격

출처: 『데릭』 1~4권; 석유의 사실과 수치(1959); 다우존스앤컴퍼니, 현물 유가; 서부 텍사스산 원유

쿼터제를 따랐던 텍사스와 다른 주들은 석유시장의 '스윙프로 듀서'로 기능했고, 석유 가격을 안정시키기 위해 장기간에 걸쳐 공급을 조정했다.

쿼터제와 카르텔은 꼭 필요한가

광범위한 공급 통제는 명목상 안정적이고 실질 가격이 하락하는 가운데 석유 사용이 폭발적으로 증가한 것과 동시에 일어났다. 대부분의 역사학자들은 TRC와 7대 석유사가 시장 권력을 행사함으로써 가격 안정을 이뤘으며, 이러한 안정성은 세계 석유 탐사, 생산, 운송, 정제, 마케팅의 질서 있고 광대한 붐을 가능하게 했다는 데 동의한다. 이러한 힘을 행사하기 위해서는 공급자들이 시장에서 지배적인 위치를 차지해야 했다. 이 중 미국 생산자와 7대 석유사가 통제한 석유 채굴권협정은 1948년 세계 원유 산유량의 95%, 검증된 매장량의 89%를 차지했다.[152] 게다가 7대 석유사는 전 세계 정제 능력의 약 57%를 통제했다.[153] 석유업자들은 이윤과 투자 명목으로 가격 상승을 원했지만, 그보다 석유 가격의 안정을 더욱 바라고 지키고자 했다.

시장의 지배적 지위가 가격 인상과 안정에 필요한 조건이라면 생산자들도 기꺼이 협력해야 한다. 여기서 TRC, 다른 석유 생산주, 그리고 7대 석유사는 눈에 띄게 성공적이었다. 공식 및 비공식적인 준비와 연계를 통해 공급을 통제하고 단기 가격과 장기 가격 기대치를 모두 안정시켰다. 선도적인 현대 에너지 경제학자 제임스 해밀턴James Hamilton은 "'폭등'의 시기에 명목상 원유 가격은 현저히 안정적이었다…… 가격이 떨어질 위기에 처할 때마다…… '관리' 가격을 방어하는 주 규제 위원회의 정책 덕분이었다"고 언급했다.[154] 리오날도 모게리Leonardo Maugeri 전 ENI 고위 임원은 TRC를 "혼돈에서 탄생한 미국 석유 통제의 중추"라고 묘사했다.[155] 심지어 자유시장 지지자인 모리스 아델먼Morris Adelman도 TRC가 매우 효율적이고 원활하게 일을 수행했다며, 석유산업에서 가장 갈망했던 안정적인 유가를 제공하였다고 인정했다.[156] 가장 눈여겨보아야 할 점은 TRC가 할당량을 안정적인 통제 수단으로 삼은 덕분에, 대규모로 들어오는 값싼 중동의 '신유'가 기존 시장에 혼란을 주거나 대규모 유가 붕괴를 초래하지 않고도 진입할 수 있었다.[157]

지배적인 견해로는 석유의 고유 특성상 석유의 본질을 불안정하게 만들고, 공급 규제나 카르텔화 없이 유가는 호황과 불황으로 치달을 것으로 보았다. 물론 호황과 불황을 예방하고자 규제와 카르텔을 묵인했다는 점에 모두 동의하지는 않을 것이다. 폴 프란켈은 석유산업이 "스스로 조정을 하지 않아…… 지속적인 위기에 봉착했다…… 정신없이 이루어진 번영은 완전한 붕괴 이후 너무 빠르게 찾아왔고, 구제책은 오직 형평성을 외치는 자들, 가격 조정자들, 그리고 조직위원들의 노력에만 기대야 했다"며 규제의 편을 들기도 했다.[158] 경제학자 멜빈 드 샤죠Melvin De Chazeau와 알프레드 칸

Alfred Kahn은 석유의 '변동적이고 비탄력적 공급'과 가격에 무감각한 수요가 결합된 '폭발적인 경제력' 때문이며, "과거에도 정부의 개입이 없으면 산업의 기반이 흔들렸다"고 강조했다.[159]

쿼터제 지지자들은 공급 규제에 대해 '파란만장한' 투자 관행을 없애고, 장기적으로 산유량을 극대화하여 새로운 발견이 시장에 넘쳐나 기존 생산자들의 폐업을 방지했다고 주장했다.[160] 지지자들은 산업이 성숙해지면서 정부의 개입 없이 어느 정도 안정성을 달성할 수 있을 것이란 사실은 인정하면서도[161] 20세기에 이르러 팽창하는 석유산업에 쿼터제와 주요 석유사들의 카르텔이 유가와 석유 시장 안정에 필수적이고 또 효과적인 수단이었다고 주장했다. 일부 쿼터제 지지자들은 유가 안정성과 석유 생산주의 광범위하고 긍정적 영향 사이의 연관성에도 집중했다. TRC의 총재를 맡았던 어니스트 톰슨은 1936년 연설에서 "원유 가격이⋯⋯ 배럴당 1달러로 회복됐고 3년 동안 꾸준히 유지해왔다. 석유 생산자와 정유사들은 번창하고 있으며 현 상태에 만족한다. 주 재무부에 지속적인 현금 수입이 유입되어 적자를 해소하고, 예산 균형을 유지하며, 고속도로를 건설하고, 공교육에 필요한 자금을 조달할 수 있게 되었다"고 강조했다.[162]

아마도 할당제를 가장 신랄하게 비판하고 사과하는 모양새조차 갖추지 않은 사람은 자원 경제학자 에리히 짐머먼Erich Zimmermann일 것이다. 1957년, 자신의 저서 『석유 생산의 보존Conservation in the Production of Petroleum』에서 그는 석유산업의 독특한 특성을 고려할 때

'주정부의 권력'이 부과하는 의무 할당제는 필요하지 않다고 주저 없이 결론 내렸다. "사실상 석유산업은 효과적으로 자발적인 자제를 겪으며 불가능과 국가의 권력에 복종해야 하는 대안에 직면해 있다"[163]고 주장했다. 짐머먼은 또한 "가격의 급격한 단기적 변동성을 제거하는 게 사회적으로 바람직하다"며[164] 가격 안정과 함께 보존책이라고 위장한 가격 담합, 쿼터제에 대한 격렬한 비난을 퍼부었다.

그럼에도 불구하고, 석유 쿼터제와 7대 석유사의 카르텔은 모두 격렬한 비판을 받아왔다. 주된 반대는 쿼터와 카르텔이 소비자에게 높은 가격을 강요한다는 것이었다. 1976년 존 블레어John Blair는 쿼터제를 두고 "가격과 비용을 모두 상승시킨다는 점에서 두 배로 반대한다. 가격은 수요량만큼 (또는 그 이하로) 생산을 제한함으로써 부풀려지고, 비용은 더 효율적이고 적은 금액이 드는 유정의 산유량을 줄이며, 비효율적이고 높은 비용의 유정을 운영하여 부풀려진다"[165]고 주장했다. 1981년 데이비드 프린들 교수는 TRC가 광범위한 시추를 장려하여 "수십만 개의 경제적으로 불필요한 우물을 만들었을 뿐만 아니라 시추업자, 과도한 유정 채유, 파이프라인, 그리고 유전의 다른 모든 산업 기구라는 결과를 낳았다…… 이 정책이 말도 안 된다는 것을 증명하기 위해 경제학자들은 너무도 많은 잉크를 낭비해야 했다"고 비난했다.[166]

자유 시장 석유사학자이자 분석가인 로버트 브래들리와 모리스 아델만은 초기 포획법이 과도한 시추와 낭비를 만들어냈다는 것을 인정하면서도, 석유산업이 결국 유전의 통일과 통합을 통해 이 문제를 해결했을 것이라고 주장했다. 미국 내 굴착업자들은 보다 현명한 시추와 산업 조직을 허용하기 위해 법을 조정하는 대신 정부에 도움을 호소하여 "잘못된 정부 개입과 특수 이익 정치"를 초래했다.[167] 아델만은 또 "미국은 생산업계를 위해 할 수 없는 일을 했다. 가격을 유지하기 위해 산유량을 제한한 것이다."[168]라고 비난했다. 반독점 정서의 또 다른 진영은 주요 국제 석유회사들의 카르텔 운영과 독단적 경영 방식을 비난하였다. 경쟁을 억누르고 임대료를 얻어내기 위해 독단적 가격 체제를 고안해냈다는 것이다. 1952년 중소기업위원회 상원 독점 소위원회의 요청으로 발행된 '국제 석유 카르텔The International Petroleum Cartel'이라는 제목의 연방무역위원회 보고서에서 나온 내용이었다. 위원회는 주요 석유사들이 일련의 독점 행위를 하고 있는지, 미국과 우호적인 경제에 과도한 부담을 주는 유가를 부과하고 덤핑하여, "미국에서 생산하는 원유에 피해를 줬는지" 알아내고자 했다. 비록 논쟁적인 어조는 아니었으나[169] 연방무역위원회 보고서는 1950년대 주요 7개 석유사의 끔찍한 면을 부각시키며 많은 논란을 불러일으켰다.[170]

연방무역위원회는 7대 석유사가 정부의 압력 때문에 시정한 후에도 기지점 가격 제도에 "집요하게 매달렸다"며, 이 제도가 "세계 생산을 지배하는 소수의 주요 국제 기업들에게 높은 수익을 가져다주었다"고 언급했다.[171] "석유 순 수입국이 되었음에도, 텍사스 플러스를 계속 기준으로 삼아 실제 발생한 운송비와 전혀 상관없는 운임"을 청구하였으며 "세계 수요에 맞추어 산유량을 조정하기 위한 국제 기업들의 노력에 의존했다"고 자세히 설명했다. 후자의 관점에서 연방무역위원회는 텍사스나 다른 석유 생산주의 공급 제한 또한 "미국의 자원 보존 운동에 따라 시행되었다고" 인정하였다.[172]

규제의 실효성에 대해 어떤 관점을 갖든, 의심의 여지가 없는 것은 1934년부터 1972년까지의 텍사스 시대에서 TRC와 7대 석유사는 만성적으로 불안정한 석유산업과 중동 및 다른 지역의 대규모 신규 석유 공급 때문에 상승한 유가에도 전례 없는 '안정기'를 가져다주었다. 이에 따라 탄화수소의 붐이 일어났고, 이는 미국에 귀중한 지정학적 힘을 실어주었다. 그리고 이 모든 안정기는 1973년 아랍의 석유 금수조치로 갑자기 막을 내렸고, 현대의 우리에게 친숙한 상황인 '유가 불안정과 위기의 시대'가 찾아왔다는 점이다.

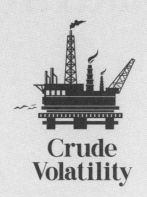

Crude
Volatility

Crude
Volatility

2부

석유수출국기구 (OPEC)가 지배하는 석유시장

(1973~2008년)

5장

OPEC의 탄생과
거대한 변화

(1960~1969년)

1960년대가 밝아오면서 세계 석유시장의 거대한 변화 역시 시작되었고 가격 안정을 추구하던 텍사스 시대는 저물어 갔다. 텍사스 시대의 규제 기관과 주요 석유회사들은 공급 관리를 위해 사용하던 모든 수단으로 높은 원유 가격을 유지했다. 할당량, 시장 점유율 협정, 공동체 형성, 가격 공식까지 말이다. 규제 기관과 주요 석유회사들은 공식적으로는 협력하지 않았으나, 양쪽 모두 석유 흐름을 대략 동등한 수요에 맞춰 조정한다는 동일한 최우선의 목표를 가지고 있었다. 지나친 인프라 투자를 통한 과잉 생산을 막고 싶었던 것이다. 가격 폭락을 막으려는 시도였다.

그러나 중동은 반식민지 운동에 점점 더 여론이 쏠리고 있었고, 석유 수급 패턴의 전면적인 변화가 일어나며 세계 석유시장에 혼란이 불어닥치기 시작하였다.

7대 석유사를 향한 중동 석유 생산국들의 반발

제2차 세계대전 이후, 주요 석유사는 석유 채굴권 수익뿐 아니라 채굴 통제권 자체를 잃기 시작했다. (앞서 말한 대로, 1948년 베네수엘라는 석유 채굴권에서 나오는 이익을 반반씩 나누자고 제안했고, 곧이어 중동의 다른 석유 생산국들도 베네수엘라를 따랐다.) 이란은 변동성이 큰 지역의 여러 정부가 가격 구조를 방해하지 않고 어떻게 세계 석유시장의 변화에 잘 대처했는지를 보여주는 좋은 예였다.

13년 빠르게 시행된 멕시코의 석유산업 국유화 재현을 희망하며, 1951년 4월 새로 선출된 민족주의적인 이란의 총리인 모하마드 모사데크Mohammad Mossadegh는 국가의 석유 자산을 국유화하는 법에 서명했다. 당시 영-이란 석유회사Anglo-Iranian Oil Company라고 불렸던 이란의 유일한 남부 석유 채굴권기업인 영국 석유회사의 축출은 런던으로부터의 위협과 보복을 촉발시켰다. 영국 석유회사와 나머지 6대 석유사는 즉시 이란의 석유 수출을 보이콧했고, 이란의 산유량이 거의 0에 가깝게 떨어지도록 강요했다.

이란 석유의 갑작스러운 손실은 미국 관리들이 제2차 세계대전 동안 석유 산유량을 극대화하고 효율적으로 운송하기 위해 사용된 절차와 정책 중 일부를 활성화하고, 주요 국가들은 사우디, 쿠웨이트, 이라크의 양보로부터 생산을 증가시켰다. 비록 세계 산유량이 1952년까지 이란의 손실된 물량보다 3배 이상 증가했지만,[1] 미국과 영국은 이란 석유의 영구 손실과 공산주의의 침탈 가능성에 대해 충분히 우려하였고, 1953년 초에 이란에서 근대화를 추진하고 있는 모사데크를 약화시키고, 그를 대신할 사람을 준비한 다음 일을 도모했다. 결국 모사데크는 1953년 8월 쿠데타로 전복되었다. (심지어 미국은 영국 석유회사가 미국의 독립 생산자들을 포함한 여러 회사와 이란 석유 채굴권을 공유해야 한다고 주장하는 바람에, 서구로 향하는 이란의 대문은 이전보다 더 넓어졌다.)[2]

금수조치가 해제되자 이란에서 원유를 채유하던 석유회사들은 넘치는 공급을 막고 이란이 수출하는 원유를 소화할 방법을 찾아야 했다. 특히나 1952년부터 1954년까지 산유량을 계속해서 늘리며 금수조치에 따른 손실을 벌충하려던 이란 국왕의 고집 센 결단력 때문에 이들에게는 까다로운 숙제였다. 주요 석유사는 사우디로 방향을 틀었다. 사우디 현지에 지사를 차리고 이란 진출을 앞두었던 엑손은 이븐 사우드Ibn Saud 사우디 국왕의 깊은 반공 감정에 호소하며 이란의 원유 수출량을 소화할 수 있게, 사우디의 생산을 줄여달라고 요청했다. 왕은 마지못해 동의했지만, 이란의 산유량은 공산주의자들을 막는데 필요한 양으로 제한해야 한다고 주장했다.[3] 주요 석유사들은 우선 이란 인근의 국가들과 채굴각서를 맺고, 금수조치 중 생산량을 늘렸다가 이후 이란의 금수조치가 풀리자 곧 감산에 들어갔다. 이렇게 이들은 유가의 큰 변동 없이, 정치적 문제나 시장의 큰 혼란을 야기하지 않고 처리할 수 있었다.

그러나 이란에서 국유화가 역전되고 주요 석유사가 시장 혼란을 최소화할 수 있었던 반면, 가격의 역동성은 주요 석유사에게 유리하지 않은 더 큰 추세로 나타났다. 반식민지 민족주의 정서는 주요 석유사가 운영했던 다른 주요 산유국들의 정권을 휩쓸었다. 극심한 반 서방국가 감정은 대부분 중동의 혁명가들에 의해 우상화된 이집트의 아랍 민족주의 지도자 가말 압델 나세르에서 비롯되었다. 나세르는 서구에 석유를 양보하는 것은 참을 수 없는 모욕이자 식민주의의 굴욕적인 유산이라고 생각했다. 그는 범아랍의 결속과 정치적 통일을 촉진하였고, 아랍 세계에 단독적이고 집단으로 서방에 맞설 의지를 불어넣었다. 이집트는 석유가 많지 않았기 때문에 나세르의 범아랍주의는 7대 석유사를 향한 집단 공격으로 이어지지는 않았다.

그러나 1958년 두 주요 산유국에서 일어난 민족주의 기조의 반서방 봉기, 이라크와 베네수엘라는 7대 석유사에 맞서기를 열망하는 새로운 정권을 낳았고, 산유국은 석유시장 통제권과 가격 구조를 석유 국가 규제 기관과 주요 국제 석유회사들로부터 빼앗는 데 일련의 사건을 촉발시켰다.

1958년 1월 베네수엘라 혁명은 군사 독재자 마르코스 페레스 히메네스Marcos Perez Jimenez 장군을 전복시켰다. 카라카스의 임시 정부는 혁명가들이 독재 정권을 지지한다고 비난한 외국 석유회사에 적대적이었다. 과도 정부가 연말에 민주적으로 선출된 정부에 권력을 이양하기 전, 차기 정부의 축복으로 베네수엘라의 석유 수익 비중을 50%에서 70%로 늘렸고, 엑손의 베네수엘라 자회사 사장을 해외로 내쫓았다. 1959년 2월, 로물로 베탕쿠르Romulo Betancourt 신임 대통령은 이상주의 변호사이자 선출된 관리인 페레스 알폰소Perez Alfonzo를 광산 및 탄화수소 장관으로 임명할 것을 요청했다. 페레스 알폰소는 1948년 개발부 장관직을 맡았을 당시, 베네수엘라의 석유 문제에 대해 책임을 지고 있었으며, 군사 쿠데타로 인해 10년간 미국과 멕시코로 망명을 떠나기 직전까지 산유국에 대한 반반 이익 분배 제정을 감독한 이력이 있었다. 페레스 알폰소는 그의 직위로 돌아와 빠르게 국영 석유회사를 설립하고 석유 생산에 대한 규제를 강화했다.

페레스 알폰소가 미국에 망명해 있는 동안 그는 TRC와 다른 쿼터제 시행 주들을 면밀히 연구했다. 깊은 감명을 받았던 그는 베네수엘라와 다른 생산국에도 같은 것이 필요하다고 결론 내렸다. 즉, 산유국의 공정하고 안정적인 가격을 보장하기 위한 강력한 카르텔이었다.[4] 페레스 알폰소는 할당량 운영 방식에 대해 조언을 듣기 위해 TRC 컨설턴트를 고용했다.[5]

페레스 알폰소가 국제 카르텔을 선호하는 주된 이유는 베네수엘라의 생산 비용이 중동보다 약 4배(각각 배럴당 0.80달러, 0.20달러) 높기 때문이다. 고비용 생산국이었던 베네수엘라는 저비용 중동 생산자들이 생산을 제한하면 이익을 얻을 수 있었다. TRC의 쿼터제는 저비용의 유정에서 생산을 줄이도록 강요를 받아 고비용의 유정에 이익을 주었듯, 페레스 알폰소는 고비용 베네수엘라가 저비용의 중동 생산자들을 집단 생산 제한 협정에 포함시킴으로써 감축의 부담을 전환하고 이익을 공유할 수 있기를 희망했다. 게다가, 페레스 알폰소는 열렬한 신체 보존주의자였고 텍사스 스타일의 할당제가 과도한 생산과 매장량의 고갈을 막을 것이라고 믿었다.[6]

그러나 페레스 알폰소는 카르텔을 만들겠다는 꿈을 실현하기 전에 더 시급한 문제를 처리해야 했다. 페레스 알폰소가 취임했을 때, 미국의 아이젠하워 대통령은 수입 증가에 대한 미국 내 정치적 반대에서 비롯된 새로운 석유 수입 할당량을 발표했다. 쿼터제는 베네수엘라에 특별한 위협이었고, 곧 수출의 40%는 미국으로 갔다.[7] 베네수엘라는 미국과 근접해 있어서 중동의 경쟁자들에 비해 높은 비용을 상쇄했지만, 아이젠하워의 새로운 쿼터제가 베네수엘라를 휩쓸었다.

수입 쿼터제에 충격을 받고 나서 미국이 캐나다와 멕시코만에 허용한 특별 면제에 화가 난 페레스 알폰소는 처음에는 미국과의 특별 거래를 끊으려고 시도했다. 그는 베네수엘라가 미국 시장의 일부를 보장 받을 수 있는 반구형 석유 시스템을 제안하기 위해 워싱턴으로 날아갔다. 미국 관리들은 알폰소의 제안에 관심을 보이지 않았고 아무런 반응도 하지 않았다.[8] 모욕 당한 페레스 알폰소는 중동 생산업체에 관심을 돌렸고, TRC를 모델로 한 국제 카르텔 계획을 제안했다. 그는 민족주의의 물결이 중동 국가들을 통해 이루어지길 희망했고 기대했다.

1958년 7월, 이라크 육군 장교들이 이라크 왕국의 마지막 왕인 파이살 2세Faisal II를 전복시켰고, 그와 함께 강력한 친서방 총리인 누리 알 사이드Nuri es-Said를 살해했다. 쿠데타가 일어나기 전에 이라크와 이라크 석유회사를 운영하는 주요 석유회사들은 우호적으로 그들의 관계 조건을 협상해왔으나, 새롭고 불안정한 군사정권 하에서 외국 석유회사들과의 관계는 곧 악화되었다.

그동안 7대 석유사는 실제 시세보다 낮은 가격에 석유를 팔아야 하는 동시에 서류상 존재하지만 수급 현실을 반영하지 못한 더 높은 관리가격에 관한 수익, 세금 납부, 로열티 산정 의무가 부과되면서 수익이 줄어들고 있었다.[9] 자원 보유국이 더 적은 수입을 가져가면서 낮은 유가의 부담을 분담하는 것에 주요 석유사는 공평하다는 입장이었다. 7대 석유사 카르텔이 관리가격을 낮추려는 움직임을 보이자 페레스 알폰소는 주요 석유사 담합에 관련하여 산유국의 분노를 이용하여 카르텔이 필요하다고 외쳤다. 산유국 카르텔의 불씨를 당긴 것이다. 1959년 4월 이집트의 나세르 대통령은 카이로에서 제1차 아랍 석유 회의를 소집했다. 페레스 알폰소는 텍사스 방식의 산유국 카르텔을 실행하고자 기회를 엿보았고, 대표단을 이끌고 아랍 석유 회의에 참석했다. 비非아랍인은 그를 포함해 오직 두 명뿐이었다. (또 다른 비이란인 마누허 파르만 파르마이안 Manucher Farmanfarmaian, 국영 이란 석유회사National Iran Oil Company의 이사는 공식 자격은 아니지만, 옵서버 자격으로 회의에 참석했다.) 대표단은 외국 석유회사에 석유 채굴권 제도는 구식민지 시대의 굴욕적인 유물이라고 비난했지만, 회담은 거의 성과를 거두지 못했다. 그러나 페레스 알폰소는 주요 석유사와 맞설 프로듀서들의 집단 조직을 만들 계획을 위해 조용히 부지런하게 사이드라인에서 일했다.

정작 중요한 회담은 페레스 알폰소와 사우디 석유장관 압둘라 타리키Abdullah Tariki 사이에서 열렸다. 빠르게 설득 당한 압둘라 타리키는 페레스 알폰소의 계획을 강력하게 지지했다. 베네수엘라와 사우디는 (각각 구 산유국과 신 산유국으로) 생산 비용과 경험 면에서 크게 달랐지만, 같은 미국 기업(엑손, 모빌, 텍사코, 셰브론)이 양국에서 석유 채굴권을 운영하면서 미국과 인연을 맺었다.[10] 페레스 알폰소와 새로운 친구이자 협력자가 된 타리키는 이라크, 아랍 연합 공화국United Arab Republic (또는 UAR로 이집트, 시리아의 단기 연합), 쿠웨이트의 파르만 파르마이안 그리고 대표들에게 석유 생산 조정 논의를 위한 연례 협의를 요구하는 비밀 신사협정(마아디 협약이라 불렸다)에 서명하도록 설득했다.[11]

마아디 협약Maadi Pact은 산유국 연합을 만들기 위한 첫 단계였지만 상당히 의미 있는 일이었다. 그러나 이로 인하여 곧 생산국들은 연합하는 데 필요한 추진력을 얻었다. 주요 기업들의 이익에 대한 압박은 소련의 값싼 원유 생산량을 증가시켰고, 엑손은 손실을 막기 위해 1960년 8월에는 7%라는 두 번째 관리가격 인하를 실시했다.[12] CEO 잭 래스본Jack Rathbone은 석유 보유국이 곧 악랄한 반격을 할 것이라고 경고한 동료들과 조언자들처럼, 반대 의견을 표출한 사람들을 해고해야 한다고 주장했다. 관련하여 엑손 내부에서도 논란이 있었다. 석유 보유국과 협의 없이 이뤄진 엑손의 일방적인 행보는 다른 주요 업체들의 뒤를 이었고, 곧 래스본의 동료들이 옳았다는 것이 증명되었다. 이들이 등진 산유국 연합은 후에 'OPEC

의 건국자'들이 되었다.[13]

2차 가격 인하에 반대했던 이라크 내 엑손 지사의 한 고위 간부는 "지옥길이 열렸다"며 "운 좋게 바그다드를 살아서 빠져나왔다"고 언급했다.[14] 주요 석유사들이 담합하여 진행한 가격 인하는 석유 보유국의 집단적인 대응을 자극했다. 쿠웨이트의 한 관계자는 "석유 카르텔(7대 석유사)이 없었다면 OPEC은 없었을 것"이라며 "우리는 석유회사들을 본받을 뿐, 피해자가 얻은 교훈을 따른 것이다."라고 하였다.[15]

엑손의 관리가격 인하에 이어 OPEC의 실질적인 건국자였던 페레스 알폰소도 행동을 취하기 시작했다. 타리키와 합류한 그의 즉각적인 목표는 마아디 조약을 신사협정의 틀에서 주요 석유사와 대결할 수 있는 확고한 동맹으로 바꾸는 것이었다. 이라크의 새 혁명 정부는 고통 받던 산유국 연합 회의를 주최하게 되어 좋아했다.[16] 이란, 이라크, 쿠웨이트, 베네수엘라, 사우디는 1960년 9월 바그다드에서 만나 OPEC을 결성했다. OPEC 생산국들이 "세계 석유 수출의 80% 이상을 차지했다."[17]

OPEC의 즉각적인 목표는 석유 채굴권으로 인한 수입을 더 이상 뺏기지 않는 것이었다. 회원국과 주요 석유사의 투쟁 핵심은 산업에서 '임대료'라고 부르는 것을 어떻게 나눌 것인가에 대한 견해 차였다. 임대료는 컸고, 회사 수익과 정부 세수라는 두 가지 방향으로 흘러갔다. 10년 전에 제작자들이 50대 50으로 이윤 분배를 시행한 것은 주요 석유사로부터 더 많은 임대료를 거두기 위한 시도였다. 1959년과 1960년 주요 석유사의 관리가격 인하는 생산자들로부터 임대료를 되찾기 위한 시도였다. 그러나 대세는 식민지 시대의 양보를 운영하는 대형 서구 석유회사들로부터 벗어나 석유보유국으로 방향을 틀고 있었다.

따라서 OPEC의 첫 번째 중요한 결정(그리고 밝혀진 바와 같이, OPEC이 처음 10년 동안 내릴 유일한 중요한 결정)은 가격의 추가 인하에 대해 집단으로 반대하는 것이었다. 주요 석유사들은 OPEC을 큰 위협으로 여기지 않았지만, 1960년대 원유 공급량과 수요량이 비슷해지면서 더 이상 불필요한 삭감을 막기 위해 가격 인하를 영구히 중단하기로 합의했다.

OPEC 회원국들은 관리가격 인하에 반대하는 통일된 전선을 제시하면서 이전에 맺었던 양해각서 전반을 트집 잡았다. 그러나 회원국 간의 오랜 역사적 경쟁 관계가 발목을 잡았고 양측의 긴장은 더욱 악화되었으며 이견의 골도 깊어졌다. 바그다드는 처음에 쿠웨이트를 이라크의 한 지방으로 간주하면서 쿠웨이트의 주권조차 인정하지 않았다. 사우디와 이란-페르시아는 지역 지배권을 놓고 경쟁했고, 이슬람 내 경쟁 종파를 이끌었다. 석유 전략에서 이란과 베네수엘라는 OPEC 정책에 대해 강한 의견 차이를 보였다. 이란의 수도 카라카스 역시 유가를 유지하려면 OPEC 전체의 감산이 필요하다는 데 동의했지만, 관리가격 인하를 반대하며 로열티와 세금 인상을 위해 협상하고 공급도 최대한 늘리기를 원했다. 서방의 금수조치와 정세 개입을 생생하게 겪은 이란의 왕에게 할당량

제도 도입은 너무 급진적이었다. 그는 서방의 석유회사나 서방 정부와 지나치게 적대적인 대립은 피하고 싶었다. 또 산유국의 직접적인 공급량 통제는 서방과의 채굴 협정을 위반하는 것이었다. (사우디 역시 소련의 위협 속에서 자국의 강력한 파트너이자 보호자가 될 미국을 적대시하고 싶지 않았다.)

OPEC 초창기에는 법적 계약이 여전히 신성불가침으로 여겨졌고, 이 조약을 어기는 게 지나치다고 생각했다. 일반적으로 다른 OPEC 회원국들은 가격을 인상하고 안정시키기 위해 할당량과 집단 공급 삭감에 반대했다. OPEC 소속 국가들은 세계 시장에 접근하기 위해 주요국에 의존했고, 공급 증가가 수요를 초과했기 때문에 OPEC 회원국들은 서로를 경쟁자로 여겼다. 게다가 UAE, 리비아, 알제리, 나이지리아와 같이 OPEC 밖에 있던 국가들의 산유량이 급증하면서 원래 OPEC 5개 회원국의 감산을 상쇄할 수 있었다.[18]

그런 이유로 페레스 알폰소가 TRC 스타일의 공급량 삭감을 추진한 반면, OPEC은 처음에 이 전략을 실행하기보다는 지켜보는 쪽을 선택했다. 페레스 알폰소의 주요 동맹인 타리키는 리야드에서 사우디 왕실이 사우디 국왕과 파이살 왕세자가 이끄는 파벌 간의 장기 권력 투쟁으로 산만해진 사이에 약한 영향력을 행사했다. OPEC의 회원국 대부분 우선순위인 주요국과 높은 행정 가격과 세금, 즉 임대료 인상을 위해 단체로 협상하는 것에 동의했다.

OPEC의 5개는 사무국을 설치하고 1년에 두 번 만나기로 합의했지만 정책 분열과 경쟁, 지도력 이양 등으로 인하여 약속을 지키기 어려웠다. 이라크는 1961년부터 1963년까지 쿠웨이트에 대한 영유권 주장으로 회의에 참석하지 않았다. 1965년 4월, 베네수엘라는 인도네시아, 카타르, 리비아로 확대된 OPEC 내에서 쿼터제를 실시하기 위해 또다시 압력을 가했다. 1965년 중반부터 1966년 중반 OPEC은 텍사스산 원유에 대항하여 수요를 예측했고 7월, 회원국들은 이 산유량을 어떻게 나눌지 논의하려고 회의를 열었다. 그러나 내부적으로 쿼터제를 지지하는 거대한 두 회원국 때문에 효과는 미미했다. 페레스 알폰소와 타리키는 그맘때 이미 자리에서 물러난 이후였다. 타리키는 1962년 셰이크 아흐메드 자키 야마니Sheikh Ahmed Zaki Yamani로 교체되었고, 페레스 알폰소는 1960년대 베네수엘라와 OPEC이 채택한 방침에 대해 지속적으로 환멸과 혐오감을 느낀 뒤 1963년에 사임했다. (1970년대 페레스 알폰소는" 석유가 문제다…… 석유로 온갖 부정부패와 낭비로 인한 소비가 일어났다. 우리의 공공 서비스는 모두 박살 났다. 앞으로 남은 건 그저 빚, 빚뿐이다."[19]라는 유명한 선언을 발표했다.) OPEC의 초기 회의에 참석한 프란시스코 파라전 사무총장에 따르면, OPEC은 텍사스식 쿼터제에 합의하기 위한 첫 번째 시도는 그야말로 '촌극'이자 '희극'이었다.[20] 이란은 높은 쿼터제를 고집했지만 다른 회원국들은 그럴 뜻이 없었다. 사우디는 조금의 할당량도 준수하지 않았고, 리비아는 쿼터제 제한을 고려하지 않을 것이라고 말했다. 결국 협약은 이행되지 않았고 각 회원국은 각자 별도의 생산정책을 추진하였다.[21]

1960년대 후반까지, OPEC은 회원국 정부 사이에서 연대를 조장하고 가격과 세금을 얻은 것 외에 성과가 별로 없었다. OPEC은 회원국들을 강력한 조직으로 통합하는 데 실패했고, 하물며 할당량 설정에 대한 페레스 알폰소의 꿈을 실현하는 데 실패했다. 주요 석유사들은 이후 1960년에 시행된 가격 인하를 후회했고 같은 실수를 반복하지 않았지만, 석유사도 서방 국가들도 OPEC이 석유 시장의 안정을 위협하지 않는다고 여겼다. 석유회사들은 대부분 OPEC을 무시했고, 개별 국가와 석유 채굴권 거래를 계속했다.

OPEC은 1970년대 접어들며 거의 쇠락의 길을 걸었다. 그러나 1960년대에 세계 원유 공급량과 수요량의 강력한 저류가 발전하면서 석유시장에서 OPEC은 자신의 역량과 역할을 곧 회복하고 재편성하는 계기를 맞이했다.

6장

통제권을
넘겨받은 OPEC

(1970~1980년)

1870년대 석유시장은 록펠러에 의해 혼란에서 안정으로 바뀌었다. 100년이 지난 1970년대 역시 변혁적이었지만, 방향은 안정에서 혼란으로 반대의 길을 걷고 있었다. 1970년대 초, OPEC은 미국 대법원이 1911년 록펠러 시대를 끝낸 것처럼 구질서를 파괴했다. 그 결과로 인하여 원유 가격은 텍사스 시대보다 훨씬 더 높고 불안정했다.

역사상 석유시장 첫 100년 동안 몇 가지 절정의 공포와 예외적 사건을 제외하고, 석유산업의 주요 문제는 '과잉 공급을 관리'하는 것이었다. 가격 폭락으로 이어지는 과잉 공급을 막기 위해, 기관과 석유회사 카르텔은 채유를 억제하거나 '폐쇄'할 의무가 있었다. 그러나 1960년대부터 세계 석유 수급의 추세는 반대 방향으로 바뀌기 시작했다. 세계 석유 수요는 1960년대 후반에 급격히 증가하여 연평균 8%씩 상승했고 1969년에만 거의 9% 올랐다.[1] 많은 분석가는 석유 수요가 계속 증가할 것으로 예상했다. 1971년 미국 석유 위원회는 공산주의 세계 밖의 수요가 1970년 하루 3700만 배럴에서 1985년에는 하루 9200만 배럴까지 증가할 것으로 추정했다.[2] 새로운 석유 산유량이 소비량을 계속 앞지르는 동안 소비와 공급의 격차가 좁혀지기 시작했다. 미국의 외교 정책관들은 막대한 석유 수요를 충족시키는 데 대부분 OPEC 회원국인 중동에서 나올 것으로 예상해 걱정했다.

내수가 공급을 앞지르면서 미국은 점점 원유 수입으로 눈을 돌렸다. 세계 원유 공급량 중 미국이 차지하는 비축량은 1960년대 초 15% 이상에서 1970년대 초 약 5%로 감소하며 석유 공급에 차질을 빚었고 취약해졌다. 1956년과 1967년 중동 분쟁에서 이미 겪었던 일이었으므로 공급 차단에 대한 워싱턴의 불안은 충분히 근거가 있었다. 계속되는 중동-이스라엘의 신랄한 비난 역시 또 다른 위협을 계속해서 제기했다.

1970년대까지 광범위한 석유산업의 관행과 유가에 대한 워싱턴의 관심은 석유 가격과 전쟁 여부에 따라 희박해졌고 약해졌다. 일반적으로 연방정부는 진전 없는 미적지근한 태도를 보였고, 때로는 담합과 반경쟁적인 행동에 경고하기도 했으나 대체적으로 미국 내 시장 운영은 각 주정부와 산업에 맡겼다. 이 모든 기조는 석유회사에 대한 독점 금지법을 완화하고 최대 산유량을 우선시하며 감독하던 냉전을 겪으며 완전히 바뀌었다.

냉전 기간 내내, 석유에 대한 워싱턴의 대공 외교 정책은 걸프만 대량 석유 매장량의 정제와 수출설비를 소련으로부터 지켜내는 것이었다. 그런 이유로 1953년, 미국 CIA는 이란의 모사데크 전복을 추진하였다. 소련의 이란 침공을 막기 위해서였다. 또한 미 국무부는 냉전으로 인한 이익과 걸프만 동맹 보호를 지원하며 주요 석유사의 반경쟁적 행위 조사를 막아주었고, 워싱턴 역시 주요 석유사에 재정적 지원을 승인하며 주요 산유국과의 우호적 관계를 유지하고 그들과의 수교도 단단하게 했다.[3] 때때로 정부의 관심사는 자주 흔들렸지만 대체적으로 의회는 국제 석유회사보다 자국의 지역 주에서 커다란 정치적 영향력을 선사하는 자국 내 석유회사의 이익에 호응했다. 의회는 값싼 외국 수입품으로부터 보호하기 위해 자국 내 생산을 대신하는 경우가 많았다.

그러나 수요 급증과 중동에 대한 의존도가 높아지면서 OPEC 국가들은 서방의 주요국들로부터 소유권은 아니더라도 계속해서 더 많은 임대료를 빼앗고, 오래전부터 염원하던 통제권을 다시 주장하기 시작했다. 미국 정부는 중동과의 외교적 관계 외에도 자국의 석유회사 중 하나를 선택해야 하는 불쾌한 입장에 놓이게 되었다. 엑손과 셰브론 같은 회사뿐 아니라 특히 리비아와 OPEC 생산국의 정부 등 해외 석유 채굴권에 진출한 많은 독립 석유회사도 마찬가지였다. 서방 정부가 OPEC의 손을 들어주었다고 단언하긴 어려웠으나, 대부분의 국가가 1960년대 후반에서 1970년대 초, 여론의 지지를 전혀 받지 못한 것은 사실이었다. 워싱턴은 냉전을 위해 석유를 주시했지만, 미국에서는 석유가 최우선 사항이 아니었다. 인플레이션, 인권, 베트남 전쟁, 그리고 워터게이트 스캔들 등이 뉴스를 지배했다. 미국과 영국은 이란과 사우디에 의존하여 지역 경찰 역할을 맡았고, 그들에게 많은 무기를 팔고 있었다.[4] 당연히 영국과 미국은 중동의 산유국과 척질 이유가 없었다.

연방정부는 국제 석유시장과 정책을 생각할 정도로 미국의 수입 의존도가 높아질 수밖에 없다고 보았고, 무엇보다 공급 차단을 우려해 OPEC 쪽으로 기울었다. OPEC의 높아지는 권력에 체념한 것이다. 심지어 수입 의존도도 유가 상승 원인 중 하나였고, 치솟는 수요 증가를 늦출 수 있는 유가의 상승을 환영했다.[5] 전 OPEC 사무총장 파라는 미 국무부 관리들이 OPEC 국가에 석유 가격 인상을 묵묵히 촉구했다고 언급했다.[6] 공급 측면에서는 석유 가격 인상을 환영하면서도 알래스카(1968년 발견한 프루도만Prudhoe Bay)와 북해(각각 1969년과 1970년에 발견된 거대한 유전, 에코피스크Ekofisk와 포티스 Forties 등)에 거대하지만 비용이 많이 드는 석유 발견 투자에도 부분적으로 뒷받침을 하기로 결정했다.

긴축된 시장과 수출 증가로 워싱턴의 주의는 어수선해졌다. 그렇게 권력은 OPEC 회원국으로 빠르게 옮겨가고 있었고, 회원국 역시 자신들의 힘을 외국의 운영자, 주요 석유사와 독립업체에 발휘하기 시작하였다.

OPEC 회원국들의 도약

리비아는 증가하는 레버리지를 가장 먼저 활용했다. 다른 산유국보다 다소 늦게 1955년 석유 생산국으로서 출발한 리비아는 외국 회사들을 초청하여 석유를 찾았다. 1959년 엑손은 첫 번째 대규모 발견을 했고 곧 투자가 쏟아졌다. 석유회사들은 리비아가 불안정한 중동 밖에 있었기 때문에 유럽 소비 시장과의 근접성을 높이 평가했다. 게다가 리비아는 휘발유와 제트 연료처럼 가치 있는 '경량' 제품을 생산하는 원유를 혼합 생산했다. 리비아의 산유량은 1965년 하루 120만 배럴에서 1970년 340만 배럴로 빠르게 상승하였다.[7] 그리고 내수가 거의 없는 상태에서 리비아 산유량의 대부분을 수출하였다. 1960년대 중반까지 리비아는 세계 6위의 수출국이 되었고, 1960년대 말에는 유럽 원유의 약 30%를 공급했다.[8] 소련이 쇠퇴하기 시작하자 리비아의 석유 산유량은 급증했고 그로 인하여 유가는 계속해서 하락했다.

다른 산유국과 달리 리비아는 석유 채굴권을 국가나 컨소시엄으로 제한하지 않았다. 리비아는 늦게 출발한 만큼 모두에게 열려 있었다. 주요 석유사뿐만 아니라 아메라다 헤스Amerada Hess와 옥시덴탈Occidental과 같은 많은 주요 회사와 독립 회사를 초대했다. 리비아 산유량의 절반가량은 정유소와 통합되지 않은 독립 석유회사들의 손에 있었고, 가격을 유지하기 위해 공급을 억제할 필요가 없었다. 미국의 수입 쿼터제나 7대 석유사의 카르텔 생산과 운송 및 마케팅에 의해 제약을 받지 않은 리비아에서 석유를 채유하는 독립 사업자들의 원유가 인근 유럽으로 퍼져 나갔다.

생산이 확대되자 리비아의 군주 이드리스 1세Idris I는 생산업체들에게 재정적 혜택을 압박했다. 이드리스 1세의 전략은 한 회사를 강하게 겨냥한 다음 그 회사가 따라오면, 다른 회사에게도 같은 것을 요구하는 것이었다. 1969년 9월 1일, 군사 쿠데타는 이드리스 1세를 전복시키고 27세의 무아마르 카다피Muammar Qaddafi를 지도자로 임명했다. 카다피는 가장 약한 석유회사들을 먼저 선별한 다음 모든 석유회사를 훨씬 더 강하게 압박하는 이드리스 1세의 전략을 따랐다.[9] 해외에서 생산하는 원유가 적었기 때문에 1970년 9월까지 리비아는 관리가격과 소득세를 올렸고 그로 인하여 배럴당 0.30달러 인상되었다.[10] 그리고 나서 카다피는 반대쪽으로 돌아섰다. 20개의 독립 회사와 주요 석유사에게 옥시덴탈사와 같은 조건을 요구한 것이다.

리비아의 소규모 독립 회사들이 굴복하면서 주요 석유사였던 엑손, 텍사코, 셰브론에도 카다피의 조건을 따라야 한다는 압력이 커졌다. 엑손이 저항하자 리비아는 엑손의 유전 산유량을 줄여서 위기를 넘겼다. 대부분의 주요 석유사들이 카다피 체제에 반발하였고 런던과 워싱턴에 도움의 손길을 요청했다. 그러나 런던은 거절했고, 워싱턴의 국무부 석유 담당관은 의회에서 리비아의 배럴당 0.40달러 인상 요구는 충분히 정당하게 생각한다고 말했다. 1970년 10월 중순까지 리비아 내의 모든 생산업체가 더 높은 관리가격과 소득세율에 동의했다.[11]

리비아 내 외국 기업의 패배는 국제 석유회사와 석유 보유국 간의 힘의 균형에 전환점을 맞이하게 했고, 곧 다른 국가에서도 게임이 시작되었다. 세금과 관리가격의 실질적인 인상을 얻어낸 카다피의 전례 없는 승리에 경탄하는 다른 산유국도 이제 카다피와 같은 조건을 요구했다. 지난 몇 달 동안 카다피가 이뤄낸 것에 부러움을 느낀 OPEC 회원국 중에서도 특히 이란은 55%의 소득세를 주장했다. 그 후 OPEC 각 정부는 석유사에 더 큰 지분을 요구하며 도약하기 시작했다. 예를 들어, 이란이 주요 석유사로부터 55%의 소득세를 얻어내자 베네수엘라는 60%를 요구했다.[12]

하나둘 밀려나는 동료 업체들을 지켜보면서, 7대 주요 석유사와 토탈사, 8개의 독립업체들이 OPEC과 협상하기 위한 연합 전선을 형성했다. 기업들은 반독점 위험을 피하기 위해 미국 법무부의 허가를 얻었고, 리비아가 옥시덴탈에 생산 감산을 압박하자 보상을 요구했다. 그러나 OPEC은 석유회사들의 협상 제안을 전면적으로 거부하고 리비아와 같은 지중해의 생산국들과, 또 다른 페르시아만 생산국과 함께하는 두 개의 별도 노선을 마련했다. 이란의 군주는 서방 정부와 회사들의 공포를 이용하면서, 만약 석유회사들이 저항한다면, "걸프만 전체를 폐쇄하고 기름은 한 방울도 나오지 않을 것"이라며[13] "유능한 대여섯의 주요 석유업체는 결국 두 눈을 부릅뜬 채 지금은 1948년이나 1949년이 아닌 1971년에 살고 있다는 걸 똑똑히 지켜보게 될 것"이라 경고했다.[14] 워싱턴은 공급 중단에 겁을 먹었다. 만약 중동에서 석유 공급이 중단된다면 더 이상 내수를 충족할 여유가 없었다. 이란과 석유회사 사이, 워싱턴은 OPEC의 협상 요구를 수용했고, 곧 테헤란Tehran에서 걸프만 문제를, 트리폴리Tripoli에서는 지중해 시장 문제를 논의하기 위한 회담

이 시작되었다.[15]

서방의 석유회사들은 1971년 2월 14일 걸프만 생산자들에게 항복하여 베네수엘라가 1948년 처음으로 승소한 50 대 50의 이익 분배 협정을 영원히 묻어버리고 최소 개최국을 55%로 올리는 테헤란 협정에 서명했다. (이 시기 걸프만 국가들은 이미 카다피에게 패배하여 지배력을 잃은 후였다.) 테헤란 협정은 또한 즉시 석유 채굴권 관리가격을 0.30달러 인상했고 1975년에도 0.35달러로 인상했다. 1971년 4월 지중해 생산자들이 트리폴리 협정을 체결하며 이란보다 훨씬 더 높은 가격 인상에 동의했다. 그로 인하여 이란의 군주는 크게 격분했다.[16]

OPEC 산유국들이 외국 석유사에 계속해서 돈을 요구하는 사이, 이들은 수급에 큰 도움을 받았다. 1970년대 초, 석유 수요는 맹위를 떨쳤고 OPEC 외부의 크고 새로운 발견들은 아직 수면 위로 드러나지 않았다. 미국의 산유량은 1971년에 정점을 찍은 후 감소하기 시작했다. 알래스카, 멕시코, 북해에서 발견된 거대한 새로운 석유는 여전히 초기 개발 단계에 있었고 그 뒤로 5년 정도는 시장에 새로운 원유를 내놓지 못할 것이었다.

결국 원유 생산 증가는 OPEC 회원국에서만 가능했고, 소비자들은 이제 OPEC의 가격 인상을 받아들일 수밖에 없었다. 석유회사와 석유 보유국 사이의 수십 년 된 관계가 갑자기 깨지면서 구매자와 판매자 간의 관계가 혼란스러워졌고, 구매자의 패닉과 혼란, 그리고 구매 가능한 석유를 어떻게든 사들이려는 시도 때문에 가격이 더 뛰었다. 소비자에게는 공급만 중요했고, 가격은 선택 사항이 아니었다.

광란의 재고 조사도 유가를 끌어올리는 데 일조했다. 텍사스 시대 동안, 개인이 보유한 원유 재고는 작은 범위 내에서 변화하는 경향이 있었다. 정유사들은 공급 가능성과 안정적인 유가를 자신하고 있었기 때문에 사재기를 할 이유가 없었다. 그러나 OPEC이 가격을 올려버리자, 앞으로 계속해서 가격이 오를지도 모른다는 불안감이 피어났고, 이는 석유회사의 저장 용량 증가로 이어졌다. 1973년 4월 닉슨 대통령이 수입 쿼터제를 폐지하면서 미국 무역업자들과 정유업자 사이에 중동산 원유 판매의 새로운 물결이 일어나자 사재기도 극심해졌다.[17] 자연히 원유 가격 상승에 맞추어 정제된 제품 가격도 따라 올랐다. 1970년과 1974년 사이에 미국 휘발유 가격은 갤런당 0.36달러에서 0.53달러로 거의 50% 인상되었다.[18]

가격 상승과 수요 강세로 OPEC 회원국들은 자신들이 레버리지를 손에 거머쥐었다는 것을 깨달았다.[19] 테헤란과 트리폴리 협정은 1976년까지 5년간 지속될 예정이었으나, 1973년에 이르러 이미 협상 내용은 결렬되었다. 추가 공급에 대한 OPEC 의존도 역시 커지고 있었다. 그러나 OPEC의 새로운 조건 제시에 가장 큰 드라이브를 걸었던 건, 1971년 8월 15일 닉슨 대통령이 미국 달러를 평가 절하하기로 한 결정의 여파였다.

사우디를 포함한 대다수의 OPEC 회원국들은 미국 달러 기반의 석유 계약을 맺고 있었는데, 닉슨의 달러 평가 절하로 달러와 금의 연계가 해제되면서 상당한 손해를 보았다. 1971년에서 1973년 사이에 금 1온스당(약 28g) 석유 12배럴이었던 가격이 34배럴로 200% 증가했다.[20] 따라서 달러를 유통 통화로 취급하던 생산업자들은 달러화 약세를 만회하기 위해 테헤란과 트리폴리에서 원래 합의했던 가격보다 더 높은 가격으로 설정할 필요가 있었다.

1972년 1월, OPEC은 제네바에서 주요국들을 만나 유통 통화를 달러 대신 바스켓(주요 통화를 가중 평균한 인위적인 국제 통화 단위-옮긴이)에 연동시키기로 합의하여 즉시 8.5%의 가격 인상을 끌어냈다.[21] 1973년 6월, OPEC은 제네바에서 회의를 열어 가격을 다시 인상하도록 압력을 가하기로 결정했다. 사우디 석유장관 야마니 Yamani는 그해 8월 초 "테헤란 협정은 전면적으로 재협상되어야 할 것"이라고 세계 최대의 석유생산 회사인 아람코Aramco에 경고했다.[22]

1973년 가을을 목전에 두고, OPEC의 주장은 세계 유가 역사의 새로운 도약을 만드는 단초가 됐다. 소규모의 '현물' 시장에서 책정된 석유 가격이 관리가격 이상으로 상승하기 시작했다.[23] '현물 거래'는 두 자치 단체 간의 독립 생산자와 판매자(민간 또는 국영 석유 생산자) 사이의 독립적이고 종종 일회성 또는 단일 화물 거래를 의미했고 장기 계약과는 관련이 없었다. 제2차 세계대전 이후 10년 동안 7대 석유사의 자회사 간 거래가 국제 거래의 대부분을 차지하며 현물 거래 자체를 비교적 보기 드물었다. 그렇지만 소규모 독립 국가들이 석유를 생산하고 판매하기 시작하면서 1950년대 후반 이후 현물 거래가 급증했다. 이 같은 현물시장 거래량은 국제 거래량의 약 3%에 불과했지만, 공시가격 이상으로 치솟아 심리적으로 중요한 영향을 미쳤다. 현물가격 상승으로 OPEC은 "광기에 휩싸인 소비자들이 공시가격보다 훨씬 더 높은 가격을 지불할 준비가 되어 있었고, 결과적으로 현물가격을 따라잡기 위해 서둘러 관리가격을 인상할 수밖에 없었다"고 리오날도 모게리는 설명했다.[24] 현물 거래와 유가에 관하여 언론에서 널리 보도되지 않았지만, 원유의 실제 시장 가격을 나타내는 진정한 지표였고, 유가는 요동치고 있었다.

1973년 10월 8일 OPEC은 1971년 테헤란과 트리폴리 협정을 재개하기 위해 오스트리아 비엔나Vienna에서 석유회사들을 소집했다. 궁지에 몰린 미국 석유회사들은 협상을 위해 법무부로부터 반독점 면제를 다시 요구했고 마지못해 허락을 받았다.[25] 주요 석유회사들은 OPEC에 관리가격을 15% 인상할 것을 제안했다. 반면 OPEC은 배럴당 3달러에서 6달러로 100% 인상을 요구했다. 서방의 주요 석유사는 급격한 가격 충격이 경제 성장에 해를 끼칠 수 있으므로 무조건적으로 수용해서는 안 된다는 자국의 지령을 받고 협상 테이블에 앉았다. 회담 시작 이틀 전인 10월 14일, 이스라엘과 중동 이웃 국가들 사이에 또 다른 전쟁이 발발하자 회담은 집중력을 잃었다. 이전의 갈등과 달리, 이 회담이 석유시장 역사에 획기적인 변화를 불러일으키고 말았다.

1973년, 중동의 석유 금수조치

1948년 이스라엘이 재건된 후, 이스라엘은 이웃 국가들과 갈등을 빚어왔다. 이스라엘이 독립을 선언한 직후인 1956년과 1967년에 전쟁이 발발했고, 이집트, 요르단, 시리아에 의해 굴욕적인 영토 손실을 초래했다. 이집트와 시리아는 1973년 10월 6일 이스라엘이 속죄의 날Yom Kippur을 보내는 사이 이스라엘을 기습 공격했다. 곧 이라크와 요르단의 지원을 받은 중동 군대는 큰 영토를 얻었다. 이스라엘 항공기는 초기 타격을 이겨냈고, 그 후 시리아 수출항을 공격했다. 이 피해로 사우디는 탭라인(중동 파이프라인)에서 지중해까지를 잃었고, 즉시 동부 지중해 연안의 원유 시장에서 하루 100만 배럴에 달하는 어마어마한 양의 원유를 잃었다.[26] 중동의 산유국들은 오랫동안 이스라엘의 서방 지원을 탐내며 공급량을 줄이고 관리가격을 인상함으로써 이스라엘 지지자들을 위협하기 위해 새로 발견한 석유 무기를 사용하기로 결정했다.

관리가격 인상이 먼저였다. 1973년 10월 16일, 중동 OPEC 대표 5명과 이란은 쿠웨이트 시티에서 만나 기준가격인 아라비안 라이트(Arabian Light, 사우디산 표준 원유로 중동 원유 수출 가격의 기준-옮긴이)를 배럴당 3.01달러에서 5.11달러로 일방적인 가격 인상을 발표했다. 당시 현재 시장 가격보다 70% 상승시킨 것이다(그래프 6-1 참조).[27] 그때부터 OPEC은 더 이상 협상 테이블에 앉지 않았다. 일방적으로 관리가격을 변경해버린 것이다.

〈그래프 6-1〉 아라비안 라이트와 미국의 시장 가격

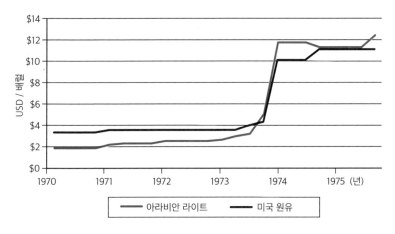

출처:《블룸버그》"아시아 행 아라비안 걸프 아랍 라이트 원유 현물거래가격"; API, 석유의 사실과 수치 (1959); 다우존스앤컴퍼니, 현물 유가; 서부 텍사스산 원유

중동의 산유국들은 급격히 오른 유가에 신뢰성을 부여하기 위해 산유량 삭감이 필요하다고 믿었다. 10월 17일, 이란 대표가 쿠웨이트 회의를 떠난 후,[28] 남아 있는 중동 회원국들은 이스라엘군이 1967년 전쟁 이후 점령한 영토를 떠날 때까지 9월 수준에 비해 월 5%의 산유량을 줄이기로 합의했다. 다음날 사우디는 10% 감산을 발표했다. 미국이 10월 19일 이스라엘에 대한 주요 원조 계획을 발표한 후, 사우디의 수도 리야드Riyadh에서는 미국에 전면적인 수출 금지를 발표함으로써 보복했고, 다른 중동 생산국들도 곧 그 뒤를 따랐다. 이스라엘과 중동 적국 간의 휴전이 10월 25일에 시행되었지만, 중동의 생산자들은 계속 압력을 가했다. 이들은 11월 4일에 다시 만났고, 원유 공급을 9월 수준보다 25% 낮게 줄이기로

결정했다.[29]

그러나 중동의 석유 금수조치로도 이스라엘이나 미국의 정책은 바뀌지 않았다. 하지만 유가가 군중의 심리에 미치는 영향은 컸다. 전쟁, 금수조치, 산유량 감소는 이미 공급 부족에 대한 두려움으로 가득 찬 시장에 광범위한 혼란을 촉발시켰다. OPEC은 지난해 12월 비공식 기준원유인 아라비안 라이트의 관리가격을 배럴당 11.65달러(2016년에는 약 60달러)로 인상해 4개월 전보다 4배, 1970년 수준의 6배로 올렸다. 이란은 배럴당 11.65달러로 가격을 올렸고, 이란의 군주는 이 가격이 석유 대체 연료비 연구를 통해 결정한 가격이라며 정당하다고 발표했다.[30] 시장 기준 가격은 관리 기준 가격보다 올랐고 이란은 배럴당 17.40달러라는 경매 가격으로 석유를 판매하겠다고 보도하였다.[31] 모게리는 "역사상 선례가 없던 일이었다"며 "전략적 자원의 가격 혁명과 비슷했다"고 묘사하였다.[32]

이스라엘과 중동 국가들은 1974년 5월까지 철수 협상을 지속해서 열었고, 이 기간에 석유 공급 상황은 점차 정상으로 돌아왔다. 중동의 석유 금수조치는 이스라엘의 철수를 강요하는 목적을 달성하지 못하였고, 1974년 3월에 공식적으로 종료되었다.[33] 표면적으로 금수조치는 단지 소규모의 단기적 공급 차질을 야기했을 뿐이었다. 무역상들은 원유를 금수조치국으로 우회시켰다.[34] OPEC 외부의 비축량 해제가 공급을 증가시키며 일시적이나마 급한 불은 끌 수 있었다. 중동 원유에 대한 공급량을 비축 원유로 상쇄했다는 점에서 금수조치는 순전히 상징적인 행위에 불과하였으나, 야마니 사우디 석유장관이 인정하듯이[35] 상당히 효과적이었다. OPEC 회원국들이 가격 인상을 더욱 가속화했고 외국 소유의 석유 자산을 국유화하도록 촉구하는 한편, 미국을 비롯한 소비국들의 불안감은 증폭되었다.[36]

향후 중동 석유 수입에 크게 의존하리란 전망이 나오며 1970년대 서방 국가와 석유사들은 비관론에서 쉽사리 벗어날 수 없었다. 지난 40년 동안 미국과 동맹국들은 안정적인 유가를 누렸고 1967년, 그리고 특히 1956년의 혼란이 유럽 전역을 공포에 휩싸이게 했지만 공급에 대한 안정감은 있었다. 그러나 제2차 세계대전 이후에 시작되어 1960년대까지 지속된 석유 수요 급증과 중동의 석유 공급으로 미국 이후의 시대가 도래하자, 석유시장은 재편되었고 에너지 안보와 정책에 대한 안일함이 깨졌다. 서방 정부와 주요 석유사들은 1960년 OPEC이 창설된 후에도 이들을 무시했다. 대니얼 예긴은 "그러나 1970년대 중반 이후 모든 것이 바뀌었다"며 "국제 질서는 바뀌었고 OPEC 회원국들은 다른 국가들의 구애와 비난을 받으며 우쭐대기 시작했다. 그럴 만한 이유가 있었다. 유가는 세계 상거래의 핵심이었고, 유가를 좌지우지하는 이들은 세계 경제의 새로운 거장으로 평가받았다"고 묘사하였다.[37]

공동 정책을 수립하기 위해 고군분투한 미국과 유럽 간의 통합 부족은 서방에 충격과 실망을 가중시켰다. 프랑스는 사우디를 달래려고 했고, 미국은 OPEC에 대항하여 유럽과 힘을 합치려고 했다. 다른 유럽 국가들과 일본은 중간에서 허둥지둥거렸다. 모든 나라가 중동으로부터 가능한 최고의 거래를 맺으려 노력했다. 그야말로 다른 이들은 신경 쓸 틈이 없었다.[38]

통일된 방식에 합의할 수 없었던 서방은 이제 자체적인 대응을 시작했다. 미국은 '에너지로부터 독립'한다고 외쳤다. 닉슨 대통령은 1973년 11월 7일 연설에서 에너지 위기로 인해 충격 받은 미국 국민을 안심 시키기 위해 '맨해튼 프로젝트(2차 세계대전 중 미국이 추진했던 원자폭탄 제작 계획-옮긴이)'와 '아폴로 프로젝트(미국의 달 탐사 계획-옮긴이)'의 정신을 언급했고, 1980년까지 에너지 보존과 자국 내 원유 생산 증가, 대체 에너지를 통해 내수용 에너지를 자급자족 하겠다고 발표했다. 닉슨은 이 프로젝트를 '독립 프로젝트'라 명명했다. 행정부 에너지 고문은 7년은 너무 짧다고 보고했다. (실제 석유 수입 의존도는 1979년까지 34%에서 44%로 증가했다.)[39] 그리고 닉슨의 공약은 에너지 의존도가 계속 증가함에 따라 곧 허무맹랑한 소리로 치부되었다.[40]

닉슨 대통령의 에너지 자립에 대한 약속이 에너지 위기를 완화하는 데 전혀 도움되지 않았고, 대통령이 부과한 임금과 가격 통제는 오히려 상황을 악화시켰다. 경제 전반의 임금과 가격 통제는 1971년 8월에 정제된 제품을 포함한 90일간의 가격 동결로 처음 시행되었다. 행정부는 1971년 11월, 2단계 조치를 시행하며 비非 석유사에 증가한 석유 수입 비용을 떠넘겼지만, 원유나 휘발유, 난방유, 중유 같은 석유 제품의 가격은 동결시켰다. 석유 수입 가격이 오르면서 미국 내 수입업체들은 손해를 보기 시작했다. 특히 난방유 시장에서 문제가 발생했고, 1972년부터 1973년 겨울을 나면서 석유 부족 현상이 나타났다. 1973년 1월에는 시장의 약 5%에 달하는 소규모 석유 수입업자와 정유업자들을 위해 가격 통제가 자발적으로 이루어졌지만, 의무적인 가격 통제의 강제성과 가격 인상을 억제하라는 대중의 강한 압력이 더해졌다. 반면 시장의 95%를 차지하는 대형 석유 생산업체와 수입업체들은 원유와 정제제품의 가격을 동결하며 생산 확대 능력에 제약을 받았다.[41]

대기업의 고객사들, 즉 마케팅 회사나 연료 유통업체 그리고 대형 연료 구매 회사들은 곧 필요한 만큼의 연료를 통제된 가격으로는 사들일 수 없다는 결론을 내렸다. 전혀 놀라운 일은 아니었다. 왜냐하면 경제학적으로 볼 때, 가격이 균형가격 이하로 유지될 경우, 즉 수요보다 공급이 높을 때, 상품을 생산하거나 산유량을 늘리는 것만으로도 손실을 입기 때문이다. (시장 공급량과 수요량이 같은 상태, 가격이 상승하거나 하락할 이유가 없고 가격이 수요와 공급에 의해 상승 또는 하락의 압력을 받지 않는 상태의 가격을 일컬음-역주) 가격 상승과 공급량 부족으로 곧 석유산업은 대중의 골칫거리가 되었다. 대기업들이 공급을 '억제'하는 것이 아니냐는 여론도 돌았다. 연방정부는 원유와 정제 제품의 공급량을 직접 할당(배급)하여 가격뿐만 아니라 공급도 규제해야 한다는 압력을 받기 시작했다. 이에 대응하여 의회는 1973년 긴급 석유 배급법Emergency Petroleum Allocation Act을 통과시켰다. 대니얼 예긴은 "가격 통제, 정부의 재정 지원, 할당제라는 놀랄 만큼 복잡한 이 법안"은 1973년 논란 속에 닉슨이 종료한 아이젠하워의 수입 쿼터제의 재기와 같았다며, "놀랄 만큼 간단명료하게 시작되었다"고 설명하였다.[42]

불필요하게 비밀스럽고 복잡한 체계가 시행되면서[43] 연방 에너지국(1977년 카터 대통령 시절 설립된 에너지부의 전신)은 1972년 생산 속도를 초과하지 않은 미국 내 유정에서 생산된 '오래된 석유'의 생산가는 배럴당 5.25달러 이하로 판매 가능하다고 결정을 내렸다. 또 1972년 기준 산유량을 초과하는 자국 내 유정이나 1972년 이후 시추된 유정에서 나온 '새로운 석유'는 배럴당 11.47달러에 판매되었다. 당시 수입 원유 가격이 13.28달러였다. 이 정책으로 행정부는 미국 내 가격을 OPEC의 판매가격보다 낮게 유지하여 자국 내 생산에 박차를 가하고자 했다. 1975년 3월 미국 정유사들은 약 41%의 '구유', 27%의 '신유', 32%의 '수입유'를 거래하였으며, 일반적으로 거래 가격은 9.49달러였다.[44]

국제 유가 상승에 따른 물가 통제로 미국은 가격 방어에 성공했다. 그러나 당시 행정부의 정책은 적어도 두 가지 의도하지 않은 부정적인 결과를 낳았다. 첫째, 생산업체들의 원유 가격을 영원히 통제하기란 불가능했으므로, 사실상 '구유' 채유가 중단되었다. 배럴당 5.25달러에 생산하느니 차라리 석유를 채유하지 않고, 시간이 흐른 뒤 미국 내 원유 생산이 감소하고 수입 의존도가 높아지면 더 높은 가격에 판매하고자 했던 것이다.[45]

둘째, 가격 통제는 석유 수입에 대한 인센티브를 증가시켰고,

결국 OPEC은 더 대담하게 더 높은 가격을 요구할 수 있었다.[46]

1970년대 중반 가격 통제로 인해 석유 사재기와 공급 부족[47]이 발생하였으나 대부분 문제는 할당제 정책 즉, 규제와 소비자 공황에서 비롯되었다. (유가가 균형 가격 이하를 유지하는 바람에 이 정책은 본의 아니게 소비를 자극했다.) 연료의 지리적 배분을 규정하고 역사적 소비 패턴을 기반으로 한 할당제는 생산이 풍부한 지역에서 부족한 지역으로 공급을 옮기는 석유사의 유연한 판매 방식을 부정했다. 주정부는 (예전엔 24시간 운영했으나) 주유소가 운영 시간을 제한하고 홀수 또는 짝수 번호를 소지한 자동차 소유주의 구매를 제한했다. 결국 소비자들은 중동의 석유 금수조치 이후 40%까지 유가를 끌어올렸고, 낮에는 석유 가격이 오르내리는 것을 지켜보아야 했다. 과거에는 자동차 계기판의 연료 게이지가 바닥을 찍어야 기름을 넣었지만, 가격이 더 올라가거나 기름을 구할 수 없는 상황이 되자 적은 양이라도 자주 기름을 넣었고, 결국 주유소 앞은 줄이 길게 늘어났다. 오히려 공회전이 늘어나며 연료 소비가 더욱 증가하는 결과를 초래했다.[48]

가격 통제는 1979년까지, 할당제는 1981년까지 지속되었다. 대부분의 공공 및 민간 부문 전문가들은 1970년대 가격 통제와 할당제가 혼란을 더 악화시켰다면서, 오히려 시장의 힘에 의존하는 것이 더 나은 결과를 가져왔으리라 결론지었다.[49] 1981년 하버드 경제학자 조셉 칼트Joseph Kalt가 추정한 바와 같이 이러한 가격 통제의 비용은 하루 30만에서 140만 배럴의 미국 내 산유량과 연간

'10억에서 60억 달러'의 '자중손실deadweight loss'을 불러왔다. 여기에는 규제 행정, 집행, 준수 및 로비 비용은 포함되지 않았으며 경제 왜곡이나 추가 석유 소비 환경 비용처럼 정량화하기 어려운 비용은 포함되지 않았다.[50]

미국에서 제한 조치를 시행하는 사이, 유럽 국가들은 서로 다른 국익을 목표로 석유 위기에 단합하여 대응할 수 없었다.[51] 미국은 석유가 주로 운송에 사용되는 반면 유럽은 산업 부문에 집중되어 있었기 때문에 미국처럼 신속하게 대응하기 어려웠다.[52] 공장을 폐쇄하는 것보다 운영 시간을 줄이는 것이 더 저렴하고 쉬운 방법이다. 그럼에도 불구하고 유럽 국가들은 산업 부문의 연료유 부족 영향을 우려하여 유류세, 휘발유 배급제, 난방 및 조명 사용 제한, 운전 제한, 속도 제한, 연료 가격 인상 등을 병행하여 운송 연류 사용을 제한하는 정책을 추진하였다.[53] 일본 역시 이 시기 비슷한 보수 정책을 시항했다.[54]

1974년 말에 이르러 석유 수입국들은 각국의 단독 정책이 역효과를 낳는다는 것을 점차 인식하며, 집단행동을 했을 때 오는 잠재적 이득이 더 크다는 사실을 깨닫기 시작했다. 그해 미 국무장관 헨리 키신저Henry Kissinger는 서유럽 13개국(프랑스는 1992년 가입)과 일본, 캐나다를 설득해 국제에너지기구IEA 설립을 추진했다. 기구의 주요 목적은 정부가 대규모 혼란 상황에 대비하여 보유하거나 통제하는 석유 재고를 함께 구축하고 비상시 서로 석유를 공유하기 위함이었다. 회원국은 초기에 수입량을 60일치 전략 재고 보유에 동의했지만, 1976년 IEA 회원국은 1980년까지 점진적으로 재고 보유를 90일치로 올리는 데 합의했다.[55] "1973년부터 시작된 석유 시장의 분열을 진정시키고 치솟은 유가를 완화하며, 경제적 피해를 줄일 수 있으리란 기대가 생겼다." 전략적 석유 재고 보유 및 방출 역시 지정학적 위기에 '대응할 시간을 벌어' 석유 파동 문제를 외교적으로 해결하기 전에 '자체적으로 정리'하는 데 도움이 될 것으로 기대했다.[56]

미국 전략적석유비축기구의 설립은 1975년 12월 닉슨의 후임이었던 포드Ford 행정부의 시작과 함께 진행 중이던 '에너지 위기'를 해결하기 위한 국가 에너지 종합 법안의 핵심이 되었다. 에너지 정책 및 보존법Energy Policy and Conservation Act이라 불렸던 이 법안은 원유 및 정제 제품의 수출 금지, 가전제품 절약, 차량 연료 제한 등을 아우르는 '기업평균연비규제CAFE, Corporate Average Fuel Economy'로도 불렸다. 이 법안의 처음 목적은 석유 수입을 줄이고 소비자의 소비를 줄여 에너지 절약을 촉진하기 위한 것이었지만, 몇 년 사이 연방정부는 법안의 목표에 온실가스 배출량 감소를 추가했다. 1977년 7월 텍사스와 루이지애나 해안 아래 지하 소금 동굴에서 기름이 발견되면서 법안은 발의됐고, 에너지 정책 및 보존법은 활기를 띠게 되었다.

다른 IEA 국가들도 원유와 경우에 따라 석유제품 매장량을 설정했다. 그러나 동맹국 간의 지속적인 분열은 기구의 효력과 효과를 제한했다. 미국은 IEA를 OPEC에 대항하는 무기로 본 반면, 미

온한 자세를 보이던 유럽연합과 아시아 회원국은 데이터 수집과 기술 관점 공유로만 IEA를 대했다.

OPEC의 물가 관리

단기간의 중동 석유 금수조치가 악명을 떨쳤지만, 더 중요하고 지속적인 변화가 동시에 일어났다. OPEC이 원유 가격을 지배하기 시작한 것이다. 산유국의 가격 관리는 제2차 세계대전 이후 주요 석유사에서 일방적으로 부과했다가 1960년대 초 비공식적으로 동결됐고, 1970년대 생산국들에 의한 일방적인 부과로 바뀌었다. OPEC 회원국들은 갑자기 자신들이 원유의 생산과 가격 책정을 전적으로 책임지고 있다는 것을 깨닫고 상당히 기뻐했다.

처음에 OPEC은 현물시장을 피했고, 이전의 주요 석유사들이 운영하던 관리가격 시스템을 자신들의 방식으로 구현하려 애썼다. 사우디의 아라비안 라이트 원유를 기준원유로 지정하기로 합의했으며, 다른 산유국은 품질과 운임 차이를 조절하며 원유와 혼합물의 가격을 매기기로 하였다.

그러나 OPEC은 곧 약간의 어려움을 겪으며 새로운 가격 설정 방식을 채택했다. 아라비안 라이트 가격을 기준으로 정하고 나서 적정 가격과 다른 회원국의 원유 판매량 차이에서 이견이 생긴 것이다. 리야드는 공격적인 가격 인상을 계속하는 것을 공개적으로 반대했고, 심지어 소비 경제에 해를 끼치고 미국을 더욱 화나게 할 것을 우려해 유가 인하 방법을 모색했다.

한편 OPEC은 또 다른 까다로운 문제에 직면했다. 외국의 석유 채굴권을 국유화하고 석유를 어떻게 판매할 것인가에 대한 논의가 시작된 것이다. 이전의 석유 채굴권에 따라 외국 석유사들은 석유 보유국에 세금과 로열티를 지불해야 했지만, 석유사는 통상 석유를 소유하고 자신들의 기준에 따라 석유를 판매하거나 정제했다. 그러나 1970년대 초부터 OPEC 회원국들은 석유에 대한 부분적 소유권을 요구하기 시작했고, 결국 완전한 소유권을 주장했다. 회원국들이 원유를 더 많이 소유하게 되면서, 우선 시장 유통 경로를 어떻게 정하고 어떤 식으로 판매해야 하는지 알아내야 했다. 초창기엔 부풀린 가격으로 판매하고자 석유사를 압박했다. 그러나 소규모 현물시장의 가격 상승으로 인하여 OPEC의 눈에 더 매력적으로 보였고, 결국 회원국들은 석유 채굴권을 보유한 석유사보다 제3자 중개인이나 다른 중개인과의 직접 거래로 보유한 원유를 판매했다.[57]

1974년 경제 침체기를 제외한 1970년대 대부분을 보내며, OPEC은 석유사 카르텔과 TRC처럼 할당량과 산유량 삭감이라는 힘든 일을 할 필요가 없었다. OPEC은 페레스 알폰소가 바랐던 TRC 역할을 할 필요가 없었다. 공급 부족에 대한 우려가 확산되는 사이, OPEC은 공급 제한을 고려할 필요 없이 높은 원유 가격을 유지할 수 있었기 때문이었다.

그러나 OPEC 회원국은 각자의 이유로 석유 공급을 줄이기로 결정했다. 오클라호마와 텍사스의 많은 생산자처럼 '물리적 자원 고갈'에 대한 우려와 매장량 조기 고갈이라는 두려움으로 생산을 중단했다. 끝도 없는 탐욕스러운 수요와 자원 고갈에 대한 불안은 서구 소비국뿐만 아니라 생산국에서도 소용돌이쳤다. OPEC은 소비 국가의 수요로 자원이 고갈될 정도의 생산 압박과 강요를 받을까 봐 걱정했다. 그래서 쿠웨이트는 1972년 자원보전을 위해 석유 생산을 하루 300만 배럴로 제한하며 자원 부족에 대한 두려움을 악화시켰다.[58]

게다가 서구 석유사들은 1973년 이후 더 이상 가격을 책정하지 않지만, 10년 후 국유화가 완료될 때까지 산유량에 있어 어느 정도의 여유를 유지했다. 석유 보유국은 생산을 원하는 수준 이하로 유지하며 주요 석유사를 괴롭히거나 처벌하고 보상하는 반면, 서구의 기업은 계절 변동과 우발적인 상황에 대비해 상당한 양을 비축하는 것을 선호했다.[59]

또 일부 회원국은 1974년과 1975년에 수요 약세 시기에도 석유 가격 인하를 거부했고, 대신 가격이 오를 때까지 석유를 저장했다. 회원국들은 이 기간 대규모 비축량과 '손실 분담'의 필요성에 대해 논쟁을 벌였지만, 공식적으로 시장 점유율 협정을 설정하지는 않았다. 산유국 전체가 스스로의 행동에 대한 결과에 책임을 졌다. 가격 인하를 꺼리는 바람에 리비아의 비축량은 1974년 8월까지 생산 용량의 절반 이상인 하루 160만 배럴에서 300만 배럴까

지 증가하였다.[60]

1974년 중반 원유 공급 흑자에서 연말에 접어들면서 유가가 약세를 보이자 OPEC은 감산을 권고했다. 다만 손실 분담 문제가 주요 논제가 되었고, 공식적인 할당량제 채택을 거부했다. 사우디는 1974년 10월 하루 880만 배럴을 생산하다가 완충을 위해 하루 산유량을 1975년 3월 570만 배럴로 감산하기로 비공식적으로 합의하였다.[61] 이는 사우디가 스윙프로듀서로 활동한 첫 사례였다.

1974년부터 1978년까지의 기간은 비교적 평온했다. OPEC은 관리 기준가격을 대체로 안정적으로 유지하며 단 두 번의 인상만 시행했다. 인플레이션 조정으로 볼 때, 원유 가격은 실제로 1973년 중동 석유 금수조치 직후보다 약 10% 하락했다.[62] 그제야 유가는 새롭고, 더 높지만 안정적인 정상 수준에 도달한 것처럼 보였다. 하지만 이렇게 안정적이던 유가는 곧 이란의 혁명으로 파괴될 위기에 봉착했다.

1979년의 위기

1977년 모하마드 레자 샤 팔라비Mohammad Reza Shah Pahlavi의 권위주의적 군주제에 대한 이슬람교도와 비非이슬람 이란인들의 불만이 쌓이며 1978년 초, 정권을 향한 격렬한 시위로 분출되었다. 이듬해 석유 노동자들의 파업으로 이란의 석유 수출은 하루 450만 배럴에서 100만 배럴 미만으로 감소했다. 팔라비의 군사 정부는 산유량을 회복했지만, 1978년 말에 이르러 폭력과 파업이 격화되었고, 해외 석유사의 노동자들은 대피를 시작하며 석유 수출이 완전히 중단됐다. 1979년 시위는 눈덩이처럼 불어나 완전한 혁명으로 발전했다. 1979년 1월, 군주는 이란을 탈출했고 그해 돌아온 최고 지도자 루홀라 호메이니Ruhollah Khomeini가 이슬람 공화국을 선포했다.

이란 혁명은 1973년 중동의 석유 금수조치보다 석유 공급에 훨씬 더 심각한 차질을 야기했다. 이란은 당시 사우디에 이어 세계 2위의 석유 수출국이었다. 사우디를 비롯한 OPEC 생산국들은 이란의 손실을 부분적으로 상쇄할 수 있었다. 1978년 세계 석유 산유량은 실제로 증가했지만 이란의 급속한 감소는 시장을 놀라게 했다.[63] 1979년 실제 세계 산유량은 증가했지만 당시 전년 공급량의 3%에 달하는 이란의 하루 200만 배럴 손실이 가격을 126%나 끌어올렸다.[64] 재고와 비축량이 충분했음에도 수입업자들은 훨씬 더 많은 양의 재고를 쌓으려 했기 때문이라는 게 하나의 분석이었다.[65]

특히 일본은 갑작스러운 공급 손실로 큰 타격을 입었다. 일본은 우선적으로 이란의 틈새시장을 노렸고 물량의 20%를 공급받았다. 20년간의 놀라운 성장 이후, 일본은 이란 혁명으로 인해 자국의 핵심 취약점이었던 석유 자원 부재 문제에 직면했다. 갑작스러운 장기 계약 취소에 충격을 받은 일본 정유사들은 현물시장에서 할 수 있는 모든 원유를 사들이며 위기를 겪었다.[66] 성장세를 이어나가면서도 균형적인 방식으로 이용되던 현물시장이었지만, 공급량이 부족할 때면 물류나 다른 방법으로 구매자들이 수급량을 확보할 수 있었고, 따라서 현물시장의 거래 역시 늘어나고 있었다. 따라서 점점 더 유동적이 되어가는 현물시장에서 독립 석유사 외에 "월스트리트 정유사, 국영 석유회사, 무역 회사, 석유 무역업자" 등과 거래하던 일본에 새로운 바이어들이 앞다투어 원유를 조달하고자 접촉하였다.[67] 구매자들은 즉시 이란에서 확보하지 못한 만큼의 원유를 찾기 위해 현물시장으로 몰려들었고 곧 대혼란이 이어졌다. OPEC은 석유의 '실제' 시장가격을 나타내는 지표로 현물가격을 점점 더 자세히 감시하고 있었고, 실제 시장가격은 계속해서 상승세를 보이고 있었다.

장기 계약하에 OPEC 생산자들은 관리가격에 근거하여 석유를

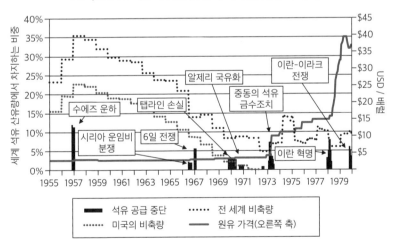

〈그래프 6-2〉 석유의 공급 중단과 비축량, 원유 가격 비교

출처: 래피던 그룹; 영국 석유회사, "2035년 에너지 전망"; 미 상원; API, 석유의 사실과 수치들(1959); 다우존스앤컴퍼니, 현물 유가; 서부 텍사스산 원유; 래피던 그룹 수정

팔아야 했다. 그러나 1979년 2월까지 현물시장 가격은 관리가격보다 두 배나 높았다.[68] 따라서 OPEC의 원유를 더 낮은 가격으로 구입하여 현물시장에서 더 높은 가격으로 판매하는 무역상들이 큰 이익을 얻었다. 이들의 판매로 인하여 두 가지 결과를 낳았다. 첫째, 일부 OPEC 회원국이 더 높은 현물가격으로 제3자에게 더 많은 양의 원유를 직접 판매하기 시작했다. 둘째, OPEC 회원국은 현물가격을 인상하기 위해 관리가격을 올렸고, 이는 결국 현물가격 인상으로 이어지며 엄청난 공황과 사재기를 일으켰다. 가격 강화 사이클이 발동되었다.

사우디는 1979년 1월, 하루 60만 배럴 이내의 감산으로 공황을 부채질했다.[69] 현물은 1978년 10월 1차 이란 석유노동자 파업 이전 배럴당 12.80달러에서 군주가 이란을 떠난 직후인 1979년 2월 21.80달러로 올랐고, 그해 11월에는 40달러에 육박하여 고점을 찍었다.[70] 석유사의 한 임원은 1950년대 이란과 수에즈, 중동에서 가격 상승을 확실히 하기 위해 공급을 억제하던 TRC의 전략과 유사한 것으로 보이는 '래칫효과(한 번 올라간 예산이나 소비는 예전으로 돌아가기 어렵게 하는 저지작용)'에 주저했다. 그는 "이란산 원유가 시장에서 사라지자 OPEC은 암묵적으로 산유량 제한에 동의했다. 가격 인상이 자동으로 이루어지도록 생산을 제한하는 것이 훨씬 간단하다. OPEC은 30년 전 텍사스철도위원회가 택했던 방식을 그대로 답보하고 있다"[71]고 토로했다. 아직 카르텔이라 할 순 없겠지만, OPEC은 유가 상승을 고착시키기 위해 공급을 줄이는 실험을 시작하고 있었다.

1979년 3월 이란산 원유가 다시 시장에 흘러들어 가기 시작했지만, 공포와 공황으로 OPEC 회원국들은 석유 판매에 대한 대규모 할증료를 요구할 수 있었다. 야마니 사우디 석유장관은 "모두의 자유를 위한 것"이라고 발언했다. 사우디는 계속해서 터무니없는 유가에 반대를 견지했다. 야마니는 사우디가 경기 침체와 석유 대체품에 대한 투자를 피하고 싶다고 주장했다.

중동 내 혈맹국과 관계가 끊어지며 이에 발맞춰 유가가 갑자기 상승하면서 석유 부족이 현실화될 것을 예상한 워싱턴은 공황 상태에 빠지기 일보 직전이었다. 1979년 이란의 수출이 끊긴 뒤 사재기가 다시 등장했다. 이란산 원유는 휘발유를 많이 생산했다. 정유사들은 이란산 원유를 산유량이 많지 않은 원유로 대체해야 했다. 다시 한번, 상승하는 가격과 연방정부의 할당제 그리고 지역 규제로 공급 부족이 일어났고, 소비자들은 공포 속에 패닉바잉으로 이어졌다. 캘리포니아의 휘발유 재고가 바닥났고 부족설이 돌면서 "모든 주유소에 1200만 대의 차량이 한꺼번에 나타나 기름을 가득 채우는 것 같았다." 또 일부 주에서는 구매할 수 있는 양을 제한하며, 운전자들이 한 번 이상 기름을 넣어야 하는 말도 안 되는 결과를 초래했고 주유소 앞은 더욱더 인산인해를 이루었다.[72]

새로운 에너지 재앙이 워싱턴을 위기 상황으로 몰아넣었다. 1979년 미국 중앙정보국CIA은 사재기와 유가 상승이 "근본적인 석유 공급 문제를 시사한다…… 세계는 더 이상 에너지 수요를 충족시키기 위해 석유 생산 증가를 기대할 수 없다"고 경고했다.[73] 1979년 6월, 에너지 장관 제임스 슐레진저James Schlesinger는 사람들에게 1977년 이래로 석유 공급 부족은 불가피하다며 경고했고, 그에 대해 CIA는 "향후 10년 동안 석탄과 원자력 사용을 대규모로 늘리지 못하면 이 사회는 성공할 수 없다"고 경고했다.[74] 이어서 1980년, CIA는 다시 한번 "우리는 세계 석유 생산이 최고조에 달했거나 거의 도달했다고 믿으며…… 정치적으로 중요한 건 에너지 공급 투쟁이 앞으로 얼마나 더 악랄해질 것인가를 파악하는 것이다"라고 말했다.[75]

최악의 워터게이트 스캔들로 닉슨 대통령의 지지율이 곤두박질치고 나서 취임한 지미 카터 대통령과 석유사에 대한 여론 역시 크게 분노했다. 카터 대통령은 1970년대의 가격 통제가 실패했다는 것을 인식하고, 석유 가격 통제를 해제했다.[76]

또한 의회는 중유를 원료로 하는 화력 발전소의 건설을 금지하고 산업 연료를 석유에서 석탄으로 전환하라고 장려하였으며, 태양광, 풍력, 에탄올과 같은 재생 에너지원에 대한 보조금과 가정용 단열재에 대한 세금 공제를 제정했다. 또 시속 55마일(시속 약 200km)의 속도 제한이 도입되었다.[77] (오늘날 형태는 바뀌었어도 연비 규제 및 재생 에너지 보조금과 같은 정책이 여전히 유효하다.)

카터 또한 정부 주도의 합성연료조합SFC, Synthetic Fuels Corporation을 시행하여 110년 전 석탄에서 정제된 석유를 대체하기 위해 처음으로 석유 상업화를 했던 것처럼, 액체 연료를 생산할 수 있는 화학

공학을 도입하였다. 합성연료조합은 또한 오일 셰일(이는 오늘날 유명한 '셰일오일'이 아니라 케로겐이 함유된 암석), 오일샌드, 중유로 액체 연료를 개발하고자 했다. (합성연료조합은 석유의 대체품을 상업화하는 데 실패하여 1986년에 문을 닫았다.)[78]

카터 행정부의 조치는 즉각적인 효과를 불러오지 못한 채, 국가를 더욱 깊은 위기로 빠뜨렸다. 여름이 시작되던 1979년 6월 23일과 24일 주말, 전국 주요소의 58%가 토요일에, 70%는 일요일까지 문을 닫았다.[79]

카터 대통령은 유가 급등이라는 당면한 문제를 해결하기 위해 사우디에 산유량을 늘려달라고 비밀리에 간청하기도 했다. 군주정의 전복과 함께 테헤란은 더 이상 이 지역에서 미국의 핵심 동맹국이 아니었고, 석유 문제에 대해서도 마찬가지였다. 이제부터 미국은 석유가 필요하면 테헤란이 아닌 리야드에 전화를 걸었다. 사우디의 상당한 산유량과 과잉 생산 능력으로 가격을 안정시키는 부분에서 스스로 그 역할을 강화했다. 리야드는 1979년 6월, 하루 880만 배럴에서 그해 11월에는 하루 980만 배럴까지 공급을 늘려야 했다.[80] 가격은 약간 떨어졌지만 다른 OPEC 회원국은 산유량을 줄였고, 특히 이란은 같은 해 11월 '이란 인질 사태(1979년 11월부터 이듬해 1월까지 미국인 50여 명이 이란에 인질로 억류되어 있던 사건, 미국과 이란이 적대 관계가 된 대표적 원인-옮긴이)' 이후 가격을 다시 올렸다.

이란 혁명과 석유 파동, 가격 상승으로 인해 미국과 사우디를 더 가깝게 만들었고, 그로 인하여 사우디와 이란은 민족적, 종교적, 지정학적 대립 관계가 심화되었고, 이는 이후 수십 년 동안 우리가 겪을 OPEC 석유 정책의 영구적 특징이 되었다. 사우디는 이슬람 수니파의 중심이며 종교적으로 가장 의미 있는 메카와 메디나의 본거지다. 그러나 이란 국민의 대다수는 이슬람 시아파를 믿는다. 이라크와 바레인 역시 시아파지만, 전 세계 16억 이슬람교도 중 15% 정도 차지하고 있다.[81] 더 나아가 테헤란과 리야드는 19세기 이전까지만 해도 정치적 연계와 외세의 개입, 경제적 부족과 지리적 거리감을 이유로 직접적으로 경쟁을 벌이지는 않았다. 그러나 1950년대 두 나라가 주요 석유 강대국이 되면서 두 나라 사이의 중요한 이해관계가 촘촘하게 얽히기 시작했다. 1979년까지는 두 나라 사이에 긴장감이 두드러지지 않았지만 1979년 이란 혁명으로 수니파, 특히 사우디 왕정에 대한 신랄한 비판이 이어졌다. 이란이 혁명 국가를 수립함에 따라, 간접적인 분쟁과 대리전쟁이 연이어 발발하기 시작했다.[82]

완전한 카오스

1970년대 후반 이란과 이라크의 격변으로 인해 발생한 공급 차질은 10년 전의 격변기를 아무 일도 아닌 것으로 만들어버렸다. 대니얼 예긴은 "1979년 여름과 초가을, 세계 석유시장은 1930년대 초, 텍사스 동부 조이너의 발견과 펜실베이니아 서부의 산업 초기 시대를 훨씬 뛰어넘는 무정부 상태에 놓여졌다"고 묘사했다.[83] 스스로를 '가격 안정의 보호자'라고 칭송하던 사우디는 유가의 혼란에 당혹스러워 했다. 야마니 사우디 석유 장관은 당시 "우리는 매우 당혹스러우며 이런 일이 일어나는 상황을 전혀 반기고 있지 않다"고 하였다.[84]

석유시장의 상황이 불가능할 정도로 심각해지면서 중동 역시 상황이 나빠졌다. 1980년 9월 이라크는 이란을 공격했고 그로 인하여 석유 수출을 중단했다. 세계 석유 산유량은 1979년부터 1980년까지 5% 감소했다.[85] 원유 가격은 배럴당 40달러를 잠시 넘었고 1979년보다 평균 17% 더 높았다. 1978년과 1980년 사이에 세계 원유 가격은 배럴당 23달러, 이전 가격의 163%가 올랐다.[86]

이미 미국이 중동 지역 안정에 대해 공식적으로 약속을 선언한 상태에서 지역 내 관계 갈등이 심화되었다. 1979년 12월 말 소련의 아프가니스탄Afghanistan 침공 이후, 카터 대통령은 걸프만의 에너지 자원에 대한 위협으로 미국 국방 관계자들은 우려했고, 이를 반영하여 미국은 페르시아만의 적대적 외부 세력의 지배를 용인하지 않는다고 선언했다. 그리고 나서 새로운 군사 사령부인 신속 배치군(미군 중부 사령부CENTCOM의 전신)을 설립했다. 이른바 카터 독트린Carter Doctrine으로, 이후 레이건 행정부는 "사우디의 영토 보전과 내실을 보장한다"는 정책을 덧붙였다. 1980년대 사우디의 주요 라이벌인 이란에 맞서 이라크를 지원했고, 유조선들의 선적 변경과 호위를 명령했다.[87]

1973년 그리고 1979년부터 1980년의 충격적인 가격 폭등은 비슷해 보이지만 맥락은 매우 달랐다. 1973년 산유국이었던 OPEC은 관리가격을 통제하며 의도적으로 유가를 올렸다. 폭력적이면서 상당히 의도적인 조치였다. 당시엔 원유 공급도 원활하였다. 원인은 석유 수입국가와의 관리가격 그리고 지분 협상 파행이었다. 그러나 1979년 이란 혁명과 1980년 이란-이라크 전쟁의 경우, 재고는 충분했으나 큰 공급 차질이 벌어졌다. 혼란과 공황으로 시장 가격이 상승했고, OPEC은 단순히 인상된 가격을 따랐다. 결과적으로 1981년까지 OPEC의 관리가격은 배럴당 34달러로 3년 만에 약 3배 상승 폭을 보였다.

7장

서툴렀던 OPEC,
깨달음을 얻다

(1981~1990년)

1980년대가 밝았는데도 유가는 계속해서 상승하고 있다는 공감대가 형성되고 있었다. 전문가들은 당시 5배나 상승한 유가에도 수요는 변하지 않는 것으로 예상했고, 가격 상승에 따라 투자가 줄어들어 새로운 석유 공급이 예전만큼 원활하지 않으리라 믿었다. 실제로 OPEC은 큰 시장 점유율과 높은 가격을 누리리라 희망했고, 소비 국가들은 두려움에 떨었다.[1]

이러한 광범위한 기대와 두려움은 세계 석유 수급 동향의 또 다른 거대한 변화로 인해 가라앉고 있었다. 그리고 동시에 갑자기 예기치 않게 OPEC은 수요 붕괴, 신규 생산자와의 경쟁 급증, 시장 대비 관리가격의 역할 악화라는 삼중고를 맞닥뜨렸다. 세계 석유시장의 예기치 못한 격변으로 이제 OPEC이 송두리째 흔들릴 차례였다.

예상과 달리 세계 석유 수요는 1979년 하루 6530만 배럴에서 1984년 하루 5980만 배럴로 급감했다. 경제협력개발기구OECD 회원국의 석유 수요는 이 기간 동안 하루 440만 배럴에서 380만 배럴로 15%나 급감하면서 가장 큰 타격을 입었다(그래프 7-1 참조).[2] 극심한 세계적 불황과 소비자 및 정부의 초기 고유가에 대한 대응,

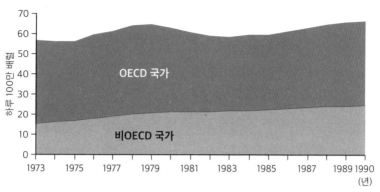

〈그래프 7-1〉 1973~1990년까지 세계 원유 소비

OECD 국가

비OECD 국가

출처: 미 에너지정보청. 월례 에너지 검토 보고서 2015년 7월

자원 보존과 효율성 개선, 과거의 가격 인상과 소비 연료 전환 등으로 인해 수요량이 침체한 것이다. 마지막 요인이었던 연료 전환, 혹은 '수요 파괴'는 그야말로 구조적 인과였다. 1971년, 잔유(원유를 정제한 후에 남은 석유-옮긴이)는 OECD 전체 석유 사용의 20%를 차지했다가 1984년 석탄, 천연가스, 원자력으로 대체되면서 10%로 떨어졌다.[3]

수요가 감소하는 동안 공급 물량이 쌓였다. OPEC 외부의 대규모 신규 분야 투자로 인해 그제야 새로운 공급이 산출되기 시작했다. 가장 큰 원유의 생산 증가는 멕시코, 노르웨이, 미국에서 시작되었다. 1983년까지 알래스카는 미국 전체 생산의 20%인 하루 170만 배럴을 생산했다.[4] 멕시코의 산유량은 1970년대 하루 평균 80만 배럴에서 1981년 초거대 유전 캔터렐Cantarell이 발견된 후 1983년 하루 평균 290만 배럴로 급증했다.[5] 소련 유전도 새롭게

공급에 나섰다. 그러나 OPEC이 가장 신경 써야 할 곳은 새롭게 등장한 대규모 유전, 영국의 포티스유와 노르웨이 북해 에코피스크 유였다. 유럽 시장과 가까운 곳에 위치한 두 유전은 OPEC 수출국과 직접 경쟁이 가능했다. 수요의 급락과 비OPEC 공급의 급증은 1970년대 초 50% 이상에서 1985년까지 30% 미만으로, 카르텔의 시장점유율을 엄청나게 감소시켰다(그래프 7-2 참조).

OPEC은 석유 가격에 대한 통제력을 빠르게 잃고 있었다. 1950년대 이례적으로 관리가격은 석유 채굴권 아래 세금과 로열티를 계산하는 기준점 역할을 해왔다. OPEC은 1970년대 초 주요 석유사로부터 통제권을 빼앗긴 후에도 관리가격을 계속 책정했다. 그러나 그로부터 10년이 지날 때쯤, 석유 채굴권의 국유화로 외사

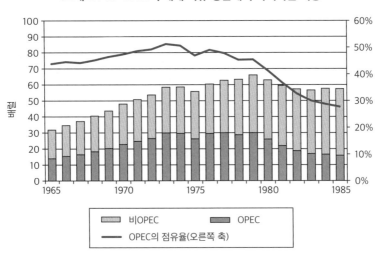

〈그래프 7-2〉 OPEC이 세계 석유 생산에서 차지하는 비중

출처: 영국 석유회사, "통계 보고서."

석유 채굴은 거의 종말과 가까웠다. 그제야 원유 정제업체나 무역업자들은 OPEC이 가격을 결정하는 시장보다는 원유를 현금으로 교환했고, 당사자 간의 거래로 결정되는 현물시장에서 원유를 구입했다. 관리가격 자체가 옛 유물이 되어가고 있었다.

판매자의 시장이 구매자의 시장으로 바뀌면서 OPEC 회원국들은 그들이 원하는 만큼의 원유를 관리된 가격으로 팔 수 없다는 것을 알게 되었다. 현물가격은 OPEC이 10년 전 석유 채굴권 경영자에게 빼앗은 후 처음으로 관리가격 이하로 떨어지기 시작했다. OPEC은 현물시장에 대해 공개적으로 불만을 표시했으며 사우디와 쿠웨이트 같은 일부 국가들은 현물 기준으로 석유를 판매하는 것을 거부했다. 그러나 대부분의 OPEC 회원국, 특히 나이지리아와 베네수엘라는 수입收入을 올리기 위해 필사적으로 현물시장에 원유를 내놓았다.

1980년대 초 원유의 수요 감소와 시장 기반 현물 거래가 증가하면서 생산자와 소비자 모두 석유를 바라보는 시각이 바뀌었다. 1970년대 석유는 탐욕스러운 소비와 한정된 자원이라는 인식 때문에 거침없이 가격이 오를 수밖에 없는 특별한 상품으로 여겨졌다. 그런데, 1980년대 사람들은 석유를 더 이상 시장의 힘에 영향을 받지 않는, 시장의 힘에 종속되는 또 다른 상품으로 간주하기 시작했다. 치솟은 유가는 결국 수년간의 기다림 끝에 소비 성장을 깨는 데 도움이 되었고, 곧 대규모 신규 공급을 불러일으키며 빈곤에서 과잉으로 다시 뒤바뀌었다.

원유의 수요와 공급량의 전환은 페레스 알폰소가 예상했던 대로 공급을 제한하며 OPEC의 진정한 카르텔화를 강요했다. 단순히 가격 인상을 발표하던 손쉬운 시대는 끝났다. 이제 OPEC이 시장 점유율에 할당제를 부과하고 가격을 유지하며 록펠러, 텍사스철도위원회 그리고 7대 석유사의 전철을 밟을 차례였다.

1982년 초 영국 총리 마거릿 대처Margaret Thatcher가 이끄는 영국 정부가 재고 증가에 따라 유가를 인하하며 전환점을 맞이했다. (영국은 1975년에 북해 유전을 국유화했고, 국영 영국석유공사BNOC, Britoil를 통해 관리했으며, OPEC처럼 관리가격으로 석유를 판매했다.) 영국의 가격 인하는 특히 나이지리아를 위협했다. 나이지리아는 북해 석유와 직접 경쟁했지만 가격은 높은 아라비안 라이트의 영향을 받았다.[6] 한편 이란은 이라크와의 전쟁 동안 수입을 극대화하기 위해 유가를 일방적으로 인하했으며, OPEC 내에서 사우디의 리더십을 약화시키고자 했다. 사우디는 더 싼 원유가 시장에 풀리자 소비자 심리의 저지선인 34달러에서 방어하고자 애썼다.[7]

1926년 엑손과 셸이 인도의 등유 가격을 낮추기 시작했을 때처럼, 세계적인 가격 전쟁의 불씨가 되살아났다. OPEC은 1973년부터 가격을 책정해왔지만, 이제 원유 수요 감소로 가격을 방어하기 위해서는 생산을 줄여야 한다고 주장했다. 사우디 리야드는 배럴당 34달러 또는 하루 산유량 850만 배럴이라는 비교적 높은 산유량을 목표로 했지만, 두 마리 토끼를 전부 가질 수는 없다는 것을 깨달았다.[8] 결국 1982년 3월, OPEC은 처음으로 국가적 수준의 쿼터제와 하루 산유량 1,850만 배럴이라는 전체 목표를 채택했다. 사우디는 공식적으로 생산 쿼터제를 채택하지 않았으나 OPEC의 총생산 쿼터량과 다른 회원국의 산유량을 제외하면 대략 하루 750만 배럴 정도를 생산한 것으로 추정되었다.[9] OPEC 역사학자 이안 스키트Ian Skeet는 "OPEC은 페레스 알폰소가 원래 계획했었고, 많은 비평가가 이미 카르텔이 결성되어 있던 줄로만 알았던 카르텔을 그제야 결성하기로 합의했다"고 설명했다.[10]

TRC와 마찬가지로 OPEC 회원국들은 가격을 안정시키기 위해 공급 증가와 수요 증가를 일치시키려는 데 몰두했다. OPEC 전문가들은 세계 석유 수요의 속도, 조직 밖의 석유 생산의 변화 가능성, 그리고 예비 용량의 예상 또는 변화와 재고량을 평가했다. 이로부터 OPEC은 원유에 대한 예상 수요량 또는 '주문량'을 계산하고 할당량을 수요량에 맞추고자 시도했다.[11]

펜실베이니아 서부 유전 지역에서 100년 전 시도했던 증명처럼, 석유 카르텔은 특히 다른 회원의 부정행위를 제한할 수 없다는 점 때문에 유독 붕괴될 위험이 컸다. OPEC도 마찬가지였다. OPEC은 지난 7대 석유사가 달성한 만큼의 지속적인 규제와 응집력을 갖지 못했다. OPEC은 거래되는 석유의 양을 통제하지 않았고, 경제적이나 정치적으로 경쟁 관계에 있는 회원국들이 모여 있기 때문에 서로 간의 와해는 당연했다. 당시 회원국이었던 이라크와 전쟁 중이었던 이란은 할당량을 준수하는 척조차 하지 않았고, 다른 회원국 대부분 현물시장에서 석유를 계속 팔았다.

한편, OPEC 외부의 경쟁 압력이 높아지면서 회원국들은 다시 협력하려고 모였다. 1983년 2월, 영국은 또다시 북해 산유량의 급상승으로 인한 가격 인하를 발표했고, 대서양 유역 원유 가격에 더 많은 압력을 가했다. 1983년 3월, OPEC은 공식 판매 가격$_{OSP}$을 배럴당 29달러로 낮추기로 합의했고, 사우디가 스윙프로듀서 역할을 할 것이라고 공식적으로 발표했다. 리야드는 북해와 멕시코로부터 강력한 공급 증가에 직면하여 의무적으로 생산을 줄였다. 그러나 OPEC 회원국들은 계속해서 원유의 생산을 늘렸고, 가격은 자연히 폭락했다. 이러한 부정행위에도 불구하고 사우디는 1984년부터 1985년까지 생산량을 계속 줄였다. 1985년 8월까지 사우디 산유량은 OPEC이 1982년 3월 집단 감축을 시작한 이후 하루 산유량 600만 배럴에서 72%를 감소한 하루 230만 배럴을 기록했다.[12]

1982년부터 1985년까지 사우디가 스윙프로듀서로 나서면서 해당 기간 연말까지 가격은 배럴당 33달러에서 28달러로 서서히 하락하며 현물시장 가격 붕괴를 막았다. 유가는 월별 가격 변동 폭을 기준으로 측정했을 때 상대적으로 안정세를 보였다. 1983년 4월부터 1985년 11월까지의 월평균 유가 변동률은 4%로 OPEC의 시대가 시작된 이래 가장 낮았다.

그러나 사우디는 OPEC 회원국 중 유일하게 공급을 중단해 다른 모든 국가의 물가를 떠받치고 있었고, 당연히 막대한 비용을 감수했다. 왕국은 재정 비축량을 사용하는 악수를 뒀고, 국제적 지위를 잃었으며, 자국보다 다른 회원국의 이익을 지지하는 정책으로 자국 내 불만을 야기했다.[13] 사우디 왕가는 산유량을 낮추며 계속해서 산유량을 조정하지 않으면 사우디도 더 이상 참지 않겠다고 거듭 경고했다. 자키 야마니 사우디 석유장관은 1985년 9월 연설에서 사우디도 질릴 만큼 질렸다고 주의를 주었다.

> OPEC 회원국 대부분은 사우디에 의존하고 있다. 이제 상황이 바뀌었다. 사우디는 더 이상 그 무거운 부담과 의무를 기꺼이 떠맡거나 감당할 수 없으며, 따라서 회원국도 사우디의 역할을 당연하게 여기지 않아야 할 것이다. 나는 OPEC 전체가 석유 가격을 보호할 수 있을 것으로 생각하지 않는다.[14]

사우디의 경고는 대부분 무시되었다. 1985년 10월 OPEC 회의에서 야마니 장관은 "사우디는 더 이상 스윙프로듀서의 역할을 하지 않을 것"이라 발표했지만, OPEC 안팎의 산유국들은 야마니의 경고를 또 다른 엄포로만 여겼다. 같은 달 영국은 북해 원유를 감산하지 않겠다고 OPEC 의장에게 전달했고, 노르웨이는 오히려 40% 증산을 계획하고 있다고 발표했다.[15] 다른 OPEC 회원국들의 만연한 부정행위와 비OPEC 회원국들의 반항은 사우디를 벼랑 끝으로 내몰았다. 왕국의 무기고에서 가장 강력한 경제 무기를 배치함으로써 다른 생산자들에게 교훈을 주어야 할 때였다. 즉, 신속하게 생산할 수 있는 석유는 예비 용량으로 시장에서 판매되지 않았다.

1985년 10월 말, 사우디는 수도꼭지를 열었고 곧 사우디산 원유가 시장에 넘쳐났다. 수요량에 맞춰 넘길 수 있을 만큼의 양을 풀어내기 위한 새로운 가격 정책이었다. 왕국은 관리가격을 기준으로 정유사에 석유를 판매하는 대신 '순가격'을 기준으로 판매했다. 순가격 정책에 따라 사우디는 정유사 고객들에게 고정 정제 마진을 보장했다.[16]

정유사들에게는 꿈이 실현된 것이었다. 이전 제도에서는 정유사들의 마진이 불확실했다. 정유사들은 원유를 선불로 지불했지만, 정제된 제품 가격이 두 달여 만에 떨어지면 손해를 볼 위험을 감수했고, 원유를 정유공장으로 운반해 휘발유와 연료유로 가공한 후 판매하여 수익을 내는 데 시간이 걸렸다. 가령 정유사가 원유를 정제해서 팔기 위해 사우디 원유를 배럴당 20달러에 샀다고 가정해보자. 정유사는 정제된 제품의 현재 가격을 기준으로 배럴당 2달러의 마진을 얻었다.[17] 하지만 정유사가 구매한 원유에서 배럴당 2달러의 마진을 얻었을 때, 정유사의 자국 내 시장의 제품 가격이 배럴당 3달러씩 떨어진다면 정유사는 그만큼 손실을 볼 수밖에 없다. 유조선이 목적항으로 가는 동안에도 유가는 유동적이었고, 손실 위험 때문에 정유사는 가능한 한 가장 저렴한 원유를 사고 싶어한다.

그러나 순가격으로 원유를 사면 사우디는 원유와 제품 가격의 변동과 관계없이 고객에게 사후 마진을 보장할 수 있다. 그래서 정유사 대신 원유 생산자가 가격 변동의 위험을 부담한다. 예를 들어 사우디가 정유사들에게 2달러의 마진을 보장했다고 하자. 원래대로라면 정유사는 배럴당 1달러(배럴당 20달러 지불했지만 19달러에 사는 셈)를 잃은 반면, 순가격 정책에 따르면 사우디는 17달러의 낮은 원유 가격으로 판매하기 때문에 정유사는 여전히 배럴당 2달러의 수익을 낼 수 있다. 모리스 아델먼은 순가격을 "가격 변화에 비용이 들지 않는 대비책"이라고 형용했다.[18] 이익에 대한 걱정이 없어진 정유사들은 당연히 사우디 원유를 구매해야 한다는 동기를 얻었고, 실제로 사우디 원유를 사들였다. 처음에 사우디는 대서양 시장 판매를 목표로 삼았다. 대서양 시장에서는 인근 생산국으로서 특별한 이점이 있었기 때문에 가격을 더 빨리 떨어뜨릴 수 있었다.[19] 그러나 일본 내 무역상은 유럽인들에게만 유리한 노다지에 화가 났고, 따라서 같은 해 11월 사우디는 모든 고객에게 순가격 정책을 확장했다.[20] 수요가 증가함에 따라 사우디는 하루 산유량을 1985년 8월 220만 배럴에서 12월 450만 배럴로 늘렸다.[21]

시장에 미치는 영향은 즉각적이었다. 사우디에 대한 판매 손실을 피하기 위해 다른 OPEC 회원국들도 순가격 정책을 시행해야 했고, 곧 OPEC 회원국과 비OPEC 회원국들 사이에서 전면적인 가격 전쟁이 시작되었다. 정유사들은 사우디와 OPEC 원유를 사들이면서 제품 가격을 낮추는 정제 제품의 과잉을 초래했고, 이는 결국 원유 가격 하락에 반작용을 했다. 아라비안 라이트는 1985년 4분기 28달러에서 1986년 여름 11달러로 추락했다.

OPEC 회원국들은 긴급회의를 요구했지만, 사우디와 동맹국인 쿠웨이트는 이를 무시했다. 리야드는 영국과 같은 비OPEC 회원국들이 카르텔에 가입하지 않더라도 OPEC의 가격 삭감에 협력해야 한다고 주장했다. 런던의 마거릿 대처 역시 시작도 하지 않은 조치였다. 리야드는 당연히 더 거센 압박을 이어 나갔고, 이미 손에 넣은 시장을 계속해서 잠식했다. 1986년 5월, 새로운 사회주의 노르웨이 정부는 OPEC이 원한다면 원유 가격을 삭감하겠다고 제안했지만, OPEC은 동의하지 않았다. 같은 해 7월, 아라비아 라이트의 판매가가 6.08달러를 기록했다는 소문이 돌았고, 리야드는 다시 산유량을 하루 600만 배럴로 끌어올렸다.[22]

카르텔의 극적인 붕괴는 1911년 스탠더드오일의 붕괴 이후로 알 수 있듯, 석유시장이 통제되지 않는 가격의 시대로 재진입하고 있다는 결론으로 이어졌다.[23] 가격 붕괴는 미국 경제 회복을 연장하는 데 도움을 주었다. (석유 소비자들, 특히 항공사들은 낮은 가격에 감격했다.) 석유 수익이 대폭 줄어들면서 소련 경제에 타격을 줬다. 가격 폭락의 속도와 불안한 유가의 회복 전망 또한 워싱턴의 전문가와 정부 관계자들 사이에 우려를 불러일으켰다. 석유 생산자들과 은행가들은 전반적인 석유산업과 특히 멕시코와 나이지리아처럼 큰 빚을 지고 있는 산유국들의 경제적 타격과 이로 벌어질지 모를 연쇄 반응에 겁을 먹었다. 한 전문가는 1986년 미 의회에 출석해 유가 변동이 미국의 수출에 타격을 줄 수 있고, 디폴트는 "실물 경제에도 해로운 영향을 끼쳐 미국의 금융시스템을 위협할 수도 있다"고 증언했다.[24] 미국 내 석유업계 경영진은 공급 감소로 수입 의존도가 높아지고 또 다른 투자 호황 사이클이 발생할 수 있다고 경고했다. 갑작스럽고 지속적인 가격 폭락은 다른 산업 변화로 이어졌

다. 새로운 분야에 대한 민간 투자가 둔화되었고, 석유회사들 사이에 인수 합병의 물결이 일었다.[25]

레이건의 내무부는 미국이 장기간의 호황에 대비하는 것이 좋을 것이라고 경고했다. 1988년 내무부 보고서에 따르면 "불행히도 유가가 안정됐다는 증거는 없다"고 지적했다. "반대로 원유시장의 자연스러운 성향이 호황과 불황 국면을 거치는 것이라는 증거가 있다"고 보고하기도 하였다.[26] 내무부는 이어 "연방정부는 세계 유가의 호황과 불황 사이클을 우려해야 한다"며 "이 사이클이 여러 면에서 미국 경제에 영향을 미치기 때문"이라고 경고했다. 유가의 주기적인 호황과 불황의 순환은 통화 변동과 관련된 인플레이션, 실업 및 사업 위험을 증가시킬 수 있다. 또한 환율 변동에도 영향을 주기 때문에 노동 생산성, 미국 금융 기관의 보안 및 미국 산업의 경쟁력을 감소시킨다.[27]

이때 떠오른 한 가지 아이디어가 있었다. 바로 석유 수입에 대한 가변 관세를 이용하여 미국 내 생산자들을 돕는 것이었다. 가변 관세를 이용한다면 수입 원유에 대한 자국 내 시장의 하한가를 설정해야 했다. 정해 놓은 하한가 이하로 가격이 떨어지면 시세와 가격의 차이에 따라 세금이 부과된다. 따라서 하한가가 배럴당 60달러이고 유가가 40달러까지 떨어지면 배럴당 20달러의 세금이 자동으로 효력을 발휘하게 된다. 만약 하한가를 찍은 시장 가격이 상승한다면 관세는 감소하고 시장 가격이 더 상승하면 관세는 사라진다. 목표는 유가가 결코 설정한 가격 아래로 떨어지지 않도록 만

드는 것이었다. (혹은 어떤 면에서 협박처럼 느껴지기도 했다.)

변동수입관세 지지자들은 이 법안이 미국 내 에너지 생산자들을 가격 폭락으로부터 안전하게 지키고, 국가 안보 이익에 도움이 될 것이며, 가격이 일정 수준 이하로 떨어지지 않도록 보장함으로써 새로운 에너지 기술과 더 효율적인 장비에 대한 투자와 구매를 촉진할 것이라고 주장했다. 반대론자들은 변동수입세가 원가 상승으로 이어져 미국의 경제와 경쟁력을 해치고 ('구유'와 '신유'를 지정했던 1970년대처럼) 미국의 생산자를 돕기 위해 복잡하고 비효율적인 규칙을 필요로 하며 더 나아가 무역 규칙 위반이라고 주장했다.[28] 결국 반대론자들의 입김 때문에 변동수입관세는 법안으로 통과되지 않았다.[29]

레이건 행정부는 석유에 다시 관세를 부과하는 것을 꺼렸지만, 사우디를 설득하여 생산을 줄이고 가격을 안정적으로 유지하려는 과정에서 유가 붕괴라는 해로운 영향이 불러올 부정적인 국가 안보를 우려했다. (그리고 이는 미국의 생산자들에게 미칠 파장도 마찬가지로 부정적이었다.)[30] 당시 미국 부통령, 조지 허버트 워커 부시George H.W. Bush는 값싼 석유는 "미국에 양날의 검"이라고 말했다. "또 우리 조국은 항상 생존 가능한 자국 내 석유산업이 미국의 국가 안보 이익에 부합한다고 느낀다"면서 "국가 안보 이익에 대해 논의하던 어느 시점부터 우리가 기본적으로 선호하는 완전한 자유 시장 개념과 충돌하고 있다는 사실을 인식했다…… 그리고 미국의 대통령 역시 이 사실을 체감하고 있다"고 말했다.

결국 1986년 4월 부시 부통령은 "미국의 안보 이익을 보호하기 위해서는 유가 하락을 안정시키기 위한 조치가 필요하다"며 사우디 리야드로 떠났다.[31] 부시는 사우디의 고위 석유 관리들을 만나 파드Fahd 국왕의 동석 하에 3시간에 걸친 면담을 나누었다. 양측은 세계 경제를 위해 유가가 안정되어야 한다는 것에는 동의했지만, 유가 안정을 어떻게 달성할 것인지, 어떤 가격을 목표로 할 것인지에 대해서는 동의하지 않았다. 부시의 방문은 사우디 석유 정책에 바로 영향을 미치지 않았다. 사우디의 산유량은 실제로 1986년 3월, 하루 400만 배럴에서 1986년 8월 620만 배럴로 증가했다.[32]

사우디의 시장 침수에 대한 전략은 일시적이었지만 다른 생산자들도 감산하는 데 동의했다. 1986년 8월 OPEC은 하루 산유량을 2050만 배럴에서 1680만 배럴로 감산하기로 합의했다. 사우디와 이란은 할당량 수준을 다시 올렸고, 다른 나라의 산유량 역시 소폭 감소했다. 노르웨이는 "유가를 더 높은 수준에서 안정시키기 위해" 수출량을 10% 줄일 것이라고 발표했다. 중국, 소련, 멕시코, 이집트, 말레이시아, 오만, 앙골라에서도 비슷한 발표를 했다.[33] OPEC은 원유 바스켓의 가격을 다시 올리기 위해 추가적인 산유량 인하 여부와 방법을 놓고, 한 해의 남은 석 달을 논쟁으로 보냈다.

1986년 10월, 사우디의 더 높은 쿼터제를 보장하면서 배럴당 18달러를 목표로 하는 협정을 달성하라는 국왕의 명령에 불복종한 야마니 석유 장관이 경질되었다.[34] 야마니는 사우디가 원하는 가격과 공급량 증대 모두 가질 수 없다고, 사우디가 더 높은 가격을 원한다면 산유량을 줄여야 한다고 주장했다. 그럼에도 불구하고 1986년 12월 제네바에서 열린 회의에서 신임 사우디 장관 히샴 나제르Hisham Nazer와 OPEC 회원국은 배럴당 18달러의 '기준 가격'에 동의했고(18달러는 OPEC 회원국 6개국과 멕시코의 원유 관리가격을 기준으로 결정되었다),[35] 3개월마다 새롭고 유연하게 수정하는 쿼터제에 동의했다.[36] (이때 결정된 가격 체계는 여러 번 수정을 거쳤고, 오늘날에도 이어지고 있다.)

가격 폭락과 OPEC, 그중에서도 특히 사우디가 유가에 대해 가졌던 통제권을 인정하면서 설립 이후 일상적으로 비난을 일삼던 미국의 태도가 변했다. 예를 들어, 1987년 5월, 한때 OPEC의 시장 통제를 "수용할 수 없다"던 미 에너지부 장관 존 헤링턴John Herrington은 미국이 유가 안정을 위해 노력하는 사우디를 지지한다고 선언했다. "나는 배럴당 9달러까지 오르는 유가는 다시 겪고 싶지 않다"면서 "미국을 포함해 수많은 나라가 급격한 유가의 상승으로 고통스러운 경험을 했다. 그렇기에 유가의 급격한 상승은 유익하지 않다는 사실에 동의한다"고 이야기했다.[37]

OPEC, 시장 가격 결정권을 포기하다

배럴당 18달러라는 목표는 OPEC이 유가를 정상으로 되돌리려고 시도하고 있음을 의미했다. 사우디는 순가격 정책을 끝내고 관리가격 정책을 재개했다. 그러나 야마니가 예측한 대로 사우디는 가격을 유지하기 위해 1987년 초까지 생산을 줄여야 했다. 관리가격의 시대는 빠르게 사라지며 사우디 왕가를 힘들게 만들었다. 석유 거래는 무기 거래와 현물시장, 선물시장에서 점점 더 많이 이루어졌고, 여기서 석유 구매는 즉시 인도하기 위한 것이 아니라 미래 대비용이었다.

멕시코는 1986년에 시장 기반 가격을 채택한 첫 번째 생산국이었다. 그리고 몇 년 사이, 대부분의 산유국들이 시장 가격을 기반으로 관리가격을 낮추며 멕시코의 뒤를 따랐다.[38] 더욱이 현물시장 거래 확대에 맞추어 원유 및 정제 제품이 시장에 선물 계약의 형식으로 빠르게 침투하면서, 관리가격의 복귀는 더욱더 비현실적인 꿈이 되었다.[39] 1988년까지 사우디와 다른 OPEC 회원국들은 원유 가격이 수출 목적지에 따라 시장이 결정하는 기준가격에 반응하지 않고 자유롭게 결정되리라는 사실을 인정할 수밖에 없었다.[40]

시장 기반 가격 설정의 함의는 생산자들이 더 이상 관리가격을 설정하고 흥정하지 않는다는 것이었다. OPEC은 가격을 시장에 맡기는 대신 공급 협정이나 할당량을 목표 가격에 도달하거나 유지하기 위한 주요 정책 도구로 사용될 것이다. 어떤 의미에서 OPEC은 주요 석유사와 상관없이 목표 가격을 달성하기 위해 공급량을 직접 통제하면서도, 스스로 가격을 결정하지는 않았던 TRC와 비슷한 역할을 맡게 된 것이다.

따라서 OPEC은 목표하는 원유 가격에 도달하기 위해 시장에 얼마나 많은 석유를 공급해야 하는지를 결정하려고 세계 공급과 수요 그리고 재고 모니터링에 집중하였다.[41] 그러나 OPEC은 관할 지역 내 생산자에게 할당제를 부과하여 공급을 제한할 수 있는 권한을 가진 단일 정부 기구가 아니라는 점에서 TRC와 현저한 차이를 보였다.[42] OPEC에 가입한 13개국은 서로 경쟁하는 사이였고, 원유량 관리 규칙에 따라 공동으로 협력하는 데 성공한 7대 석유사와는 성격이나 목적이 달랐다. 이들은 규모, 수입 필요성, 지리적 위치에 따라 상당히 다양한 이해관계를 가졌기 때문이었다.

흔히 OPEC을 '카르텔'로 규정하면서도, 이들의 구조나 행동 때문에 분석가들은 의견이 분분하다. 카르텔은 흔히 '고전적 카르텔', '어설픈 카르텔', '지배적 기업', '느슨하게 협력하는 소수 독점', '잔류 기업 독점', '관료적 카르텔'[43] 등으로 나뉜다. 정확한 분류는 제쳐두고, 1986년까지 OPEC이 유가에 대해 누렸던 모든 실권은 주로 최대 생산국이자 주요 예비 산유량 보유국인 사우디의 정책에 의존했다는 것이 분명해졌다.

1986년 원유 가격 폭락과 1990년 8월 이라크의 쿠웨이트 침공 사이 OPEC은 개별 할당량을 설정하고 준수함으로써 시장을 관리하려고 했지만 할당량 준수는 처참한 수준이었다. 회원국 대부분 최대 수준으로 생산을 지속하며 부정행위를 일삼았다. 일반적으로 사우디만이 생산 가능한 석유를 보류했을 뿐이다. 그러나 1980년대 후반 멕시코, 소련, 영국 등 조직 외부의 공급량이 감소하면서 이들의 동맹은 운이 좋게 이어졌다.[44] 이러한 공급 삭감이 없었다면

OPEC은 동맹 약화로 인한 저유가 현상이 10년 넘게 지속되며 조직 자체가 와해될 수도 있었다. 다른 산유국의 불행으로 OPEC은 1985년 29%에서 1990년 37%로 시장 점유율을 높일 수 있었다.[45] 아라비안 라이트 가격은 1986년 1분기부터 1990년 2분기까지 배럴당 13달러에서 19달러 사이를 유지했다.[46]

20달러 미만으로 상대적으로 안정적인 유가를 유지하던 시기, OPEC의 전성기였던 배럴당 30달러 이상일 때와는 가격 차이가 다소 있었지만, 사실 훨씬 더 상황이 악화되었을 수도 있었다. 전 사무총장 파라는 "OPEC이 가까스로 죽음의 위기를 넘겼다"고 회고했다.[47] 그러나 안정적인 10년이 흐르고 새로운 유가 정상화가 도래하자, 또 다른 페르시아만 분쟁이 석유시장을 뒤흔들었다.

걸프전

1980년 9월부터 격렬하게 전개된 이란-이라크 전쟁은 1988년 승자 없이 끝났다. 이라크는 사우디, 쿠웨이트, 아랍에미리트 연합국UAE에 1000억 달러의 빚을 지고 있었다. 1986년 붕괴 이후 유가 하락은 이라크 세입을 감소시켜 독재자 사담 후세인Saddam Hussein의 불행과 절망을 심화시켰다. 사담 후세인의 분노에, 쿠웨이트와 UAE는 당시 할당량에 비해 엄청나게 과잉 생산을 하고 있었다. OPEC의 총산유량은 총 할당량 상한선보다 하루 약 200만 배럴 이상 높았고, 1990년 상반기 당시 이라크산 원유를 대부분 거래하던 지중해의 원유 가격이 3분의 1로 떨어지며 사담 후세인이 절실히 원했던 수입이 월 5억 달러 이상 증발했다.[48] 사담 후세인은 또한 쿠웨이트가 국경 아래에서 시추하고 이라크 유전을 호시탐탐 노린다는 보도에 격분했다.[49] 이라크는 역사적, 지리적으로 쿠웨이트를 항상 견제했다. 이라크 바그다드Baghdad는 쿠웨이트를 자국의 영토로 간주하고 주변 지역을 흡수하여 36마일(약 58km)이었던 해안선을 거의 10배가량 늘릴 수 있었기 때문이다.

이란과의 전쟁에서 사담 후세인을 지지하던 걸프만의 수니파 강대국은 유가 폭락과 재정난에 빠진 이라크에 대해 호전적인 태도를 보였다. 1990년 7월 마지막 회의에서 쿠웨이트와 UAE는 감산을 약속했지만, 즉시 이를 어겼다. 결국 사담 후세인은 1990년 8월 2일 쿠웨이트를 침공해 세계 최초의 석유 전쟁을 시작했다.[50]

쿠웨이트 원유는 시장에서 사라졌고 이라크 석유는 즉시 거래가 금지되었다. 두 생산국 모두 시장에서 갑자기 사라지면서 9월 가격은 애초 17달러에서 36달러로 두 배로 뛰었다. 대규모 지정학적 혼란에 예비 용량의 유용함이 다시 한번 분명해졌다. 사우디는 생산을 늘렸고, 산유량은 7월 하루 540만 배럴에서 9월에는 하루 800만 배럴로 증가했고, 1년 이상 그 수준을 유지했다. 이라크와 쿠웨이트의 석유 손실에도 불구하고, OPEC의 총공급량은 1990년 11월까지 침략 이전 수준으로 되돌아갔다. OPEC의 추가 공급량과 재고량은 이라크와 쿠웨이트의 공급 부족을 메운 것이다.[51]

한편, 미국은 해외와 자국 내에서 움직였다. 쿠웨이트에서 이라크군을 축출하기 위한 국제 군사 연합군이 집결함에 따라 이라크로부터 전쟁터와 시설을 보호하기 위해 미군이 사우디 동부 지방으로 배치되었다. 워싱턴은 이와 같은 비상사태를 위해 설립된 전략비축유SPR, Strategic Petroleum Reserve를 준비했다. 1990년 9월 27일, 에너지부는 전략비축유로 시험 판매를 실시했고, 1991년 1월 16일, 미국과 국제에너지기구 회원국들은 첫 번째 전략비축유 방출을 명령했다. 원유 가격은 연합군의 신속한 군사 승리에 대한 자신감을 반영하듯 곧바로 하락세를 보였다. 국제에너지기구의 비축유 방출도 시장을 안심시켰지만, 결국 방출한 원유 총 3375만 배럴 중 1730만 배럴이 팔렸다. 공급이 충분하다는 인식에 공황 사재기가 줄어든 것 같았다.[52] 그러나 분석가들은 전략비축유가 1990년 8월, 오일 위기 초기에 사용되었어야 했다고 주장했다. 전략비축유는 1990년 하반기, 유가가 두 배로 오르는 것을 막을 수 있었다.[53]

치솟는 유가는 걸프전 이후 이란-이라크 전쟁 발발 이후보다 훨씬 더 빠르게 반전되었다. 두 경우 모두 주요 생산국이 갑자기 시장에서 철수하면서 원유 가격이 두 배로 뛰었다. 그러나 1980년대 초와 달리, 제1차 걸프전 기간과 이후 유가는 빠르게 하락했다. 사우디의 급속한 공급 증가와 전략비축유의 가용성과 충분한 공급 외에도, 두 가지 다른 요소가 가격을 안정시키는 데 도움을 주었다. 소비국가의 가격 통제 부재로 투기성 매수와 저장이 위축세를 띠었고, 매수 압력을 흡수할 수 있는 새로운 선물 시장이 실물 가격에 영향을 미치지는 않았지만 크게 위축되었기 때문이었다.

그러나 가격 충격은 프랑스와 베네수엘라의 '산유국-소비국 협상'을 유도하기에 충분했다. 1970년대의 격변 이후, 산유국과 소비국은 때때로 물가 안정을 촉진하는 방법에 대한 다자간 회담을 개최하려고 노력해왔다. 그러나 어느 쪽이 더 많은 레버리지를 누렸는지에 따라 이윤이 줄거나 넘어갔다. 1970년대만 해도 프랑스처럼 허탈한 소비국들이 대화에 열을 올렸지만, 생산국은 별 관심을 보이지 않았다. 1980년대 초 석유시장이 OPEC에 넘어가자, 회원국들은 대화를 원했지만 소비국은 관심이 없었다. 산유국과 소비국 사이의 협상을 지지하는 베테랑 석유시장 전문가 로버트 마브로Robert Mabro는 양측의 협력이 근본적으로 불안정한 유가를 안정시킬 수 있다고 설명했다.[54] 마브로는 기업들이 투자 계획에 정보를 공유하고 정부는 이에 동의해야 한다고 조언했다. 장기적으로 가격 수준을 방어하기 위해 예비 생산 능력과 전략비축유의 보유 및 사용에 대한 부담을 공유해야 한다. 주요 관심사는 하루 유가 변동의 안정성은 낮지만 업계와 정부가 투자와 수익 계획을 토대로 삼을 수 있는 장기 가격이었다. 그러나 1991년 회담은 아무런 성과도 거두지 못했다. 미국은 적대적인 태도를 보였고, 일반적으로 사우디와 직접 대화하는 등 양자 간 협상에 따른 국제 석유 정책 시행을 선호했다.

또다시 소란스러운 10년

1980년대는 1970년대만큼 석유시장과 유가에도 격동적이고 변혁적이었다. 이 10년은 페르시아만의 주요 분쟁으로 시작되었고 끝이 났다. 이 시기 유가 불안정은 상당히 거센 편이었고, 이는 석유시장의 변화를 가속했다. 1970년대, 새롭게 얻은 권력을 어설프게 휘두르던 OPEC 회원국과 다소 엉성하던 OPEC의 연합은 1980년대 들어서며 원유 수출 관리가격 설정을 통제하여 시장 가격에 영향을 주는 불쾌한 공급 카르텔로 변화했다.

그러나 공급 규제 기관으로서의 TRC의 역할을 복제하여 초창기 성공을 거두었던 OPEC의 미래는 그다지 밝아 보이지 않았다. 1985년과 1986년, 사우디의 스윙프로듀서 역할에 의존하며 가격 붕괴를 촉발했고, OPEC은 외부의 공급 감소와 수요 증가라는 호재로 상대적 가격 안정의 시대를 누릴 수 있었다. 걸프전은 OPEC 내 사우디의 우위를 더욱 공고히 다졌다. 그러나 1980년대 OPEC의 시대가 생산국과 소비국이 염원하던 유가 안정의 목표를 달성하기 위해서는 사우디의 리더십과 행운이 전부 필요하다는 사실만 부각시켰다.

8장

난항의 시기

(1991~2003년)

OPEC 시대의 처음 20년은 유난히 소란스러웠고 안정성 대신 가격 격변의 특징을 볼 수 있었다. 그러나 30년의 마지막 10년은 조금 달랐다. OPEC과 석유시장에 덜 불안정한 '새로운 정상기'의 상황으로 접어들고 있었다.

1990년대 유동적이었던 석유 수요는 전반적으로 1970년대보다는 완만한 속도로 증가했다. 소련의 붕괴는 하루 수요 470만 배럴을 불러일으켰다. 지난 10년간 구소련 국가와 비교하여 56%나 감소한 양이었지만 곧 중국의 수요가 하루 210만 배럴로 기준 대비 두 배나 증가했다. 1960년대 후반과 1970년대 초반, 5%에서 9%로 끔찍한 성장률은 아니었지만, 소비는 1980년대의 평균 0.3%라는 지지부진한 성장에서 회복되었고, 1990년대에 이르러 평균 1.5%, 연간 하루 소비량 110만 배럴로 성장했다.[1]

수요와 마찬가지로 석유시장의 공급도 유동적이긴 했지만 순 공급은 완만히 증가했다. 구소련은 하루 1150만 배럴에서 1996년까지 710만 배럴로 완만하게 공급세를 이어 나갔고, 그 후 공급량은 서서히 증가하여 1990년대 말, 하루 공급 750만 배럴을 기록했다. 영국의 산유량은 1980년대 후반과 1990년대 초반에 하루 270만 배럴에서 190만 배럴로 감소했지만, 1990년대 말에는 거의 300만 배럴로 다시 증가했다. 노르웨이는 1990년 170만 배럴에서 1997년에는 330만 배럴로 거의 두 배가 되었다.

OPEC 산유국은 산유량을 늘리며 시장점유율을 회복하는 한편, 사우디에서 보유하고 있던 전 세계 수요의 4에서 5%에 달하는 여유 용량을 회복할 수 있었다. 쿠웨이트의 산유량은 1991년 5월 0에서 1992년 12월 하루 160만 배럴로 빠르게 회복되었다.[2] 걸프전 후 이라크 제재로 1996년까지 이라크의 공급은 제한적이었지만, 1999년에 이르러 UN의 대이라크 경제제재 해제의 일환인 석유 식량 교환 프로그램에 따라 석유 판매 제한이 사라지자, 공급량은 하루 260만 배럴로 빠르게 증가하였다.[3]

OPEC 전체의 경우, 제재 대상이었던 이라크를 제외한 나머지 회원국의 예비 용량은 걸프전 당시인 1991년 12월, 전 세계 산유량의 1.3% 미만에서 2003년 봄까지 5% 이상 증가했다.[4] 1991년 여름부터 2001년 여름까지 10년 동안 사우디의 원유 산유량은 하루 800만 배럴에서 890만 배럴을 오갔으며, 아시아 위기에 대한 반응으로 1999년 여름, 하루 생산 800만 배럴 이하로 소폭 하락하긴 했으나 아주 드문 이탈이었다. 사우디는 다른 회원국의 감축과 함께 비교적 적은 양의 공급을 짧은 시간 동안 줄일 수 있었고 OPEC의 전체 생산량에서 사우디의 몫은 25%를 상회했다.[5]

1990년대 OPEC이 직면한 가장 큰 문제 중 하나는 베네수엘라와의 경쟁이었다. 베네수엘라는 쿼터제와 OPEC 자체를 공개적으로 과시하는 동시에 전면적인 생산 증가를 채택했다. (아이러니한 점은 베네수엘라가 OPEC의 설립국 중 하나였으며 집단 쿼터제의 첫 번째 승리자라는 것.) 1990년 베네수엘라 국영석유회사PDVSA의 신임 사장 안드레스 소사 피에트리Andres Sosa Pietri는 카라카스의 국영석유회사와 베네수엘라 정부, 그리고 베네수엘라와 OPEC 간의 느슨한 관계 구축을 추진했다.[6] 베네수엘라의 산유량은 1990년대 중반까지 OPEC 할당량보다 하루 약 100만 배럴 이상 꾸준히 증가했다. 이후에 '개막(아페르투라, La Apertura)'이라고 불리게 된 이 독자노선 접근법은 베네수엘라의 하루 산유량을 평균 330만 배럴에서 600만 배럴 이상으로 증가시켰고, 10년 계획을 세우며 탐사와 생산에 대한 외부 투자를 개방했던 피에트리의 후계자 루이 지우스티Luis Giusti가 이끌었다. 베네수엘라의 독자노선은 곧바로 OPEC의 항의와 경고로 이어졌고, 지우스티는 이에 OPEC이 "변하거나 사라져야 한다"고 반박하였다.[7]

즉각적인 위기가 닥치며 1996년의 유가는 예상 외로 올랐고, 1997년 첫 주에 거의 27달러에 육박했다. 유가 상승의 이유는 불분명했다. 국제에너지기구의 발표 자료에 따르면 국제석유시장의 수요와 공급의 격차가 컸고, 미국의 강력한 성장과 아시아의 선진 자유시장이었던 '타이거스(대한민국, 홍콩, 싱가포르, 대만)'의 폭발적인 무역 수요 때문이었다.[8] 또 다른 요인은 1995년 말과 1996년 사이에 많은 미국 정유사는 이라크가 다시 원유를 공급할 것으로 예상했기 때문이었다. 가격 하락을 예상한 정유사들은 추운 겨울을 앞두고 재고를 줄였다. 다른 요인으로는 이라크의 고조되는 긴장과 미국의 잠재적인 난방유 부족에 있었다.

자카르타의 유령

1996년과 1997년의 예상치 못한 유가의 상승은 베네수엘라와 다른 OPEC 회원국들 사이의 충돌을 무마시켰다.[9] 그러나 1997년 말 아시아에 금융 위기가 강타하였고 그로 인하여 석유 수요는 갑자기 타격을 입게 되어 OPEC과 다른 산유국들은 다시 위기 대응에 나섰다. 아시아 금융 위기는 앞서 언급한 강력한 성장 때문으로, 부동산 거품으로 전환된 대규모 자본 유입을 끌어들였다. 1997년 7월 태국 통화(바트)가 붕괴되면서 다른 아시아 통화와 은행이 연쇄적으로 쓰러졌고, 연말까지 광범위한 경기 침체와 파산이 이어졌다.[10] 그러나 OPEC이 1997년 11월, 자카르타에서 회의를 준비하며 회원국들은 유가 급등보다 아시아의 위기에 집중하였다. 11월 27일, OPEC 회원국 대표들은 원유의 수요량이 가격을 안정시킬 만큼 충분하다고 확신하며 하루 산유량 250만 배럴 또는 생산 할당량 10% 인상을 승인했다.[11] 그리고 나서 OPEC은 곧 당시의 결정을 뼈저리게 후회했다.

수요 둔화와 공급 증가의 불일치가 1998년 초, 소비국의 석유 재고를 빠르게 증가시켰다. 몇 년 전 발표되었던 국제에너지기구의 보고서 이후, 1998년 2/4분기 전 세계 원유 공급량이 수요량을 비정상적으로 크게 웃돌 것이란 예상이 관측되며 유가는 폭락했다. 1999년 초까지 일부 등급의 원유 가격은 배럴당 8달러까지 떨어졌다. 1999년 3월《이코노미스트》는 OPEC 회원국들이 자신들의 실수를 재빨리 깨달았다고 보도하며, 가격을 안정시킬 만큼의 수요량을 충분히 정확하게 평가하지 못했고, 할당량을 느슨하게 잡는 우를 범한 '자카르타의 유령'에 시달리게 되리라 자신했다.

OPEC의 전화위복

충격적인 유가 붕괴로 놀란 OPEC과 회원국들은 이례적으로 강한 대응을 보였다. 가격 폭락은 회원국 사이의 협력을 강하게 만든 주된 이유였지만 다른 상황도 한몫했다. 첫째, 지정학적 숙적이었던 이란과 사우디의 관계가 일시적으로 완만한 국면에 접어들었다. 이란의 하타미 대통령Khatami은 비교적 온건주의자였고 석유 장관인 비잔 잔가네Bijan Zangeneh는 협상 타결을 선호하는 테크노크라시(정치적 과학 기술 분야 전문가-옮긴이) 실용주의자였다.[12] 둘째, 베네수엘라의 독자 노선이 유가 폭락으로 누그러지며 1998년 12월, 우고 차베스Hugo Chavez가 대통령에 당선된 후 베네수엘라는 '아페르투라' 정책을 뒤집고 생산 억제를 강력하게 지지하게 되었다. 마지막으로 셋째, 사우디가 1986년 조치를 번복하고 과잉 공급 시장에 예비 용량을 방출하여 가격을 더 떨어뜨릴 것을 우려한 회원국들이 사우디의 결단력을 시험대에 올리고 싶어 하지 않았을 가능성도 있었다.[13]

순풍에도 불구하고, OPEC과 비OPEC 회원국 간의 산유량 감축 분담 문제 타결은 오랜 시간이 걸렸다. 일부 OPEC 회원국은 몇 달 사이 감산을 취했지만, 베네수엘라, 이란과 같은 회원국이나 노르웨이처럼 완강한 자세를 취하는 산유국을 강제로 쿼터제에 끌어들이는 데에 약 1년이 걸렸다. (당시 유가는 1998년 3월 1차 감산과 그해 12월 최저가에서 36%나 하락하였다.)[14] 러시아는 삭감을 약속했지만 이행하지 않았다. 1998년 3월 22일 OPEC 회원국이 아닌 상태에서 사우디가 베네수엘라와 멕시코를 비밀리에 만나 생산 제한을 조율하였다. 당시 멕시코의 원유 공급은 1980년대 들어 평준화 이후 활기를 띠었고 사우디는 이를 억제하기를 원했다. 이렇게 만난 3개국은 하루 산유량 170만 배럴을 목표로 삭감을 요구하며 질서 회복을 위한 '리야드 조약Riyadh Pact'을 발표했다.[15]

리야드 조약에 따라 사우디는 베네수엘라, 멕시코의 감축량에 발을 맞추기로 합의했다.[16] 모두를 놀라게 한 베네수엘라와 사우디의 협약으로 유가는 잠시 반등했다. 1998년 3월 30일 회의에서 OPEC은 자카르타 결정을 번복하며 이라크를 제외하고 1억 6102만 배럴 감산을 발표했다.[17] 원유 가격은 잠시 15달러 이상으로 상승했으나 이후 산유국의 감산이 평이한 선이라는 무역시장의 회의적인 분위기로 다시 하락했다.[18] 크게 놀란 사우디, 베네수엘라, 멕시코는 6월 초에 다시 만나 과거의 감축이 부적절했음을 인정하고 총 45만 배럴 (사우디가 22만 5000배럴, 베네수엘라가 12만 5000배럴, 멕시코가 10만 배럴) 추가 감산을 약속했다.[19] 1998년 6월 24일 또 다른 회의에서 OPEC은 또다시 대규모 감산을 시행했고, 특히 이란은 추론이 아닌 실제 감산을 기여하기로 합의했다. (이란은 실제 산유량을 낮추기보다는 자체 산유량을 부풀린 추정치에서 감산을 제안한 것으로 악명 높았다.)[20] 그럼에도 불구하고 원유 가격은 계속 하락하여 1998년 말에는 3분의 1이 더 떨어져 배럴당 10달러를 약간 상회했다.

1999년이 되어서야 OPEC의 산유량 삭감이 공급량을 조절하기 시작했다. OPEC의 원유 산유량은 1998년 3월 하루 2900만 배럴에서 1999년 6월까지 하루 264만 배럴로 감소했다가 같은 해 12월, 다시 260만 배럴을 약간 밑돌았다.[21] 노르웨이, 오만, 멕시코도 산유량을 대폭 줄이며 가격이 다시 상승해, 1998년 말 10달러였던 유가는 1년 후 25달러로 두 배 이상 상승했다.

1998년 가격 붕괴는 미국 내 생산업체들의 반발을 불러일으켰다. 이들은 정부가 석유와 가스 생산을 제한하여 유가를 통제하는 셔먼법을 불법이라 규정하고 "석유 생산 및 수출 금지법NOPEC, No Oil Producing and Exporting Cartels Act"이라는 개정안을 지지했으나, 법안은 통과되지 않았다. (이 법안은 유가 상승에 대응하여 이후 10년간 꾸준히 제기되었으나 조지 W. 부시 대통령의 반대로 결국 통과되지 못했다.)[22]

1998년 유가 하락은 미국 내 생산자들 사이에 공황을 불러일으켰지만, 클린턴 행정부는 아랑곳하지 않았다. 1970년대와 1980년대 초 격동 이후, 1986년부터 2000년대 초의 비교적 안정적인 유가 지속 기간을 거치며, 워싱턴은 석유산업과 에너지 안보에 대해 예전의 초연함과 안일함으로 돌아섰다. 1986년, 레이건 행정부는 1987년과 1988년의 연비 기준을 완화하기로 결정했다.[23] 1990년대에 이르러 클린턴 행정부와 의회는 자동차 산업과 휘발유를 많이 소비하는 SUV 차량의 연비 기준 허점을 놓고 서로 다른 견해를 보였다. SUV와 소형승합차는 1978년 제정된 연방 '가스 거즐러 택스(연료를 많이 소모하는 차에 부과되는 세금-옮긴이)'에서 면제되었다.[24]

1990년대 들어 에너지 안보에 대한 대중적, 국가적 우려가 줄었다. 1985년 이후 수입 석유에 대한 미국의 의존도는 약 25%에서 50%로 두 배가 되었음에도 불구하고 1996년 공화당 의회와 민주당 출신 백악관은 연방 예산에 구멍을 막기 위해 전략비축유 중 일부를 매각하는 데 동의했다. 1996년 전략비축유 방출은 배럴당 25달러 이상의 유가 상승과 동시에 발표되었는데, 그 기간에 비교적 높은 수준의 가격이었다.[25] 미국은 연료 비상사태에 사용하기 위한 전략물자를 방출하여 유가 상승에 대응한 것이 이번이 처음은 아니었다.

미국의 태연함은 두 가지 요인에서 비롯됐을 가능성이 크다. 우선, 1990년대 휘발유 가격은 안정적이었다. 둘째, 원유 수입에 대한 미국의 의존도가 계속 증가하는 반면, OPEC 및 불안정한 페르시아만으로부터 수입 비중은 이전 수십 년에 비해 낮은 수준을 유지했으며, 더욱 안정적인 이웃인 캐나다와 멕시코에서 오는 수입량이 더 큰 비중을 차지했다.[26] 그런 이유로 미국 내 생산업자들은 1998년 위기에도 워싱턴의 도움을 거의 받지 못했다. 에너지국 장관 빌 리처드슨Bill Richardson은 전략비축유 저장용으로 자국 내 생산업자의 석유를 구입하겠다는 아이디어를 냈지만 채택되지 않았다 (모순적이게도 의회는 그로부터 2년 전, 전략비축유를 방출해버린 전적이 있었다). 클린턴 행정부는 1998년 가격 하락을 사우디나 OPEC의 의도적인 움직임으로 보지 않았고, 레이건 행정부 때보다 석유산업에 덜 우호적이었다. 게다가 이유를 막론하고, 1986년과 달리 1998년의 유가의 붕괴는 빠르게 수습되었다.

미국 생산자들이 속수무책으로 지켜보는 동안, 다시 활기를 되찾은 OPEC은 유가 상승의 성공과 상당히 협조적인 태도를 보였던 베네수엘라, 그리고 알리 알 나이미Ali Bin Ibrahim Al-Naimi 사우디 신임 석유장관의 취임으로 안정적인 분위기를 유지하며 유가를 안정시키기 위해 보다 공식적인 체계를 구축하고자 했다. 미국 리하이Lehigh와 스탠포드 대학교에서 지질학 학위를 받은 알 나이미 장관은 1947년 사우디 아람코사에 입사하여 꾸준히 승진했다. 1995년 석유장관에 임명돼 2016년까지 재직했던 그는, OPEC 회의에 몰려드는 유력 언론인 사이에서 OPEC의 가장 중요한 대변인으로 인정받았다.[27]

2000년 3월 회의에서 OPEC은 새로운 가격 결정 체계를 발표했다. 이에 따라 OPEC 바스켓의 목표 범위는 22달러에서 28달러로 결정되었고, 회원국들은 원유의 가격이 20일 연속 28달러를 넘으면 할당량을 총 50만 배럴로 상승하고, 10일 연속 22달러 아래로 떨어질 경우 같은 양을 감산하는 조정안에 합의했다. 그러나 이 조정안은 완전히 '자동적'으로 따라야 하는 규제 장치까지 만들어진 게 아니었다. 다만 이는 회원국의 일반적인 틀을 의미했으며, 유가가 이 범위를 벗어날 경우 OPEC의 의도가 깔려있다는 것을 사전에 알려주는 용도였다.

그해 말 유가는 OPEC이 설정한 바스켓 가격 바깥으로 넘어갔다. 2000년 9월, 원유 가격은 30달러 이상으로 상승하여 그해 가을 대선을 치르던 워싱턴에 경종을 울렸다. 리처드슨 장관은 생산 증가와 가격 인하를 위해 OPEC에 집중적으로 로비를 벌였다. 공급 차질은 없었지만 시장 세력이 난방유 가격을 끌어올렸고, 행정 기관은 비상사태를 선포했다. 2000년 9월, 대선 후보였던 앨 고어 Al Gore는 치솟는 난방유가에 대응하기 위해 전략비축유를 이용하는 것에 반대했던 기존 입장을 뒤집고 방출을 요구했다. (고어는 그해 2월 '산유국이 해야 할 일은 공급량을 조금이라도 줄이는 것이며, 예비 용량을 방출하여 상승세를 줄여야 한다"고 말했었다.)[28] OPEC은 10월, 생산량을 늘렸지만 11월과 12월이 되어서야 공급량이 9월달 수준으로 밑돌았다.[29] 유가는 계속해서 고공행진을 이어 나갔다. 2000년 11월, 리처드슨 장관과 국제에너지기구 대표단이 리야드로 날아갔고 원유를 20달러대 중저가로 유지하는 데 동의했다. 그 후 유가는 2001년 9월 11일, 워싱턴과 뉴욕에서 발생한 테러 직전, 20달러 후반대

로 떨어지다가 테러 직후 경제적 약세로 더욱 급격히 떨어졌다.[30]

석유 수요가 줄어드는 것을 지켜본 사우디 리야드는 다른 회원국에 규칙을 지키라며 압력을 가했다. 2001년 1월, OPEC은 전체 생산을 하루 140만 배럴 줄이기로 합의했고[31] 사우디는 2000년 12월부터 2001년 2월까지 하루 50만 배럴의 삭감을 시행했으며 이란, UAE, 베네수엘라는 각각 하루 10만 배럴의 삭감에 참여했다. 세계 경제는 2001년 내내 계속 악화되었고, OPEC은 3월과 7월에 다시 하루 100만 배럴을 더 줄였다. 2000년 9월부터 2001년 7월까지 OPEC의 하루 330만 배럴 삭감으로[32], 유가는 25달러 안팎의 안정세를 지켰으나 수요 감소에 따라 OPEC 바스켓 가격은 2001년 11월, 17달러로 떨어졌다.

이에 OPEC은 사실상 유가 조절 체계를 중단했고, 비상 대응에 나섰다. 1998년부터 1999년까지 이어진 가격 붕괴에 대한 악몽이 되살아나면서, OPEC은 하루 140만 배럴을 추가로 삭감했고,[33] 비회원국이던 앙골라, 멕시코, 노르웨이, 오만, 러시아를 촉구하여 생산 및 수출에 총 4625만 배럴을 추가로 삭감했다.[34] 할당량 변경을 요구했으나 실제 생산량 데이터를 살펴보면 OPEC 회원국은 2001년 1월부터 2002년 1월 사이 산유량을 하루 300만 배럴씩 줄였고, 사우디가 하루 140만 배럴을 줄였다. 2002년 2월, 사우디의 산유량은 1990년 1차 걸프전 직후 최저 수준인 720만 배럴로 떨어졌다.[35] 2002년 4월까지 OPEC의 총산유량은 거의 하루 2520만 배럴로 6년만에 최저 수준으로 떨어졌다.[36] 노르웨이와 같은 일부

비OPEC 회원국들은 약속대로 원유 생산량을 줄였지만, 러시아는 그렇지 않았다. 사우디의 리야드는 오늘날까지도 러시아를 용서하거나 신뢰하지 않았고, 러시아의 신용은 크게 떨어졌다.

치솟는 유가와 주로 캘리포니아의 전기 차질로 인해, 새로 선임된 대통령 조지 W. 부시 행정부는 에너지 정책을 우선순위로 삼았다. 부통령 체니Cheney는 자국 내외 에너지 정책의 광범위한 개편을 감독하는 임무를 맡았다. 에너지 대책 위원회는 연비 기준 개편과 상향 조정 등 공급 확대와 보존, 대체 연료 촉진을 위한 수십 가지 정책을 권고했다. 알카에다Al-Qaeda 테러와 중동에서의 군사적 충돌이 예상되자, 1990년대 시작된 에너지 안보의 안일함이 불식되었다. 군사적 공격 이후 미국은 전략비축유를 다시 채우며 7년 만에 처음으로 비축량을 새로 가득 채웠다.

2002년 말과 2003년 초에 벌어진 지정학적 혼란은 OPEC의 유가 하락에 도움을 주었다. 첫째, 2002년 12월 우고 차베스 정부를 향한 베네수엘라 석유 노동자들의 파업이 3개월 이상 지속되었으며 베네수엘라 석유 생산과 수출의 붕괴를 초래했다. 그 후 2003년 3월, 미국이 이끄는 또 다른 연합군이 이라크를 침공했다. 이 두 가지 주요 원인이 나이지리아의 선거 폭력과 합세하여, 2002년 11월에서 2003년 4월 사이 갑작스럽게 하루 300만 배럴의 감산을 불러왔다. 1990년 걸프전과 달리 국제에너지기구는 이라크에 대한 대규모 군사 공세가 시작되자마자 전략비축유를 즉시 방출하지 않기로 결정했다. 대신, 혼란이 현실화될 경우 보유한 원유를 풀겠다는 의지만 보였다. 2003년 3월 침공 이전 4개월 동안 브렌트유 기준 23달러에서 34달러로 올랐던 유가는 군사작전이 시작된 지 24일 만에 하락했는데, 이는 사우디의 증산과 미국 주도의 연합군이 석유 시설이 파손되기 전 빠르게 원유를 확보하는 데 성공했기 때문으로 보았다.

OPEC의 골디락스 기간

사우디가 여전히 스윙프로듀서 역할을 기꺼이 수행했던 1980년대 초에도 유가는 안정적이었지만, 1990년대에서 2000년대 초, OPEC의 시장 관리도 상당히 안정적이었다(그래프 8-1 참조). 몇 번의 짧은 예외를 제외하면, 1990년대 대부분 원유 가격은 15에서 22달러 사이를 상회했고, OPEC은 1997년 생산 증가라는 실수 이후 가격 폭락에 이례적인 규정으로 대응했다. 그리고 마침내 1990년 37%에서 2010년 말, 40% 이상으로 시장 점유율을 탈환할 수 있었다(그래프 8-2 참조).

21세기의 여명이 밝아오면서 OPEC과 소비국 사이에 배럴당 20달러에서 30달러가 허용 가능하고 지속적이라는 공감대가 형성되고 있었다. 2003년 회고록에서 프란시스코 파라 전 OPEC 사무총장은 회원국 간 22달러에서 28달러의 안정적인 가격대를 달성했지만, 한 가지 조건이 필요했다고 자신감을 드러냈다. 파라는

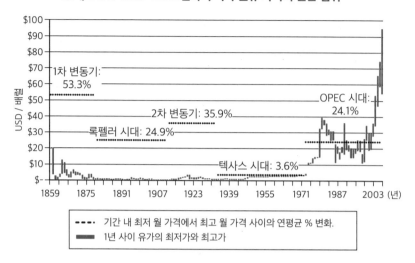

〈그래프 8-1〉 1859~2007년까지 미국 원유 가격의 연간 범위

- - - - 기간 내 최저 월 가격에서 최고 월 가격 사이와 연평균 % 변화.
━━━ 1년 사이 유가의 최저가와 최고가

출처: 『데릭』 1~4권; API, 석유의 사실과 수치(1959); 다우존스앤컴퍼니, 현물 유가; 서부 텍사스산 원유, 미국 에너지정보청, 쿠싱, OK WTI 현물거래가격(FOB); © 래피던 그룹

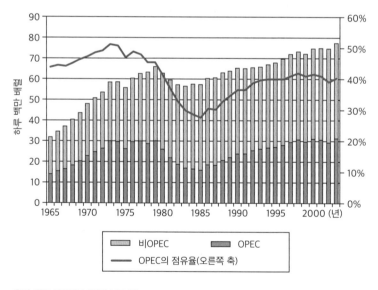

〈그래프 8-2〉 OPEC이 세계 석유 생산에서 차지하는 비중

비OPEC   OPEC
━━━ OPEC의 점유율(오른쪽 축)

출처: 영국 석유회사, "통계 보고서"

"OPEC의 시장관리 성공은 위태롭게도, 전 세계 예비 용량을 책임질 수 있는 유일한 수호자이자 유일한 국가인 사우디의 선의에 전적으로 달려 있었다"고 넌지시 시사하였다.[37]

9장

유가의 급등을
막기 위한 안간힘

(2004~2008년)

THERE IS NO END TO OIL

힘을 잃어가는 OPEC

OPEC과 석유산업은 1990년대와 2000년대 초반, 이전에 비해 상대적으로 안정적이고 질서 정연했다. 그러나 21세기 직후부터 다시 한번 세계 석유 수요와 공급의 지각 변동이 석유시장을 재형성하기 시작했고, 산유국, 소비자, 정부는 1920년대와 1930년대 이후 볼 수 없었던 대규모 유가 변동에 시달리며 OPEC에게 유가를 안정시킬 만한 힘이 사라지고 있다는 것을 느꼈다.

2003년에서 2007년 사이, 전 세계 GDP 성장률은 연평균 5%씩 크게 상승했다. 성장세를 띠는 경제활동으로 인해 석유 소비는 이 기간에 하루 650만 배럴, 8%씩 증가했다.[1] 석유 소비는 2000년부터 2003년까지 하루 평균 100만 배럴 증가했지만, 2004년부터 2007년 사이에는 하루 160만 배럴, 60%나 더 빠르게 증가했다.[2] 중국에서는 경제 성장과 급속한 산업 성장으로 빠르게 산업화와 도시화를 이루며 이에 따른 수요가 폭발적으로 증가했다. 전기 부족도 큰 역할을 했다. 불을 계속 켜놓기 위해, 중국은 증류수와 중유를 태우는 오래된 발전소에 의존할 수밖에 없었다. 에너지 절약 정책의 일환으로 강제 셧다운에 직면한 많은 기업이 이를 계기로 디젤 발전에 투자했다.[3] 이러한 요인이 복합적으로 이루어지며 중국의 석유 수요는 2003년 하루 40만 배럴에서 2004년 하루 90만 배럴로 두 배 이상 증가하였다.[4]

수요의 형태가 바뀌면서 시장은 석유 공급의 부족함을 다소 과장했다. 유럽은 유황 함유량을 줄이며 증류 연료 규제를 강화했고, 정유사들은 더 깨끗한 연료를 만들기 위해 분주하게 움직였다. 이를 위해서는 상대적으로 공급이 적은 나이지리아와 같은 채굴업자가 채취한 '경질 원유'가 필요했다. 나이지리아산 원유의 단점은 적은 공급량에서 기인하는 불안함과 혼란함이었다.[5] 기준 유가가 브렌트유나 서부 텍사스 중질유WTI와 같은 경질 원유로 책정되었기 때문에 경질 원유의 급격한 긴축이 시장을 크게 뒤흔들었다.

공급 측면에서 강철관, 시추장치, 유전, 시멘트 등의 비용 증가로 생산비가 급등한 반면 OPEC 외 생산 증가세는 예상외로 약세를 보였다. 게다가 국제에너지기구는 2004년부터 2007년까지 OPEC 외부의 공급 증가를 계속해서 과대평가하고 말았다(그래프 9-1 참조).

비OPEC의 원유 공급이 차질을 빚은 데는 러시아의 책임이 컸다. 2000년에서 2004년 사이에 러시아는 1990년대의 쇠퇴를 이겨냈고, 그 기간에 매년 하루 평균 50만에서 70만 배럴의 유전을 비축했다. 그러나 원유 수급에 획기적인 유행이 될 수 있었던 새로

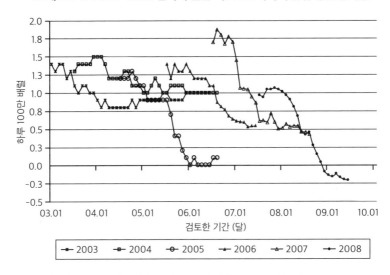

〈그래프 9-1〉 2003~2009년까지 연간 비OPEC 국가의 원유 생산 증가량

검토한 기간 (달)

━■━ 2003   ━■━ 2004   ━○━ 2005   ━▲━ 2006   ━▲━ 2007   ━◆━ 2008

출처: 국제에너지기구(IEA) 석유 시장 보고서. 2003년 1월부터 2009년 6월까지

운 유전 개발에 필요한 독립 회사나, 외국 자본과 기술에 푸틴은 우호적이지 않았다. 원활한 비축량을 보유했던 러시아는 2005년 예기치 않은 반전을 맞이했다.[6] 푸틴은 석유가 얼마나 많이 생산되고 누가 재정적, 정치적으로 이익을 얻는지 신경 쓰지 않았다. 오히려 푸틴은 석유 재벌을 박해했고, 석유 생산을 효과적으로 국유화하는 데 성공하며 투자를 줄였다. 그렇게 러시아의 산유량은 정체 상태에 들어갔다.

러시아의 커다란 둔화 외에도 1970년대 후반과 1980년대 초 OPEC을 그토록 괴롭혔던 북해나 멕시코의 캔터렐 같은 초거대 유전의 산유량 역시 줄어들고 있었다. 브라질, 캐나다, 미국 멕시코만, 북해, 그리고 세계 곳곳의 유전에서도 여러 복잡한 문제로 생산이 지연되었고 문제를 악화시켰다. 1990년대에는 인수 합병이 주를 이뤘지만, 새로운 원유 생산에 대한 투자는 상대적으로 적었다.

예상치 못한 수요 호조와 공급 부진으로 원유 가격은 꾸준히 상승했다. 그러나 OPEC은 원유 공급량의 증가를 경계했다. 회원국 대표단은 여전히 '자카르타의 유령(예상 수요량에 맞추어 공급량을 늘린 상태에서 수요가 이유 없이 약세를 띠며 유가가 붕괴하는 현상)'에 시달렸다. 2003년 12월까지 유가는 22에서 28달러를 넘으며 계속 상승했다. 치솟는 수요와 미지근한 비OPEC 공급량의 격차를 메울 수 있을지 궁금해하며 시장의 모든 관심이 OPEC에 쏠렸다. 시장은 사우디와 다른 OPEC 회원국에 생산을 늘릴 것을 '요구'했지만, OPEC도 당장 시장에 풀 수 있을 만큼 넉넉한 여유 용량이 없었다.

2003년 말 OPEC은 세계 총수요의 약 2%에 해당하는 하루 170만 배럴을 예비로 보유하고 있었다. 1년 전과 비교하면 절반에도 미치지 못하는 양이었다. 여느 때처럼, 용량의 대부분은 이라크 침공, 베네수엘라 노동 파업, 나이지리아의 혼란으로 이미 산유량을 늘린 사우디에 있었다. 게다가 일부 OPEC 회원국들은 생산을 늘릴 수 없었다. 초기 회원국인 인도네시아(2009년 탈퇴 후 2015년 재가입)의 공급은 감소하고 있었고, 미국과의 전쟁으로 이라크의 산유량은 향후 5년간 제자리걸음일 수밖에 없었기 때문이다.

엎친 데 덮친 격으로, 사우디는 보유 중이던 비축량 방출을 꺼렸다. 1997년 자카르타의 붕괴에 대한 두려움이 여전히 생생한 가운데, 사우디는 시장 공급 과잉을 피하고 싶어 했다. 석유시장은 늘 그렇듯 불확실한 공급과 수요로 갑자기 가격이 급하락할 수도 있는 곳이기 때문이었다. 석유 수입에 의존하는 생산국으로서, 사우디와 OPEC 회원국은 높은 유가보다는 당연히 낮은 유가를 더 우려했다. 2003년 이라크 침공 이후 많은 사람이 이라크의 원유 생산이 빨리 재개되기를 희망했고, OPEC과 산유국들은 이를 심각하게 받아들여야 했다. 그러나 2003년 3월 미국의 이라크 침공에도 불구하고 쿠웨이트나 사우디는 큰 차질이 없다는 판단하에 심지어 산유량을 더 줄여버렸다.

그러나 중국의 수요 급증, OPEC 외부의 취약한 공급, 이라크의 회복 실패(실제 2008년 7월까지 이라크의 월 산유량은 전쟁 전 최고치를 넘지 못했다)로 인해[7] 사우디에도 산유량을 늘려야 한다는 분위기가 늘어났다. 이후 사우디의 산유량은 2003년 4분기 하루 850만 배럴에서 2004년 중반까지 950만 배럴로 최고치를 경신했다. 하루 950만 배럴 생산으로 사우디의 산유량은 이미 최대치에 근접하고 있었으나, 미 에너지정보청은 사우디의 산유량이 최대 하루 1000만 배럴에서 1500만 배럴까지로 추정했다. 따라서 전 세계가 유용 가능한 예비용량은 50만 배럴에서 100만 배럴 정도로, 이는 세계 석유 산유량의 고작 1% 미만에 불과했다.[8] 1990년대 비축량이 산유량의 약 4에서 5%였고 1950년대에는 거의 35%에 육박했으므로, 2000년대의 석유시장의 비축량은 한없이 적고 얄팍했다는 뜻이다.

그러나 사우디의 엄청난 물량 공세에도 불구하고 2003년부터 이듬해까지 연간 평균 원유 가격은 배럴당 31달러에서 42달러로 35% 상승[9] 그리고 나서 2005년에 다시 배럴 당 57달러로 36% 더 올랐다. 그해 2월, OPEC 바스켓 가격이 1년 동안 범위 상한선 이상으로 유지되었으므로, OPEC은 곧 22에서 28달러 목표선 유지를 중단했다(그래프 9-2 참조).[10]

산유국과 전문가들은 유난히 낮은 비축량을 알아차렸고, 이 점을 고유가의 원인으로 꼽았다.[11] "전 세계의 수요 급증과 부족한 비축량이 결국 원유 가격을 상승시켰다"고 2005년 1월, 중동 경제 조사관, 빌 패런 프라이스Bill Farren Price는 지적했다. "2004년 OPEC의 비축량이 줄어들면서 2005년에는 석유 산유량 확장 계획에 이목이 쏠렸다"[12]고 그는 덧붙였다. OPEC 회원국의 만성적인 생산 능력 초과가 향후 유가를 20달러 내외로 제한할 것이라던 1998년부터 1999년 사이, 석유시장이 침체기를 겪으며 완전히 변화한 것

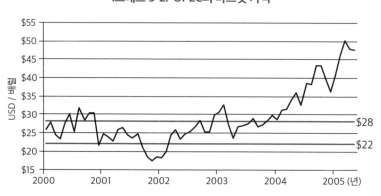

〈그래프 9-2〉OPEC의 바스켓 가격

출처:《블룸버그》, OPEC 사무국 원유 바스켓 일일 가격

이다.[13]

　2005년 초, 구조적으로 긴축된 시장은 자카르타의 악몽은 잠시 접어두고 사우디의 석유 생산 증산을 요구했다. 그러나 사우디도 석유 증산을 위해 수십억 달러를 지출하는 것이 쉬운 결정이 아니었다. 한 도시에 소방서를 여러 개 건설하는 일처럼, 새로운 장비에 투자한다고 해도 산유량을 확보하려면 꽤 오랜 시간이 걸릴 것이었다. 그럼에도 불구하고 2005년 1월, 사우디 석유장관 나이미는 자국 내 최대 생산능력을 하루 1100만 배럴에서 1250만 배럴로 늘릴 계획이라 밝혔다. 장관은 최소 1500만 배럴의 비축량을 유지하는 것이 목표라며, 하루 50만 배럴을 생산할 수 있는 쿠르사이나 Khursaniyah 유전을 포함해 일부 오래된 유전에서 생산을 재개하며 수출 시설을 확장하기 시작했다.[14]

　이듬해, 사우디 왕국은 쿠라이스 Khurais, 아부 지판 Abu Jifan, 마잘리스 Mazalij 등 세 곳의 유전을 개발하기 위해 100억 달러 규모의 거대한 국가 프로그램을 발표했다.[15] 흔히 '쿠라이스 메가 프로젝트'라고 불리는 이 복잡한 대규모 프로젝트는 미국 코네티컷 Connecticut의 절반 크기에 달하는 거대한 유전 개발로 각종 파이프, 물 주입 기술, 깊은 유정 개발 등 대규모로 인프라를 투자해야 했다. 원유 생산을 위한 신규 업스트림 투자로 사우디는 총산유량을 하루 1130만 배럴에서 1250만 배럴까지 늘리고자 했으나[16] 2009년까지는 개발만 이루어질 뿐이었다.

　한편 초긴축 수급은 유가를 사상 최고치로 끌어올렸다. 석유 전문가들은 당시 부족한 비축량으로 OPEC의 유가 안정 능력에 차질이 빚어지며 유가의 변동성이 커졌다고 지적했다.[17] 석유산업의 운송이나 정제 부문과 같은 '다운스트림'의 물류 병목 현상과 맞물려 비축량 부족은 자연재해, 정유사 사고, 투기 매수와 같은 지정학적 충격으로 석유시장의 대응 능력을 떨어뜨렸다.[18] 시장의 균형을 맞추기 위해 비축량이 줄어들면 원유 가격에도 부담을 준다. 그리고 석유 수급의 비탄력성은 곧 높은 가격만이 낮은 수요와 높은 공급의 결과를 낳는다는 사실을 뜻했기에, 수요를 떨어뜨리기 위해 유가는 계속해서 오를 수밖에 없었다.

1970년대를 살펴보면 유가는 공급량 고갈까지는 아니더라도 석유시장에 긴축이 온다는 인식 때문에 급등한 측면이 있었다. 실제 혼란이 적었던 2000년대 초반에는 유독 이런 현상이 짙었다. 이란 혁명과 이란-이라크 전쟁으로 공급이 줄어들었을 때도 OPEC의 미사용 비축량이 상당했다는 점을 감안할 때, 물리적 긴축이 실제 유가 급등을 어떻게 설명할 수 있을지는 의문이다.[19] 그러나 2005년 이후, 석유시장은 구조적으로 위기를 겪고 있었다는 게 분명했다. 빠른 상승세와 불안정함의 지속, 그리고 생산 위기와 위험이 발생할 때 유가는 급등한다.

수요와 공급이 경색 국면에 접어들면서 상대적으로 평온했던 1990년대 이후 다시 한번 공급 차질 문제가 발생했다. 2002년 12월과 2003년 3월 사이, 국영 석유회사였던 페트롤리오스 드 베네수엘라Petroleos de Venezuela의 노동 파업으로 하루 평균 160만 배럴의 산유량에 차질이 생겼다.[20] 베네수엘라가 시장에 복귀하는 동안, 나이지리아의 불안과 이라크 전쟁 역시 세계 공급을 더욱 방해했다. 나이지리아 선거를 앞두고 무장단체가 석유 시설을 공격하는 바람에, 석유사들은 2003년 3월부터 5개월간 불필요한 인력을 모두 대피시키고 하루 평균 25만 배럴을 잃었다. 나이지리아 무장단체들은 파이프라인에서 연료를 훔쳐 바지선으로 빼돌리며 자금을 조달한 것이다. 이 무장단체 무리가 2006년에 등장한 새로운 집단인 니제르 델타Niger Delta 해방 운동의 기초가 되었고, 2006년에서 2009년 사이에 나이지리아 생산을 하루 평균 60만 배럴씩 크게 방해했다. 이라크에서는 3월 20일, 미국, 캐나다, 호주, 일본 등의 '유지연합' 침공으로 석유 생산이 중단되어 하루 최대 240만 배럴, 평균 140만 배럴의 생산 차질을 빚었다. 세 차례의 전쟁과 수십 년의 개발 부재로 이라크 석유산업은 큰 타격을 입었고 2008년 초까지 상당한 양의 공급 차질을 남겼다.

수요가 끈끈하다는 것은 유가 상승에도 소비가 빠르게 줄지 않는다는 것을 의미한다. 중국은 계속해서 경제 성장의 불을 지펴야 했으므로 어떤 대가를 치르더라도 석유 수입을 멈출 수 없었다. 미국에서 운전자들은 1970년대 엄청난 유가 인상 이후 에너지 효율이 높은 차를 구입했다. 그러나 1986년 대폭 하락한 유가와 1990년대 비교적 안정적이었던 휘발유 가격으로 인하여 운전자들은 연비가 적고 유동성이 좋은 자동차를 다시 선택했고 운전량도 늘었다. 인구조사 자료에 따르면 1990년대 1시간 이상 통근하는 운전자 수가 50% 증가했다. 한 SUV 차량 소유자는 2007년 5월 AP통신 기자와의 인터뷰에서 "매일 편도 55마일(약 88km) 거리를 출근한다"면서 "그래서 선택의 여지가 없다"고 말했다.[21]

완강한 수요와 약한 원유 공급량 증가로 인해 2006년 원유 가격은 70달러 이상으로 치솟았다.[22] 게다가 선물 거래 원유 가격 역시 전례 없는 수준으로 상승 폭을 이어나갔다. 1980년대 원유 선물 거래가 출현하며 전문가와 업계 모두 장기적인 차원의 기대 유가 지표 예상이 가능해졌다.[23] 그러나 1990년대에 들어서며 장기적 차원의 유가와 단기적 유가 예상 지표가 달라지는 추세를 보이기 시작했다. 관련 업계와 투자자는 석유에 대한 단기적인 영향을 '검토'하고 장기적인 영향을 가정했지만, 장기적인 차원의 원유 가격은 단기적인 가격 추세와 전혀 상관이 없었다. 이들의 예상대로라면 유가는 배럴당 18달러에서 26달러 사이로 비교적 안정세를 보여야 했다. 그러나 2000년 이후 장기 선물 가격이 현물가격과 함께 상승했으며, 시장 관계자들은 수급 조건의 긴축이 단기적인 것이 아니라 장기적인 구조적 현상이라고 믿었다.[24]

이러한 지속적이고 엄청난 곡선의 유가 상승이 가장 놀라운 일이었다. 시장은 전쟁과 격변으로 인한 가격 급등에는 익숙했지만, 수요와 공급이 정상적인 상황에서도 급등하는 유가에는 익숙지 않았다. 석유산업과 무역업자들은 OPEC이 극단적인 가격 변동에 대응하여 정확한 비축량을 보유하고 있다고 여겼다.[25] 그러나 공급과 수요 역학에 대한 이해는 석유 소비, 생산, 재고와 관련한 빈약한 데이터로 점점 더 복잡해졌다. 석유 업계는 언제나 데이터를 중점적으로 유가를 예측하고자 했다. 1860년대 초반 펜실베이니아 서부 지역의 채굴업자 협회는 시장 전반에 대한 데이터 수집을 우선시했으며, 데이터 수집과 분석은 또한 스탠더드오일사, 쿼터제, 7대 석유사의 공동 생산과 마케팅의 중심이었다. 그러나 OPEC은 특히 신흥 시장에서 보이는 불완전한 데이터로 통제하기 어려운 세계 시장을 관리해야 했다.

최고가가 눈앞에!

2003년 이후 예상치 못한 가격 인상으로 세계 석유 산유량의 증가는 한계에 임박했다는 고질적인 두려움을 다시 불러일으켰다.[26] 피크오일에 대한 공포가 되살아난 것이다. 과거에도 정점을 예측했던 파란만장한 역사가 있었으나, 유가가 치솟자 피크오일 신봉자들이 다시 고개를 쳐들었다.[27] 2005년, 작고한 에너지 투자 은행가 맷 시몬스Matt Simmons는 사우디가 생산 잠재력을 과대평가하고 있으며 알려진 것보다 지나치게 과대 평가 받고 있다고 경고하는 내용의 저서 『사막의 황혼Twilight in the Desert』을 출판하였다. 저명한 석유 투자자이자 헤지펀드 트레이더 T. 분 피켄스T. Boone Pickens 역시 2008년 5월 "전 세계 하루 수요량은 8700만 배럴인 가운데, 생산할 수 있는 양은 하루 8500만 배럴이 전부"라며 "그만큼 간단한 문제다"라고 경고했다.[28] 이들과 정반대의 입장을 보이는 저명한 석유 사학자 대니얼 예긴은[29] 지금의 피크오일 공포는 깜짝 놀랄만한 기술로 새로운 석유 자원을 개발하면 없어질 근거 없는 공포에 불과하다고 주장했다.[30]

피크오일 이론은 토지나 에너지와 같은 한정된 자원의 양에 대한 제한이 사회의 성장 능력을 위태롭게 할 수 있는지, 주어진 자원의 최대 생산이 경제에 어떻게 영향을 미치는지에 대한 오래된 논쟁에서 비롯됐다. 최고 산유량은 지하 저장량의 절반 정도가 채유되었을 때 발생하며 그 후 생산은 계속되어도 필연적으로 느려질 수밖에 없다. 그러므로 최고 산유량과 '고갈'을 혼동해서는 안 된다. '피크'라는 단어 자체가 최대 생산을 의미하며 그 후 생산은 계속되지만 최대 생산보다 느리고, 계속해서 생산 속도는 감소할 것이다. 가격 변동에 대한 소비자의 반응(가격이 오르면 소비자는 자연히 소비를 줄이거나 대체품을 찾는다)과 기술의 진보가 결합하면 석유와 같은 상품이 언제 최대 생산에 이를지 예측하기란 어렵다. 그러나 새로운 기술과 자원의 발견이 함께할 때, 오래된 상품의 마지막이 언제인지를 정확히 말할 수는 없다.

피크오일에 대한 논쟁은 전형적으로 인간의 생존에 중요한 상품들, 즉 음식, 물 그리고 에너지에 집중된다. 피크오일의 경우 최대 생산 시기와 속도가 학문에만 국한된 문제만은 아니다. 대중이 꾸준히 오르는 물가에 적응할 수도 있고, 예상치 못한 정점에 이르러 갑자기 물가가 급등하면 경제적이나 정치적으로 재앙이 될 것이라고 경제학자들은 믿는다. 현대 교통, 농업, 국방 및 기타 핵심 시스템은 석유에 의존하며, 이러한 중요한 분야에서 석유에 대한 단기적인 대안은 없다. 피크오일 이론의 지지자들은 1800년대 목재에서 석탄으로 전환하거나 1900년대 석탄에서 석유로 전환한 것과 같은 과거의 매끄러운 에너지 전환이 피크오일에도 적용될 것이라 가정할 수 없다고 경고한다. 정부의 견해를 반영하지는 않았으나, 2005년 미국 에너지부가 후원한 세 연구원의 보고서 「세계 석유 산유량 최고점: 영향, 완화 및 리스크 관리Peaking of World Oil Production: Impacts, Mitigation, & Risk Management」의 결론은 다음과 같았다.

> 세계 석유 생산의 정점은 미국과 세계에 전례 없는 위험 관리 문제를 야기한다. 정점에 가까워질수록 액체 연료의 가격과 그 변동성은 극적으로 증가할 것이며, 제때 가격 긴장감이 완화되지 않는다면 경제적, 사회적, 정치적 비용 역시 전례 없이 증가할 것이다. 지금 우리는 공급과 수요를 모두 조절할 수 있지만, 생산의 정점을 찍기 10년 전에 시작해야 실질적인 결과를 낼 수 있다.[31]

오늘날 피크오일 이론의 지지자 콜린 캠벨Colin Campbell과 장 리에레르Jean Leherrere는 1956년에 미국의 석유 생산이 절정에 달하고 1960년대 후반에서 1970년대 초에 감소하기 시작할 것이라고 정확하게 예측했던 미국의 지질학자 마리온 킹 허버트Marion King Hubbert

의 발자취를 따르고 있다. 그러나 허버트는 미국의 산유량이 계속 하락해서 2018년이면 석유 자원이 고갈될 것으로 오판했다.[32] 허버트의 예상과는 다르게, 이후에 더 자세히 살펴보겠지만, 2010년 셰일오일이 급부상하며 미국의 산유량은 거의 1970년대 정점 수준으로 반등하였다(그래프 9-3 참조).

석유 생산이 언제 절정에 달하고 감소하기 시작할지 예측하기 위한 도전 중 하나는 지구 지각에 있는 '추정 매장량(현재의 가격과 기술을 감안할 때 수익성을 낼 수 있는 석유의 매장량)'을 측정하는 것이다. 추정 매장량은 현재 가격과 선물 가격, 기술 혁신에 따라 달라지는 데 전부 끊임없이 변화하기 때문에 예측이 어렵다는 단점이 있다.

1950년대 허버트는 추정 매장량과 미국의 산유량, 유전 분석 정보 등 좋은 데이터를 기반으로 미국의 최고점을 정확히 예측할 수 있었다. 그러나 그는 2008년과 2014년 사이, 미국의 추정 매장량을 90%나 증가하게 만든 셰일오일 혁명을 예견하지 못했고, 따

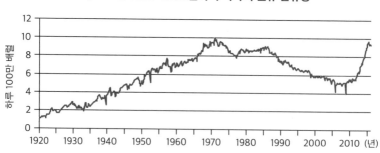

〈그래프 9-3〉 1920~2015년까지 미국의 원유 산유량

출처: 미 에너지정보청, 미국 원유 유전의 생산량

라서 피크오일에 대한 그의 예측은 엄청나게 빗나가고 말았다. 현재 미국의 추정 매장량은 364억 배럴로 1970년 최고치에 비해 약 40억 배럴 부족하다(그래프 9-4 참조).[33] 셰일오일이라는 엄청난 발견이 변수가 되면서, 석유 생산의 절정기를 예측하는 전문가들은 계속해서 헛발질을 했다.

세계적 관점으로 볼 때, 지구에 매장된 석유 자원에 대한 우리의 지식은 아직도 부족하다. 세계 매장량에 대한 정확하지 않은 데이터로 인해 허버트는 2000년에 다다르면 지구의 최대 공급량은 하루 약 3,400만 배럴 정도가 될 것이라고 오인했다. 그리고 실제 2014년, 석유 산유량은 허버트의 예상보다 두 배나 많았다.[34]

옛날 사람들은 저장소에서 채유를 중단해야만 얼마나 많은 양의 석유가 매장되어 있는지를 알 수 있다고 했다. 즉, 석유산업은 과거의 빈번했던 피크 예측에 번번이 반박하며 산유량을 늘리는

〈그래프 9-4〉 1899~2014년까지 미국의 추정 매장량

출처: 미 에너지정보청, 원유 추정 매장량, 매장량 변화 및 생산량

동시에 석유 매장량도 늘려왔다. 1980년에 세계 비축량은 28년 치 산유량과 맞먹었다. 현재 확인된 매장량은 약 1조 7000억 배럴로 추정되며, 이는 58년간의 산유량과 맞먹는다. 2014년 매장량은 향후 58년간 생산이 가능할 것이라 예측했지만, 기술의 발전과 새로운 유전 발견이 매장량 증가에 기여할 가능성을 염두에 두어야만 한다.[35] 국제에너지기구는 기술적으로 회복 가능한 자원(즉, 당장 채유를 하지는 않아도 존재하는 자원)이 현재 지구 지하에 6조 배럴 정도 묻혀 있다고 추정한다.[36] 기술적으로 회복 가능한 자원은 기존의 기술로 지금 당장은 채유할 수 없으나 미래에 채유 가능한 자원이란 의미로, 석유시장의 역사를 살펴보면 우리는 변동하는 원유의 가격과 기술의 변화, 석유 탐험가와 채굴업자의 집념을 절대 과소평가해서는 안 된다는 것을 깨닫는다. 지질학자들과 석유 공급 전문가들은 땅속의 새로운 원유를 찾아서 개발할 가능성에 관하여 금세기 중반까지는 버틸 수 있는 충분한 석유가 있다는 것에 일치된 견해를 보였다.[37]

투기꾼들을 불태워라!

치솟는 유가는 투기꾼에 대한 의혹과 분노를 다시 불러일으켰다. 석유시장에서의 '투기꾼'은 일반적인 뜻과 달리 다른 목적을 위해 석유를 구매하거나 판매하는 사람을 가리킨다(이 경우, 대부분

선물 가격을 예측하여 투자하는 이들을 일컫는다).[38] 투기꾼들은 시장이 존재하는 한 언제나 있었고 종종 식량 부족과 물가 상승의 원인으로 비난을 받아왔다. 폭리꾼, 사재기꾼이라고도 불리는 투기꾼들은 공급 부족이 닥치면 물자를 사재기해 시장에 내놓지 않고, 간절한 소비자들에게 터무니없는 가격을 요구하는 사람들이다.[39] 기원전 6세기, 아테네Athen는 투기를 금지하기 위해 복잡한 법을 제정했다. 특히 저장 금지 품목인 옥수수 같은 곡물을 사재기하여 법을 위반하면 사형 선고가 떨어졌다.[40]

석유 거래는 산업 초기에 번창했지만, TRC와 7대 석유사가 공급을 관리하고 공정을 안정화하면서 20세기 동안 대부분 사라졌다가 1980년대 거래로 수익을 올렸다. 오늘날의 석유산업에서 투기는 시카고 상업 거래소Chicago Mercantile Exchange와 런던의 대륙 간 거래소Intercontinental Exchange 같은 조직화된 거래소에서 석유 선물과 파생상품 계약으로 이루어진다. 거래는 불리한 유가 움직임에 헤지 또는 보험을 원하는 석유시장 참여자들 때문에 존재한다. 항공사 연료 구매자는 제트 연료의 선물 가격을 고정하기 위해 거래소에 간다. 어떤 정유사는 4개월 후 판매할 휘발유 가격을 지금과 비슷한 선으로 유지하고 싶어 한다. 셰일오일 채굴업자는 다음 해 유정에서 나올 생산물 가격에 대한 보호를 요청할 수 있고, 대출 은행이 이를 요구했을 수도 있다.

석유산업은 투명하고 공개적으로 이용할 수 있고, 편견이 없는 가격 정보를 제공하기 때문에 거래할 가치가 있다. 모든 개별적인 석유 거래의 가격과 수량을 기록하고 발표하기란 현실적으로 불가능하다. 따라서 '가격 발표'를 돕기 위해 각 거래의 규모(42갤런은 정확히 1배럴)와 선택할 수 있는 다양한 등급을 모두 표시하는 표준화된 조건으로 거래한다. 넓은 시장 상황을 반영하는 유가를 파악하려면 거래소의 구매자와 판매자가 많을수록 좋다.

거래소가 제대로 기능하기 위해서는 투기꾼이 반드시 필요하다. 구매자나 판매자의 풀이 넓으므로 투기꾼들이 유가의 '유동성'을 제공하기 때문이다. 투기꾼이 없었더라면 매도와 매수자의 수, 즉 거래 건수를 제한해 거래소의 가치를 떨어뜨리고 모두에게 투명한 가격만이 제공되었을 것이다. 투기꾼들은 다른 일반 사람들과는 다르게 가격 위험을 감수한다. 이들은 가격이 어디로 흐를지 예측하면서 비행기, 휘발유 생산, 석유 시추 등 자신 있는 종목에 집중해서 투자하는 것을 선호한다.

고대 아테네처럼 사형에 처해질 수는 없지만, 석유 투기는 현대 석유산업에서 여전히 인기가 없다. 록펠러나 펜실베이니아 서부의 시추업자와 같은 정유사들은 석유 사업에 진정한 애착 없이 석유와 파이프라인 인증서로만 거래하는 투기꾼들을 경멸했다. 지금도 마찬가지지만 석유 업계가 신뢰하던 무지한 투기꾼들의 말도 안 되는 매수와 매도는 이미 변동성이 극심한 석유시장에 불을 붙이는 꼴이된다. 오늘날, 투기와 헤징 사이의 경계는 모호하다. 예를 들어, 일부 석유 채굴업자들은 유가가 하락하리라 예상되면 선물계약을 구매하여 가격을 '헤지'하거나 유지하기로 결정한다. 그러나 가격이 오를 것이라 예상되면, 채굴업자는 가격을 유지하지 않기로 하면서도, 사실상 가격 상승을 추측하고 있다.[41]

1980년대 석유 선물 거래의 광범위한 수익률 이후, OPEC과 서구권의 정치인들, 석유사는 투기꾼이 유가 변동성을 야기한다고 비난해왔다. 이들은 투기꾼들이 석유산업과 시장에 대해 무지하기 때문에 유가를 왜곡하고, 주식시장에서 흔히 볼 수 있는 집단행동을 보이며 유가를 공급 현실과 동떨어지게 한다고 주장한다.

2004년부터 2008년 사이의 유가의 상승은 다시 한번 투기꾼들에 대한 비난을 불러일으켰고, 특히 새로운 유형의 투기꾼들에게 손가락질이 몰렸다. 바로 '대규모 수동층massive passives'의 등장이었다.[42] 이전의 투기꾼들은 미래에 유가가 어디로 향할지에 따라 석유를 거래하고 결과에 만족했지만, 새로운 '수동적' 또는 '장기' 투자자들은 단지 구매에만 열을 올린다. 그리고 소액 투자자, 연금기금, 국부펀드는 2000년대 이후 원자재 가격이 호황기를 보이자, 석유나 기타 상품을 '장기 투자'의 목적으로 확보하였다. 이들은 주식이나 채권이 약한 수익을 보이자, 석유나 다른 상품에 관심을 보였다. 게다가 상품은 일반적인 주식과 채권 보유와는 상관없는 다양성과 수익을 제공했다. 은행과 브로커는 고객이 실제 상품을 소유할 필요 없이 장기적으로 가지고 있을 수 있는 투자 수단 또는 소위 상품 지수 펀드를 만들어 새로운 투자자를 끌어들였다.[43]

일부 논평가와 전문가들은 유가의 상승이 세계 석유시장의 근본적인 수급 요인으로 설명될 수 없다고 주장하며 대규모의 소극적 매수 자체가 엄청난 유가 폭등을 초래한다고 결론 내렸다.[44] 특히 이 견해를 지지하는 투자자 마이클 마스터스Michael Masters는 2008년 5월 상원 국토안보위원회 회의에 참석해 상당히 설득력 있는 증언을 하였다.[45]

전통적인 거래든 소극적 매수든 투기꾼들이 유가를 왜곡한다는 견해에 동의하지 않는 사람들은 몇 가지 사안을 예를 들어 반박했다. 첫째, 그들은 석유시장 참여자들이 '진정한' 공급과 수요에 대해 잘 알지 못한다고 주장했다. 데이터의 엄청난 격차가 그중 한 원인으로 지목됐다. OPEC과 석유사가 1960년대 말부터 1980년대 초까지 예측한 바와 같이 이들은 미래 유가에 대해 뚜렷한 견해를 보이지 않았다. 이 주제에 대한 학문 연구에 따르면 투기꾼들은 유동성과 정보를 시장에 제공하여 안정에 기여하고 변동성을 감소시켰다.[46] 비록 선물 계약의 투기매매가 유가에 영향을 미칠 수 있지만, 사회적 관점에서 반드시 나쁜 것만은 아니라고 2004년에 당시 연방 준비제도 이사회 의장이었던 벤 버냉키Ben Bernanke를 포함한 학자들과 관료들은 말했다. 투기꾼들이 정보를 통해 매수나 매도를 할 때 오히려 시장에 새로운 정보를 가져온다는 점에서, 그들의 거래는 필요할 때 석유를 이용하여 사회 복지를 증진시킬 수 있다는 것이다. 또 투기꾼들은 시장이 긴축하고 있다는 신호를 보내거나, 그 결과로 인한 가격 상승은 더 많은 원유 생산과 적은 소비를 자극하여 석유의 사용 기간을 늘린다.[47]

둘째, 가격을 '왜곡'하거나 '조작'하기 위해 투기꾼들은 물리적 공급을 비축하고 이론 시장과 실제 시장 사이에 약하거나 끊어진 집합점을 이용한다. 거래소 거래 규정상 '장기' 선물계약이 체결되면 해당 한 달 안에 거래가 만료되므로 당사자는 무조건 실물을 받아야 하고, '단기' 거래를 한 당사자는 무조건 실물을 인도해야만 한다. 미래 가격과 실제 가격이 일치하지 않을 때 차익거래 기회가 생기기 때문에 시장으로 모여들 수밖에 없다. 트레이더들은 두 가격의 차이에 편승하여 선물 시장에서 물건을 확보하고 더 이상 수익성이 없을 때까지 현물시장에서 수익을 낸다. 선물거래는 한 달 안에 무조건 만료된다는 점으로 미루어 볼 때, 반강제적 성격을 띠는 선물거래와 현물거래 간의 조화가 석유 시장에서 원활한 거래를 유지시킨다고 볼 수 있다.[48] 시장의 전문가들이 말하는 대로 이러한 융합이 깨진다는 증거는 없다. 게다가 엄격한 규제 환경과 결합해 선물 시장의 규모는 가격을 조작할 수 있을 만큼 충분히 석유를 축적하거나 제거하여 한 명 이상의 개인이 석유시장을 독점하는 게 거의 불가능하다고 볼 수 있다. 실제 석유 재고는 2007년과 2008년에 정상치를 크게 밑돌았고, 이는 유가가 상승했음에도 불구하고 여전히 수요가 가용 공급만큼 끌어내릴 수준으로 오르지 못하고 있음을 시사했다.[49]

셋째, 가격 상승의 배후에 장기투자자(소극적 매수층과 같은 투기꾼)들이 있었다는 마스터스의 논문을 비판하는 사람들은 선물 거래소에서 활발하게 거래되지 않는 쌀이나 철과 같은 상품들이 석유처럼 거래소에서 거래되는 상품들보다 더 높은 물가 상승을 보여주고 있다고 지적했다.[50] 즉, 석유를 포함한 상품의 물가 변동 원인이 금융 흐름에 뿌리를 둔 것이 아니라 경제활동 때문이라는 것이다.[51] 2008년 10월, 국제통화기금IMF은 광범위한 상품 호황이 1970년대 초반의 상품 가격 호황[52]과 규모 면에서 유사하지만, '대규모의 소극적 매수층'이 그 원인은 아니라고 말했다.

석유 선물에 대한 대규모 소극적 구매는 원유 가격의 움직임과 상관관계가 있지만, 인과관계는 아니다. 닭이 울면 해가 뜬다고는 하나, 닭이 해를 떠오르게 하는 건 아니라는 뜻이다. 2009년 6월 국제에너지기구는 재정 흐름과 유가 상승의 상관관계를 언급했지만, 얼마 되지 않는 OPEC의 비축량이 "경제의 기초가 되는 펀더멘털 fundamental이 어떻게 변화했는지를 보여주고 있고, 왜 2008년 상반기의 유가가 그렇게 높았으며, 그 후 6개월 만에 75%나 하락하여 지금 배럴당 70달러가 되었는지 잘 설명해주고 있다"고 하였다.[53]

에너지 경제학자 제임스 해밀턴은 2004년부터 2008년까지 유가 상승은 선물거래로 인한 투자 달러의 유입에 영향을 받았지만 석유 수요의 낮은 가격탄력성과 오일피크 이전에 충분하지 않았던 산유량 때문에 벌어진 현상이라고 결론지었다. 석유의 급격한 가격 변동은 투기 그 자체 때문이라기보다 수급이 원인이라는 것이었다.[54]

관계자들은 해밀턴의 의견에 동의했다. 미국 상품선물거래위원회가 주도하고 연방준비제도이사회FRB, 연방무역위원회FTC, 미국증권거래위원회SEC뿐만 아니라 여러 연방 부서가 함께 연계하여 만든 태스크포스는 심층 조사 끝에 다음과 같은 결론을 내렸다.

> 2003년 1월부터 2008년 6월까지의 유가 상승과 현재의 유
> 가 상승은 근본적인 수급 요인이 큰 문제다. 같은 기간 동안
> 원유의 선물 시장은 상당히 증가했다(미결 계약 수, 거래 활동 및 거
> 래자 수로 측정함). 이러한 상승은 대체로 원유 가격의 상승과도
> 일치했지만, 지금까지 태스크포스의 예비 분석에 따르면 투
> 기 활동이 체계적으로 유가 변동을 주도했다는 의견에 관한
> 증거는 아니다.[55]

전략적 비축량을 투입하라!

2000년 이후 휘발유 가격 급등으로 인한 정치적 열기는 투기
꾼에 대한 정밀 조사뿐만 아니라 전략적 석유비축량으로 유가 변
동성을 억제하라는 요구로 이어졌다. 원칙적으로 유가가 오르면
차질이 없더라도 비축유를 풀어야 한다는 목소리가 나온다. 1996
년 가격 상승기에는 상대적으로 저조한 상업 재고 부족에 따른 유
가 상승 때문에 많은 분석가가 전략비축유 방출을 요구하였다.[56]
(유가가 하락할 때는 전략비축유를 채워 가격을 안정화하라는 요구를 거의 하
지 않는다. 보통 전략비축유 재충전 결정은 9/11 테러 이후 조지 W. 부시 대통
령의 비축유 최대 용량 확보처럼 에너지 안보 우려를 불러일으키는 비상사태에

진행한다.)

　국제에너지기구는 1991년 1월 걸프전 당시 '사막의 폭풍 작전'
이 시작되었을 때와 2005년 멕시코만에 허리케인 카트리나Katrina가
상륙했을 때, 두 차례 전략비축유 방출을 조정했다. 미국 의회나 대
통령은 또한 1996년 의회가 예산에 대한 현금 조달을 위해 방출을
의무화한 세 가지 사례를 포함하여 몇 차례 방출 명령을 내렸다.[57]

　그러나 유가 상승에 대응하여 비축유를 방출하자는 의견에는
논란이 있었다. 2000년 9월, 빌 클린턴 대통령은 유가가 상승하는
가운데 전략비축유 3000만 배럴의 방출을 명령했다. 앨 고어 부통
령은 조지 W. 부시와의 대선 접전을 두 달 앞두고 방출을 요구하
며 당초 입장을 뒤집었다.[58] 클린턴은 상업용 난방유 재고가 부족
했기 때문에 그에 따른 가격 상승에 대한 우려로 비축유 방출 결정
을 내렸다. 그러나 클린턴 대통령의 주장과 방출 시점은 정치적 시
장 개입이자 얄팍한 변명이라는 비판을 받아야 했다. 심지어 당시
재무장관이었던 로렌스 서머스Lawrence Summers는 이 방출이 '위험한
선례'라고 경고하며 시장 간섭으로 받아들였다.[59] 그리고 실제로
2004년부터 2008년까지 대체적으로 안정적이었던 유가 호황기
에도 정책 입안자들은 부시 대통령에게 전략비축유 방출을 요구하
였다.[60] 대통령은 전략비축유는 심각한 공급 부족에 대비하여 사용
해야 한다며 이를 거절했다.

　전략비축유를 방출할 때, 하루 수백만 배럴 이상의 비축 가능성
을 고려하여 이론적으로 생각해보면, 정부 관계자들은 걸프전과 같

은 지정학적 혼란이나 수급 불균형을 상쇄하기 위한 목적으로 전략 비축유 방출을 요구하였다고 볼 수 있다. 그러나 국제에너지기구는 "가령 하루 200만 배럴을 방출하면 민간 재고는 24개월까지 영향을 받는다"고 지적했다. 즉 하루 400만 배럴 방출로 1년은 버틸 수 있다는 것이다.[61] 이론적으로 정책입안자들은 유가가 내려간 시기에 아예 바닥까지 떨어뜨릴 요량으로 원유를 구매할 수 있다.

그러나 정책입안자들이 시장의 긴축이나 흑자에 따라 매수 혹은 매각할 의사가 있었더라도 유가 안정을 위해 전략비축유를 활용한다는 개념에는 많은 문제점이 있다.[62] 매수 혹은 매각 결정은 시장 안정만을 위한 것이 아니라 정치적으로 또 예산에 따라 좌우될 것이 분명하다. 게다가, 유가 안정에 효과를 보기 위해 전략비축유 방출은 국제에너지기구 회원국들 사이에서 조정되어야 할 것이다. 일부 회원국들은 OPEC처럼 부담 분담에 대해 이견을 보이기도 하는데, 다른 회원국이 비축유를 보유하거나 늘리는 사이, 한 회원국이 방출하는 것 자체가 어불성설이라 주장할 것이다.[63]

유가 안정을 위해 비축유를 사용하는 것의 또 다른 문제는 바로 운영이다. 전략비축유는 빈번한 방출과 충원이 아닌 주요 공급 비상사태를 예상하며 대규모의 비상 방출을 목적으로 설계된 정책이다. 비축유를 빈번하고 소소한 목적으로 사용할 경우, 방출을 위해 담수를 소금 동굴에 주입하기 때문에 원유를 저장하는 동굴 환경은 악화된다. 낮은 속도로 적은 양의 담수를 주입하면 동굴 내 염분 침출이 발생하여 동굴이 변형된다. (한 가지 해결책으로 담수 대신 포화식염

수를 주입하는 설비를 건설할 수 있지만 많은 비용이 든다는 단점이 있다.)[64]

가격을 안정시키기 위해 언제 그리고 어떻게 비축유를 투입하거나 제거할지 결정할 만한 충분한 정보를 확보하지 못할 수도 있고, 가격을 안정시키기도 전에 공급이 완전히 끊어질 수도 있다. 게다가 정치적 간섭이 배제될 수 있다고 가정하더라도, 관계자들은 실제 시장 펀더멘털과 일치하지 않는 가격 수준이나 범위를 방어하려고 할 수 있다. 적당한 수준 이하로 유가를 유지하려고 한다면, 모든 비축량을 시장에 풀어 유가를 완전히 떨어뜨릴 수도 있다. 만약 비축유를 방출했는데도 가격 안정에 실패한다면, 아직 손대지 않은 유전이나 비축유가 불러올 심리적 영향을 간과할 수 없다.[65] 만약 당국이 진심으로 배짱을 부리며 시장 수급을 정해진 수준 이상으로 가격을 올리고자 한다면, 일정 용량에 다다를 때까지 계속해서 원유를 구입해야 하며, 이 시점에서 목표로 설정한 가격선이 붕괴하며 유가는 치솟을 것이다.

마지막으로 두 가지 위협이 존재한다. 만약 가격을 잡기 위해 전략비축유를 방출할 경우, 민간 기업이 공급과 수요의 상호 작용으로 인한 가격 변동성을 해결하기 위해 보유하고 있는 재고량을 줄이거나 OPEC 회원국이 생산을 중단하여 이를 상쇄할 수 있다.[66] 그러나 이러한 위협에도 불구하고 유가 상승을 막기 위해 정부가 할 수 있는 최선을 다해야 한다는 요구는 멈추지 않는다.

상승의 절정

유가 고점에 대한 심각한 경고와 투기꾼 단속 그리고 전략비축유 방출 요구가 빗발치는 가운데 유가는 2008년까지 계속 상승했다. 베네수엘라, 이라크, 나이지리아, 북해 등에서 잇따른 공격, 파업, 상업 분쟁 등으로 시장을 강타해 원유 가격 급상승에 기여했다.[67] 2008년 2월 사상 처음으로 유가는 100달러를 돌파했다. 2008년 여름 무렵에 유가는 무려 140달러를 웃돌았다.[68]

2007년 4분기부터 2008년 2분기 사이에 발생한 미국의 수입 원유 오일 쇼크는 실질적으로는 37%, 명목적으로는 41% 상승했으며 "어떤 의미로든…… 사상 최대의 오일 쇼크 중 하나였다."[69] 미국에서는 생산 가격이 원유 가격을 추적하여 최고치를 경신했다. 실제로 일반 등급 휘발유에 대한 국가 평균 생산 가격은 1981년 3월 갤런당 3.80달러였던 이전 최고치를 2008년 4월, 갤런당 3.84달러로 넘어섰고 6월에는 4.43달러로 최고치를 기록했다.[70] 명목상 생산 가격은 2008년 7월 갤런당 4.06달러로 정점을 찍었다.

그 충격은 소비자들을 압도했다. 갤럽 조사에 응한 미국인의 약 71%는 휘발유 가격이 재정적으로 큰 부담이 된다고 말했다.[71] 노스웨스트 항공Northwest Airlines의 CEO 더그 스틴랜드Doug Steenland는 2008년 6월 의회에 출석해, 미국 항공사들이 "그해 제트 연료에 지난해보다 200억 달러 많은 612억을 지출할 예정이며, 총 100억 달러에 가까운 손실을 입을 것으로 예상한다"고 증언하였다. 2007

년 12월부터 2008년 6월까지 치솟은 유가와 제트 연료 가격은 8개 항공사를 폐업, 2개 항공사를 추가로 파산시켰다. 살아남은 항공사들은 연료 용량과 비행을 줄였다.[72] 트럭 운전사들과 기타 연료 소비 근로자들 역시 미국과 유럽에서 파업과 시위를 벌였다. 2008년 5월 갤럽 여론조사에 따르면 상당수가 전략비축유를 방출하고 미국 해안과 황무지에서 시추를 시작해야 하며, 심지어 가격 통제 실시도 지지한다고 답했다.[73]

정치인들과 업계 임원들은 계속해서 투기꾼들을 비난했다. 매사추세츠의 공화당 상원의원 수전 콜린스Susan Collins 는 "유권자들도 이해는 하지만…… 원인은 알지 못한다. 공급이 부족하다는 걸 체감하지 못한다. 유권자들은 OPEC이 생산을 크게 줄이거나 유가가 이렇게까지 많이 오른 원인을 이해할 수 없다"고 하였다.[74] 노스웨스트 항공의 CEO는 의회에 제출한 탄원서에 "나는 석유 선물시장의 과도한 투기를 막기 위해 의회가 즉각적으로 조치해야 한다고 생각한다. 의회의 조치가 내 회사와 미국 항공업계 전반에 미칠 중요성은 아무리 강조해도 충분하지 않다"고 하였다.[75] 가격 상승의 배후에 투기가 없다는 학계의 합의에도 불구하고, 높은 유가에 대한 깊고 광범위한 분노와 항의가 공식적인 조사, 연구 및 청문회로 이어지며 파장을 일으켰다. 2008년 6월 하원은 상품선물거래위원회CFTC, Commodity Futures Trading Commission 에 에너지 선물시장의 과도한 투기로 인식되는 것을 '즉시 억제'하라고 지시했다.[76]

유가의 상승은 과도한 투기 때문이 아니라, 수급의 움직임이 지나치게 요동쳤기 때문이라고 분석했다.[77] 당국 역시 비축의 증거나 선물과 실물 시장 사이의 약하거나 무너진 집합점은 발견하지 못했다. 국제에너지기구도 자체 조사를 벌였으나 유가가 상승하는 동안 투기를 통해 비정상적인 재고 구축을 야기했다는 증거를 찾지 못했다.[78]

언론에서는 가격 인상이 계속될 것이라는 예측이 난무했다. 골드만삭스Goldman Sachs는 2008년 여름 유가가 140달러를 넘어설 것이며 2009년에는 평균 200달러가 될 것으로 예측했다.[79] OPEC의 사무총장은 200달러를, 러시아 국영 천연가스 회사 가스프롬Gazprom의 CEO는 2009년까지 250달러를 예측했다.[80] 이러한 끔찍한 예측은 OPEC 비축량이 2012년까지 '최소 수준'으로 줄어들 것이라는 국제에너지기구의 경고와 2015년까지 세계 석유 공급량이 감소할 것이라는 경고로 이어졌다.[81] 특히 대부분의 민간 전문가들은 국제에너지기구의 예비 용량 추정치가 처음부터 관대했다고 주장하며, IEA의 낮은 예비 용량에 대한 경고에 큰 타격을 입혔다.[82] 어떤 기준으로 보아도 OPEC의 예비 용량은 제2차 걸프전과 2007년 사이에 비정상적으로 낮았다. 그리고 2008년 상반기에 다시 줄어들고 있었다.

1월, 부시 대통령은 기자들에게 "OPEC이 시장에 더 많은 공급을 해주길 바란다. 많은 도움이 될 것 같다"고 말했다. 그러나 나이미 사우디 석유장관은 석유 재고는 정상이라며 시장이 정당화돼야 공급을 늘릴 수 있다고 주장했다.[83] 부시 대통령이 직접 사우디를 방문해 석유 공급을 더 늘려달라고 요청했으나 사우디는 미국의 요구를 거절하였다. 같은 해 5월, 부시 대통령이 다시 리야드를 방문했고, 이번에는 사우디도 하루 30만 배럴의 공급 증가를 약속했다.[84] 하지만 가격은 계속 상승하여 반기문 당시 UN 사무총장을 비롯한 세계 정상들의 비판을 들어야만 했다.

여유 용량이 얼마나 남았는지 그 누구도 정확하게 예측하지 못했으나, 원유 가격이 더 크게 오르자 미국과 (수출국인 러시아 제외한) G8 대부분과 다른 석유 수입국의 탄원과 목소리가 더욱 거세졌고 신속한 전략비축유 방출을 요구했다.[85] 서부 텍사스산 원유는 2008년 5월 113달러에서 거래를 시작했다. 사우디와 OPEC 회원국들은 원유의 공급이 충분하지만 투기꾼들이 가격을 상승시키고 있다고 계속 주장했다. 새뮤얼 보드먼Samuel Bodman 미 에너지장관은 6월 22일 사우디 제다Jeddah에서 열린 산유국 긴급정상회의 전날 기자들에게 "시장 펀더멘털은 산유량이 석유 수요 증가에 따라가지 못하고 있다는 것을 보여주며 산유량 부족이 결국 가격 상승과 변동성 증가라는 결과를 낳았다. 투기꾼이 선물 가격을 올리고 있다는 증거는 없다"고 말했다.[86] 고든 브라운Gordon Brown 영국 총리는 미국과 함께 사우디가 "불확실성과 예측 불가능 대신 더 큰 확실성과 더 큰 안정성을 위해" 사우디의 증산을 촉구했다.[87]

엄청난 국제적 압력으로 사우디는 6월 22일 긴급 정상회의에서 또다시 산유량 인상을 발표했다.[88] 사우디의 산유량은 1981년 이후 최고 수준인 하루 970만 배럴까지 치솟았다. 《워싱턴포스트》

는 "사우디는 2009년 7월 생산 능력을 하루 970만 배럴 수준으로 끌어올릴 용의가 있다"[89]며 "석유 가격의 급등을 투기 탓으로 돌리던 사우디가 마침내 고유가의 원인은 충분하지 않은 공급량임을 인정하였다"고 전했다.[90] 그 사이 원유 가격은 7월 11일 최고치인 147.27달러를 기록했다.[91]

불황의 늪

2008년 중반 석유시장은 폭발했다. 무너지는 부동산 거품이 원유 가격을 바닥으로 끌어내렸고, 호황만큼이나 갑작스럽고 화려한 폭락이 포화처럼 터졌다.

2006년 미국에 부동산 거품이 빠지기 시작하면서 압류, 연체, 금융기관의 부도가 잇따랐다. 금융 업계가 경색 국면에 접어들자 실물경제는 고통에 몸부림쳤고, 부동산 투자와 가계 지출이 둔화되었다. 2007년 말까지 미국 경제는 완전한 불황에 빠져 있었다. 2008년 3월 미국 증권사 베어스턴스Bear Stearns의 붕괴는 금융위기에 대한 우려를 증폭시켰고, 9월에는 미국 정부가 지원하는 주택금융회사 패니메이Fannie Mae와 프레디맥Freddie Mac이 압류되며 불길한 조짐이 번졌다.[92] 2008년 9월 14일 미국의 서브프라임 모기지 사태로 인한 전 세계 금융 위기를 초래했다. 미국에서 네 번째로 큰 투자은행인 리먼 브라더스Lehman Brothers가 파산을 선언하자, 마침내 금융 비상사태가 터지고 말았다. 다른 많은 금융 기관들과 마찬가지로, 리먼 브라더스 역시 질 낮은 가계 부채 증권을 엄청나게 보유하고 있었다. 리먼의 부도는 연쇄 부도와 금융 시장의 광범위한 붕괴를 촉발했다. 같은 해 10월에 약 10조 달러의 글로벌 주식 가치가 증발하며 사상 최대의 월간 손실을 기록했다.[93] 세계의 금융 시장이 얼어붙었고, 경제 성장은 삐걱거리며 멈춰 섰다.

유가가 변한다고 휘발유 소비량이 빠르게 떨어지지 않는다는 사실을 우리는 이미 알고 있다. 하지만 소득이 변하면 소비량은 줄어든다. 고용 상태의 근로자는 유가가 얼마든 부담할 수밖에 없지만, 실직자의 운전량은 현저히 줄어들 수밖에 없다. 2008년 소득이 붕괴되자 석유 수요도 함께 감소했고, 2008년에는 하루 70만 배럴, 2009년에는 하루 110만 배럴로 떨어졌다.[94]

세계가 대규모 불황으로 접어들고 있다는 것이 확실해지자 유가는 급락했다. 2008년 10월, 가격은 배럴당 거의 60달러로 떨어졌는데, 불과 두 달 전의 절반 수준이었다. 12월까지 가격은 33달러로 불과 6개월 만에 78%나 폭락했다. 중동의 석유 전문지《중동경제조사》는 한 해를 돌아보며 "원유 가격이 배럴당 200달러에 달한다고 상상하던 트레이더들이 이제 '수요 붕괴'를 고심하고 있다"고 언급하였다.[95]

유가 변동성은 트럭 운전사부터 가정용 난방유 상인, 자동차 회사와 항공사에 이르기까지 석유 소비자들을 휩쓸었다. 2009년 1월《뉴욕타임스》는 다음과 같이 보도했다.

유가 변동성이 소매 시장에서 나타나고 있다. 불과 몇 주 전까지만 해도 갤런당 4달러의 여름 휘발유 가격에 안도감을 느끼던 운전자들이, 12월 30일 이후 무연 일반 휘발유의 평균 국가 가격이 1.62달러에서 1.79달러로 오르자 모두 고개를 젓고 있다. 유가 변동성은 향후 전략을 파악하기 위해 애쓰던 자동차 회사들마저 곤혹스럽게 만들었다. 토요타Toyota는 지난해 여름 휘발유 가격이 급등하면서 픽업트럭 모델인 툰드라를 제조하는 공장의 생산을 몇 달간 중단했다. 이후 휘발유 가격 하락으로 연료 효율이 높은 모델에 대한 수요가 약화되자, 토요타는 두 번째 프리우스 하이브리드 제조공장 완공을 연기했다. 유가 변동은 전 세계의 해운업과 여러 사업에도 영향을 미쳤다. 연료 헤지 전략을 사용하는 많은 항공사 중 하나인 캐세이퍼시픽Cathay Pacific은 최근 연료 가격 붕괴의 결과로 수억 달러의 헤지 손실을 보았다고 인정했다.[96]

US 에어웨이스 그룹US Airways Group은 유가 침체와 변동성을 이유로 3분기 8억 6500만 달러의 손실을 발표했다. 당시 몇몇 항공사들은 스와프라는 파생상품을 이용해 제트 연료 가격의 상승 위험을 회피하고 있었다. 2008년 유가가 배럴당 200달러까지 계속 오르던 시기 스와프를 통해 낮은 가격으로 연료를 구입하던 항공사들은 고공 유가가 지속될 경우 스와프 계약에 따라 수익이 더 높은 제트 연료 비용을 상쇄할 수 있었으므로 쾌재를 불렀을 것이다. 그

러나 스와프는 의도한 것보다 하한선을 그리는 유가로 인해 손해
를 볼 수밖에 없었다.

　개인의 신용 위기는 2008년 전 세계 금융위기가 원인이었지만
치솟는 유가는 무역수지를 교란하고 인플레이션과 금리에 상승 압
력을 가하며 소비자와 기업 소득을 무너뜨리고, 석유 수입 선진국
의 경제 약화에 일조했다. (미국의 경우 에너지 가계 지출이 2003년부터
2008년까지 소득의 약 8%까지 오르며 두 배 이상 뛰었다.)[97] 그리고 궁극적
으로 유가로 인한 가계 경제가 흔들리면서 소비자들은 금융위기에
더 취약해졌다.

10장

세 번째
지각 변동의 시대

(2009년~현재)

OPEC 회원국이 2008년 9월 9일 정기회의에 모였다. 당시 유가는 배럴당 147달러에서 106달러로 급락했지만 결코 낮은 수준은 아니었다. 산유국들은 가격이 어디로 튈지 예상하지 못했고, 자연히 앞으로의 행보에 의견이 분분했다. 베네수엘라나 이란처럼 높은 유가를 선호하는 회원국들은 할당량을 줄이기를 원했지만, 사우디처럼 상대적으로 낮은 유가를 선호하는 '평화의 비둘기'들은 잠시 시간을 갖고 앞으로 상황이 어떻게 전개될지 지켜보자고 했다. 새벽까지 공론을 벌인 OPEC은 결국 1년간 하루 2880만 배럴 할당량을 지정하기로 발표하였다.

《중동경제조사》 라피크 라타Rafiq Latta 기자는 "사우디를 제외하고 다른 모든 회원국은 할당량을 크게 초과할 수 없었다"고 지적했다. 사우디의 산유량이 월등히 높은 가운데, 리야드의 전통적인 동맹국인 쿠웨이트도 사우디의 산유량 감산에 동참해버린 것이다. OPEC은 실제 산유량을 하루 52만 배럴까지 줄일 것이라 밝혔다.[1] 리야드는 일방적으로 감산을 반대했다. 사우디는 OPEC 결정에 거부권을 행사할 수 있었지만, 실제 행사하진 않았다. 그러나 다른 회

원국의 바람을 무시하고 시장에 적당량의 공급을 계속 유지할 계획이라고 언론에 흘렸다.[2]

10월이 되자 상황은 훨씬 악화되었다. 원유 가격이 3분의 1 이상 폭락해 70달러 아래로 떨어지자 OPEC은 2008년 10월 24일 긴급회의를 열었다. OPEC은 11월 1일부터 원유 공급량을 하루 150만 배럴씩 줄이기로 합의했으며 사우디는 2008년 10월 940만 배럴에서 12월 850만 배럴로 감산했다. 이와 대조적으로 다른 국가들은 하루 50만 배럴을 감산하였다.[3] 그러나 석유의 수요는 하락하고 재고는 빠르게 축적되면서 가격은 계속해서 떨어졌다. OPEC은 원유가 45달러까지 폭락했던 12월 17일, 알제리 오랑에서 또다시 긴급회의를 소집했다. 패닉 상태에 빠진 각국 대표들은 2009년 1월 1일, 또다시 하루 220만 배럴이라는 조직 역사상 가장 큰 규모의 감산을 명령했다. 차킵 케릴Chakib Kehlil 알제리 석유장관 겸 OPEC 의장은 "OPEC의 과감한 조치를 아무도 예상하지 못했을 것"이라 언론에 말하며 "바라건대 모두가 놀랐으면 한다"고 말했다.[4]

1998년과 1999년에 OPEC에서 행했던 긴급 삭감과 마찬가지로, 2008년 하반기 삭감은 시장 관리 차원이라기보다 비상사태 대응의 측면에 더 가까웠다. 성공적인 카르텔은 유가의 호황과 불황을 피하기 위해 공급을 관리한다. 2005년부터 2008년까지의 호황을 막지 못한 OPEC은 적어도 그 이후의 불황을 공동으로 차단할 충분한 규정을 만들었어야 했다. OEPC의 한 임원은 오랑 회의 후

기자와의 인터뷰에서 "농담이 아니다. 유가가 떨어지면 사람들이 행동에 나선다는 걸 모두가 알고 있다"고 말했다.[5] 그러나 유가가 떨어져야만 행동에 나서는 것은 TRC나 7대 석유사에 의해 시행된 꾸준하고 확고한 경영방식보다는 펜실베이니아의 시추업자들이 보여주었던 임시방편과 더 닮아 있었다.

이란의 경우 수익 손실이 너무 커서 감산을 쉽게 결정할 수 없었다. 이란의 유전은 이제 고령화로 인해 산유량이 감소하고 물류와 운영에 문제가 발생하고 있었다. 게다가 이란은 석유 생산의 부산물로 내수용 난방을 위한 천연가스를 많이 생산했는데, 겨울이 오기 전 원유 생산을 감산할 경우 난방 가스 부족으로 이어져 정치적으로 문제가 될 수도 있었다.[6] 그러나 테헤란조차도 비록 할당량을 완전히 준수하지는 않았지만 OPEC의 결정에 따르며 이례적인 모습을 보여주었다. OPEC의 자료에 따르면 이란은 산유량을 의무량의 약 절반까지 줄였다.[7] 2008년 9월부터 2009년 1월까지 OPEC 총산유량은 하루 360만 배럴 감소했다. 사우디의 산유량은 하루 130만 배럴 감소했고, 이는 OPEC 총 감축량의 약 37%에 해당한다.[8]

브렌트유 가격은 2008년 12월 말 33.73달러로 5개월 만에 76% 하락했지만[9] 낮은 수요에 따른 낮은 공급으로 가격은 꾸준히 상승하며, 2011년 초 다시 90달러를 넘어섰다. 2011년 2월 리비아의 독재자 무아마르 카다피의 붕괴로, 리비아의 공급량 150만 배럴이 사라졌고, 원유 가격은 다시 배럴당 100달러 이상으로 치솟았다. 중동의 봄에 리비아의 사건이 영향을 미치지 않았지만, 그럴 가능성에 두려움이 세계로 퍼졌고, 석유 사재기가 시작되었다. 2011년부터 2014년 상반기까지 원유 가격은 100달러에서 125달러 사이를 오갔다(그래프 10-1 참조).[10] 2005년부터 2008년까지 지속된 호황 이후, 석유시장은 안정세로 돌아섰지만 오히려 태풍이 오기 전 평온함처럼 늘 불안정했다.

2008년 격동의 붕괴 이후 OPEC 회원국은 잠시 행복을 누렸다. 대부분 최대 생산을 이어나갔고, 100달러 수준의 안정적인 유가를 누렸다. 1982년 실질 기준으로 약 3260억 달러였던 OPEC 석유수입은 2012년 9500억 달러 이상으로 치솟았다.[11] 사우디가 대부분 책임진 산유량 감소와 쿠라이스 대규모 프로젝트의 생산 개시에 힘입어 OPEC의 비축 산유량은 다시 5% 안팎으로 증가했고 상대적으로 평온했던 1990년대의 분위기가 2010년에도 감돌

〈그래프 10-1〉 브렌트유 연도별 선물거래 가격

출처: 《블룸버그》, ICE 브렌트유 선물(CO1)

았다.[12] 사우디가 대부분의 산유량을 감수하며 다른 회원국에 대한 영향력을 행사했다. 그러나 이렇게 태평한 환경에서 OPEC의 시장 관리 복귀는 서로 간에 깔린 근본적 역학 관계를 밀어 놓고 OPEC 내부의 긴장감을 흩뜨렸다.

첫 번째 불길한 추세는 비축량이 2010년 회복 후 즉시 다시 줄어들기 시작하여 2011년과 2014년 중반 사이에 세계 산유량 평균 2.9%로 떨어졌다는 것이다. 1990년대 중반 증가했던 비축량으로 볼 때 OPEC 회원국들이 산유량을 늘리지 않고 자제하고 있다는 게 눈에 보였다. 그러나 2011년 산유량이 늘자 비축량이 감소하기 시작했다. 석유 수요는 2008년 이전 수요량으로 유지되었다. 2011년부터 2014년까지 평균 100만 배럴이었고, 2003년부터 2007년 사이 160만 배럴에 비해 낮은 수준이었다.[13]

이라크는 2003년 침공으로 회복세가 뚜렷하지 않았고, 리비아는 2012년 이후 하루 100만 배럴의 차질을 빚었으므로, 공급이 예기치 않게 떨어지는 상황에서, 같은 해 이라크는 국제 제재로 하루 약 100만 배럴의 수출량이 감소하였다. 사우디는 계속해서 산유량을 늘렸고 비축량은 더욱 감소했다. 2011년 7월 사우디의 산유량은 30년 만에 월간 최고 수준인 하루 980만 배럴로 증가하였다.[14] 사우디의 비축량이 점차 줄어들었다는 것은 유가 변동성에 잠재적 위험이 증가했다는 것을 의미했다. 수요가 회복되거나 또 다른 차질이 발생한다고 해도, 사우디가 산유량을 더 늘리고 유가 폭등을 막기 위해 비축량을 방출할 가능성이 작아졌기 때문이다. 시장은

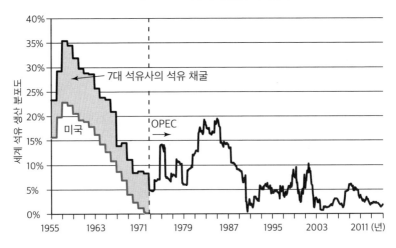

<그래프 10-2> 전 세계 원유 비축량

출처: 래피던 그룹; 미 에너지정보청; 영국 석유회사, "2035년 에너지 전망"; 미 상원. © 래피던 그룹

다시 한번 불안한 줄타기를 하고 있었다(그래프 10-2).

한편, 가격 폭락의 위험은 또 있었다. 사우디는 1980년대 초반의 스윙프로듀서 역할을 다시는 하고 싶지 않았다. 즉, 석유시장이 과잉 공급될 경우 가격을 안정시키기 위해 생산을 줄이려는 스윙프로듀서가 더 이상 존재하지 않는다는 뜻이었다. 따라서 2010년 이후 안정적이었지만 높은 유가는 불안정한 구조에 머물렀다. 어떤 식으로든 혼란이나 수요 회복이 일어나면, 유가는 호황을 맞이한 다음에는 새로운 석유 공급의 출현을 불러올 수 있었다. 인과적으로 다시 불황이 찾아올 수밖에 없다.

사우디의 비축량 감소는 OPEC 내 힘의 균형에 더 많은 영향을 미쳤다. 1970년대 이후 사우디가 상당한 비축량을 보유함에 따라 OPEC 내에서 막대한 영향력을 갖게 되었고, 리야드에 영향력을 행사할 힘과 권한이 늘어났으며 필요한 경우 다른 산유국에 공급을 늘리라고 위협을 할 수도 있었다. 사우디는 1985년 말에서 1986년, 이미 한 번 레버리지로 횡포를 부렸고, 똑같은 위협으로 1990년대 말과 2002년 초, 회원국의 삭감을 이끌어냈다. 그러나 석유사와 사우디의 비축량이 적어지면서 이들의 영향력은 약화되었고, 지정학적이자 전통적으로 사우디의 경쟁 상대였던 이란은 OPEC의 정책을 수립하는 사우디에 도전하며 점점 대담한 행보를 보이기 시작했다.

2011년 6월 8일 OPEC 회의에서 사우디의 영향력이 떨어졌다는 게 명백히 드러났다. 전체 원유 가격이 배럴당 110달러 선으로 향했고 리비아의 공급이 없어진 상황에서 OPEC이 손실을 상쇄해야 한다는 서방국가의 아우성이 빗발쳤다. 사우디는 산유량을 늘리고 싶지 않았다. 그 이유 중 하나가 바로 품질이 떨어진다는 것이었다. 리비아는 사우디가 비축하고 있는 석유보다 훨씬 더 가볍고 질 좋은 원유를 수출했다. 사우디가 망설이자, 2011년 봄, 전략 비축유 방출을 적극적으로 고려하던 워싱턴과 다른 소비국이 소스라치게 놀랐다. 회의가 열리던 시점, 사우디의 산유량은 하루 960만 배럴, 비축량은 하루 300만 배럴 미만이었다. 사우디는 결국 더 많은 공급이 필요하다고 결정했고, 산유량 증가를 OPEC 내 하루 150만 배럴의 쿼터제로 지정하기를 요구했다. 그러나 강경파인 베네수엘라와 알제리는 이란이 의장을 맡은 회의에서 사우디가 제안한 증산을 거부했다. OPEC 정책에서 공식적으로 산유량을 변화하려면 합의가 필요하다. 과거에는 사우디가 힘을 이용해 다른 회원국의 묵인을 얻어냈지만, 이제 그 권위가 쇠락하고 있던 것이다.

교착상태는 이례적인 '쇼크 실패'로 이어졌다.[15] OPEC 회의는 공식 성명서를 발표하지 못한 채 어수선하게 끝났다. 사우디는 비난에 익숙지 않았다. 격분한 사우디의 나이미 석유장관은 "그동안 가졌던 회의 중 가장 최악이었다"며, "장관으로서 회의에 참석한 지난 16년간 이토록 완고한 입장은 본 적이 없다"고 말했다.[16] 그러자 오바마 행정부는 마지못해 국제에너지기구 국가들을 설득해 6월 23일, 전략비축유 방출에 협력했다. 결국 사우디는 2011년 11월, 하루 30만 배럴의 산유량을 늘렸다.

2011년 12월 14일 관계가 개선되는 가운데 OPEC은 다시 회의를 열었고, 2008년 12월 오랑에서 제정된 국가 수준의 쿼터제를 폐기하며 OPEC 전체의 목표를 하루 3000만 배럴로 대체했다. 이전의 2480만 배럴이었던 합산 목표를 바꾸며 당시 지배적이었던 비축유를 모으기 위함이었다. 목표를 하루 3000만 배럴로 설정하며 OPEC은 회원국 개별의 쿼터를 설정하는 게 비현실적이라는 것을 인정했다. 같은 해 여름과 달리 회원국 간의 합의는 성공하였으나, 일련의 사건으로 OPEC 내부에는 서로 간의 적대감이 쌓여 갔다. 수니파였던 사우디, UAE, 쿠웨이트는 기존 할당량을 훨씬 초과하는 산유량을 누리는 반면 몇몇 회원국은 소폭 증산에 성공하거나 차질을 겪었다. 라파엘 라미레즈_{Rafael Ramirez} 베네수엘라 석유장관은 2011년 12월 14일 회의에 참석한 기자회견에서 "걸프 지역의 일부 국가는 과잉 생산을 하고 있다. 이들의 감산이 필요하다"고 말했다.[17] 그러나 사우디 리야드는 쿼터에 실증을 냈다. "교훈을 얻어야 할 필요가 있다"며 사우디 익명의 관계자는 《중동경제조사》와의 인터뷰에서 "할당량을 설정할 때마다 누가 가장 큰 타격을 입는가? 바로 사우디다. 우리는 배운 것이 있다. 더 이상 사우디는 스윙프로듀서가 아니다, 쿼터제는 누구에게 필요한가?"라며 성토했다.[18]

OPEC의 산유량 증가와 전략비축유 방출로 2012년 유가는 100달러 선으로 떨어졌다. 그러나 OPEC이 기능을 하지 못하고 사우디의 비축유가 심각하게 낮은 상황에서 워싱턴은 석유시장에 지속적으로 세심한 주의를 기울이고 있었다. 당혹감이 아니라 면밀한 조사에 가까웠다. 2005년부터 2008년까지 가격 급등 이후 투기꾼들이 가격을 견인하지 않는다고 결론이 나면서, 대체로 분위기는 고품질의 오래된 수급 펀더멘털이 작동하고 있다고 생각했다. OPEC이 유가를 정해진 범위로 유지할 수 있었다면 서방 국가도 만족했을 것이다. 소비자, 예산 입안자, 중앙은행 그리고 산업에서 무엇보다 원하는 건 유가의 안정이었다. 따라서 높은 유가라 해도 움직임이 안정적이라면 적응할 수 있었다. 그러나 안타깝게도 안정성은 보장할 수 없었다. 유가 폭등을 막기 위해 사우디에 의존할 수 없다는 사실이 고통스러웠지만 명백해졌다. 정부 입장에서 가장 큰 위협은 경제적 위기를 불러오는 유가 급등이었다.

백악관은 유가가 115달러를 돌파하고, 때때로 120달러 선을 넘어서면 불안감을 숨기지 않았다. 120달러는 소비자 신뢰와 경제 성장에 해가 되는 한계선이었다. 많은 전문가가 한계선을 넘어설 때면 사우디에 증산을 요청해야 하는 것이 아닌지 고심했고[19], 전략비축유의 전략적 방출을 준비했다. (그리고 2011년 6월, 비축유 방출이 결정되었다.) 관계자들과 시장 참여자들이 주의 깊게 관찰한 결과, 2011년과 2014년 중반을 거치며 100에서 120달러의 유가가 '뉴노멀(시대 변화에 따라 새롭게 떠오르는 기준 또는 표준-옮긴이)'로 인식되었다.[20]

전략비축유 방출을 고심하는 워싱턴

2010년부터 2013년까지 유가는 비교적 안정적이었지만, 100달러 안팎으로 높은 편이었다. 그리고 정책 입안자들은 상대적으로 낮은 비축량으로 인해 공급과 수요의 펀더멘털이 붕괴되거나 긴축될 경우 유가가 급등하며 경제적 피해가 엄청나게 발생하리라 심각하게 고심하고 있었다. 미국을 비롯한 전략비축유 보유국은 단기적 가격 급등에 대응할 유일한 도구가 바로 비축유 방출이었다. 2011년 6월, 천연자원위원회의 전 임원이자 전략비축유 사용의 저명한 지지자인 매사추세츠 민주당 하원위원 에드워드 마키 Edward Markey 는 비축유 방출이 "유가를 즉시 낮출 수 있는 미국의 유

일한 수단"이라 일컬었다.[21]

법은 대통령이 (무제한의) 주요 전략비축유 방출을 지시하기 전 '심각한 에너지 공급 중단'의 근거가 있어야 한다고 규정했지만, 심각한 에너지 공급 중단이라는 용어의 정의를 어떻게 내리느냐에 대한 논란이 있었다.[22] 전략비축유의 효용이나 방출이 필요한 비상사태가 발생했다면 보다 유연한 해석이 필요했다. 비상사태에 언제 어떻게 대응하느냐가 아니라 일반적으로 유가를 안정시키기 위해 과연 전략비축유를 사용할 수 있느냐에 대한 논의가 선행되어야 한다는 뜻이다.

전략비축유의 목적은 공급 중단이라는 비상시에 많은 양의 원유를 신속하게 방출하여 경제적으로 위협이 되는 유가의 상승을 줄이는 것이다. 전략비축유 최대 방출 결정에 관해 내려진 바가 없었으므로 최대 속도와 비율은 알 수 없다. 전략비축유를 관리하는 에너지부는 공개적으로 대통령 결정 13일 이내에 초기 방출률이 하루 440만 배럴이라고 밝혔지만[23] 2015년 전략비축유의 "효과를 올리기 위해서는 상당한 기간 동안 유가를 유지해야 하고 업그레이드가 필요하다"고 언급하였다.[24]

처음 두 번의 방출은 주요 공급 비상사태에 앞서서 비교적 논란의 여지가 없었다.[25] 2011년 6월 23일 국제에너지기구의 6000만 배럴 방출은 전례가 없는 일이었으므로 논란이 많았다.[26] 행정부는 "리비아 및 기타 산유국의 불안으로 인한 세계 시장의 공급 중단"[27]을 방출 이유로 삼으며 총 4차례에 걸쳐 내보냈다.[28] OPEC이 6월 8

일 산유량 인상을 거부한 가운데 사우디, UAE, 쿠웨이트는 증산하겠다고 밝혔다. 국제에너지기구 국가의 절반 미만만이 방출에 참여하였고, 대다수의 회원국은 방출이 무의미하다고 여겼다.[29]

2011년 6월 23일 전략비축유 방출은 시장의 많은 사람을 놀라게 했고, 전략비축유가 주요 혼란에 대한 즉각적인 상쇄 대신 시장 안정 방법으로써 더 유연하게 사용될지에 관한 의문을 제기했다.[30] "결과를 알 수 없는 얄팍한 경기 부양책처럼 보인다"며 투자은행의 한 고위 시장전략가는 "왜 지금이냐"고 반문했다.[31] 일본 에너지경제연구소 수석 이코노미스트이자 독립 석유 전문가인 켄 고야마Ken Koyama 보고서에서 "석유시장 관계자들에게 국제에너지기구의 결정은 단순히 물리적 공급 차질에 관한 대응책이 아니라 유가 안정을 위한 것이라고 받아들이지 않았을까 의심스럽다"고 말했다.[32] 많은 분석가, 업계 참여자들은 물론 대통령의 정치적 반대파들까지 전략비축유 방출이 정치적 편의를 위한 것이라고 날카롭게 비판했다.[33]

전략비축유의 정치적 방출에 대한 우려는 2012년 유가가 배럴당 120달러 이상으로 상승했을 때 다시 나타났다. 당시 오바마 대통령은 다시 한번 비축유 방출이 필요하다고 G8 선진국을 설득했다. 그러나 나머지 국가는 반대 입장을 밝혔고 방출은 이루어지지 않았다. 마리아 반 더 호벤Maria van der Hoeven 국제에너지기구 총장은 "시장에 석유의 공급이 원활하기 때문에 방출을 요구할 만큼 긴급한 혼란은 없다"고 말했다.[34]

셰일오일, 혁명의 시작

1970년대 초 TRC와 7대 석유사가 통제력을 잃은 후, 석유시장은 거의 5년 주기로 극적이고 예상치 못한 무언가가 나타나 시장을 변화시키는 것처럼 보였다. 2010년에서 2015년 사이, 미국의 영세 독립 채굴업자들은 그들의 선대가 현대 석유시장에 불을 붙이고 스핀들톱과 검은 거인처럼 거대한 유전을 발견하며 다시 한 번 세계 석유시장을 놀래켰다. 바로 미국의 '셰일오일'이었다.

셰일오일 붐을 이끈 건 휴스턴의 최대 석유 및 가스 생산자 중 하나인 베테랑 석유업자 조지 미첼George Mitchell이었다. 1980년대에 미첼이 고용한 지질학자들은 깊이 있는 셰일층에서 유정을 침하할 때 많은 양의 천연가스가 나온다는 사실을 알아차렸다. "흙과 점토 크기의 광물 입자들이 뭉쳐 형성된 미세하고 뿌리 깊은 퇴적암"[35]인 셰일층이 오랫동안 기름과 가스를 저장한다고 알려졌지만, 그 누구도 이 셰일층의 원유를 추출할 방법을 알지 못했다. 그때 미첼이 '수압 파쇄법(수압 균열법)'을 사용하여 가스를 얻는 방법을 발견했다. 파쇄법은 본질적으로 암석 내부에 갇힌 가스나 기름 분자를 방출하기 위해 바위를 산산 조각내는 방식으로 석유산업 초기부터 널리 사용되어 왔다. 남북전쟁 이후 폭발성 '어뢰'를 유정에 떨어뜨려 암석을 쪼개고 유속을 올리는 초창기의 파쇄법이, 1970년대 초 석유와 천연가스 붐이 일어나며 산유량을 늘리고자 했던 연방정부의 지원을 받아 더욱 발전을 거듭했다. 이때, 한 석유 업자는

"다른 방법이 모두 실패하면, 그때 파쇄하라"고 말하기도 했다.[36]

미첼의 혁신은 셰일 암석으로 훨씬 더 깊은 곳에 있는 유정을 파내는 것이었다. 1982년 그는 댈러스에서 서쪽으로 이어지는 거대한 지질층인 바넷 셰일Barnett Shale에서 첫 번째 유정을 골라 채유에 성공했다. 물론 노력에 비해 비용이 너무 많이 들었다. 1980년대와 1990년대를 거치며, 미첼과 그의 동료들은 다양한 파쇄법을 끈질기게 연구하고 실험했고, 1997년에 마침내 소량의 프로판트(셰일가스나 원유를 수압 파쇄법으로 채굴하는 과정에 사용되는 모래)가 섞인 물을 폭발시키는 방법을 고안했다. 이 방법을 이용하면 암석이 측면으로 터지며 방출된 가스 분자가 흐를 수 있는 균열이 생긴다.[37] 소위 "슬릭워터 파쇄법(물에 화학 첨가제를 넣어 수압으로 파쇄하는 기술-옮긴이)"으로, 일반적인 방법보다 훨씬 저렴했다. 기술이 발전하면서 2000년대 이후 석유 시추업자들은 많은 양의 셰일가스로 인하여 수익을 올렸고 생산할 수 있는 여러 방법을 고안했다. 이 중에는 "정부와 민간 합동 기업, 사유지 및 광물 권리 소유권, 높은 천연가스 가격, 시장 구조, 유리한 지질, 천연가스 파이프라인 인프라 건설" 등이 포함되었다.[38]

상업적인 셰일가스 생산은 2000년 텍사스 중북부 바넷 셰일에서 시작되었고, 이후 많은 회사가 넷 셰일에 유정을 뚫느라 바빴다. "1년에 약 37조 갤런 분량의 천연가스"였다. 개발은 "텍사스 동부와 루이지애나 북부에 있는 헤인즈빌Haynesville, 오클라호마의 우드포드Woodford, 텍사스 남부의 이글 포드Eagle Ford, 그리고 애팔래치아

북부의 마셀러스Marcellus와 유티카Utica 셰일"을 포함한 다른 셰일층으로 옮겨갔다.[39]

셰일가스 시추는 성공적이었다. 시추업자들은 2005년에서 2008년 사이에 MMBtu(100만 영국 열량 단위, 25만 kcal를 내는 가스 양-옮긴이) 당 6달러에서 14달러 사이였던 천연가스는 이후 1.70달러에서 6달러까지 떨어졌다.[40]

셰일가스 붐으로 천연가스 가격 폭락이 촉발되자 시추업자들은 파쇄법을 천연가스에서 원유 유정으로 이동했다. 그 결과 미국의 셰일오일(일명 '경박유' 혹은 LTO) 산유량은 하루 50만 배럴 미만에서 2015년 하루 450만 배럴 이상으로 치솟았다.[41]

셰일 유정은 급증했다가 빠르게 하락하여 수십 년 동안 생산이 가능한 유정을 개발하던 석유산업에 완전히 새로운 역동성을 가져왔다. 보편적인 유정의 경우, 내부의 압력이 저장소의 압력보다 낮으면, 원유는 자연적으로 유출되어 유정을 통해 지표면 위로 올라온다. 저장소 내 가스나 물로 인한 압력으로 원유가 자연스럽게 밀려올라 오는 것이다. 그러나 이 자연 구동력이 고갈되면 오일을 끌어올리거나, 다른 방식을 이용해 인위적으로 원유를 시추해야 한다. (흔히 자주 보이는 펌핑 기어가 바로 석유를 끌어올리는 기계다.) 자연적인 방식이든 인공적인 방식이든, 보통 저장소에 있는 기름의 약 30에서 35%를 추출한다. 나머지 원유를 얻으려면 시추업자들은 더 나은 기술이나 유정 자극 기술을 사용해야 한다. 예를 들어 유정 내 압력을 억지로 증가시켜 내부의 원유를 위로 밀어올리는 것이다. 더 이상 압력을 올릴 수 없으면 원유회수 또는 원유회수증진기술EOR, Enhanced Oil Recovery이라 불리는 마지막 단계를 수행해야 한다. EOR 기술은 저장소에 기름이 흐를 수 있는 틈을 만들거나 뜨거운 물이나 증기를 바위에 주입하여 기름을 가열하는 것을 포함한다. 이와 관련된 또 다른 EOR 기술이 바로 앞서 말한 수압 파쇄법이다. 이런 기술을 이용해 유정에서 기름을 빼내고, 자극을 통해 기름을 밀어내고, 마지막으로 저장소를 폭파, 가열 또는 산성화함으로써, 채굴업자들은 수년 또는 수십 년 동안 유전에 원유를 흐르게 하고, 안정기를 늘리고 점진적으로 산유량을 줄이는 것이다.[42]

그러나 셰일 유정의 경우, 바로 EOR로 넘어간다. 셰일오일은 저장소에서 생산되는 것이 아니라 수천 피트 아래에 있는 셰일암에서 생산된다. 〈그래프 10-3〉에 나타난 바와 같이 셰일오일 산유량은 재래식 유정에서 나오는 석유보다 훨씬 빠르게 오르내린다. 노스다코타 바켄Bakken 지역에서 발견된 가장 일반적인 셰일 유정을 보면 시추 첫해에 산유량이 65%, 이듬해 35%, 세 번째 해에 15%, 그리고 그 후 매년 10%씩 감소한다. 〈그래프 10-3〉에서 나타난 바와 같이, 4년 이내에 셰일 유정의 산유량은 초기 수준의 20% 미만으로 떨어졌지만, 기존의 유정은 여전히 초기 산유량과 비교하여 70에서 80%로 생산되고 있다.[43]

전체 셰일 산유량이 증가하거나 일정하게 유지되기 위해서는 많은 새로운 유정을 지속해서 뚫거나 파쇄해야 한다는 것을 의미한다. 주어진 지역에서 셰일 시추 또는 파쇄법이 느려지거나 중단

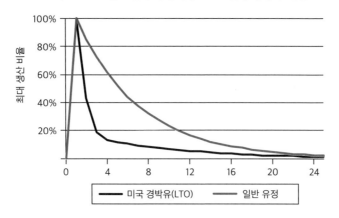

<그래프 10-3> 일반 유정과 경박유(LTO) 유정의 생산 곡선

출처: 국제에너지기구의 「2013년 세계 에너지 전망」 (www.iea.org/t&c) 참조, 래피던 그룹 수정

된다면, 이미 생산하고 있는 유정에서 발생하는 감소율은 해당 지역의 전반적인 산유량을 상대적으로 더 빠르게 감소시킬 것이다. 만약 전통적인 석유 생산이 땅에 빨대를 꽂고 자연 압력을 이용해 오랜 시간 동안 꾸준히 기름을 밀어내는 것과 같다면, 셰일오일의 생산은 젖은 스펀지를 짜내는 것과 같다. 생산과 동시에 많은 원유를 얻지만 그만큼 빨리 말라버린다. 따라서 셰일오일 유전의 원유가 계속 흐르려면 유정을 시추하고 파쇄하여 지속적으로 짜내야 하고, 이를 위해서는 지속적이고 풍부한 자본 지출이 필요하다.

셰일오일 유정은 운영비가 높고 지속적인 자본 투자가 필요하다는 점에서 기존 유정과 다르다. 파쇄법(및 파쇄수 처리)은 시추라기보다는 제조 공정에 가깝다. 셰일오일 생산은 시추뿐만 아니라 파쇄법과 같은 기술이 필요하기 때문에 운영비가 더 높을 수밖에 없다. 따라서 근로자와 기반 시설 공급이 계속해서 주입되어야 하고, 산유량을 유지하기 위해서는 더 많은 유정을 지속적으로 시추하고 파쇄해야 한다.

셰일오일은 상대적으로 높은 운영비, 자본 강도, 자금 조달 필요성, 가파른 감소율 때문에 가격에 훨씬 빠르게 반응하고 '탄력적'이다. 전반적으로 셰일오일은 가격 형성에 몇 년씩 걸리는 일반 원유와 달리 몇 달 안에 빠르게 오르내리며 반응할 것이라 예상되었다. 국제에너지기구의 「2013년 세계 에너지 전망World Energy Outlook 2013」은 "초기 자연 감소율이 크기 때문에 셰일오일은 일반 유전보다 유가 변동에 잠재적으로 훨씬 더 크게 반응한다. 시추 중단을 결정하면 산유량은 급격하게 감소한다"고 언급하였다. 또 국제에너지기구는 신규 시추 투자가 중단될 경우, 첫 3년간 셰일오일 산유량은 매년 30% 감소할 것으로 추정했다.[44] 셰일 특유의 유연성으로 인해 OPEC은 셰일오일을 기존 유정과 달리 잠재적 스윙프로듀서로 간주했다.

놀라운 셰일오일 붐은 미국과 다른 석유 수입국에서 맹위를 떨쳤다. 마리아 반 더 호벤 총장은 2013년 5월 14일, "북미가 전 세계에 파문과 공급 충격을 일으켰다"며 셰일오일이 OPEC을 전복시킬 것이라고 주장했다.[45] 2014년 국제에너지기구는 "북미의 셰일오일 공급 붐이 시작된 이래 계속해서 예상치가 벗어나고 있어 생산 범위를 가늠할 수 없다"고 주장했다.[46] OPEC은 시간이 흐를수록 OPEC 회원국이 미국 경박유와 직접 경쟁해야 한다는 극심한 불안감에서 벗어나며 공개적으로 회의감을 드러냈다. 알제리와 나이지리아뿐 아니라 스윙프로듀서였던 사우디 역시 이런 시선을 가감 없이 드러냈다.

유가의 미래, 가시밭길을 걷다!

2014년까지 셰일오일 붐은 미래의 석유 공급과 가격 예측의 주요 요인이었다. 그해 원유 가격이 2013년 약 111달러에서 2019년까지 95달러로 완만하게 하락할 것이라는 예측이 나왔다.[47] 반면 OPEC은 유가가 10년 말까지 배럴당 110달러 수준을 유지할 것으로 예상했다. 예측가들은 미국의 셰일오일 붐뿐만 아니라 캐나다의 오일샌드 프로젝트와 같은 OPEC 외부의 신규 생산에서 향후 과잉 공급이 발생할 것이라 예상했다. 또한 아르헨티나, 브라질, 멕시코 및 카자흐스탄의 새로운 프로젝트도 공급을 시작했다.[48] 이러한 프로젝트 중 다수는 몇 년간 유가가 배럴당 100달러까지 상승하고 있을 때 시작되었으며, 높은 가격이 지속되고 있다는 것을 전제로 한 고비용 프로젝트였다.

북미를 중심으로 OPEC의 경쟁국들이 신규 공급을 빠르게 늘리면서, 곧 세계 수요를 앞지르기 시작할 것이라는 데 여러 전문가의 의견이 일치했다. 국제에너지기구는 2013년에서 2019년 사이에 전 세계 수요가 하루 760만 배럴 증가하는 반면, OPEC 외부 공급은 하루 620만 배럴 증가할 것으로 예측했다.[49] 즉, OPEC의 경쟁자들이 예상 수요의 82%를 삼키며 OPEC의 공급 비중이 한없이 줄어든다는 뜻이었다. 국제에너지기구의 언급대로, 문제는 "OPEC 회원국이 이 새로운 공급에 '양보할 수 있을까?'"였다.[50] 선진국과 30년간 자리를 지켜온 공식 예측 기관은 OPEC이 안정적인 가격 유지를 위해 생산을 줄이는 사이, 북미와 나머지 경쟁자들은 최대 산유량을 유지하고자 했다.[51] 즉, OPEC이 힘든 일을 하는 동안 OPEC 밖의 석유사들이 즐거움을 누리겠다는 뜻이었다.

상황은 더 심각하게 흘렀다. 국제에너지기구는 또한 OPEC 회원국들이 2019년까지 총 하루 210만 배럴의 증산을 예측하며 이라크가 증산의 대부분을, 사우디는 아주 적은 양을 책임지리라 예상했다. OPEC의 시장 점유율이 하루 100만 배럴 정도로 증가하리라 예상한 것이다. 그러나 OPEC은 이보다 두 배 이상을 늘렸다(그래프 10-4 참조). OPEC은 셰일오일과 오일샌드뿐만 아니라 같은 등급의 새로운 원유 생산에도 자리를 내어주어야 했다. 따라서 국제에너지기구는 OPEC의 총산유량이 감소할 것으로 예측함으로써 이라크와 UAE와 같은 다른 회원국들도 과도한 생산으로 인한 재고 축적과 가격 붕괴를 피하기 위해 자체적으로 하루 150만 배럴 상당 공급을 줄일 용의가 있다고 해석하였다.

국제에너지기구의 예측이 암시하는 바와 같이, 비엔나에 있는 OPEC 사무국의 분석가들은 OPEC 원유 산유량이 2013년에서 2019년 사이 하루 150만 배럴 감소할 것으로 예측했지만, 어떤 회

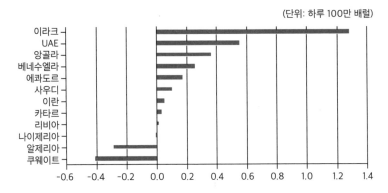

〈그래프 10-4〉 2013~2019년까지 OPEC 원유 생산 능력 증가 예측

(단위: 하루 100만 배럴)

출처: 국제에너지기구(IEA), 2014년, 중기 석유시장 보고서

원국이 감축할 것인지, 회원국들 사이에 새로운 산유량이 얼마인지를 추정하지는 않았다.[52]

비슷하게, 영국 석유회사의 2014년 《세계 에너지 전망World Energy Outlook》은 OPEC의 비축량이 2013년 하루 340만 배럴에서 2019년 하루 660만 배럴로 증가할 것으로 예측했는데, 이는 일부 OPEC 회원국들이 국제에너지기구와 OPEC이 암시하는 양의 2배 이상, 즉 하루 300만 배럴을 삭감해야 한다고 시사했다. 영국 석유회사는 OPEC의 결속력이 위험하다고 경고하면서도 회원국의 감산을 추정한다고 밝혔다. 그러나 구체적으로 어떤 회원국들이 감산할지는 밝히지 않았다.[53]

OPEC 안팎에서 신규 공급 여지를 마련하느냐에 대한 OPEC의 결정은 유가에 엄청난 파장을 몰고 왔다. 만약 하나 이상의 OPEC 회원국들이 감산에 동의한다면, 가격 붕괴를 막을 수 있을 것이고

111달러에서 95달러로 점진적으로 가격이 하락할 것이라는 국제에너지기구의 예측이 맞아떨어질 것이다. 그러나 OPEC 국가들이 감산을 거부하고 완전한 공급량을 생산하기로 결정한다면 가격은 급격히 내려갈 것이다. 문제는 전문 기관 중 어느 한 곳도 공급 과잉과 가격 붕괴를 예상하지 못했다는 점이다. 대부분 기관이 2010년대 말까지 안정적인 가격을 예상했다. 따라서 국제에너지기구, OPEC, 영국 석유회사와 대부분의 시장 참여자와 산업은 OPEC이 가격을 안정시키기 위해 산유량을 줄이리라 예측했다.

그러나 국제에너지기구, 영국 석유회사, OPEC 예측가들은 OPEC 회원국이 가격 안정을 위해 새로운 공급을 줄이거나 포기할 것이라고 예상하면서도 그 어떤 국가가 기꺼이 감축에 동참할지는 밝히지 않았다. 사우디만이 1980년대 초와 같이 자체 유정을 폐쇄하거나 쿠라이스 프로젝트처럼 비용이 많이 드는 새로운 생산 유정에 투자할 수 있었다. 다른 회원국들은 모두 총력을 기울여 생산했고, 이들 중 누군가가 갑자기 스윙프로듀서 역할에 나설 조짐은 없었다. 이라크는 OPEC 쿼터 준수에 대한 영국 정부의 기록이 없는 점으로 보아 산유량을 줄일 예정이 없었다. 이란의 석유는 제재를 받고 있었고, 제재가 해제되면 생산을 늘리고 잃어버린 시장 점유율을 회복하기 위해 의심할 여지 없이 시장을 비집고 들어갈 것이다. 앙골라, 베네수엘라, 에콰도르는 증산을 계획하고 있었고, 그 누구도 막을 수 없을 것 같았다. 생산 능력이 증가할 것으로 예상되는 OPEC 회원국 중 UAE만이 걸프 수니파 동맹국인 사우디에 적당한 삭감을 기여할 것이라 보였다.

이러한 예측을 하나로 합쳐보면 다음과 같은 설명을 할 수 있다. 사우디가 총산유량을 크게 늘리지 않으리라 예상했으므로, OPEC의 비축량이 올라간다는 것이었다. 따라서 유가는 사우디가 1985년 포기한 (그리고 이후 깊이 후회했던) 스윙프로듀서 역할을 다시 재현하고, 산유량을 하루 230만 배럴까지 줄이는 데 동의한다는 가정하에 예측이 이루어진 것이다.

석유 전망치에 따른 기대를 충족시키기 위해서 사우디 왕국은 OPEC 내 시장 점유율을 약 30%에서 20% 중반으로 떨어뜨리는 데 동의해야 했다. 이는 1980년대 초 사우디가 마지막으로 스윙프로듀서를 한 후, 볼 수 없었던 지극히 낮은 수치였다(그래프 10-5 참조).[54]

OPEC(이라 쓰고 사우디라 읽어야 할 것)이 셰일오일과 다른 경쟁자를 위해 자리를 내어준다는 가정하에 두 가지로 결론을 내렸다. 첫째, 유가는 90에서 100달러 선에서 안정세를 유지하고 비축량은 50에서 100% 상승하여 하루 400만에서 600만 배럴의 범위로 증가할 것이다. 그러나 사우디가 스윙프로듀서 역할을 할 것이라는 가정에는 심각한 오류가 있었다. 건강한 시장에서 생산을 줄이고 이라크, 그리고 제재가 풀린 이란에 시장 점유율을 넘기고, 셰일오일과 오일샌드 프로젝트가 번창할 수 있도록 고유가를 지원하는 것이 사우디 왕국에는 기꺼운 일이 아니었다는 점이다. 전문가들은 OPEC 원유 감산은 사우디가 책임지리라 예상했지만, 공급 과잉과 가격 붕괴라는 현실이 눈앞에 드리운 것이다.[55]

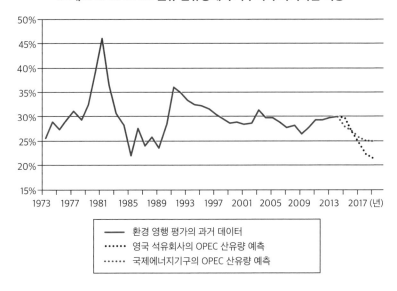

〈그래프 10-5〉OPEC 원유 산유량에서 사우디가 차지하는 비중

환경 영행 평가의 과거 데이터
영국 석유회사의 OPEC 산유량 예측
국제에너지기구의 OPEC 산유량 예측

출처: 미 에너지정보청, "월례 에너지 검토 보고서" 2016년 1월; 국제에너지기구, "중기 석유시장 보고서", 영국 석유회사, "2035년 에너지 전망" 래피던 그룹의 추정치는 미 에너지정보청의 과거 데이터를 기반으로 계산한다. 저자의 예측은 OPEC의 예상치보다 높은 영국 석유회사나 국제에너지기구의 예상치가 실제 사우디의 생산 감산양과 맞아떨어졌다고 가정

OPEC의 가격 전쟁

5개년 전망에 포함되어 있던 공급 과잉은 2014년 중반 모습을 드러냈다. 7월, IMF는 1분기 미국과 신흥시장 지표가 약세를 보이자 2014년 세계 GDP 전망치를 3.4%로 대폭 하향 조정했다. IMF의 성장률 하향 조정과 예상치 못한 2분기 석유 수요 부진 데이터로 국제에너지기구 분석가는 7월과 8월 사이 세계 석유 수요 증가율을 급격히 떨어뜨렸다.[56] 9월, 국제에너지기구는 "세계 석유 수요 증가율이 분명히 둔화의 징후"를 보이고 있다고 말했다.[57] EU의

경제 성장은 "미국의 석유 화학 사용량과 일본의 전력 수요 감소와 함께" 동반 하락했다. 중국의 약한 성장세도 석유 수요 전망을 낮추는 데 기여했다며 국제에너지기구는 경기 둔화가 "놀랍다"고 덧붙였다.[58]

공급 측면에서 채굴업자들이 방대한 셰일오일 매장량을 풀기 위해 풍부한 자본에 접근할 수 있었기 때문에 대부분 분석가가 예상했던 것보다 미국의 셰일오일 산유량이 빠르게 증가했다. 미국 셰일 산업은 생산 성장 전망을 초과하여 관리들과 분석가들을 계속 놀라게 했으며 2014년 중반까지 세계 석유시장에 하루 100만 배럴 이상 추가 공급을 하리라 예상되었다(그래프 10-6 참조).

게다가 그해 여름 리비아는 동부 반군이 라스 라누프Ras Lanuf와 에스 사이더Es Sider 등 몇 달간 주요 항구의 봉쇄를 해제하는 등 계속되

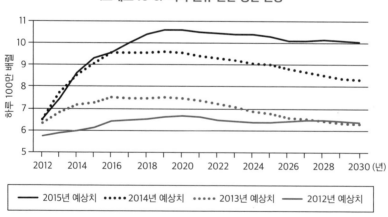

〈그래프 10-6〉 미국 원유 연간 생산 전망

출처: 미 에너지정보청(EIA), 2012년~2015년 연간 에너지 전망

는 내전에도 불구하고 2014년 3/4분기 하루 100만 배럴의 증산을 이루어냈다. 예상치 못한 수요와 공급 변화가 맞물리면서 시장의 균형은 타이트한 상태에서 느슨한 상태로 전환됐다. 꾸준히 하락세를 보이던 OECD의 상업 재고량이 갑자기 상승세로 돌아섰다.[59]

2014년 9월 5일, 유가는 100달러 아래로 떨어졌다.[60] 유가 하락으로 일부 채굴업자들은 불안에 떨기 시작했다. IMF와 은행은 러시아, 베네수엘라, 그리고 다른 생산국들이 예산의 균형을 유지하기 위해 유가가 100달러 선으로 유지되어야 한다고 예측했다. (이른바 '재정 손익 가격'이다.)[61] 또 사우디 석유 장관 나이미는 9월 11일 불안감을 일축시키며 "유가는 항상 오르락내리락한다"면서 "왜 이토록 유난인지 모르겠다"고 말했다.[62] 그러나 압달라 엘 바드리Abdalla Salem El-Badri OPEC 사무총장은 16일 러시아 에너지장관을 만난 뒤 11월 27일을 기점으로 OPEC이 생산 목표를 하루 50만 배럴 낮추리라 예상한다고 말했다. 시장 분석가들은 엘 바드리 사무총장의 발언이 OPEC의 산유량 우려에서 비롯되었다고 받아들였다.[63]

사우디는 아직 명분이 없다는 메시지를 고수했다. 9월 23일, 수하일 알 마즈루이Suhail Al Mazrouei UAE 석유장관은 결정을 내리기에 시기상조라고 반박했다. (UAE는 석유 문제에 있어서 사우디와 가까운 동맹국이다.)[64] 9월 29일에는 이브라힘 알-무한나Ibrahim al-Muhanna 사우디 석유장관 선임고문이 최근 몇 년간의 안정세가 위험에 처해 있다는 우려를 일축했다. "지난 5년간의 상황이 앞으로 5년간, 아니 그보다 그 이후까지 지속될 것이다." "값이 비싸다는 셰일오일의 특성상, 유정을 운영하고 시추하는 데 들어가는 비용 역시 상당히 영향을 끼친다는 이유로, 공급량이 아무리 많다고 해도 원유 가격이 90달러 이상을 유지할 것으로 전망했다. 또 가격이 90달러 아래로 떨어져도 "얼마 지나지 않아 100달러 안팎으로 되돌아갈 것"이라 말했다.[65]

그러나 10월이 되자 원유 가격은 89달러까지 떨어졌다.[66] OPEC이 대응을 해야 한다는 목소리가 더욱 커졌다. 리비아의 공급량이 예상외로 하루 약 90만 배럴로 혁명 이후 최고치를 기록하면서 누군가가 공급을 줄여야 한다는 인식이 커졌다. 문제는 회원국 중 어느 나라가 먼저 삭감해야 하는지가 아니라 OPEC이 공급량을 줄여야 한다는 인식이었다. 그달 말, 엘 바드리 OPEC 사무총장은 OPEC의 움직임에 함구하며 11월 27일 회의에 참석해 기자들에게 별도로 만약 유가가 그대로 유지된다면 미국 셰일오일 산유량의 절반이 손실을 볼 것이라 말했다. (에너지 기업 코노코필립스 ConocoPhillips의 수석 이코노미스트 마리안 카Marianne Kah는 80달러 선이 미국 셰일오일 산유량의 대부분을 위협하지 않으리라 주장하며 엘 바드리의 의견에 반박했다.)[67]

장관들은 미국의 추수감사절에 해당하는 2014년 11월 27일 OPEC의 비엔나 본부에 자리를 잡았다. 사우디 석유장관 나이미는 'OPEC의 산유량 감산'이 곧 '사우디의' 감산을 의미한다는 사실에 러시아를 포함한 다른 회원국이 감산에 나서지 않는 한 사우디도 감산하지 않겠다며 단호히 거절했다. 나이미는 또한 삭감을 약속하고 이행하지 않는 러시아의 전술을 지지하지 않는다고 분명히 밝혔다. 러시아는 사우디나 다른 회원국과 달리 민간 석유사들로 이루어져 있었기 때문에 모스크바가 일방적으로 결정할 수 없다고 주장했다. 그러나 사우디는 흔들리지 않았다. 그 배경에는 리야드가 격렬하게 분개한 시리아의 독재자 바샤르 알 아사드~Bashar al-Assad 를 모스크바가 지지하기 때문이기도 했다.

UAE와 쿠웨이트는 이 자리에서 사우디의 입장을 지지했지만 이란, 베네수엘라, 나이지리아, 알제리는 강하게 반발했다. 2011년 6월, 합의안에 따라 사우디는 하루 150만 배럴 이상의 할당량을 요청할 수 없었다. 이제 OPEC의 합의안은 사우디에게 유리했다. 현재 목표치는 2011년 12월 합의한 하루 3000만 배럴이었다. 회원국이 아무리 반대해도 OPEC 정책은 바뀌지 않는다. 따라서 사우디와 UAE는 아무리 반대에 부딪혀도 하루 3000만 배럴 생산을 유지할 예정이었다. 감산은 없었다.

OPEC의 산유량 인하 불가 결정이 발표된 당일, 유가는 77.75 달러에서 72.58달러로 5.17달러 폭락하며 많은 사람을 놀라게 했다.[68] 가격은 계속 하락하여 12월 말에 60달러를 돌파했고, 2015년 1월 13일에 46.59달러로 급락하여 6월 최고치였던 115.06달러[69]보다 60%나 폭락했다. 반년간 잠시 반등하던 유가는 2016년 1월 20일 26.68달러로 떨어지며 하락세로 돌아섰다. 19개월 동안의 유가의 붕괴는 2008년 이후 30년 만에 두 번째로 크게 하락했다(그래프 10-7 참조).

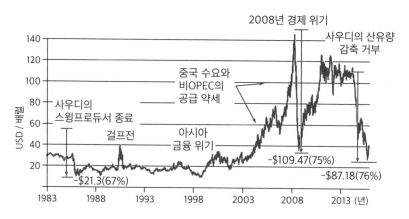

〈그래프 10-7〉 1983~2016년까지 브렌트유 가격 폭락

출처:《블룸버그》, 뉴욕상업거래소의 서부 텍사스산 원유 선물 가격(CL1), 블룸버그 터미널, 2016년 3월 30일 접속

사우디는 진심이었다

사우디의 감산은 없다는 공개 성명이 있었으나, 누구도 예상할 수 없었던 조치였기 때문에 OPEC 관료들과 전문가들은 대중의 비난을 피할 수 있었다. 그러나 2014년 상황은 한 가지 중요한 측면에서 매우 달랐다. 매년 무자비하게 늘어나는 미국 셰일오일의 공급 증가를 상쇄하기 위해 사우디가 나서서 수년간 감축을 해야 하는 게 아니었다. 캐나다, 브라질, 그리고 이라크와 이란을 포함한 다른 나라들이 사우디의 감축을 요구하고 나선 것이다. 3년간의 100달러 선은 새로운 투자로 이어지고 있었고, 앞으로 몇 년간 새로운 석유가 시장으로 흘러 들어갈 예정이었다. 셰일오일의 경우,

새로운 원유의 유입은 기존 원유나 표준 프로젝트보다 훨씬 빨랐고, 이 부분은 우리가 계속해서 지켜보고 연구해야 할 지점이다. 따라서 사우디는 일시적인 공급 과잉을 해결하거나 긴급 감축을 위해 삭감을 요구 받은 게 아니었다. (가격이 아직 붕괴되지 않았기 때문이다) 대신 시장의 균형을 맞추기 위해 수년간 지속적인 감산에 들어가야 했다. 다시 말해, 1980년대 초 텍사스철도위원회와 7대 석유사가 1970년대 이전 수십 년 동안 실천한 스윙프로듀서 역할을 요구 받은 것이다.

매우 드문 예외를 제외하고,[70] 시장 관찰자들은 2014년 말에 사우디가 스윙프로듀서 역할을 거부하고 산유량을 줄이지 않았다는 사실에 큰 충격을 받았다. 많은 사람이 이 결정을 사우디 왕가 정책의 주요 변곡점으로 보았다.

결국 리야드는 계절, 물류 등을 이유로 가끔 소량으로 (최대 하루 100만 배럴) 감산에 나섰고, 2009년과 같이 심각한 공급 과잉이 발생하자 집단 감산의 직격탄을 맞았다. 사우디가 하루 50만 배럴 정도를 줄여 단기 공급 과잉을 최소 절반 이상 해소하는 상황도 예삿일은 아니었다. 그러나 2014년 11월 27일, 사우디는 가격 붕괴 후 일시적이고 상대적으로 경미한 조정을 하거나 긴급 삭감을 주도해야 한다는 요구를 받았다. 실질적이고 장기적인 감산을 통해 수년간 스윙프로듀서의 역할을 이어 나가야 한다는 요구였다.

즉, 2014년 사우디는 1985년, 다시는 반복하지 않겠다고 맹세했던 상황을 다시 맞닥뜨린 셈이다. 1980년대 초, 사우디 왕가는 몇 년 동안 꾸준히 공급을 줄였고, 다른 나라들은 계속해서 산유량을 늘렸다. 그리고 2014년 들어서며 똑같은 상황을 다시 한번 직면한 것이다. 사우디는 가격을 유지하기 위해 5년에 걸쳐 공급량을 줄인 바 있었다. 2015년 4월 사우디 석유장관 나이미는 연설에서 다음과 같이 설명했다.

> 1980년대 전반의 경험이 아직도 우리 마음속에 남아 있다. 당시 우리는 여러 차례 생산을 줄였다. 일부 OPEC 국가들은 우리의 선례를 따랐고, 우리는 특정 가격에 도달하기 위해 목표를 세웠다. 물론 효과는 없었다. 결국 우리는 고객과 유가를 모두 잃었다. 왕국의 산유량은 1980년 하루 산유량 100조 배럴에서 1985년에는 하루 30조로 감소했다. 가격은 배럴당 40달러 이상에서 10달러 미만으로 떨어졌다. 우리는 같은 실수를 다시 반복할 의향이 없다.[71]

이후 사우디는 "집단 삭감은 따르되 혼자서는 움직이지 않겠다"는 신호를 반복적으로 보냈다.[72] 1987년, 야마니 총리의 후임자인 히샴 나제르는 "어떤 상황에서도 사우디가 스윙프로듀서의 역할을 재개하기 어렵다는 것을 알고 있다"며 "우리는 OPEC을 지지하고 위원회를 따르지만, OPEC 정책관리자를 임명하지 않을 것이며 더 이상 스윙프로듀서 역할도 하지 않을 것"이라 재차 강조했다.[73] 2000년, 나이미는 "사우디가 유가 하락을 위해 기꺼이 비축유를 방출할 수 있다. 하지만 스윙프로듀서는 아니라는 점을 다시 한번 말하겠다. 우리는 스윙프로듀서가 아니다."라고 말한 바 있다.[74] 그리고 2013년, 장관은 사우디가 이제 한 방향으로 움직일 준비가 되었다는 점을 명확히 공표했다.

> 사우디는 어디에서나 석유 공급이 감소하면 어떤 요구든 들어준다. 가격이 하락할 때 생산 단계를 밟는 것과는 다르다. 이런 일이 일어나면 OPEC 회원국이 심각하게 고민하여 진정한 합의에 따라 생산량을 줄여야 한다. 감산에 합의했던 지난날을 돌아보면 늘 사우디와 쿠웨이트, 카타르 그리고 UAE만이 생산량을 줄였다는 것을 기억할 것이다. 다른 나라는 참여 의사가 없는데 왜 우리만 가격 유지에 대한 책임을 물어야 하는가?[75]

사우디의 공언은 공수표가 아니었다. 왕국의 업스트림 투자 정책은 스윙프로듀서로 활동하기 충분한 비축량을 보유하려는 의도가 감소했음을 보여주었다. 2006년 사우디는 2004년 바닥난 비축량과 2005년 시장의 경색 국면을 지켜본 후 향후 충분한 비축량 확보를 목표로 대규모 쿠라이스 프로젝트를 착수했다. 그러나 2008년 다시 비축량이 바닥난 후 사우디는 생산량을 늘릴 계획을 발표하지 않았다. 2011년 11월, 사우디 아람코의 CEO 칼리드 알-팔리Khalid Al-Falih는 사우디 왕국이 더 이상 생산 능력에 투자하지 않고, 대신 '다운스트림' 분야의 정제와 천연가스를 우선시하겠다고 발표했다.[76] 또한 앞으로 하루 150만에서 200만 배럴 사이로 생산하여 비축량을 하루 1200만 배럴 수준으로 유지하겠다고 밝혔다.

왕국이 원유 생산 능력에 대한 투자를 중단하기로 결정한 정확한 이유는 불분명하다. 비축량이 하루 150만 배럴에 불과해도 스윙프로듀서 역할을 할 수 있다고 판단했을 수도 있고, 2008년 중국의 수요 급증과 취약한 공급 성장, 높은 산업비용 등 리야드의 관점에서 보기엔 과도한 투기와 같은 일련의 사건으로 공급 수요 긴축 상황이 특수하게 합쳐져서 벌어진 일이기 때문에 또다시 같은 일이 반복되지는 않으리라 예측했을 수도 있다. 또는 사우디 왕가가 이라크의 외국인 투자 유치에 진전을 보여 생산량을 크게 늘렸고, 곧 공급 과잉을 불러올 수 있을지도 모른다고 예측했을 수도 있다.[77] 이란의 산유량도 제재 이후 다시 증가할 수 있다. 따라서 왕국은 필요하지 않을 수도 있는 새로운 생산 능력을 개발하기 위해 수십억 달러를 지출하는 것에 대해 신중했던 것이다.

사우디는 또한 '다운스트림'과 천연가스에 투자하는 것이 비축량을 확장하는 것보다 자원을 더 유용하게 쓰는 것이라 결정했을 수도 있다. 정제, 석유화학, 에너지 서비스 등 다운스트림 투자로 자국의 경제를 다각화하고, 더 많은 에너지 가치 사슬 분야로 나아가 원유와 가스를 단순한 원자재 수출이 아닌 고부가가치 제품으로 가공하는 것이 사우디 내 일자리 창출에도 도움이 되겠다고 판단했다.[78] 왕국은 새로운 석유화학 시설을 공급할 뿐만 아니라 전기를 생산하기 위해 태우는 많은 양의 석유를 줄여야 하는 입장이었으므로 천연가스 투자에 있어 중요한 시점이었다.

이유가 무엇이든, 사우디는 오랫동안 거부해온 스윙프로듀서 역할을 계속해서 거부하겠다는 입장을 고수했다.

재정, 상업, 지정학적 상황은 2014년 감산을 거부하던 왕국의 상황을 튼튼하게 만들었다. 사우디 왕국은 7000억 달러 이상의 외화보유액을 축적했고 극도로 낮은 자국 내 부채를 가지고 있어서 부채 부담이 크고 외환 보유액이 적은 다른 석유 수출국들보다 낮은 유가를 견뎌낼 수 있는 훨씬 더 강력한 재정 상태에 놓여 있었다. 상업적인 관점으로 보아도 만약 사우디에서 산유량을 줄였다면 경쟁국인 러시아, 이란, 이라크에 시장 점유율이 넘어갔을 것이다. 경쟁국들도 같은 종류의 중류를 판매하며 성장하는 아시아 시장을 목표로 하고 있었기 때문이다.

지정학적 긴장은 석유 정책에도 영향을 미쳤다. 테헤란과 리야드의 관계는 지난 1990년대 후반 이란 하타미 대통령 시절과 비교하여 2014년 훨씬 더 악화되었다. 러시아는 이란과 또 다른 숙적인 시리아 독재자 아사드의 편에 서서 더 적극적으로 지역 정치에 개입하고 있었다. 그리고 2003년 사담 후세인이 축출된 이후 사우디와 이라크의 관계가 개선되었지만, 리야드와 다른 걸프 수니파 강대국들은 현재 시아파가 지배하는 이라크가 이란에 호의적이라고 생각했다. 지정학적 원인을 서구 언론이 과장한 측면도 없지 않으나, 분명 하나의 원인으로 작용했을 것이다.

마지막으로 리야드는 미국 셰일오일 채굴사가 스스로 스윙프로듀서의 역할을 일부 혹은 완전히 해낼 수 있으리라 믿었다. 초반에는 과도하게 추정하는 바람에 80에서 90달러 수준을 예상했으나, 유가가 하락하여 새로운 셰일오일 유정에 대한 투자가 수익성이 없을 경우, 시장의 균형을 맞추기 위해 충분한 양의 공급으로 줄어들 것이다. 다만 두 가지 이유로 '셰일오일과의 전쟁'은 발발되지 않았다. 첫째, 사우디는 가볍고 낮은 등급인 셰일오일을 무거운 중량유의 경쟁자로 인식하지 않았다. 둘째, 더 중요한 건 사우디가 셰일오일을 선호했고 그 까닭은 유가에 빠르게 반응하여 가격의 안정에 기여도가 높았기 때문이다. 2015년 3월 사우디 석유장관 나이미는 "일부에서는 OPEC과 '셰일오일의 전쟁'을 언급한다"면서 "그러나 주로 미국에서 들어오는 새로운 석유 공급의 증가는 세계 석유시장 발전에 환영할 일이다."라고 언급하였다.[79] 또 사우디는 셰일오일의 생존과 번성을 진심으로 원했고, 셰일오일이 상대적으로 빠르게 생산량을 조절할 수 있었기에 세계 시장에 많은 도움을 주고 있다.[80] 예를 들어 2010년 이후 셰일오일이 갑자기 하루 300만 배럴 이상 산유량을 올리자 리비아와 이란의 혼란이 상쇄되었고, 끔찍한 유가 급등을 막는 데 도움을 주기도 하였다. 사실 나이미는 전 세계적으로 셰일오일 개발의 잠재력이 엄청났으므로, 아마 사우디 왕국의 비축량이 더 이상 예전만큼 필요치 않다는 사실에 기뻐했을 수도 있다. "비축량을 유지하는 데 수십억 달러를 쓸 필요가 있느냐의 문제"라고 언급한 적도 있다.[81]

따라서 11월 27일 OPEC의 감산 거부는 미국의 셰일오일이 사우디를 대체하여 세계 시장에 유가의 안정적 공급원이 될 수 있는지를 보기 위한 훌륭한 관문이었다. 사우디는 셰일오일이 유가의 하한선을 지탱할 것이라 확신했지만, 그해 9월에서 11월 사이, 유가는 배럴당 10달러에서 20달러 떨어졌다. 2014년 11월 28일, 《중동경제조사》는 "사우디는 내년 하반기면 셰일오일의 비축량 때문에 배럴당 70에서 80달러 가격으로 유가가 오를 것이라 믿는 눈치다."라고 말했다. 2014년 이전에는 아무도 잠재적인 가격 붕괴나 셰일오일의 스윙프로듀서 필요성을 떠올리지 않았다. 그러다가 사우디가 석유산업과 시장 전문가들의 삭감 요청을 거부하면서 처음으로 셰일오일의 필요성이 대두된 것이다.

스스로 스윙프로듀서가 되어라

석유 트레이더들은 사우디의 감산 거부로 인하여 유가가 떨어질 것이란 사실을 받아들였다. 전통적인 유정은 한번 건설되면 운영비가 상대적으로 저렴하기 때문에 유정의 작동을 멈추려면 유가는 배럴당 5에서 30달러 이하로 떨어져야 한다. 그러나 셰일오일은 전체 산유량을 유지하기 위해 지속적이고 비용이 많이 드는 시추와 파쇄가 필요했으므로 신규 시추가 둔화되거나 중단되면 기존 유정보다 더 빠르게 공급량을 감소시킬 수 있다. 셰일 유정은 첫 시추 이후 빠르게 감소했고, 따라서 새로운 셰일 유정의 시추를 지원하는 데 필요한 투자 손익분기점 이하로 유가가 떨어지면 공급이 감소할 것으로 예상했다. 사우디는 이 손익분기점이 배럴당 70에서 80달러 수준이라고 보았다. 그러나 셰일오일의 손익분기점에 대한 민간의 추정치는 다소 낮았다. 예를 들어, 2014년 12월 스코틀랜드 은행은 텍사스와 노스다코타의 새로운 셰일 유정에 대한 투자 손익분기점을 배럴당 약 68에서 69달러로 추정했다.[82]

여기서 중요한 질문을 하겠다. 과연 새로운 셰일 유정이 둔화하면 높은 비축량이나 가격 붕괴를 유발하기 전 석유시장의 균형을 맞출 수 있을 만큼 빠르게 산유량도 감소할 수 있을까. OPEC과 다른 분석가들이 배럴당 70달러 수준의 유가가 달성될 경우 새로운 셰일 유정의 투자는 비경제적인 수준으로 접어들 것이라고 가정하는 상황에서, 텍사스는 과연 1972년 포기한 스윙프로듀서의 역할을 노스다코다와 함께 실행할 것인가? 셰일은 석유시장의 미개척지였다. 아무도 셰일이 저유가에 어떻게 반응할지 또는 얼마나 빨리 반응할지 알지 못했다.

이 질문은 서부 텍사스산 원유가 1월 말 셰일오일 투자 손익분기점을 훨씬 밑도는 44달러로 폭락했을 때 증명되었다.[83] 셰일오일 회사 임원들이 실제로 시추 유정에 대한 지출을 줄이고 있다고 발표하기 시작하면서 가격은 빠르게 반등했다. 2월에 미 에너지정보청은 2015년 말 미국의 석유 산유량이 불과 두 달 전에 예측했던 것보다 하루 12만 배럴씩 줄어들 것이라 예측했다.[84] 투자자와 트레이더들은 셰일오일 투자가 줄어드는 시점이 유가의 바닥이라고 예상했다.

브렌트유 가격은 2015년 1월 40달러 중반에서 4월 중순까지 거의 60달러까지 50% 상승하기 시작했다.[85] 셰일오일은 7대 석유사와 OPEC을 대체하는 새로운 스윙프로듀서가 되었다.[86] 2015년 4월 《블룸버그》는 "OPEC이 1980년대 이후 처음으로 통제권을 이양하면서, 미국의 셰일오일은 코노코필립스와 골드만삭스 그룹, 앨런 그린스펀Alan Greenspan 전 연방 준비제도이사회FRB 의장에 이르기까지 전 세계에 '스윙프로듀서'로 인정받았다"고 보도하였다.[87] 2014년 11월 27일 OPEC 회의 이후 몇 주 동안 가치가 25% 폭락했던 셰일오일사의 주가가 4월 중순까지 손실의 절반 이상을 회복했다.[88] 모두의 관심이 이제 셰일오일로 쏠렸다. 2015년 3월 "우리는 셰일오일이 배럴당 100달러의 유가를 제대로 지탱하는 모습을 똑똑히 보았다"고 미 에너지정보청 청장 애덤 시에민스키Adam Sieminski는 말했다. "이제 우리는 셰일오일이 50달러에서 75달러 유가에서도 제대로 작동하는지 알아볼 것이다."[89]

이제 셰일오일이 시장을 놀라게 할 차례였다. 셰일오일 회사들이 시추기를 공회전하는 동안, 실제 산유량은 예상보다 훨씬 더 증가했다. 2015년 3월까지 멕시코만 연안을 제외한 48개 주의 석유 산유량은 하루 770만 배럴로 증가했는데, 이는 2014년 12월 미국 에너지부가 예상한 것보다 하루 약 40만 배럴보다 더 높은 양이었다.[90] 셰일오일은 여전히 유가 하락에 효과가 있었다. 많은 셰일오일 회사들이 파생상품 시장에서 생산을 보류하며 더 높은 유가를 유지시켰다.[91] 게다가 셰일오일을 채유하는 데 필요한 파쇄 기술, 역류수 처리, 운송까지 모든 비용이 빠르게 줄어들었다. 관련 회사의 이익과 2015년 1월부터 11월까지 이 분야의 9만 3000개 이상의 일자리가 사라졌지만[92] 비축량을 올리고자 하는 시추업자들에게는 좋은 소식이었다. 마지막으로 셰일오일 채굴업자들은 효율성을 향상시키고 유가를 더 낮추기 위해 새로운 방법과 기술을 사용하고 있었다. 예를 들어, 채굴업자들은 단일 유정 부지에서 더 많은 유정을 파낼 수 있었고 파쇄 유체에 수천 파운드의 모래를 첨가하여 생산성을 향상시켰다.

셰일오일 생산업체들은 이전의 전통적인 시추업체들과 마찬가지로 비용 감소에도 불구하고 계속 운영해야 하는 이유가 있었다. 임대비용이 들어가기 때문이었다. 시추를 중단하면 임대 계약과 향후 생산 기회를 잃을 수 있다. 대다수의 생산업체들이 많은 대출을 받아 사업을 시작했고, 이자를 지급하고 엄격한 신용 조건을 유지하려면 생산량을 유지하거나 더 늘릴 필요가 있었다.[93] 최고의 장비를 보유한 근로자들은 더 생산성이 높은 유전으로 옮겨 생산량을 늘려야만 했다. 따라서 전반적으로 셰일오일 시추에 대한 총 지출과 시추 장비의 수가 급격히 감소했지만 실제 생산량은 예상보다 높다는 게 수치로 입증되었다.[94]

2015년 중반까지 셰일오일은 적어도 과잉 공급을 줄이고 단기적인 유가 부진을 막을 수 있을 만큼의 기능을 한다는 게 분명해지고 있었다. 동시에 사우디와 이라크는 모두 산유량을 늘리고 있었다.[95] 사우디는 1월부터 3월까지 하루 30만 배럴, 4월부터 7월까지 하루 35만 배럴을 늘린 반면 이라크는 2월부터 9월 사이에 하루 110만 배럴이라는 놀라운 증산을 보였다.[96] 이라크와 사우디의 산유량이 증가하는 중, 감산을 이어가던 셰일오일의 생산 회복세가 예상보다 빠른 속도로 치고 올라오자 세계의 원유 공급은 금세 과잉 추세로 돌아섰다. 2015년 7월 OPEC은 하루 3380만 배럴을 생산했다. 목표치인 3000만 배럴보다 거의 400만 배럴이 높은 수치였다. 과잉 공급은 비축량을 늘렸다. 원유 가격은 6월 말 60달러에서 8월 24일 42달러로 다시 폭락했다. 가을 들어 50달러 안팎까지 회복했지만 11월부터 하락세로 돌아섰다. OPEC이 2015년 12월 7일 회의에서 감산 의사를 밝히지 않자, 원유 가격은 또다시 급락세로 돌아섰다. 2016년 1월 20일 브렌트유 가격은 26.01달러로 최저치를 경신했다. 원유는 2014년 6월 1일 최고치였던 115달러에서 77%인 89달러가 떨어진 셈이며, 2014년 11월 27일 OPEC 회의 이후로 66% 하락한 값이었다.[97]

2016년 초 유가가 30달러 아래로 떨어지자 OPEC 내부에서 전 세계로 패닉이 확산됐다. 주식 분석가들이 유가를 세계 경제와 금융 시장의 건강을 나타내는 바로미터로 보기 시작하면서 모든 시선이 유가로 향했다. 유가 하락은 주식시장과 맞물려 26년 만에 가장 높은 비율로 주가를 끌어내렸다. 유가는 가는 곳마다 주식이 뒤따르며 동반 하락한 것이다. 1월 유가 하락으로 글로벌 증시는 새해 들어 사상 최악의 출발을 기록했다.[98] 일부 분석가들은 유가 급락과 주식시장이 중국 등 경제 성장의 둔화를 반영한다고 보았다. 국제결제은행The Bank for International Settlements은 유가 하락, 특히 2006년부터 2015년까지 250% 성장했고 약 2조 5000억 달러에 달했던 석유 및 가스 부문의 높은 부채 부담은 경제를 약화시켰다. 그 영향력에 관한 '강렬한 논쟁'에도 주목했다.[99] 또 일각에서는 리먼 사태처럼 유가가 폭락하면 은행 위기와 경제 침체가 온다고 우려하기도 하였다. CNBC 방송국의 한 논평 헤드라인은 "석유 침체가 주택 위기보다 심각하다"였다.[100] 그러나 석유 위기 중 일부는 채굴업자들에게 상당한 금액을 빌려준 월스트리트 은행의 손실로 이어지고 있으며, 셰일오일 대출은 규모, 복잡성, 직접적인 경제적 영향의 심각성이 덜 하다는 이유로 2008년 서브프라임 모기지 사태와는 비교가 되지 않는다고 반박하였다.[101]

위험의 실제 범위가 어떻든 간에, 2016년 1월과 2월 초의 유가 폭락은 저렴한 유가로 이익을 얻어야 하는 세계 경제에도 부정적인 영향을 끼친다는 가르침을 주었다. 유가 폭락은 경제적, 재정적 손해의 증상이자 잠재적 원인이 될 수 있었다.

1861년 석유산업이 처음 등장한 이래로 유가 폭락은 주로 채굴업자들의 말과 행동에 따라 요동쳤다. 사우디는 감산에 단호히 반대했다. 그러나 백악관과 재무부, 재무성, 전 세계 민간 이사회에서 경종이 울리며, 사우디는 짧은 시간 동안 시장 심리에 영향을 끼칠 발언을 하지 않을 수 없었다. 사우디와 다른 산유국들은 2015

년 봄과 여름 내내 유가의 지속적인 하락을 우려했고, 수급 균형 강화로 유가가 스스로 안정되기를 바라며 기대했던 하반기까지, 최소한 한시적으로라도 하한선을 깨고 상승세를 타기 바랐다. 결국 2월 15일, 사우디 석유 장관 나이미는 "시장이 가격을 결정해야 한다."라고 말했던 2014년 11월의 입장을 깨고 다음날 러시아, 카타르, 베네수엘라와 함께 2016년 1월 집단 생산 '동결'을 요구했다. 이란은 석유 수출을 포함한 제재에서 막 벗어난 후 산유량을 늘리겠다고 약속하며 동행을 거부했다.

가장 먼저 석유 분석가들은 이란을 제외한 2016년 1월 수준의 생산 '동결' 개념에 대해 신중하고 회의적인 반응을 보였다. 사우디, 러시아 및 기타 산유국들은 2016년 1월 이미 최고 산유량을 도달했거나 거의 근접했다. 게다가 이란은 하루 약 50만 배럴 증산을 예상하고 있었다. 분석가들은 이란이 생산을 늘리는 동안 채굴업자들이 1월 수준으로 계속 생산한다면 이미 기록적인 양의 재고가 계속 쌓이며 유가가 계속해서 하락세를 타리라는 것을 알고 있었다.

산유량 동결만이 1861년 이후 그리고 가장 최근인 1998년부터 1999년, 2008년에 가격을 안정시키기 위해 의지했던 초기 비상 감축과 비슷한 결의 조치였다. 따라서 시장에 보내는 메시지를 강화하기 위해 나이미는 석유 트레이더들의 기억에 남고 존중할 수밖에 없는 집단 공급 삭감을 '동결' 신호로 삼았다. 2월 16일 언론에 대한 논평에서 나이미는 원유 공급의 동결은 "시장 안정과 개선을 위해 필요한 다른 조치의 시작"이라고 일컬었다.[102] 그제야 트레이더들도 메시지를 읽고 유가 하락에 대한 신중론을 뒤집으며 동참했다(그래프 10-8 참조).

위협이 먹혀들었다. 2월 말부터 반등한 유가는 4월 중순까지 배럴당 40달러 이상으로 약 40% 상승했다. 채굴업자들은 2016년 4월 17일 도하에서 만나 생산 동결을 공식화하려 했으나 이란이 동참하지 않는 한 사우디가 지원을 거부하겠다고 맞서며, 막판 합의에 실패했다. 유가는 협상이 진전되지 않았음에도 불구하고 안정적으로 유지되었는데, 4월 회의에 앞서 나이지리아, 이라크, 리비아, 쿠웨이트의 생산 차질도 일부 영향을 끼쳤다.

이 시점에서 산유국들이 단지 말로만 시장을 움직일지 아니면

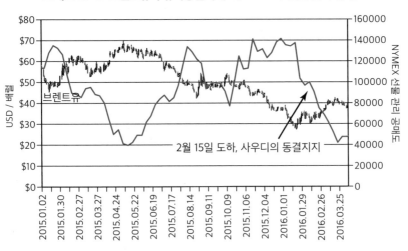

〈그래프 10-8〉 브렌트유와 뉴욕상업거래소(NYMEX) 선물 관리 공매도

출처: 《블룸버그》. ICE 브렌트유 선물(CO1); NYMEX 선물관리 공매도; 블룸버그 터미널 2016년 4월 6일 접속

공급 감축이라는 더 어려운 단계를 밟을지 예측하기는 어려웠다. 유가가 다시 한번 무너지지 않는 한 큰 폭의 공급 감축은 어려울 것으로 보인다. 공급 과잉이 장기화되거나 또 다른 가격 붕괴가 산유국의 회의와 감축을 촉발해도 OPEC은 유가를 안정시킬 수 있는 통제권을 회복할 수 없었다. OPEC이 임시적이고 일시적으로 할 수 있는 비상조치는 애초에 유가 불황을 막기 위한 공급 통제가 아니라 이미 발생한 유가 하락에 대한 비상 대응일 것이다. 가격 붕괴를 막을 수 있는 시기는 2014년 가을과 겨울이었고 이미 지나갔다.[103] 유일하게 확실히 보이는 것은 유가가 2014년 가을 OPEC이 예상했던 것보다 훨씬 더 오랫동안 낮은 수준을 유지해왔고, 석유시장이 스윙프로듀서의 안정적인 힘 없이 운영되고 있다는 점이다.

새로운 시대

2008년부터 2014년까지 세계 석유시장에서 유가 안정을 목표로 생산을 기꺼이 규제할 수 있는 스윙프로듀서가 없다는 것이 분명해지면서 엄청난 전환이 일어났다. 사우디는 2008년 가격 폭등을 막지 못했고 2014년 가격 폭락을 막으려 하지 않았다. 이 두 번의 사건으로 인해 우리는 어떤 스윙프로듀서도 가격 안정을 위해 생산을 조정할 수 없고, 발 벗고 나설 수 없다는 점을 명확하게 깨달았다.

실제로 석유시장에는 1986년 이후 진정한 스윙프로듀서가 부재했으나, 그럴 필요가 없었기에 눈에 띄지 않았다. OPEC은 일시적인 비상사태와 가격 붕괴에 대응했으며 만성적인 공급 과잉은 발생하지 않았다. 사우디와 OPEC은 1998년부터 1999년까지의 가격 붕괴 이후 적극적으로 행동하여 목표 내에서 가격을 안정시키고 산유량을 조절함으로써 세계적인 원유 수요와 공급의 변화를 예상하고자 하였다. 1980년대 초반 사우디가 유가를 지탱하기 위해 공급량을 대폭 줄인 것과 비교하면, 미미하지만 2008년 이전의 사소한 조치들로 미루어 OPEC, 즉 사우디가 석유시장을 책임지고 있다고 보아도 무방했다.

실제로 지난 10년간의 석유시장은 안전망 없이 운영되고 있음을 보여주었다. 사우디가 부과한 유가의 상한선도 2008년 여름, 원유 가격이 145달러로 치솟았을 때 산산 조각났다. 이 시기 사우디는 본질적으로 비축유를 전부 방출하였다.[104] 사우디의 비축유 손실은 TRC가 비축유를 다 써버리고 영영 통제력을 잃었던 1972년과 유사하다. 사우디는 2004년 이후 비축량을 늘리기 위해 새로운 투자에 착수했으나 2008년에는 몸을 사렸다. 최근의 미국 에너지정보청 데이터에 따르면 사우디는 하루 약 150만 배럴의 비축량을 보유하고 있지만 민간 부문 분석은 이보다 약간 낮게 추정하고 있다.

만약 우리가 2008년 사우디가 더 이상 가격 상한선을 지킬 수 없다는 것을 미리 알았다면, 2014년 이후로 사우디가 유가를 더 이상 지탱하지 않으리라는 것도 알 수 있었을 것이다. 리야드가 스윙 프로듀서 역할을 포기해버린 것이 놀랍지 않았을 것이다. 사우디 정책은 1986년 이후 지속적으로 스윙프로듀서 역할을 반대하는 방향으로 수립되었다. 다만 2009년 전까지 셰일오일을 포함한 새로운 생산 투자를 불러온 3년간의 100달러 선과 빠르게 치솟은 유가 때문에 보이지 않았을 뿐이다. 1980년대 초반 이후 처음으로 사우디는 진정한 스윙프로듀서 역할을 요청 받았으나 이를 거부했다.

사우디의 석유 정책 입안은 수수께끼로 유명하지만, 왕가의 지도자들은 석유시장 스스로 성공적인 관리를 끌어내기엔 규모가 너무 크고, OPEC이라는 카르텔도 시장을 완벽히 관리하기엔 응집력이 너무 적고 앞으로도 불가능하다고 결론을 내렸던 것 같다. 이런 점을 감안할 때, 비축량을 방출하여 헛된 시도를 하기보다 변동성이 큰 유가를 감수하고 준비를 하는 게 최선의 전략이라고 판단했을 것이다. 2016년 2월, 석유 장관 나이미는 휴스턴에서 열린 주요 에너지 회의에서 OPEC이 2014년 11월 27일에 감축에 동참하지 않은 이유를 설명하였다. "우리는 공급과 수요의 균형을 재조정하는 가장 효율적인 방법을 시장에 맡겼다. 간단히 말해 시장이 알아서 제대로 작동하게 내버려 둔 것이다."[105]

석유산업이 시작된 이래 시장의 손에 맡긴다는 것은 유가의 호황과 부진을 뜻했다. 10년간 이어진 호황과 불황의 시대 이후 지금까지 유가 변동률은 평균 33%로 100년 전 1차 변동기와 견줄 만하다(그래프 10-9 참조).

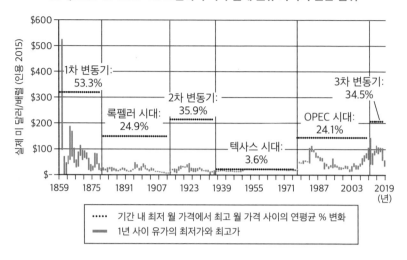

<그래프 10-9> 1859~2016년까지 미국 실제 원유 가격의 연간 범위

출처: 『데릭』 1~4권; API, 석유의 사실과 수치들(1959); 다우존스앤컴퍼니, 현물 유가; 서부 텍사스산 원유, 미국 에너지정보청, 쿠싱, OK WTI 현물거래가격 © 래피던 그룹

석유의 공급과 수요 측면에서 유가의 '끈끈함'은 당분간 극심한 움직임이 있을 수 있다는 것을 의미한다. 독점가, 군인, 카르텔, 규제 기관이 석유시장을 안정시키는 시대는 끝났을지 모르지만, 우리는 머지않아 누군가가 세계 석유시장을 통제하는 것보다 더 나쁜 것은 아무도 나서지 않는다고 결론을 내릴 것이다. 극단적인 유가 움직임의 경제와 외교 정책의 영향에 대처하려면 우리는 학술, 기억, 정부의 새롭고 지속적인 관심과 혁신적인 사고가 필요하다. 세계 경제의 활력과 국제적 안정은 그들의 손에 달려 있다.

찾기 어렵지만 해결책은 있다!

석유시장 역사에 대한 연구에서 무언가를 배웠다면 우리는 어쭙잖게나마 미래 동향과 사건을 예측할 수 있다는 것이다. 그러나 실제 석유시장에서 무슨 일이 일어날지 예측하기는커녕 방금 무슨 일이 일어났는지 이해하기도 쉽지 않다. 우리 경제와 외교, 환경 문제에서 석유는 미래를 분석하고 조사하고 추측할 수 있는 가장 중요한 역할을 맡고 있으며, 이를 위해 우리는 지금 일어난 일에 대한 명확한 그림을 그려보는 것이 중요하다.

나는 석유의 역사 속에서 유가의 안정과 변동성을 형성하는 광범위한 맥락을 통해 최근의 석유시장을 알아보고자 했다. 유가의 자연적인 변동성 경향, 산업과 정부가 유가의 변동성을 선호하지 않는 이유, 그리고 유가 변동성을 억제하기 위해 많은 노력을 기울인 이유를 탐구했다. 지난 160년 동안 중요한 산업과 경제 성장 및 국가 안보를 보호하기 위해 주요 산유국의 석유산업과 정부는 유가 안정이라는 주요 목표를 가지고 공급을 규제해야 한다고 느꼈다. 주요 석유사들은 이후 정부 당국의 지시를 받았다. 소수의 회사나 관계기관이 '스윙프로듀서' 역할을 수행하며 유가 안정을 목표로 수요의 균형을 맞추기 위해 공급을 조절했다. 스탠더드오일사는 석유산업이 문을 열었고 초창기 수십 년에 걸쳐 스윙프로듀서 역할을 도맡았다. TRC와 7대 석유사는 1930년대 초 스윙프로듀서로 등장했다가 1970년대 초, 성공적이지는 않았지만 OPEC이 물려받았다. 스윙프로듀서가 되는 것이 항상 즐거운 것만은 아니었다. 특히 1950년대와 1980년대 초반에 보았던 것처럼 때때로 과잉 공급과 유가 침체를 피하기 위해 상당한 공급 감산이 필요했다. 1956년부터 1957년까지 이어진 수에즈 위기, 1967년 6일 전쟁, 걸프전처럼 지리적 분쟁이 일어난 경우, 또 공급과 수요 조건의 균형을 맞추기 위해 공급을 추가할 필요도 있었다.

2008년경 우리는 70년 이상 공공 민간 생산 통제를 벗어나 시장 주도형 유가의 세 번째 시대로 접어들었다. 넓은 폭의 유가 변동이 예전보다 잦은 횟수로 찾아왔다. 2004년부터 2008년까지 우리가 목격한 변동기와 2014년의 불황이 우리에게 이제 '뉴노멀'이 되었다. (변동 주기로 미루어 볼 때 불황으로 인해 앞으로 몇 년간은 호황을 기대해도 좋을 것 같다) 2010년에서 2013년 사이의 상대적 안정기가 때때로 돌아왔지만, 호황에서 불황으로 이어진 변동기와 2차 변동기 사이 비교적 안정적인 유가의 시기가 찾아왔으나 이제는 변칙

이 존재할 가능성도 있었다.

석유 수급의 균형이 맞지 않고 공급 규제 장치가 없을 때, 유가는 생산 원가에 의해 정의된 하한선과 경제적 고통으로 정의된 상한선 사이에 존재해야 한다. 오늘날 유가가 30달러 미만에서 100달러 이상의 범위를 자유롭게 파동을 보이며 요동칠 것이라는 의미다. 공급과 수요의 균형이 맞거나 불균형이 적을 때, 유가의 변동 범위는 좁아진다. 그리고 불균형이 뚜렷해지면 그 범위는 커진다. 더 나아가 유가 변동은 스스로 자라난다. 2014년 이후와 같은 유가 폭락은 다년간의 투자 프로그램을 취소하거나 지연시키고, 몇 년 안에 다음 유가 호황에 기여하는 수요를 천천히 그러나 확실히 자극하며, 이는 다시 새로운 투자를 유치하고 경제 성장을 둔화시켜 다음 불황에 기여했다. 1937년 마이런 왓킨스Myron Watkins는 "원유는 항상 너무 많거나 너무 적다는 문제점이 있다."라고 했다. 오늘날도 이는 마찬가지며, 미래에도 마찬가지일 것이다.[1]

유가 변동성 문제가 다시 돌아온다면 한 가지 분명한 해결책은 빠르게 "석유에서 벗어나는 것"이다. 그러나 처음 언급했던 것처럼 세계 경제에는 석유가 만연하고, 정치 지도자들은 무거운 세금과 배급이라는 가혹한 정책을 강요하고 싶어 하지 않으므로, 석유를 대체 에너지로 전환하면 경제 성장이 둔화되고, 이후 정치적 입지가 좁아지지는 않더라도 선거 패배라는 뼈아픈 손실을 얻을 수 있다. 가까운 미래, 아마도 수십 년 동안 세계 경제는 석유로 운영될 것이고 유가는 대중의 관심사로 남을 것이다.

따라서 나는 예측의 위험을 제대로 인식하고, 미래에 대한 전망을 예측하며 우리가 다시 한번 호황기 유가의 시대로 접어들 때를 대비해 충분히 숙고한 다음, 몇 가지 질문에 대한 답을 찾아야 한다고 믿는다. 그러려고 보니 약 13년 전 백악관 국가경제위원회 재직 중 참석했던 브리핑이 생각났다. 에너지부 고위 관료였던 발표자는 대부분의 에너지 과제가 그러하듯 쉽고 분명한 정책 없이 불편하고 복잡한 문제를 설명하며 "나도 답이 없는 문제를 제기하는 것이 싫지만······"이라고 브리핑의 서문을 열었다.

과연 유가는 안정될 것인가?

단기적으로 가능할지도 모른다. 2008년 호황과 불황 붕괴 이후 유가는 2010년에서 2014년 다음 불황 사이 약 100달러에 육박했다. 그러나 유가가 자연스럽게 안정되려면 공급과 수요가 대략적인 균형을 유지해야 할 것이다. 미래의 공급과 수요는 균형을 이룰 가능성이 적으며 때로는 엄청난 불균형을 가져올 수도 있다. 게다가 유가 호황과 폭락은 그 자체로 미래의 수급 불균형에 기여할 것이다.

석유 수요는 경기 침체를 제외하고 높은 상태를 유지할 가능성이 높고, 저유가의 기간은 비록 지연이 있긴 하지만 (4장에서 논의한 바와 같이) 더 높은 수요로 이어질 것이다. 앞으로 몇 년 동안 가장 큰 문제는 석유산업에 있어 성장세의 세계 경제가 필요로 하는 석유를 생산할 수 있는 충분한 경제적 투자와 시간을 얻을 수 있느냐 하는 것이다. 현재의 유가 폭락은 몇 년 안에 필요할지도 모르고, 필요 없어질지도 모를, 새로운 석유 공급에 대한 투자를 연기하거나 취소하게 만들었기에 발생한 것이다. 《블룸버그》는 "석유사들이 1000억 달러 이상의 투자를 취소하고, 수만 명의 근로자를 해고하고, 할당량을 줄이고, 자산을 매각했다"고 보도했다.[2] 2016년 1월 에너지 컨설턴트 우드 매켄지Wood Mackenzie는 "2014년 유가 폭락 이후 프로젝트 지연이나 취소가 2021년 하루 150만 배럴, 2025년에는 하루 290만 배럴의 생산량을 줄일지도 모른다"고 밝혔다.[3] 또 2016년 7월 "세계 유가가 배럴당 50달러 이하로 유지될 경우 대부분의 주요 석유 개발 프로젝트가 지연되거나 취소될 위험이 있다"고 경고했다.[4]

여기에 석유산업이 단지 공급 감소를 막기 위해 부담하는 재정적 부담(국제에너지기구 추정 약 3000억 달러)도 있다.[5] 주로 러시아, 멕시코, 중국 등 낡고 노후화된 유전에서 압력 상승, 배수, 채유량을 유지하기 위해 많은 비용을 지출해야 하는 국가들이 우려하는 부분이기도 하다.[6] 국제에너지기구가 추정컨대, 산업계가 생산 지속을 위한 투자를 망설일 경우 노령화된 유전에서부터 연간 생산량의 평균 9%가 감소할 것이다.[7] 투자 붕괴는 향후 5년 동안 석유 공급을 감소시킬 것이다. 국제에너지기구는 2015년부터 2021년까지 세계 석유 공급에 하루 410만 배럴이 추가될 것으로 보고 있으며, 이는 2009년부터 2015년까지 하루 생산량 1100만 배럴보다 크게 줄어든 것이다. 세계적으로 탐사 및 생산에 대한 자본 지출은 2015년에 거의 25% 감소했고, 2016년에는 또 다른 17% 감소할 것이다. 업스트림 투자는 1986년 이후 2년 연속 하락하지 않았다.[8]

석유의 수요 증가와 공급 증가율이 균형을 이루며 2010년부터 2013년까지 세계 석유시장은 안정적 유가에 안착할 가능성이 있다. 그러나 혼란과 격변 속에서 수급의 크고 예기치 않은 변화가 일어나면서 미래는 과거와 비슷할 가능성이 더 높다. 이런 시나리오에서 어떤 스윙프로듀서도 호황과 불황의 유가를 의도하지 않을 것이다. 세계 경제에서 석유가 중심적인 역할을 하고 있기 때문에 극심한 유가 변동은 석유산업과 관계자들을 불안하게 하고 가계예산, 사업비용 및 지정학적 안정에 악영향을 미칠 것이다. 만약 역사가 우리에게 지침을 줄 수 있다면, 혼란은 우리에게 유가 안정을 위해 규제 당국이 나서서 개입해야 한다고 말할 것이다.[9]

사우디나 OPEC이 통제권을 되찾을까?

OPEC은 시장에 대한 통제권을 되찾지 못할 것이 거의 확실하다. 회원국들이 결코 보여주지 않았던 응집력과 규제를 달성해야만 가능한 일이기 때문이다. 이 책과 다른 연구에서 알 수 있듯 카르텔로서의 OPEC의 역할은 매우 과장되었다.[10] OPEC 할당량이 회원국의 생산량에 영향을 끼쳤다는 증거는 거의 없다. 한 연구가는 OPEC이 1982년에서 2009년 사이에 공식 할당량을 96% 초과하여 생산하였다고 말했다.[11] 우리는 유가 폭락 이후 아주 예외적이나마 일시적인 비상 감산을 목격했었다.

OPEC은 계속해서 사우디의 행동에 크게 좌우될 것이다. OPEC과 다른 산유국들은 유가 폭락 후 긴급 감산에 때때로 합의할 가능성도 있다. 우리는 1861년 오일 크릭 협회와 1998년부터 1999년, 2008년 말 OPEC 산유국들 사이에서 일시적인 긴급 집단 감산을 보았다. 실제로 2014년 이후의 유가 폭락 단계는 생산 동결 또는 심지어 긴급 감산으로 이어질 수 있다. 그러나 유가 폭락 이후 임시적이고 일시적인 감산은 애초에 유가 폭락 방지를 위한 사전 공급 감소와는 완전히 다르다.

진정한 시장 관리를 위해 하나 이상의 생산자가 극단적인 유가 움직임을 방지해야 하고, 공급량을 사전적으로 상향 또는 하향 조정할 수 있는 준비 및 능력이 있어야 한다. 이처럼 OPEC은 1982년부터 1985년까지 단 한 번 스윙프로듀서 역할을 했고, 그 외에 나머지는 모두 사우디의 몫이었다. 사우디 왕가는 스윙프로듀서 역할을 끔찍이 싫어했고, 다시는 그 일을 반복하지 않겠다고 선언했다. 2016년 1월 다보스에서 열린 세계경제포럼에서 당시 아람코 CEO이자 현 석유 장관 칼리드 알-팔리는 "단기적으로 조정이 필요하고 다른 회원국이 조율에 동참한다면 사우디도 기꺼이 협력할 것"이라며 "그러나 자국 혼자서 시장의 균형을 맞추려 하지는 않을 것이다."라고 밝혔다.[12] 다시 말해서, 사우디는 유가 안정을 위한 공급 감산이 필요할 경우, 혼자가 아니라 OPEC 회원국 모두와 함께할 때만 가능하다는 것이다.

사우디가 일방적으로 감산하기를 꺼리는 것은 이해할 수 있다. 자유 시장 조건에서 얻을 수 있는 수준 이상으로 유가를 인상하고 유지하는 능력, 그리고 심지어 비용을 감당할 수 있고 이후 수익이 증가했을 때 스윙프로듀서가 시장 지배력을 온전히 누릴 때 공급을 줄이는 것이 타당하다. 이제 사우디는 경쟁국의 배를 불려주기 위한 감산은 하지 않을 것이다. 시장 지배력을 가지려면 생산자가 공급을 장악하고 경쟁을 거의 하지 않아야 한다. 텍사스는 1930년대 중반부터 1970년대까지 미국 석유 매장량의 절반 미만을 보유해 국가 석유 공급을 결정적으로 통제했다.[13] 미국과 7대 석유사의 시장 지배력은 전 세계 매장량의 89%, 생산량의 95%, 정제량의 57%를 통제한 데서 비롯되었다.[14] 반면 사우디 왕국은 정제 능력을 개선하고 있고, 검증된 매장량의 16%, 생산량의 13%, 정제 능력의 3%만을 차지하고 있다.[15]

셰일오일은 적어도 얼마간 사우디의 시장력을 더욱 약화시켰다. 그러나 사우디가 시장 지배력을 회복하더라도, 원유에 대한 수요 증가는 생산량을 줄일 수 있는 범위를 제한한다. 자국 내 수요는 최근 몇 년간 5에서 6% 증가해 2018년 평균 하루 330만 배럴을 기록하고 있다. (물론 저유가와 사우디의 지출 및 보조금 인하가 향후 성장을 저해할 가능성도 배제할 순 없다.)[16] 한편, 사우디는 원유공급으로 추정컨대 미국 내 정제 능력을 빠르게 개발 중이다. 사우디 왕가는 최근 40만 배럴 저장이 가능한 대형 정유소를 두 개 건설하였으며, 같은 규모의 세 번째 정유소가 2018년에 완공될 예정이다.[17] 사우디의 정제 용량은 2010년대 말까지 하루 300만 배럴을 초과할 것이다.[18] 사우디의 자국 내 수요가 하루 300만 배럴을 넘으면서,[19] 정제 용량은 2010년대 말까지 하루 300만 배럴이 되리라 예상된다. (사우디는 하루 800만에서 1000만 배럴을 정제하겠다는 야심찬 계획을 갖고 있다.)[20] 그리고 하루 700만 배럴 이상을 수출하겠다는 목표를 세웠으니, 앞으로 사우디가 지속적으로 하루 1000만 배럴 이하의 감산을 하리라는 기대는 하기 어렵다.

리야드는 또한 충분한 비축량을 유지하여 미래의 유가 급등을 막으려는 의도를 내비치지 않고 있다. 현재 사우디는 최대 생산능력이 하루 1200만 배럴, 생산능력은 약 1000만 배럴이며, 이는 비축량이 하루 200만 배럴이라는 사실을 시사한다. 역사적으로 전 세계 생산의 5%는 적절한 비축량이라고 인정되는 한계치이다. 하루 9100만 배럴 원유시장에서 이는 최소 460만 배럴을 의미한다.[21]

사우디는 총생산 능력을 하루 1250만 배럴에서 많게는 1500만 배럴 정도로 보고 있으며, 심지어 더 높은 수준으로 늘리려는 계획도 세우고 있다. 2011년부터 하루 평균 천연가스 생산량 확대를 위한 투자를 우선시해왔다.[22] 그러나 2016년 4월, 사우디 왕가의 최고 석유 관리이자 개혁주의 경제 정책 권위자이며 국방장관이자 잠재적인 후계자인 모하메드 빈 살만Mohammed bin Salman 왕세자는 투자를 늘려 하루 1500만 배럴에서 많게는 2000만 배럴까지 생산량을 늘릴 수도 있다고 말했다.[23] 살만 왕세자의 발표는 곧 사우디가 최대 경쟁국인 이란이나 이보다 낮은 비용을 창출하는 걸프만의 산유국과 경쟁하며 예상 수요에 맞춰 생산량을 늘리겠다는 뜻으로 읽을 수 있다.

생산 능력을 늘리기로 한 사우디가 미래의 유가를 제한하기 위한 충분한 비축유를 확보하고 시장의 관리자로 복귀할 것인가? 아마 아닐 것이다. 하루 1500만에서 2000만 배럴 수준의 비축량을 유지하면서 자국 내 또는 해외 수요를 충족시키는 사이, 사우디는 향후 수십 년 동안 원유 생산 능력을 현재의 1250만 배럴 수준 이상으로 늘려야 할 가능성이 크다. 사우디의 석유 수요는 2010년 이후 매년 5%씩 증가하고 있으며, 이 같은 성장세를 지속한다면 2025년에는 하루 2000만 배럴이 추가로 증가할 것이다.[24] 사우디 왕국은 보조금을 없애고 석유를 천연가스로 대체하여 미래의 석유 소비를 줄이고 싶어 하지만, 성공은 불확실하다. 사우디가 자국 내 소비 증가율을 급격히 둔화시키는 데 성공했다고 가정할 때, 갑자기 유가 폭락으로 생산이 둔화될 해외에서 사우디의 석유를 수입하고 싶어 할 수도 있다.

사우디가 나서서 총생산 능력을 증가시키든, 반대로 선두에 나서 감산하든, 스윙프로듀서는 본래 유가의 최고점을 막고 최저가에 대응하며, 남들은 하지 않을 감산을 기꺼이 해내고 유가 안정에 대비하여 충분한 비축량을 보유해야 한다. 그러나 사우디는 아무런 신호를 보이지 않았다.

사우디가 하루 1500만에서 2000만 배럴 수준의 비축량을 보유할 수 있다고 해도, 역사는 이 정도로 유가를 제한하기에는 충분하지 않다고 말한다. 2004년 이후와 같은 수요 급증과 2011년 이후 비슷한 공급 중단이 발생할 가능성이 높으며, 하루 100만에서 200만 배럴의 비축량은 빠르게 압도당했다. 이 글을 쓰는 사이에도 래피던 그룹은 지정학적으로 불안정한 정세로 약 2200만 배럴이 줄어들었으며 추가로 하루 190만 배럴의 원유가 확보되지 않을 위험이 있다고 추정하고 있다.[25] 사우디는 TRC와 7대 석유사가 세계 생산량의 3분의 1을 예비로 보유했던 1950년대로 돌아갈 필요가 없다. 그러나 사우디로서도 생산량의 5% 또는 하루 400만에서 500만 배럴의 비축량 수준이 현재의 1에서 2%보다 더 안정적일 것이다.

수십 년 동안, 분석가들은 사우디 석유 정책의 동기를 분석하고 토론해왔다. 대부분은 리야드의 석유 정책이 수익 극대화 및 시장 점유율의 균형을 맞추고 있으며, 시장 상황에 따라 둘 사이의 우선순위가 바뀔 수 있다고 동의하지만, 모두 동의할 만한 설명은 없다. 분명한 것은 사우디는 유가가 자유 시장에서 결정되어야 한다고 믿고 있으며, 사우디 왕국이 다른 나라의 협력 없이 홀로 스윙프로듀서가 되거나 긴급 감산을 하지는 않을 것이라는 점이다.

2016년 4월, 모하메드 빈 살만 왕세자는 사우디 석유 전략의 획기적인 변화를 발표했다. 이를 통해 사우디는 주요 산유국에서 경제 통합 강국으로 전환하고자 한다. 계획이 무사히 실현된다면 사우디는 보통의 산유국으로, 만약 규모가 더 커지면 더 이상 석유시장의 '중앙은행' 노릇을 하지 않아도 될 것이다. 아람코는 석유시장의 균형을 맞추기 위해 여분의 생산 능력을 보유하거나 비축량을 줄일 것이며, 미래의 아람코 투자자들이 기뻐할 만한 소식은 아니다.[26] 모하메드 왕자는 리야드가 OPEC이 30년 동안 시행하려고 했던 생산 관리 형태를 재개할 의사가 없음을 분명히 했다. 그는 한 인터뷰에서 "공급과 수요가 통제하는 자유 시장이 우리가 시장을 바라보는 관점이다"고 하였다.[27] 그는 다른 인터뷰에서 "우리는 유가를 신경 쓰지 않는다. 30달러든 70달러든 우리에게는 똑같다"고 말했다.[28]

OPEC을 대체할 수 있을까?

2014년 11월 OPEC이 감축하지 않기로 한 결정으로 충격이 휩쓸고 지나간 이후 석유시장에서 가장 큰 질문 중 하나는 미국의 셰일오일이 OPEC을 대체할 수 있느냐는 것이었다. 우리는 지금까지 완벽하지 않은 답을 갖고 있다. 적어도 유가를 빠르게 낮출 수 있을 만큼 인하하고 대규모 재고 증가를 막을 수 있냐는 측면에서 본다면 답은 '아니다'이다.

앞으로 또 다른 주요 문제는 유가가 상승함에 따라 셰일오일이 얼마나 빨리 유가를 회복시킬 수 있는 것인가이다. 셰일오일이 과연 하락보다 상승에 느리게 반응할까? 어떤 이들은 셰일오일의 회복이 빠를 것이라 예상한다. 낙관론자들은 특히 석유 생산을 시작하기 위해 아직 파쇄하지 않은 많은 양의 "시추는 하였으나 완전히 채유하지는 않은 우물" 즉, '미완결유정DUC'을 믿고 있다. 일부에서는 미완결유정이 노스다코타에서만 하루에 수십만 배럴의 생산량을 추가할 수 있다고 추정한다.[29] 실제로 일부에서는 미완결유정의 잠재적 매장량이 비축량과 유사한 것으로 간주한다. 즉, 빠르게 채유할 수 있는 많은 양의 원유가 있다는 뜻이다. 만약 미완결유정이 이 정도 생산량을 확보할 수 있게 된다면, OPEC을 넘어설 수 있을 것이다.

내 견해로는 이론상 미완결유정이 유가 상승을 완화하는 데 확실히 도움이 될 수 있지만, 약간의 주의가 필요하다. 첫째, 미완결유정의 수와 미완결유정이 얼마나 많은 잠재적 매장량을 갖고 있는지 잘 모른다. 아직 정보가 부족하다. 다양한 기술적 또는 물류적 이유로 특정 기간 동안 완료되지 않은 유정은 항상 존재했다. 기업들이 높은 유가를 예상하여 의도적으로 완료되지 않은 유정을 남기고, 이는 현재 확보한 데이터만으로는 그 양을 확실하게 예측하기 어렵다. 둘째, 미완결유정은 몇 년 또는 그 이상의 기간에 지속적인 생산원보다 유가가 유리할 때 시장에 출시될 수 있는 재고와 더 유사하다. 예를 들어, 만약 셰일 유역에 미완결유정이 200개 존재하고 석유가 60달러를 넘어설 경우, 공급은 몇 달간 증가할 수 있으나, 미완결유정의 수도 동시에 줄어든다. 마지막 미완결유정의 채우가 끝나면 공급량은 무자비하게 감소할 것이다.[30] 셋째, 아무도 미완결유정이 어떻게 작동할지에 대해 확신할 수 없기 때문에 생산량 추정을 어렵게 만든다.

미완결유정의 문제를 넘어 셰일오일은 생산이 충분히 빠르게 조정될 수 있다고 해도 시장의 균형가 혹은 유가 안정 역할을 수행하기에는 너무 분산되어 있고 비용이 많이 들 가능성이 높다. 셰일오일 생산은 수천 개의 독립 기업이 시장 상황과 그들이 통제하는 유전의 다양한 경제성에 따라 자체적으로 평가하여 채유된다. 역사를 통해 보아왔듯, 생산을 제한하기 위해 집단적으로 노력해도, 수많은 개별 생산업체를 조직하고 관리하기란 거의 불가능에 가깝다. 그리고 셰일 형성의 가변성과 미국 카운티의 손익분기점 비용이 미래와 현저하게 다르다는 점을 고려하면, 공급 조정은 더욱 어렵다. 마지막으로 생산자들이 집단 공급 제한에 합의할 수 있는 방법을 찾을 수 있다고 하더라도, 독점 금지법으로 인해 불법이 될 것이다.

유가 안정을 형성하는 데 셰일오일의 향후 역할은 가까운 미래에 대한 가장 커다란 질문이며, 에너지 경제학자와 여러 전문가의 연구과제가 될 것이다. 셰일오일은 그 자체로 OPEC이나 TRC를 대체할 순 없지만, 석유산업에 부족했던 내부 통제 기능을 이행할 수 있을 만큼 충분한 규모와 신속함을 갖고 있으며, 유가 변동성에 유연하고 재빠르게 반응하는 분야로 자리매김하고 있다. 이 시나리오에서 셰일은 특히 전 세계 셰일오일 생산이 확대될 경우 새로운 스윙프로듀서가 된다. 셰일오일 공급은 TRC나 OPEC이 통제하던 유정만큼 빠르게 대응할 수는 없어도, 수년간 유가를 합리적으로 안정시킬 수 있을 만큼은 가능하다.

반면에 셰일오일은 셰일오일이 아닌 원유 프로젝트에 대한 투자를 방해하고 호황을 막을 만큼 규모가 크고 속도가 빠른 편이다. 셰일은 과잉 공급이나 유가 폭락에 기여할 수 있어 유가 불안정을 초래할 가능성이 있다.

최근의 유가 폭락과 그에 따른 업스트림 투자 붕괴는 우리가 희망적으로 호황에 정착하기 전 불황을 견뎌야 한다는 점을 말해주지만, 셰일오일이 유가 안정에 미치는 장기적인 영향은 아직 미궁에 빠져 있다.

셰일오일 규제는 또 하나의 커다란 불확실성으로 남아 있다. 셰일오일의 생산은 "사회적 영업 허가"를 잃고 미국 내에서 급격히 축소되거나 금지되어 세계로 확장하기 어렵게 된다면 셰일오일이 과연 OPEC을 대체할 수 있을지 의문이 들고, 이에 따라 유가 호황과 부진의 주기가 더욱 심하게 요동칠 수도 있다.

미국 주정부와 연방정부의 입장은 어떨까? 과연 미국은 공급 규제라는 게임을 다시 한번 시작할까? TRC와 주정부가 존재했던 것처럼 쿼터제를 요구하는 조항이 제정될 수도 있다. 정부의 강압적인 개입이 없으리란 가정하에, 쿼터제는 없다고 봐야 좋을 것이다. 그러나 우리는 석유의 역사에서 유가 안정을 위해 산업과 공무원들이 어떤 길을 택했는지 이미 배웠다. 텍사스와 오클라호마는 유정을 폐쇄하기 위해 군대를 보냈고, 이후 OPEC이 부러워할 정도로 엄격한 할당제를 시행했다. 1970년대 에너지 위기 시대를 보내며 연방정부는 주로 공화당 대통령들의 행정부 하에 산업에 크게 개입했다. 1988년 내무부 보고서에 "지난 15년 동안 에너지 시장에 대한 정부의 개입과 대중의 지지는 석유 유가에 정비례하여 다양했다"고 보고했다.[31] 경제, 금융 및 안보는 오늘날에도 높은 개입 수준을 유지하고 있다.

그러나 미국이 셰일오일 생산업자 간의 협력을 합법화하더라도 1932년처럼 공급을 규제할 수 있을지는 분명하지 않다. 그 당시 TRC는 고비용 생산이 번창하는 것을 돕기 위해 값싼 석유를 시장에 내놓지 않았다. 지금 스윙프로듀서가 되기 위해 TRC(그리고 노스다코타 등 셰일오일을 생산하는 다른 주정부 역시)는 신규 셰일 생산 중단을 명령할 수 있다. 그러나 셰일오일 공급은 TRC가 규제하던 동부 텍사스의 오래된 유정과 달리 상대적으로 비싸다. 셰일오일 생산 중단은 제조 공장을 폐쇄하는 것과 같다. 따라서 신규 셰일오일 시추에 대한 쿼터제를 부과할 경우, 차라리 시추 작업을 아예 하지 않을 가능성도 크다. 투자자들은 정부의 명령에 따라 시장에서 거래가 금지되는 비싼 원유에는 투자하지 않을 것이다.

유가를 안정시키기 위한 협력

1970년대, 1990년대 초, 2008년 유가가 불안했던 시기의 사례를 살펴보면 소비국과 산유국은 유가 안정에 대한 협력을 논의했다. 문제는 이들의 회담이 위기가 지나갈수록 열기도 함께 사그라든다는 점이었다. 그러나 지속적인 유가 변동은 정기 회담으로 이어질 가능성이 크다. 실제 국제에너지포럼은 수년 전부터 수출입국 관계자와 석유회사 임원, 컨설턴트, 학계 등이 참여하는 정기 실무회담을 개최하고 있다. 이 회담에서 일부 생산자들이 혼란을 상쇄하거나, 경색 국면의 수급 균형으로 유가가 급등하는 상황을 막기 위해 충분한 비축량을 충전하는 사이, 일부 수입국은 유가를 지탱하기 위해 전략비축유를 방출하라고 요구할 수도 있다. 이론적으로는 그러한 시스템이 실현 가능한 것처럼 들리지만, 실제로는 유가 안정에 대한 실행 불가능한 접근일 확률이 높다.

책에서 살펴보았듯, 효과적인 규제나 카르텔은 높은 수준의 내부 응집력이나 서로 간의 신뢰 관계가 공고히 형성된 소수가 생산을 지배할 때 가장 원활하게 작동한다. 록펠러의 광범위한 계열사 네트워크, 텍사스가 이끄는 기관, 그리고 7대 석유사는 OPEC보다 카르텔의 기능에 훨씬 부합했다. 앞으로 중국, 미국, OPEC, 러시아 등 세계 유수의 산유국 및 소비국이 전략비축유와 비축량에서 나오는 석유 흐름을 조절해 유가를 유지하고 안정시키는 데 성공할 것이라고는 상상하기 어렵다. 그러나 역사는 충분한 유가 변동성이 예상외로 강력한 규제와 예상 밖의 당사자들 간의 협력을 초래할 수 있음을 보여준다.

따라서 향후 유가 선회가 산유국과 소비국이 각각 생산과 재고 매입을 조정해 유가를 안정시키려는 노력에 다시 불을 붙이는 시나리오를 배제할 수 없다. 원유 공급을 관리함으로써 유가를 안정시키는 생산자-소비자 시스템은 각각 주요 전략비축유 및 비축량 보유국인 미국과 사우디의 합의가 선행되어야 할 것이다. 그러나 양국의 정책 방향은 완전히 다르다. 두 나라 간의 관계가 악화됨에 따라 양국의 전략비축유의 비축량이 점점 감소하고 있는 것으로 보인다. 전략비축유와 관련해 최근 유가 폭락은 석유 전문가들 사이에서 전략비축유의 지속적인 필요성과 적절한 사용에 대한 활발한 논쟁을 불러일으켰다. 일부는 높은 상업적 재고와 석유 수입 의존도 감소 때문에 전략비축유가 더 이상 필요하지 않다고 말한다.[32] 그러나 또 어떤 이들은 예비 생산 능력과 지정학적 위협이 전략비축유 사용으로 해결할 수 있는 지속적인 위험을 끌어낸다고 주장한다. 전략비축유 논쟁이 필요하다고 생각하는 사람들은 문제가 발생했을 때 전략비축유를 더 적극적이고 공격적으로, 혹은 유연한 태도로 사용해야 하는지에 대한 논쟁은[33] 열외라고 생각한다. 다만 이들은 OPEC의 비축량이 적었을 때, 원유 수급이나 원유 시장에 작은 차질이 생기거나 발생할 위험이 있었을 때 어김없이 유가는 급등했다는 점에 주목한다. 전문가들은 전략비축유의 적절한 규모와 사용에 대해 논의하고 있지만, 2015년 의회는 전략비축유를 에너지와 무관한 정부 지출에 주로 자금을 지원하기 위해 향후 10년 동안 20%(1억 5900만 배럴) 이상 감축할 것을 명령했다.[34]

높은 변동성에 우리는 어떻게 대처해야 할까?

유가의 변동성을 관리할 수 있다면 세계 석유시장은 균형을 잡을 수 있을 것이다. 그러나 쉽지 않을 일이기에 우리는 유가의 변동성에 익숙해져야 한다. "우리는 단순히 유가의 크고 높은 변동성을 감수해야 하는가?"라고 IMF의 한 관계자가 2009년에 물었다. "어떤 면에서 답은 아마도 '그렇다'일 것이다."[35]

역사가 보여주듯이, 유가 선회는 정책 대응을 불러올 수 있다. 충격이 클수록 공격적인 정책 개입이 이뤄진다. 그러나 역사는 또한 정책 입안자들과 기업들이 원유 생산의 대부분을 통제할 수 없는 한, 도움이 될 수 있는 정책은 거의 없고 많은 것들이 역효과를 낸다는 것도 알려준다. 보편적으로 저비용 석유 생산을 확실히 통제하지 않을 경우, 유가는 어김없이 요동친다는 것을 정책 입안자들과 석유 업계의 임원들은 반드시 깨달아야 한다. 따라서 정책입안자와 기업은 새롭고 더 큰 유가 주기에 적응하면서 비용과 수익의 불확실성과 변동성을 완화하고 득보다 실이 많을 수 있는 공황 상태나 잘못된 반응을 피하는 것을 목표로 해야 한다. 그것은 우리가 전에 경험했던 함정을 피하고 무엇이 효과가 있었는지 배우는 것을 의미할 것이다.

투기꾼을 단속하려는 유혹에 저항하라

광범위한 조사와 학술 연구를 통해 투기가 좋은 행위이고, 심지어 변동성을 줄이는 데 도움이 된다는 것을 보여준다. 석유 선물 및 파생상품에 투자자들이 적극적으로 참여하면 에너지 소비자와 생산자가 위험을 분산하고 유가 변동에서 보호를 받아 여러모로 합법적이고 바람직한 결과를 낸다. 또한 투자자들은 시장에 정보를 가져오고 과도한 유가 변동을 완화한다.

모든 시장 참여자들과 마찬가지로, 투자 활동은 조작과 사기를 잘 감시해야 한다. 상품선물거래위원회와 다른 규제기관은 금융시장에서 사기나 조작 사례를 적극적으로 단속한다. 그러나 지나치게 성급하거나 부주의한 규제는 금융 시장 투명성을 떨어뜨리고 규제가 덜한 다른 곳으로 갈 수 있다.[36] 유가가 오르면 소비자와 생산자는 유가 변동성에 대비하여 현물 투자보다는 선물 투자에 몰린다. 유가 변동에 따라 발생하는 위험을 미리 상쇄하기 위한 '위험 분산' 투자인 셈이다. 정책입안자들은 이들을 위한 안전하고 질서 있는 피난처를 확보해야 한다. 예를 들어, 2015년 3월에 세계은행은 국가들이 석유 헤지 마련하는 것을 돕기 시작했고, 2016년에는 우루과이는 '이정표' 거래를 시작했고, 세계은행은 "여러 투자자들

이 따르리라 기대한다"며 이를 도왔다.[37]

변동수입관세의 가장 큰 단점

유가가 일정 수준 이하로 떨어지면 부과되는 세금인 변동수입 관세는 1986년에 제정되었으나 효력을 발휘하지 못했다. 반대파 는 이 관세가 무역 규칙을 위반하고, 경제를 해치지 않고 시행하기 에는 너무 비용이 많이 들고 복잡하다고 주장했다. 이러한 잠재적 인 단점 외에도 유가 안정의 관점에서 변동수입관세의 두 가지 문 제가 있다.

첫째, 의회는 기꺼이 관세를 고수해야 할 것이며, 이는 유가가 바닥 아래로 떨어지면 자동차 운전자들이나 미국 산업에 부과되 는 퇴보적인 유류세를 지켜만 보아야 한다는 의미다. 에너지 정책 규제의 역사를 살펴보면 특히 경제가 침체된 상황에서 유가가 하 락하고 있을 때, 선출직 공무원들은 자동차 운전자에 대한 세금이 나 규제를 부담스러워한다는 점을 알 수 있다.[38] 제아무리 유가가 하락해도 국회의원이나 대통령이 자동차 운전자들에게, 즉 자신의 잠재적 유권자에게 큰 타격을 줄 추가 세금을 입법화할 가능성은 없다. 이와 같은 관세는 일단 물기 시작하면 중단되거나 도중에 사 라질 가능성이 높으며, 이 경우 산업과 소비자들은 정책입안자들 을 신뢰할 수 없고, 유가 안정의 관점에서 얻은 이익도 결국 사라질 것이다.

둘째, 관세가 발표되더라도 세계 석유시장이 아니라 미국 내 석유 생산주 내부에서만 저유가로 유지될 것이다. 실제로 수입관세가 변동되면 자국 내 고비용 생산으로 인하여 유가 하락 신호에 반응하기 어렵게 되어 오히려 세계 원유 유가 불안이 악화될 수 있다.

다시는 시도하지 말 것

유가 통제와 배급에 대한 역사적 경험은 너무나도 부정적이어서 정책 입안자들도 반복하고 싶지 않을 가능성이 높다. 그러나 1970년대의 기억이 희미해지고 유가 변동성이 지속되면서 정책 입안자들이 다시 이 정책을 꺼내들 가능성이 있고, 그럼 힘들게 배운 교훈을 되풀이해서 깨우쳐야 하는 시기가 올 것이다. 에너지 전문가 대니얼 안Daniel Ahn은 2012년 출판한 자신의 저서에서, "석유시장은 앞으로도 크고 피할 수 없는 유가 변동을 보일 것이다. 그러나 유가 변동에 일일이 가격 규제를 걸거나 거래 금지 혹은 제한 조치, 전략비축유 방출과 같은 뻔한 방식을 통해 유가를 강제 관리하려는 시도는 역효과만 낳을 것이다"라고 경고하였다.[39]

데이터 개선

합리적인 공공 정책 단계 중 하나는 불확실성과 그에 따른 변동성을 줄이기 위해 데이터 품질을 개선하는 것이다. 석유시장은 충분히 격동적이다. 불완전한 데이터는 문제를 더 악화시킨다. 미국에서는 에너지부의 데이터 및 분석 부문인 에너지 정보국이 모든 국가의 에너지 데이터를 수집하지만, 심각한 자금 및 인력 부족에 시달리고 있다. 미국 밖에서는 일반적으로 에너지 데이터의 품질과 양이 더 나쁘다. 유럽의 석유 재고 및 정제소 데이터는 자발적인 산업 협회에 의해 월 단위로 수집된다. (한 가지 주목할 만한 데이터는 북해의 현장별 생산 데이터로, 세계 표준이 될 만한 수준이다.)

국제에너지기구 국가들은 자체적으로 확보한 정보 중에서도 특히 비OECD 국가, 떠오르는 아시아 소비자와 주요 산유국에 대한 고품질의 정보를 확보해야 한다. 100개국 이상의 데이터로 구성된 다국적 공동 석유 데이터 확보 계획[40]은 좋은 시작이며, 시기적절성, 완전성, 지속 가능성 및 비교 가능성은 더 개선해야 한다. 가장 중요한 건, 소비 측면에서 상업 데이터를 확보할 수 없기 때문에 중국의 펀더멘털 데이터는 아직 불완전한 수준이라는 점이다.

에너지 데이터는 법적인 강제성을 띠고 적시에, 포괄적인 정보를 수집해야 한다. 업스트림 업계와 정부는 산업계에 현장별 생산과 예비 데이터를 공개하고 검증하도록 요구해야 한다. 이런 방식이 선행되어야 급작스러운 유가 변동이나 사재기 등이 줄어들 것이다. 다운스트림 업계는 생산, 저장, 순거래 및 정제 재고와 흐름에 대한 수치를 종합적으로 보고하여 훨씬 더 나은 수준의 수요 추정을 할 수 있어야 한다.

전략비축유 구축과 비상시 사용법

OPEC 예비 생산능력이 아직 충분하지 않고, 주요 산유국의 지정학적 위험이 높다는 점을 감안할 때, 석유 수입국은 심각한 공급 중단으로 전염될 수 있는 유가 충격에 대한 방어를 강화해야 한다. 전략비축유를 늘리고 변동이 심한 시기가 올 때 비축유를 조정하여 대응해야 한다. 의회는 전략비축유 방출을 재고하고 대신 강화해야 한다. 위기 상황에서 전략비축유가 가져오는 심리적 안정감은 정확한 수치로 계산할 수는 없지만 절대 간과해서는 안 될 중요한 이득이 될 것이다.

주요 수입국은 중국과 인도의 국제에너지기구 가입을 환영해야 하며 다른 회원국과 전략비축유 보유량, 비상 대응 방안, 높은 수준의 정보와 건전한 에너지 정책에 대한 협력을 촉구해야 한다.

유가 안정에 대한 민간 부문의 대응

변동기에 접어든 유가와 씨름하려면 더 많은 저장 용량을 구축하고 더 많은 비축량을 보유해야 할 수도 있다. 공급 조절에 실패하면 매장량이 아니라 비축량 싸움이 되기 때문에 더더욱 그러하다. 석유는 저장하는데 비용이 많이 들지만 유가가 오르면 자원 고갈에 대한 두려움이 악화되기 때문에 생산자와 소비자들은 기꺼이 비축유에 들어가는 비용을 지불할 것이다. 또 기업의 저장소는 유가 폭락 시 탱크를 가득 채우고 보유한 다음 유가가 상승할 때를 노려 수익 기회를 엿볼 수 있다. 전체적인 시장의 관점으로 볼 때, 저장소로 들어가거나 저장소에서 나오는 원유의 흐름이 일시적으로 공급과 수요의 큰 불균형을 완화시킬 수 있다. 석유 저장 용량은 최근 몇 년 동안 크게 증가했지만, 이는 주로 소비 증가와 셰일오일 호황 때문이지, 반드시 유가의 호황과 불황에 맞서기 위한 것은 아니다.[41]

변동기에 대한 또 다른 대응책은 유가 변동에 노출된 기업들의 헤지(현물거래) 투자 확대일 것이다. 항공사에서 트럭에 이르는 석유 생산자와 소비자, 머지않아 자동차 운전자들 모두 유가를 '고정'시키는 피난처를 찾고 싶어 할 것이다. 그러나 헤지는 만병통치약이 아니다. 유가 변동성에 단일 기업을 보호하는 데 도움이 될 수 있을지 모르나, 복잡하고 비용이 많이 드는 5개년 프로젝트에 투자하는 석유사보다 실용적이지도 유용하지도 않다.[42] 따라서 헤징은 미국의 셰일오일처럼 투자 주기가 짧은 소비자와 생산자에게 좋은 대처법이다. 그렇지만 수십억 달러를 북극이나 깊은 해저면에 투자하는 건 생산자에게는 그다지 적절하지 않다. 더욱이 헤지는 변동성에 노출된 개별 기업을 보호할 수 있지만, 애초에 유가가 변동하는 이유인 단기적인 석유 수급의 경직성을 없앨 수는 없다.

정유사와 생산자가 반복되는 변동성이 예상되면 통합을 통해 피난처를 모색할 수 있다. 최근 정유사들은 더 넓은 마진에서 이익을 얻을 수 있는 반면 업스트림 생산자들은 과잉으로 어려움을 겪고 있다. (물론, 다음 호황기가 오면 그 추세는 역전될 수 있다.) 실제 2014년에 시작된 유가 폭락에 대응과 실적은 단일 부문 기업보다 통합 부문 기업이 훨씬 월등했다. 실례로 업스트림 생산자의 경우 정유사를 소유하면 호황기에 안정적인 공급원을 제공하면서 원유 유가 폭락 시 손실을 상쇄할 수 있다. 사우디는 이미 자국과 아시아 및 북미에 정유소를 건설하고 구매하려는 계획을 가속화함으로써 더 높은 변동성 작업을 위해 이러한 조정을 하고 있다.[43]

석유 탐사 및 생산 회사, 특히 단기 셰일오일 회사와 투자자는 유가 급등에 대한 기대감으로 높은 유가 사이클에서 자본을 비축하여 사업 관행을 조정할 수도 있다. 기업과 대부업체 역시 부채를 떠안고 싶은 충동을 억제하고 유가가 최고조에 달했을 때 고비용 프로젝트에 착수하여 다음 불황을 극복하는 데 필요한 자원을 절약해야 할 것이다.

안전벨트를 매라

80년이 지나고 나서야 처음으로 우리는 많은 사람이 갈망하고 외쳐왔던, 세계에서 가장 전략적인 상품인 원유의 진정한 자유 시장을 얻었다. 우리는 비로서 공급과 수요의 자유로운 상호작용을 방해하는 스탠더드오일 트러스트, 할당량을 정하는 국가 기관, 7대 석유사 카르텔 또는 사우디가 지배하는 OPEC의 손아귀에서 벗어났다. 석유시장의 역사와 석유의 지속적인 특징은 바로 자유로운 시장에서 유가의 변동성이 더 크다는 점이다. 관리자가 없는 세계의 공급과 수요가 자동적으로 안정적인 유가를 만들어 낼 수도 있지만 미래의 석유 추세는 과거와 비슷하게 방대한 변화와 지속적인 불균형, 격변과 놀라움으로 특징 지어질 가능성이 훨씬 더 크다.

단기적으로 석유는 유정 폐쇄나 경기 침체로 인하여 30달러 미만이 아니라면 수요 둔화를 유발하는 100달러 선을 웃돌 가능성이 크다. 이 범위 사이에서 유가는 석유산업 뿐만 아니라 지정학적, 그리고 더 광범위한 경제·금융 분야를 불안하게 흔들 것이다. 투자자와 정부, 전문가들은 관리자가 없는 석유시장의 복합적인 특징에 대처하기 위해 혁신적이고 현명한 대응 전략을 설계하고 실천해야 한다. 다시 돌아온 유가 변동기를 두 팔 벌려 환영하는 바이다.

• 감사의 말 •

내 평생을 지적이고 재능 있는 가족과 친구들, 동료들과 함께할 수 있어서 나는 참 많은 복을 받은 사람이라고 생각합니다. 이 책을 쓰면서 보낸 시간도 예외는 아닙니다. 감사의 말로 표현이 충분치는 않을 테지만 나의 아내, 데니스 몬테로이 맥널리와 내 오랜 친구이자 역시 작가인 어윈 그래딩거로 시작해볼까 합니다. 두 사람 다 이 책에 대해 말은 그만하고 당장 펜을 들어 집필을 시작하라고 나를 북돋아주었습니다.

용감하고 영리한 연구 조수이자, 래피던 그룹의 동료, 페르난도 페레이라. 깊은 역사부터 유가 데이터를 정리하고 분석하며 나와 함께 연구·검토하고 개선하는 데 수많은 시간을 쏟아주었습니다.

컬럼비아 대학 출판부의 정말 재능 넘치는 편집자 브리짓 플래너리 맥코이. 매 단계의 원고를 다잡아주고, 개선해주고, 정교하게 다듬어주던 당신 덕분에 즐겁게 일하고 알차게 쓸 수 있었습니다.

똑똑하고 꼼꼼한 팩트 체크의 크리스타 듀건. 오류를 발견하는 것뿐 아니라 이 원고를 한 단계 더 나은 방향으로 가는 데 귀중한 도움을 주었습니다.

그리고 나의 친구이자, 백악관의 에너지 정책원, 제이슨 보도프. (그 사람이 대통령이 아니었다면) 우리도 계속해서 동료로 남았을 테지만. 어쨌거나 이 친구가 내게 컬럼비아 대학교 출판사를 소개해주었습니다. 자랑스러운 글로벌 에너지 정책 센터의 제이슨과 동료들이 정말 훌륭한 조언을 아낌없이 보내주었습니다.

또 페르난도, 브리짓, 크리스타, 제이슨의 꾸준한 도움이 없었더라면 이 책은 절대 빛을 보지 못했을 겁니다. 모두에게 깊은 감사의 인사를 전합니다.

에너지와 경제 전문가인 뛰어난 친구들이 시간을 내어 원고를 검토해주었고 노련한 전문성과 다양한 시각으로 이 책을 더 나은 방향으로 개선해주었습니다. 저명한 언론인이자 작가, 경제 평론가 그렉 입은 정말 귀중한 추천사를 써주었습니다. 나타니엘 컨, 제이슨 보도프, 그리고 익명의 전문가도 전체 원고를 검토하고 훌륭한 피드백과 제안을 해주었습니다. 이름을 밝힐 수 없는 두 분의 검토자 역시 초기 원고를 읽고 훌륭한 조언을 아끼지 않으셨습니다.

또 대니얼 P. 안과 로버트 L. 브래들리(내가 역사적 정보와 통찰력을 위해 상당히 의존했습니다.) 앨리슨 커트라이트, 카민 디피글리오, 라몬 에스피나사 (걸프 플러스에 대한 뛰어난 미발표 논문까지 공유해주었지요.) 마크 핀리, 데이비드 파이프, 개럿 골딩, 래리 골드스타인, 안토인 하프, 폴 호스널, 시어도어 캐신저, 존 켐프, 마이클 레비, 케네스 B. 매드록 3세, 마이클 밀러, 스콧 모델, 파리드 모하메디, 데이비드(맥) 무어, 캠벨 팔프리, 그리고 매튜 로빈슨까지, 이 모든 석학이 제게 주신 통찰력과 기여에 깊은 감사를 표합니다. 먼지로 뒤덮인 책들 사이에서 스프레드시트로 오래된 가격 데이터를 옮기느라 고생한 내 딸 그레이스와 에밀리아에게도 정말 감사의 말을 전합니다. 몰리 워드의 전문적인 편집 솜씨와 노아 알로우의 훌륭한 표지 디자인도 고맙습니다.

내 가족. 데니스, 그레이스, 에밀리아, 그랜드 그리고 지난 2년간 나를 격려해주고 나의 부재를 너그럽게 용서해준 래피던 그룹의 친구들과 동료들 모두 감사합니다. 마지막으로 낸시 아세타, 롭 더거, 사라 에머슨, 앨런 H. 플라이스먼, 폴 튜더 존스, 래리 린지, 다프나 태피로는 이 책을 쓸 수 있게 해준 자신감과 영감을 몇 년, 때로는 수십 년을 제게 보내주셨습니다.

이 책이 석유시장의 역사, 가격, 정책에 대한 우리의 이해에 얼마나 긍정적인 기여를 할지 모르겠지만, 조금이라도 기여했다면 그건 앞서 언급한 모든 분의 협력과 기여 덕분입니다. 글의 오류와 단점, 누락된 부분이 있다면 전적으로 저의 실수입니다.

로버트 맥널리 Robert McNally

・참고문헌・

프롤로그: 텍사스 패러독스

1. 서부 텍사스산 원유(WTI) 현물가격, 미 에너지정보청(EIA) 자료.
2. 마브로(Mabro), 『소개서(Introduction)』 4쪽.
3. 구오(Guo), 클리센(Kliesen), "원유 가격의 변동성(Oil Price Volatility)"
4. 톨도(Tordo), 트레이시(Tracy), 아르파(Arfaa), "국유기업과 가치창조(National Oil Companies and Value Creation)"
5. 상품선물거래위원회(C연방무역위원회(FTC)) 발표, 2016년 2월, 2015년.
   http://www.cftc.gov/idc/groups/public/@newsroom/documents/generic/eemac022615_sieminski.pdf.
   미 에너지정보청 청장 애덤 시에민스키(Adam Sieminski)는 베네수엘라는 2002~2003년 국영 석유회사 파업과 비슷한 규모의 공급 중단이 발생할 수 있는 현실적인 가능성에 대해 경고했다. 2016년 2월 16일 국제 에너지 포럼에서 한 논평. 본인 허가로 인용.
6. "에너지 집약도는 대부분의 국가에서 지난 22년 동안 감소했습니다. 미국, 유럽연합, 일본보다 중국, 러시아, 인도의 하락폭이 더 컸다. 에너지 수요보다 GDP의 빠른 성장, 경제에서 차지하는 비중이 증가하는 서비스 부문, 에너지 효율 프로그램 등." [국제에너지기구, "이번 주의 에너지 스냅샷(Energy Snapshot of the Week)"].
   "1950년부터 2011년까지, 미국의 에너지 집약도는 GDP의 실제 달러 당 58% 감소했다. 1970년대까지, 에너지 집약도는 상대적으로 천천히 떨어져 연간 1% 미만이었다."[미 에너지정보청, "오늘의 에너지(Today in Energy)"]
7. 스밀(Smil), "무어의 저주(Moore's Curse)"
8. 반등 효과의 크기는 논쟁 중 [찬(Chan), 길링엄(Gillingham), "반등 효과의 미시경제 이론(Microeco-nomic Theory of the Rebound Effect)"]
9. 국제에너지기구, 2015 세계 에너지 전망(World Energy Outlook 2015), 표 3.3.
10. 국제에너지기구, 2011 세계 에너지 전망(World Energy Outlook 2011), 표 3.3.
11. 스밀(Smil), "무어의 저주와 엄청난 에너지 망상(Moore's Curse and the Great Energy Delusion)"
12. 캐링턴(Carrington), "화석 연료 산업은 붕괴해야 한다(Fossil Fuel Industry Must 'Implode.')"
13. 하비(Harvey), "세계의 기후 공약은 아직 충분하지 않다(World's Climate Pledges Not Yet Enough)"; 맥기븐(McKibben), "파리 협약에 미치지 못하다(Falling Short on Climate in Paris)"
14. 국제에너지기구, "국제 에너지 전망(Global Energy Outlook)."

1장. 빛이 있으라 하시니 빛이 생겼노라: 등유의 시대(1859년~1911년)

1. 로버트 L. 브래들리, 『석유, 가스 그리고 정부(Oil, Gas, and Government)』 2권, 1289~1290쪽.

2. 윌리엄슨(Williamson), 다움(Daum), 『미국 석유산업(American Petroleum Industry)』, 33~60쪽. 오일 크릭 초기 산업에 대한 자세한 내용은 맥엘위(McElwee)의 『오일 크릭(Oil Creek)』 참조.

3. 앨런 네빈스(Nevins), 『록펠러(Rockefeller)』 1권, 156~157쪽.
   1840년대 후반 새무얼 M. 키어(Samuel M. Kier)는 그가 디자인한 램프에 사용할 "탄소 오일"을 판매하기 위해 가게를 차렸다. 초창기 피츠버그 공무원들은 폭발을 두려워하여 그에게 교외로 이사할 것을 요구했다.

4. 앨런 네빈스, 『록펠러』 1권, 153쪽.

5. 같은 인용, 159~160쪽.

6. 윌리엄슨, 다움, 『미국 석유산업』 72쪽

7. 같은 인용, 72~74쪽.

8. 쿤(Kuhn), "고대 중국의 시추(Ancient Chinese Drilling)".

9. 윌리엄슨, 다움, 『미국 석유산업』 14~17쪽.

10. 같은 인용, 74쪽.

11. 앨런 네빈스, 『록펠러』 1권, 162쪽.

12. 앨런 네빈스, 『록펠러』 1권, 147쪽.

13. 앨런 네빈스, 『록펠러』 1권, 165쪽.

14. 앨런 네빈스, 『록펠러』 1권, 166~168쪽.
    시추용 임대를 보유하기 위해 설립된 주식회사의 주식, 그리고 오늘날 선물 계약 선구자로 알려진 투기꾼들(윌리엄슨, 다움, 『미국 석유산업』 121~127쪽 참고).

15. 펜실베이니아주 루즈빌에서 발생한 첫 번째 폭발과 유정 화재로 20명 이상의 시추업자와 구경꾼이 부상을 입거나 사망했으며 불은 3일만에 진화되었다(『데릭(Derrick's)』 1권, 21쪽). 초기 시추업자들은 특히 불쾌한 위험을 직면했다. 하나는 보어와 유정 바닥에 축적된 밀랍 같은 파라핀을 제거하는 데 사용되는 폭발성 어뢰로 인한 것이었다. 유정에서 왁스를 사용하면 더 많은 원유 흐름을 자극할 수 있었다. 1862년 프레데릭버그 전투 당시 북군 장교는 대포가 운하에서 맑은 액체를 뿜어내는 것을 목격했다. (로버트 L. 브래들리, 『석유, 가스 그리고 정부』 1권, 585쪽) 미국 역사학자이자 『록펠러』의 작가 앨런 네빈스는 "유체 니트로글리세린으로 채워진 이 원통형 튜브를 조심스럽게 이미 채유가 끝났거나 고갈된 유정으로 내리고 그 위에 주철의 무게를 떨어뜨려 폭발시켰다. 폭발은 바닥의 암벽을 산산조각 냈고, 종종 기름과 가스가 분출했다. 튜브와 니트로글리세린 캔을 들고 카트를 타고 [오일] 지역을 돌아다니는 '어뢰 맨'이 유명인사였다. 때때로 그의 차량 때문에 심한 충격이나 발을 헛디뎌 폭발이 터지면, 사람과 말, 그리고 수레는 눈 깜짝할 사이에 사라졌고, 단지 연기가 터지고 무슨 일이 일어났는지를 알려주는 큰 구멍과 함께 사라졌다."고 묘사했다(앨런 네빈스, 『록펠러』 1권, 201쪽).

16. 윌리엄슨, 다음, 『미국 석유산업』 부록 E 참조.

17. 피텐길 피텐길(Pettengill), 『핫 오일(Hot Oil)』 72쪽.

18. 로버트 L. 브래들리, 『석유, 가스 그리고 정부』 1권, 67쪽.

19. 윌리엄슨, 다음, 『미국 석유산업』 161쪽.

20. 42갤런의 배럴은 1872년까지 40~50갤런의 배럴이 표준화되어 오늘날까지 사용되고 있다(『데릭』 1권, 704쪽).

21. 『데릭』 1권, 7쪽.

22. 같은 인용, 711쪽.

23. 해밀턴(Hamilton), 『오일 쇼크의 역사(Historical Oil Shocks)』 3~45쪽; 앨런 네빈스, 『록펠러』 1권, 181쪽.

24. 처노(Chernow), 『타이탄(Titan)』 102쪽.

25. 윌리엄슨, 다음, 『미국 석유산업』 344쪽.

26. 모게리(Maugeri), 『석유의 시대(The Age of Oil)』 6쪽.

27. 『데릭』 15쪽.

28. 앨런 네빈스, 『록펠러』 1권, 207쪽.

29. 앨런 네빈스, 『록펠러』 1권, 309쪽. 처노, 『타이탄』 149~150쪽.

30. 클라인바흐터(Kleinwachter), 『카르텔이 사라지다(Die Kartelle)』 245쪽, 슈뢰터(Schroter), "카르텔이 돌아왔다(Cartels Revisited)" 992쪽 재인용.

31. 프랑켈(Frankel), 『석유의 본질(Essentials of Petroleum)』 82~83쪽.
    저명한 석유 경제학자 프랑켈이 지적했듯이, 공급을 제한하려는 노력은 "처음에는 고객들에게 터무니없는 가격을 부과하기 위한 의도적인 목적을 가지고 설계되지 않았다, 실제로 상황이 나아지자 그들은 빠르게 사라졌다. 시장에서 가격이 바닥을 칠 때만 적용되는 비상 대책에 불과했다."

32. 『피터스버그 가제트(Pittsburgh Gazette)』 "석유 무역: 가격과 공급이 규제 대상(The Oil Trade-The Price and Supply to Be Regulated)". 1861년 11월 28일자, 3쪽

33. 『데릭』 1권, 24쪽.

34. 『피터스버그 가제트(Pittsburgh Gazette)』 "석유 무역," 3쪽.

35. 『데릭』 1권, 711쪽.

36. 같은 인용, 25쪽.

37. 앨런 네빈스, 『록펠러』 1권, 173쪽; 돌슨, 『위대한 올도라도』 80쪽.

38. 앨런 네빈스, 『록펠러』 1권, 278쪽.

39. 『데릭』 1권, 132쪽.

40. 프랑켈, 『석유의 본질』 70쪽.

41. 앨런 네빈스, 『록펠러』 1권, 132쪽.

42. 『데릭』 1권, 19~20쪽.

43. 처노, 『타이탄』 81쪽.

44. 석유산업의 마케팅 부문은 석유와 같은 정제된 석유 제품의 대량 및 소매 저장, 유통, 판매를 포함했다.

45. 모게리, 『석유의 시대』 6쪽.

46. 소규모 굴착가들을 위한 자본이 있었지만, 정제소, 배럴 제조, 창고, 선박 시설, 탱크 자동차, 그리고 결국 파이프라인의 광범위한 네트워크를 확장하기 위해 막대한 양의 자금을 확보했다. 『록펠러』(처노, 『타이탄』 104~105쪽, 131~132쪽).

47. 처노, 『타이탄』 130쪽.

48. 샤죠(Chazeau), 칸(Kahn) 『통합과 경쟁(Integration and Competition)』 76쪽.

49. 처노, 『타이탄』 111쪽, 114쪽.

50. 에모리(Emory), 반 미터(Van Meter), 『철도 교통의 원리(Principles of Railroad Transportation)』 292쪽. 1887년 주간상업법의 제정으로 철도간 풀링 협정은 금지되었다.

51. 처노, 『타이탄』 114쪽.

52. 같은 인용, 112~114쪽.

53. 같은 인용, 116쪽.

54. 윌리엄슨, 다움, 『미국 석유산업』 303~308쪽.

55. 처노, 『타이탄』 114~116쪽. 철도 리베이트는 1887년에 불법화되었지만, 관행은 그렇지 않았다.

56. 앨런 네빈스, 『록펠러』 1권, 311쪽.

57. 같은 인용, 270쪽.

58. 윌리엄슨, 다움, 『미국 석유산업』 353쪽.

59. 스콧의 펜실베이니아 철도는 남부 개발 회사가 선적한 석유의 45%를, 이리 철도와 뉴욕 센트럴 철도는 각각 27.5%를 받을 예정이었다. (처노, 『타이탄』 136쪽).

60. 앨런 네빈스, 『록펠러』 1권, 321~322쪽; 처노, 『타이탄』 135~136쪽.

61. 앨런 네빈스, 『록펠러』 1권, 328쪽.

62. 처노, 『타이탄』 135~136쪽.

63. 같은 인용, 142쪽.

64. 같은 인용, 138~139쪽.

65. 윌리엄슨, 다움, 『미국 석유산업』에 따르면, 석유 생산자 협회는 석유 생산자 연합(351쪽)으로 이름을 바꾸었다. 1872년 말, 이들의 이름은 다시 석유 생산자 협회(358쪽)로 바뀌었다. 혼동을 피하기 위해 본문에서 일부러 이 내용을 생략한다.

66. 앨런 네빈스, 『록펠러』 1권, 332~333쪽; 윌리엄슨, 다움, 『미국 석유산업』 350쪽.

67. 윌리엄슨, 다움, 『미국 석유산업』 351쪽.

68. 처노, 『타이탄』 140~141쪽.

69. 윌리엄슨, 다움, 『미국 석유산업』 356쪽.

70. 『옥수수 농장의 석유 일간 기록지(The Petroleum Centre Daily Record of Cornplanter)』 1872년 5월 11일자, 2쪽.

71. 전적으로 네빈스가 서술한 일화이다.

72. 앨런 네빈스, 『록펠러』 1권, 415쪽.

73. 같은 인용, 416쪽.

74. 같은 인용, 415쪽.

75. 같은 인용, 418쪽.

76. 같은 인용, 421쪽.

77. 같은 인용, 418~419쪽.

78. 「옥수수 농장의 석유 일간 기록지」 1872년 10월 26일자, 2쪽.

79. 「옥수수 농장의 석유 일간 기록지」 "석유 생산자 협회에 100만 달러 기부(One Million Dollars Subscribed to the Petroleum Producers' Agency)," 1872년 11월 6일자, 2쪽.

80. 앨런 네빈스, 『록펠러』 1권, 423쪽.

81. 일반적으로 파이프라인 회사는 저장고를 소유하고 있으며, 석유 1,000배럴을 운송할 때마다 인증서를 제공한다. 이 인증서는 그 후 활발하게 거래되었고, 오늘날 현물 및 선물 가격 계약의 대리가 되었다. 초기에 판매된 인증서에는 '현장', '즉시', '일반' 세 가지 유형이 있었다. '일반' 증명서는 열흘 안에 배달되며 '미래'는 장기 배송을 위한 것이었다. 시장에는 석유 시설을 소유하거나 운영하지 않는 투기꾼이나 거래자가 석유회사보다 훨씬 많았다. 이 "투기꾼들"은 스탠더드오일사보다 유가를 유지하는 데 훨씬 더 큰 역할을 했다. (처노, 『타이탄』 259쪽; 돌스, 『위대한 올도라도(The Great Oildorado)』 262쪽.)

82. 앨런 네빈스, 『록펠러』 1권, 422쪽.

83. 앨런 네빈스, 『록펠러』 1권, 426쪽.

84. 앨런 네빈스, 『록펠러』 1권, 427쪽.

85. 같은 인용, 420~429쪽.

86. 「타이터스빌 해럴드(Titusville Herald)」 "마지막이자 유일한 대안(The Last and Only Alternative)," 1873년 1월 14일, 2쪽.

87. 앨런 네빈스, 『록펠러』 1권, 429쪽.

88. 같은 인용, 419쪽.

89. 프랑켈(Frankel), 『석유의 본질(Essentials of Petroleum)』 75쪽. 재인용.

90. 윌리엄슨, 다움, 『미국 석유산업』 384~385쪽.

91. 같은 인용, 562~568쪽.

92. 같은 인용, 564쪽.

93. 생산자와 노동자의 이익을 위해 스탠더드오일사가 남긴 재고의 최종 처분은 결정하기가 어렵고 모호하다. (윌리엄슨, 다움, 『미국 석유산업』 567쪽) 가격은 데릭의 석유 안내서(Derrick's Hand-Book of Petroleum)』와 래피던 그룹 기준.

94. 윌리엄슨, 다움, 『미국 석유산업』 568쪽.

95. 같은 인용, 549쪽.

96. 샤죠, 칸, 『통합과 경쟁』 429~430쪽.

97. 작가의 계산은 『데릭의 석유 안내서』를 따름.

98. 『데릭』 2권, 825~826쪽 및 API, API, 『석유에 대한 사실과 수치들』 41쪽.

99. 예긴(Yergin), 『황금의 샘』 58~61쪽.

100. 같은 인용, 71~72쪽.

101. 모게리, 『석유의 시대』 12쪽.

102. 예긴, 『황금의 샘』 124쪽.

103. 스탠더드오일의 본사는 1885년 클리블랜드에서 뉴욕으로 이전하였다.

104. 윌리엄슨, 다움, 『미국 석유산업』 466~470쪽.

105. 앨런 네빈스, 『록펠러』 301쪽, 요약. 요약본은 1959년에 출판되었고 윌리엄 그린리프가 편집함.

106. 앨런 네빈스, 『록펠러』 2권, 708쪽.
     네빈스는 록펠러가 맨주먹으로 일군 뛰어난 업적을 다음과 같이 인정했다.
     "스탠더드사는 폐기물 제거 및 다양한 경제 도입, 탈황유 공정, 정제 및 반 다이크 특허 적용, 고품질 제품 표준화, 가치 있는 부산물 개발, 다른 산업에 대한 지원, 특히 윤활유 개선, 주택 유통의 효율성, 세계 시장 정복에 대한 과감한 활력"을 모두 갖추었다.

107. 앨런 네빈스, 『록펠러』 301~304쪽. 요약

108. 처노, 『타이탄』 438쪽.

109. 앨런 네빈스, 『록펠러』 319쪽, 요약; 앨런 네빈스, 『록펠러』 2권, 520쪽.

110. 앨런 네빈스, 『록펠러』 317쪽, 요약,

111. 앨런 네빈스, 『록펠러』 321쪽, 요약.
     몇몇 주들도 스탠다드 오일에 대한 조사를 시작했다.

112. 앨런 네빈스, 『록펠러』 323쪽, 요약.

113. 처노, 『타이탄』 556쪽.

114. 윌리엄슨, 다움, 『미국 석유산업』 429쪽; 샤죠, 칸, 『통합과 경쟁』 429~430쪽; 로버트 L. 브래들리, 『석유, 가스 그리고 정부』 1089~1094쪽; 예긴, 『황금의 샘』 53~54쪽.

115. 처노, 『타이탄』 259쪽.

116. 타벨(Tarbell), 『스탠더드오일 사의 역사(History of Standard Oil)』 1권, 236쪽.

117. 처노, 『타이탄』 259쪽.

118. 윌리엄슨, 다움, 『미국 석유산업』 728쪽.

119. 윌리엄슨, 다움, 『미국 석유산업』 1959년 미국에서 만든 몇몇 제품은 전 세계 사람들의 생활 습관을 바꿀만큼 광범위한 영향을 끼쳤다.

120. 처노, 『타이탄』 258쪽.

121. 같은 인용, 258쪽.

122. 같은 인용, 257쪽.

123. 같은 인용, 258쪽.

2장. 록펠러 없인 평화도 없다: 호황과 불황의 반복

1. 윌리엄슨, 다움, 『미국 석유산업』 682쪽.
2. 멕시코의 생산량은 미국 생산량의 14%와 같았던 1911년에서 1919년까지 4배 이상 증가했다. (윌리엄슨 외., 『미국 석유산업』 표 2:6, 29쪽).
3. 윌리엄슨 외., 『미국 석유산업』 182쪽.
4. 모게리, 『석유의 시대』 22쪽
5. 윌리엄슨 외., 『미국 석유산업』 183쪽.
6. 미국 석유 협회, 『석유에 대한 사실과 수치들』 1928년, 171쪽.
   미국 철도는 1899~1920년 사이에 석탄에서 연료로 전환되었고, 석유의 낮은 인건비와 보다 완전한 연소에 끌렸다. 내쉬(Nash), 『미국의 석유 정책(United States Oil Policy)』 5쪽.
7. 회전식 시추는 보링 원리에 따라 작동하며, 유정에서 사용된다. 물이나 시추 유체가 압력을 받을 때 관끝에 비트가 부착되었다. 유체가 드릴 비트를 통과하면서 토양이 파이프와 샤프트 벽 사이의 유정에서 다시 표면으로 밀어 올렸다. 압력이 유정 벽을 강화시켜 동굴을 막았다. 이 기술은 더 깊은 곳까지 도달하고 속도를 높이는 능력을 포함하여 운영상의 커다란 이점을 부여했다. (윌리엄슨 외., 『미국 석유산업』 29~30쪽).
8. API. 『석유에 대한 사실과 수치들』 1959년, 4쪽; 윌리엄슨 외., 『미국 석유산업』 표 2: 6, 29쪽.
9. 샤죠, 칸, 『통합과 경쟁』 102쪽.
10. 로건, 『석유산업의 안정화』 1쪽.
11. 윌리엄슨, 다움, 『미국 석유산업』 163쪽.
12. 로버트 L. 브래들리, 『석유, 가스 그리고 정부』 2권, 1290쪽.
13. 내쉬, 『미국의 석유 정책』 17쪽.
14. 로건, 『석유산업의 안정화』 3쪽.
15. 윌리엄슨, 다움, 『미국 석유산업』 376쪽.
16. 『데릭』 1권, 2006년 개정판, 14쪽.
17. 로버트 L. 브래들리, 『석유, 가스 그리고 정부』 1권, 82쪽. 유정에서 부산물로 나온 천연가스의 불꽃을 막기 위한 규정으로 '케이스헤드 가스'라고 불리는 예외 규정이 있다. 이러한 규제는 부족한 천연자원의 열등한 사용을 방지하고 산업 성장에 있어 천연가스의 사용을 촉진하기 위한 것이었다.
18. 내쉬, 『미국의 석유 정책』 8~9쪽.
19. 같은 인용, 15~16쪽.
20. 로버트 L. 브래들리, 『석유, 가스 그리고 정부』 1권, 85쪽.
21. 마셜(Marshall), 메이어스(Meyers), 법률 계획.
22. 내쉬, 『미국의 석유 정책』 16쪽.
23. 로버트 L. 브래들리, 『석유, 가스 그리고 정부』 1권, 86쪽.
24. 로버트 L. 브래들리, 『석유, 가스 그리고 정부』 1권, 85, 87, 89~90쪽.
25. 윌리엄슨 외. 『미국 석유산업』 326쪽.

26. 차일즈, 『텍사스철도위원회(The Texas Railroad Commission)』 152쪽.

27. 1866~1939년까지 철도 위원회의 역사 및 로버트 L. 브래들리, 『석유, 가스 그리고 정부』 1권, 86쪽.

28. 같은 인용, 157쪽.

29. 같은 인용.

30. 1866~1939년까지 철도 위원회의 역사 및 로버트 L. 브래들리, 『석유, 가스 그리고 정부』 1권, 86쪽.

31. 차일즈, 『텍사스철도위원회』 158쪽.

32. 같은 인용, 159쪽.

33. 프랑켈, 『석유의 본질』 3쪽.

34. 프레이, 아이드, 편집. 『1941년부터 1945년까지 전시 석유 관리의 역사(History of the Petroleum Administration for War 1941~1945)』 8쪽.

35. 내쉬, 『미국의 석유 정책』 29~38쪽.

36. 같은 인용, 26쪽.

37. 윌리엄슨 외. 『미국 석유산업』 183쪽.

38. 노드하우저(Nordhauser), "연방 석유 규제의 기원(Origins of Federal Oil Regulation)," 6쪽; 샤죠, 칸, 『통합과 경쟁』 127쪽.

39. 《피터스버그 프레스》, 1917년 1월 2일, 28쪽.

40. 《인디펜던스 데일리 리포터》, 1917년 1월 2일, 4쪽.

41. 《피터스버그 포스트-가제트》, 1918년 1월 1일, 19쪽.

42. 《월스트리트 저널》, August 13, 1919년 8월 13일, 2쪽, 명목 가격

43. 《콜 리더》 (인디애나, 엘우드), 1916년 3월 21일, 3쪽.

44. 연방무역위원회(FTC)는 휘발유 수요가 2016에 비해 38% 증가한 반면 생산량은 31% 증가했다고 발표했다.

45. 연방무역위원회, 1915년 휘발유 가격, 159쪽.

46. 《애쉬빌 시티즌-타임스》. 1916년 3월 5일, 5쪽.

47. 《알렉산드리아 타임스-트리뷴》, 1918년 7월 18일; 《오시코시 데일리 노스웨스턴》, 1918년 1월 21일, 7쪽.

48. 《오리건 데일리 저널》, 1920년 7월 29일, 1쪽.

49. 《웰링턴 데일리 뉴스》 1920년 8월 26일, 3쪽.

50. 《모닝 털사 데일리 월드》, 1920년 6월 2일, 1쪽.

51. 《오리건 데일리 저널》, 1920년 8월 8일, 27쪽.

52. 옴스테드, 로드, "정부 없는 배급."

53. 《샌더스키 스타-저널》, 1920년 4월 10일, 14쪽.

54. 연방무역위원회, 『국제 석유 카르텔』 37~45쪽; "보존은 오늘날 석유산업의 기조(Conservation Is Keynote of Oil Industry Today)," 『월스트리트 저널』 1920년 2월 21일, 3쪽.

55. 같은 인용.

56.	내쉬, 『미국의 석유 정책(United States Oil Policy)』, 18쪽.

57.	내쉬, 『미국의 석유 정책』, 44~45쪽; 《뉴욕타임스》, "파괴자들이 징발을 위협하고 석유 공급을 받아가다(Destroyers Get Oil Supply after Threat to Commandeer It)" 1920년 7월 27일자.

58.	샤죠, 칸, 『통합과 경쟁』, 137쪽.
	샤조와 칸은 광산국의 자료를 인용하여 1916년 국가 순 생산량이 하루 825,000 배럴에서 1920년 하루 120만 배럴로 총 45% 증가했다고 하였다.

59.	노드하우저 "연방 석유 규제의 기원," 8~9쪽.

60.	래피던 그룹 가격 시리즈.

61.	로버트 L. 브래들리, 『석유, 가스 그리고 정부』 1권, 88쪽.
	"대규모 운동은 종종 우연에서 비롯된다. 자연보호법 시행은 석유업자들 대부분 촉구하고 공직자들의 안정화를 위한 연막으로 시도했지만, 그 결과 산업계는 자연보호정책 자체가 매우 바람직한 목적임을 깨닫게 되었다."
	로버트 하드위크, "텍사스 석유 시추의 법적 역사", 텍사스 변호사 협회, 1937년 10월, 99쪽.
	로버트 L. 브래들리, 『석유, 가스 그리고 정부』 1권, 88쪽, 재인용.

62.	로버트 L. 브래들리, 『석유, 가스 그리고 정부』 1권, 89쪽.

63.	"주 법은 그 지역의 다양한 토지 소유주들이 감독하는 석유 구역의 생산 감독을 요구하여야 한다. 도허티의 계획은 대부분의 석유 지역이 형성되기 전까지는 새로 발견된 유전의 시추를 허용하지 않았을 것이다…… 유역은 가장 큰 경제를 가진 하나의 단위로서 땅을 개발하기 위해 유정의 위치를 과학적으로 계획했을 것이다. 이 절차에 따르면, 전체 지역에서 생산된 석유의 로열티는 매장지가 방해를 받기 전에 토지 소유자에게 지불하고 그의 땅 아래에 있는 석유의 추정량에 따라 배분되었을 것이다."
	노드하우저, "연방 석유 규제의 기원," 12쪽. 블레어, 『석유의 통제』 155~156쪽 참조.

64.	노드하우저, 『유가 안정을 위한 도전』 10~11쪽.

65.	샤죠, 칸, 『통합과 경쟁』 134쪽.

66.	"운 좋게 영세 생산자도 시장 점유율을 향상시키기를 바랄 수 있다. 유가 안정이 모두의 이익에 부합할지 모르지만 경쟁을 시작하려면 독자노선이 필요하다. 그러나 수직적으로 통합된 큰 회사는 시간이 지남에 따라 지속적인 공급을 보장해야 하는 다른 곳으로, 비슷한 상황에 처한 경쟁자를 시장에서 몰아내기 위해 투자를 지속한다. 대기업은 위험 요소가 많고, 지분이 높을수록 원유 시장을 안정시키기 위해 무언가를 해야만 한다는 필요성을 더욱 잘 인식하여 기꺼이 부담을 꺼안는다. 자유 시장의 상황이 더 이상 버티기 힘들어지면 국가의 협조를 구하는 것 외에 다른 대안은 없다."
	샤죠, 칸, 『통합과 경쟁』 145쪽.

67.	샤죠, 칸, 『통합과 경쟁』 145쪽; 노드하우저, 『유가 안정을 위한 도전』 10쪽.

68.	연방 석유 보존 위원회, 대통령 수신 보고서, 1~2쪽.

69.	노드하우저, "연방 석유 규제의 기원," 19쪽, 재인용.

70.	연방 석유 보존 위원회 보고서, 1926년 9월, 2쪽.

71.   왓킨스, 「석유: 안정이 우선인가 보존이 우선인가」 42쪽.

3장. 유가는 왜 호황과 불황의 주기를 반복하는가?

1.   소비, 보관 및 폐기물에 대한 다른 선택지는 제외함.
2.   석유와 가장 가까운 경쟁자인 에탄올에 대해서는 이후 논의.
3.   프랑켈, 「석유의 본질」 55쪽.
4.   2014년 9월 9일 워싱턴 D.C.에서 열린 에너지 원탁회의에 대한 논평. 허가를 받아 사용.
5.   해밀턴, 「원유 가격의 이해」; 해밀턴, 「2007~2008년 오일쇼크의 원인과 결과」 국가 경제 문서국 문서번호 15002(2009),
     가격 탄력성은 측정하기가 어렵고 논란의 여지가 있지만, -0.06은 2008년 최고점 이전의 상승과 일치하는 것으로 보인다고 지적하였다. 원가 수요의 단기 추정치에 대한 논의를 위해 디피글리오의 "석유, 경제 성제", 49쪽 참조.
6.   원유 수요는 천연가스 액체 및 바이오 연료와 같은 다른 투입물을 제외한다.
7.   앤더슨 외., 보편적인 세액 공제, 60쪽.
8.   수요의 가격탄력성 = 수요량의 변화를 가격변동으로 나눈 값.
     1% 오르면 석유 소비량이 0.06% 감소하는데, 5%를 줄이려면 가격은 83% 상승해야 한다(0.05/0.83=0.06). 가격 탄력성이 -4.6인 신선한 토마토의 경우 가격이 1% 오른다(0.05/0.01=0.046).
9.   해밀턴, 「원유 가격의 이해」 15~16쪽.
     달(Dahl)(1993), 쿠퍼(Cooper) (2003)의 단기 및 장기 원유 수요 가격 탄력성 표 3 참조.
10. 해밀턴, 「원유 가격의 이해」 17쪽.
     휴고스, 니텔, 스펄링(2008), 1980년대 초에 비해 수요가 낮은 탄력성 조사 결과 재인용.
11. 소비자 소득의 낮은 비율을 차지하는 상품에 대한 수요는 가격과 관련하여 비탄력적인 경향이 있다. 휴고스, 니텔, 스펄링 2008년, 4장.
12. 해밀턴, 「원인과 결과들」 1쪽.
13. 해밀턴, 「원유 가격의 이해」 18쪽.
     다른 학술 추정치 표3 참조.
14. 개이틀리, 헌딩턴 "비대칭 효과(Asymmetric Effects)"
15. 팀 리드, 알리스터 불 "기름값에 대한 유권자들의 반발을 두려워하는 2012년 오바마 행정부", 《로이터통신》, 2011년 4월 5일자.
16. 야나기사와, 「유가 상승의 영향」 2쪽.
     야나기사와는 도이치뱅크, 모건스탠리 등이 2011년 추정치를 인용하고 있다. 또한 2012년 보고서에서 "분석가들은 일반적으로 120~130달러 수준을 소비자와 기업이 지출을 대폭 줄이고 주요 경제 부문의 회복과 성장에 타격을 줄 수 있는 가격으로 보고 있다."고 하였다. 최근 주식전략가 20명을 대상으로 한 《로이터통신》의 조사는 경제와 주식시장이 타격을 받기 시작할 수 있는 수치로 배럴당 125달러를 제시했다.

《이콘매터스》, "또 다른 유가 쇼크?

17. 국제에너지기구, 고유가의 영향.

18. 스미스, 『세계 석유(World Oil)』 150쪽.

이 추정치는 경제협력개발기구에서 나온 것이다. 스미스는 IEA와 시스템 사이언스 사가 단기적으로는 0.02, 장기적으로는 0.10으로 훨씬 더 비탄력적인 추정치를 사용한다고 언급한다.

19. 프랑켈, 『석유의 본질』 33쪽.

20. 같은 인용, 17, 37쪽; 샤죠, 칸, 『통합과 경쟁』 67, 71쪽.

생산기술이 1차로 지하 압력에 의해 자연적으로 표면 위로 밀려나오는 것을 넘어 2차 회수(천연 압력 소멸 후 물과 가스를 주입해 기름 흐름을 자극하는 것)로 확대되면서 변동원가가 증가해 생산량이 다소 가격에 민감해졌다. 그러나 그럼에도 불구하고 2차 회수는 장비 고정을 위해 계속해서 새로운 자본 투자를 필요로 한다. 고정비가 높고 변동성이 낮은 원가는 석유에만 국한된 것이 아니다. 강철은 새로운 유정에서 나오는 싸고 빠른 공급원과는 비교가 되지 않지만 동일한 특성을 보인다.

21. 성공적인 발견에 대한 전면적인 시추를 필요로 하는 또 다른 요인은 마른 구멍의 비용을 충당할 필요성이었다. 위에서 언급했듯이, 상업적으로 실행 가능한 석유 공급원을 찾는 것은 저렴하다거나 쉽지 않다. 석탄이나 밀과 달리 석유의 위치는 불확실했다. 비록 지각에서 기름을 찾는 산업의 기술적 능력이 크게 향상되었지만, 대부분 유전보다 마른 유정이 발견되었다. 그 마른 유정은 개발에 돈이 많이 들고, 성공적으로 채유가 가능한 유정으로 채워져야만 했다.

22. 쿠켄부, 『원유 파이프라인』 30쪽; 샤죠, 칸, 『통합과 경쟁』 69쪽, 재인용.

23. 원유는 무게, 유황 함량, 그리고 정유 설비를 통해 생산되는 정제 제품의 종류를 결정하는 다른 특성이 상당히 다양하다.

24. 군보르의 시장 조사 및 분석 책임자인 데이비드 파이페(David Fyfe) 전 IEA 고위 관리와의 대화에서, 그는 정유소의 건설업자 또는 완전 비용 구매자는 최대 처리량에 가깝게 운영되어야 하는 반면, 어려운 가격에 자산을 구매하는 사람들은 더 유연한 방식으로 운영될 수 있다고 언급했다.

25. 스미스, 『세계 석유』 154~155쪽.

26. 페트로프, 옐린, "석유를 생산하는 데 드는 비용", 《CNN Money》.

페트로프, 옐린은 2015년 11월 23일 『라이스타드 에너지 큐비클』의 수치 인용.

27. 니스빈, 웨이, "해외 대 셰일", 니스빈과 웨이는 각각 라이스타드 에너지의 수석 파트너이자 분석 책임자임.

28. 바든, "영국의 석유 생산 증가"

29. 펜로즈, 『거대한 국제 기업』 46~47쪽.

30. 샤죠, 칸, 『통합과 경쟁』 75쪽.

W. S. 파리시, 전 스탠더드오일사 뉴저지 지점 사장의 성명서 참조. 프랑켈, 『석유의 본질』

76쪽, 재인용.

"원자재가 최종 소비자에게 도달하기까지 통과하는 여러 단계에서 하나의 비즈니스로 통합하는 것이다. 바람직한 단일화의 조건은 (1) 단일 상품 그룹에서의 대규모 사업, (2) 고도로 전문화된 생산, 제조, 운송 및 유통 기술, (3) 대규모 운영에서 상당한 이점이 있어야 함. 이러한 조건들은 석유산업을 특징 짓고, 따라서 산업의 어느 단계와 다른 단계 사이의 관계가 특히 밀접하다. 정유사는 시장에 대한 확신이 필요하다. 마케팅 담당자는 공급에 대한 확신이 필요하다. 둘 다 효율적인 운영을 위해 꾸준한 제품 흐름이 필요하다. 둘 다 하나의 주요 제품과 그것의 관련 부산물 그룹 외에는 다른 것에 관심이 없다. 어느 쪽도 특수 장비를 다른 제품으로 옮길 수 없다. 높은 수준의 상호의존성과 불확실성, 공급의 보안 및 부문 및 산업 전반의 불안정성에 대한 위험을 관리하기 위한 수단으로서 통합이 본질적으로 불가피했는지 아니면 비통합보다 우월했는지에 대한 건전한 논쟁이 있다."

펜로즈(Penrose), 『거대한 국제 기업(The Large International Firm)』 47~50쪽 참조.

4장. 텍사스 시대, 유가의 안정을 가져오다: 미국의 공급 통제와 국제 카르텔 (1934~1972년)

1. 스탠더드오일 뉴욕, 소코니는 1966년 모빌로 사명을 바꾸었다가 1999년 엑손의 전신 스탠더드오일 뉴저지에 인수되었다.

2. API, 『석유에 대한 사실과 수치들』 1959년, 4쪽.

3. 노드하우저, 『유가 안정을 위한 도전』 28쪽.

4. API, 『석유에 대한 사실과 수치들』 1959년, 41쪽.

5. 바비 D. 위버, "거대한 세미놀 유전"
    오클라호마 역사와 문화 백과사전. www.okhistory.org, 2016년 8월 6일 접속.

6. 노드하우저, 『유가 안정을 위한 도전』 27쪽.

7. 노드하우저, 『연방 석유 규제의 기원』 68쪽.

8. 노드하우저, 『유가 안정을 위한 도전』 27쪽.

9. 윌리엄슨 외. 『미국 석유산업』 322~326쪽; 로버트 L. 브래들리, 『석유, 가스 그리고 정부』 1권 88. OCC는 1915년, 1921년, 1923년에 소규모 유전에 소규모의 할당량을 발행했지만, 1927년 세미놀 명령은 첫 번째 주요 명령이자 '지속적'인 성격을 띨 것으로 예상되었다.
    W. P. Z. 저먼, 『오클라호마의 석유 및 가스 보존에 관한 법률적 역사』 149~151쪽; 로버트 L. 브래들리, 『석유, 가스 그리고 정부』 1권, 88쪽, 재인용.

10. 로버트 L. 브래들리, 『석유, 가스 그리고 정부』 1권, 89쪽.
    2.75에서 40% 추정치는 로버트 L. 브래들리가 W. P. Z. 저먼, "오클라호마의 석유 및 가스 보존에 관한 법률적 역사" 158, 184쪽, 재인용.

11. 로버트 L. 브래들리, 『석유, 가스 그리고 정부』 1권, 89~90쪽.

12. 로스코(Roscoe), "계엄령에 따른 오클라호마 유전"

13. "유전이 폐쇄될 예정", 《인디애나폴리스 스타》, 1931년 8월 6일자, 19쪽.

14. 러스 놀즈, 『위대한 도박꾼』(뉴욕: 맥그로우-힐, 1959년), 265쪽; 로버트 L. 브래들리, 『석유, 가스 그리고 정부』 1권. 재인용.
    텍사스 생산자들은 파이프라인 부족으로 사실상 방해를 받았음에도 불구하고 폐쇄된 오클라호마 정유소에 값싼 석유를 공급하겠다고 뻔뻔스럽게 제안했다.

15. "오클라호마 유전, 일요일 아침 재개장", 《미들타운 타임스 헤럴드》 1931년 10월.

16. "알팔파 빌 머레이, 군대 철수", 《해리슨버그 텔레그래프》, 1931년 10월 10일자, 13쪽.

17. 관련 기사, "머레이, 시추 중단을 위해 군인 고용", 《덴튼 레코드 크로니클》, 1932년 5월 6일

18. 관련 기사, "머레이 포기: 계엄령 해제", 《허치슨 뉴스》, 1932년 5월 20일자, 1쪽.

19. 관련 기사, "오클라호마 유전에 계엄령 재개(Martial Law Resumed in the Oklahoma Oil Field)", 《허치슨 뉴스》, 1932년 5월 27일자.

20. 관련 기사, "오클라호마에서 다시 불 붙은 석유 분쟁", 《벤드 불레틴》, 1932년 9월 22일자.

21. 로버트 L. 브래들리, 『석유, 가스 그리고 정부』 1권, 87~91쪽.

22. API, 『석유에 대한 사실과 수치들』 1959년.

23. 1866년부터 1939년, 철도 위원회의 역사.

24. 성공적인 사례로 널리 묘사되었던 민간의 자발적인 생산 제한의 세 가지 사례가 있다. 와이오밍에는 솔트 크릭, 텍사스에는 예이츠, 캘리포니아에는 도밍게즈다. 그러나 왓킨스이 지적했듯이, 그것들은 자국 내 석유시장에 영향을 주기에는 너무 미미했고 예외적으로 적은 수의 긴밀한 생산자 또는 특정 지역의 주요 임대자로서 연방정부의 존재로 설명되었다.
    왓킨스, 『석유: 안정이 우선인가 보존이 우선인가』 43~44쪽, 각주 10.

25. 차일즈, 『텍사스철도위원회』 166쪽.

26. 로버트 L. 브래들리, 『석유, 가스 그리고 정부』 1권, 92쪽.
    1931년 3월 TRC 청문회에서의 거래는 할당량이 경제적 낭비(가격 고정)가 아닌 물리적 낭비를 목적으로 한다는 대중의 광범위한 견해를 보여주었다. 석유국가자문위원회(1931년 2월 석유국가들이 석유의 과잉 생산, 값싼 가격, 비경제적 사용과 싸우기 위한 연방정부의 협력을 포함한 생산량 조절 노력을 조정하기 위해 설립)의 쿼터 찬성파 간 청문회에서 연방정부에 전투 협력을 위한 로비를 하는 등 대화를 나눈 것이다.
    할당제에 반대하는 측을 대표하는 전 텍사스 주지사이자 변호인 로버트 펜은 "과도한 생산과 고통스러운 가격, 비경제적 사용"이라고 표현했다. 무디는 "왜 가격은 논의하지 않는가?"라고 물었고, 펜은 이렇게 대답했다. "왜냐하면 우리 변호사가 우리에게 자원 보존에만 관심을 가질 수 있다고 말했기 때문이오." 무디는 다시 물었다. "당신은 가격에 관심이 없습니까?" 그러자 펜은 "네, 모든 석유업자가 그렇소. 우리는 개인별로 가격을 논의하고 불행하게도 할당량을 고정할 때 가격은 고려할 수 없소." (마셜, 마이어스, '법률 계획', 710~711쪽)

27. 화이트, "조이너와 동부 텍사스 석유 붐", 1968년, 27쪽.

28. 예긴, 『황금의 샘』 247쪽.

29. API, 『석유에 대한 사실과 수치들』 1959년, 41쪽.

30. 노드하우저, 『유가 안정을 위한 도전』 69쪽.

31. "텍사스 서부 유정 폐쇄 계획 무산", 《엘 파소 헤럴드 포스트》, 1931년 7월 20일;
     로스 스털링 주지사는 1931년 7월 24일 텍사스주 코시카나 세미 위클리 라이트, "상원 위
     원회 조사, 석유산업이 과잉 생산으로 인해 비참한 상태에 있다고 말한다"에서 배럴당 10
     센트의 가격을 언급하기도 했다. 《코리스카나 세미-위클리 라이트》, 텍사스, 1931년 7월
     24일자, 13쪽.

32. 관련 기사, "오클라호마 유가 급등", 《타일러 데일리 프레스》, 1931년 7월 2일자

33. 차일즈, 『텍사스철도위원회』 204쪽.

34. 프린들, 『석유 정책』 29~30쪽, 강조 추가.

35. 텍사스 주지사, 계엄령 선포, 1931년.

36. 런델, 『텍사스 원유의 초창기』 227쪽.
     스털링 주지사와 또 다른 고위 군 장교도 주요 텍사스 석유회사에서 근무했다. (차일즈, 『텍
     사스철도위원회』 210쪽)

37. "텍사스 동부 유전과 유정이 문을 닫다", 《데일리 인디펜던트》, 1931년 8월 17일자.
     《브라운스필드 해럴드(Brownsfield Herald)》, 1931년 8월 17일자, 16쪽 참조.

38. "군인들이 텍사스 유전을 지킨다", 《브라이언 데일리 이글》, 1931년 8월 22일자, 2쪽

39. 차일즈, 『텍사스철도위원회』 211쪽.
     차일즈는 주지사 사무실 발표 자료에서 가격을 인용함.

40. 로버트 L. 브래들리, 『석유, 가스 그리고 정부』 1권, 91~94쪽.

41. 블레어, 『석유의 통제』 161쪽.

42. 로버트 L. 브래들리, 『석유, 가스 그리고 정부』 1권, 638쪽.

43. 마셜, 마이어스, 『법률 계획』 704쪽.

44. 로버트 L. 브래들리, 『석유, 가스 그리고 정부』 1권, 638, 643~644쪽.

45. 런델, 『텍사스 원유의 초창기』 226쪽.

46. 로버트 L. 브래들리, 『석유, 가스 그리고 정부』 1권, 639쪽; 각주; 윌리엄슨, 애드레아노, 『미
     국 석유산업』 549쪽.

47. 로버트 L. 브래들리, 『석유, 가스 그리고 정부』 1권, 640쪽.

48. 같은 인용, 640~641쪽.

49. 같은 인용, 101쪽.

50. 윌리엄슨, 다움, 『미국 석유산업』 549쪽.

51. 국가 문서 이니셔티브, "국가 산업 회복법."

52. 9조 C항. 로버트 L. 브래들리, 『석유, 가스 그리고 정부』 1권, 98, 641쪽.

53. 로버트 L. 브래들리, 『석유, 가스 그리고 정부』 1권, 642쪽.

54. 같은 인용, 642~643쪽.

55. 같은 인용, 643쪽; OGJ, 1933년 12월 14일, 각주 77 인용
     OGJ의 언급은 러스 놀즈, 『위대한 도박꾼』(뉴욕: 맥그로우힐, 1959년), 265쪽을 바탕으로
     서술됨.

56. 런델, 『텍사스 원유의 초창기』 228쪽.

57.   로버트 L. 브래들리, 『석유, 가스 그리고 정부』 1권, 321쪽.

58.   윌리엄슨, 다음, 『미국 석유산업』 550쪽.

59.   같은 인용, 554쪽.

60.   로버트 L. 브래들리, 『석유, 가스 그리고 정부』 1권, 147쪽.

61.   같은 인용, 148~157쪽. MER은 석유의 흐름이 회복 가능한 매장량을 잃지 않고 도달할 수 있다는 공학 및 지질학적 결정에 기초하는 최대 효율을 의미한다. MER은 최대 용량이 아니라 유전에 피해를 주지 않고 가능한 한 높은 비율로 매장되어 있는 석유의 총 회수량을 의미한다. MER은 일종의 '안전한 작업 속도'이며 이를 초과할 수 있다. 세 번째 유형의 최대 한도는 가스-오일 비율이라고 불리는 석유로 생산 가능한 천연가스 양에 대한 제한이었다.

62.   로버트 L. 브래들리, 『석유, 가스 그리고 정부』 1권, 162쪽.

63.   러브조이, 호먼, 『경제적 측면』 37쪽; 주 쿼터제 구현 방법에 대한 개요는 6장, 127~184쪽을 참조.

64.   로버트 L. 브래들리, 『석유, 가스 그리고 정부』 1권, 171쪽.
       1948년, 유진 러스토우는 쿼터제가 보존에 기여한다는 개념을 일축했다. 그는 "우선 우리의 현재 생산 통제 방법의 기본적이고 지배적인 목적은 광산국이 시장 수요가 될 것으로 추정하는 가격으로 생산을 제한하는 것이다"라고 언급했다. 러스토우, 『국가의 정책』 34~35쪽.

65.   러브조이, 호먼, 『경제적 측면』 140~141쪽.
       텍사스는 생산 중단과 일부 유정의 할당량 미달로 인해 실제 공급이 예정 생산량 이하로 떨어졌다는 역사적 경험을 통해 일반적 목표 생산률보다 12% 높은 할당량을 설정했다.
       (러브조이, 호먼, 『경제적 측면』 138~139쪽.)

66.   러브조이, 호먼, 『경제적 측면』 139쪽.

67.   프린들, 『석유 정책』 7쪽.

68.   위원회는 또한 파이프라인 회사들이 외딴 유정에 연결하도록 압력을 가하고 좁은 유정 간격을 허용함으로써 소규모 생산자들을 도왔다.
       프린들, 『석유 정책』 41, 132쪽.

69.   다우니, 『석유의 모든 것』 128~134쪽.

70.   로버트 L. 브래들리, 『석유, 가스 그리고 정부』 1권, 166쪽.

71.   같은 인용, 162~191쪽.

72.   프린들, 『석유 정책』 73쪽.

73.   로버트 L. 브래들리, 『석유, 가스 그리고 정부』 1권, 170쪽에서 발췌.

74.   프린들, 『석유 정책』 132쪽.

75.   로버트 L. 브래들리, 『석유, 가스 그리고 정부』 1권, 171쪽.

76.   할당량 준수 외에도, 시추작업은 장비 부족 또는 경제적 이유로 인해 생산을 중단할 수 있다.

77.   로버트 L. 브래들리, 『석유, 가스 그리고 정부』 1권, 175~176쪽.

78.   샤죠, 칸, 『통합과 경쟁』 124쪽.

79.   윌리엄슨, 다움, 『미국 석유산업』 558~559쪽; 로버트 L. 브래들리, 석유, 가스 그리고 정부』 2권, 1948년.

80. 로버트 L. 브래들리, 『석유, 가스 그리고 정부』 1권, 167~168쪽. 로버트 L. 브래들리 167쪽 발췌.

81. 당초 미국 생산자들은 1910년 주요 발견으로 대규모 생산국이자 수출국으로 자리매김한 인근 멕시코와 1916년 0에서 1928년 하루 29만 배럴로 생산량이 증가한 베네수엘라의 대규모 수입 위협에 주로 몰두했다. API, 『석유에 대한 사실과 수치들』 1959년, 433쪽.

82. 로버트 L. 브래들리, 『석유, 가스 그리고 정부』 1권, 718~719쪽.

83. 연방무역위원회, 『국제 석유 카르텔』 54쪽.

84. 같은 인용, 197~198쪽.

85. 같은 인용, 200쪽.

86. 예긴, 『황금의 샘』 261쪽.

87. 연방무역위원회, 『국제 석유 카르텔』 199~200쪽.

88. 예긴, 『황금의 샘』 281쪽.

89. 걸프만은 레드라인 협정과 이라크 석유회사의 일부 흡수되면서 바레인에 대한 임대를 포기해야 했다. 소칼은 1934년에 걸프만에서 인수했다.

90. 파라, 『오일 정책』 9쪽.

91. 연방무역위원회, 『국제 석유 카르텔』 23쪽.
    석유 매장량은 현재 가격과 기술로 생산하기에 경제적인 매장량이다.

92. 연방무역위원회, 『국제 석유 카르텔』 25~28쪽.

93. 스킷, 『OPEC』 5쪽; 파라, 『오일 정책』 69~73쪽.

94. 파라, 『오일 정책』 72쪽.

95. 이러한 기업 내 이전 가격은 시장 가격을 반영하지 않고 세금 계산에 사용되었습니다. 기업들은 이익을 높은 세금 관할 구역에서 낮은 세금 관할 구역으로 옮겼다.
    파투, 『기원과 혁명』 43쪽.

96. 업계 용어로 수신항에서 인용되는 가격은 비용, 보험, 운임을 나타내는 "CIF"라고 사용합니다. 선적 터미널에서 인용되는 가격은 "FOB"라고 불린다.

97. 아델먼, 『세계 석유시장』 172쪽.

98. "미국은 유럽과 전 세계에 원유와 석유 제품을 공급한 초기 국가였다. 당시 이 나라의 가격이 외국의 가격을 지배해야 한다는 것은 전혀 놀라운 일이 아니다. 걸프 해안 항구는 텍사스와 중부 대륙의 지배적인 들판을 누르는 파이프라인에서 원양 유조선으로 대량 수송하는 천연 중심지였다. 광활한 석유 배후지에 투자하고 전 세계 시장에 서비스를 제공하는 대형 정유소의 성장이 선호된 것도 이곳이었다." 샤죠, 칸, 『통합과 경쟁』 211쪽.

99. 걸프 플러스는 주요 석유사의 가격 공식을 설명하기 위해 문헌에서 가장 일반적으로 사용된다. 하지만, 나는 페르시아만에 나중에 '게시된' 가격과 혼동하지 않기 위해 '텍사스 플러스'를 사용한다. 걸프 플러스 또는 텍사스 플러스라고도 불리는 7대 석유사의 기준 가격 시스템이 어떻게 작동했는지에 대한 자세한 내용은, 라몬 에스피나사의 미출간 논문과 연방무역위원회 『국제 석유 카르텔』 349~375쪽, 파라의 『오일 정책』 57~58쪽을 참조할 것.

100. 바다 간 거리.

101. 가격 결정 구조의 중요한 특징은 비록 우리가 여기서 논의하는 중심은 아니지만, 주요 석유
     사의 이익이 원유 대신 정제된 제품의 판매에 크게 기인한다는 것이다. 국제적으로 거래되
     는 원유 대부분은 기능적으로 구별되지만 직접 통제되는 계열회사들 사이에 이동되었다.
     통합기업 전체의 수익성은 주로 소비자에 대한 정제제품 판매에 의존했다. (연방무역위원
     회, 『국제 석유 카르텔』 370쪽).

102. 예긴, 『황금의 샘』 371~379쪽.

103. 텍사스주 역사 협회, "석유 및 가스 산업".

104. 잠재적 생산, 최대 효율 비율 또는 MER의 정의는 61번 참조.

105. 프레이, 아이드, 『전시 석유 관리의 역사』 1941~1945년, 173쪽.

106. "하루에 백만 배럴의 생산량을 증가시키고 생산 능력을 유지한 것은 원유 생산 분야에서 최
     고의 승리였다." (프레이, 아이드, 『전시 석유 관리의 역사』 1941~1945년, 169쪽; 강조 추가.

107. 프레이, 아이드, 『전시 석유 관리의 역사』 1941~1945년, 444쪽.

108. 같은 인용, 444~445쪽.

109. 예긴, 『황금의 샘』 401쪽.

110. 예긴, 『황금의 샘』 399~409쪽; 프레이, 아이드, 『전시 석유 관리의 역사』 281쪽.

111. 1943년 영국 해군은 페르시아만에 정제된 제품을 위한 두 번째 '기점'을 설립할 것을 주장
     했고, 1945년 미국 해군은 원유와 제품에 대해서도 마찬가지였다. 이 중 기준점제 하에서
     페르시아만 기준가격은 텍사스와 동일했고 미국과 페르시아만 물량이 동등한 가격에 납품
     되는 '균등화' 지점은 중지 됐다. 텍사스 또는 페르시아만에서 출발하는 배송은 '유령 화물'
     요금이 발생했다. 1947년, '균형화 지점'은 런던으로, 1949년에는 뉴욕으로 옮겨져 서유럽
     과 미국으로 이동하는 페르시아만 원유에 대한 '유령 화물' 운임을 효과적으로 없앴다. 연
     방무역위원회, 『국제 석유 카르텔』 374~375쪽.

112. 연방무역위원회, 『국제 석유 카르텔』 356~357쪽.

113. 영국 석유회사(BP)는 이란에 절반을 떼어주고 싶지 않아 제안을 거부했다. 1951년 BP의
     자산 국유화가 촉발되었고, 제재 조치와 서방의 금수조치가 시행되면서 이란의 생산량은
     1950년 하루 65만 배럴에서 1953년 2만 배럴로 급감했고, 테헤란의 석유 수입은 4억 달러
     에서 200만 달러 미만으로 급감했다. 공산당의 침해를 두려워한 미국은 영국을 돕기로 동
     의했고, 1953년 8월 이란 총리 모하메드 모사데크에 대항하는 쿠데타를 지지했다. 결국 BP
     는 미국 기업들이 진출하면서 석유 채굴권에 대한 독점권을 상실했다. 모게리, 『석유의 시
     대』 63~70쪽.

114. 파투, 『기원과 혁명』 44쪽.

115. 디골리어, 맥노튼, 『20세기 석유 통계』 61쪽.

116. 프랭크, 『원유의 가격』 29쪽.

117. 로버트 L. 브래들리, 『석유, 가스 그리고 정부』 2권, 136~139쪽.

118. 블레어, 『석유의 통제』 166쪽.

119. 프랭크, 『원유의 가격』 64~65; 샤죠, 칸, 『통합과 경쟁』 192~193쪽.

120. 통합 기사, "석유 생산량 증가(Boost in Production of Oil)", 《메드포드 메일 트리뷴》, 1956

년 9월 18일자, 1쪽.

121. "수에즈 위기에도 석유 허용량 감소(Oil Allowable Cut Despite Suez Crisis)", 《밸리 모닝 스타》, 1956년 9월 21일자, 15쪽.

122. 해밀턴, 『오일 쇼크의 역사』, 11쪽.

123. 관련 기사, "12월 한 달간 16일 허용(16-Day Allowable Set for December)", 《애빌리나 리 포터-뉴스(Abilene Reporter-News)》, 1956년 11월 15일자, 1쪽; 관련 기사, "석유 생산량 신기록 수준 도달(Oil Output Reaches New Record Level)", 《오데사 아메리칸(Odessa American)》, 1957년 2월 24일자, 30쪽

124. 《와코 트리뷴 헤럴드》, 1956년 11월 25일, 10쪽.

125. 《알버쿼쿼 저널》, "뉴 멕시코, 석유와 천연가스 채굴(Oil and Gas Mining in New Mexico)", 1956년 12월 2일, 일요일, 38쪽.

126. 예긴, 『황금의 샘』 492쪽.

127. "컬버슨, 영국 석유 문제에 끼어들지 않을 것(Culberson 'Not Meddling' in England's Oil Affairs)", 《애빌리나 리포터-뉴스》, 1957년 2월 15일자, 30쪽.

128. "컬버슨, 영국인에게 석유 간섭 말라며 일침(Culberson Tells Britons to Quit Meddling in Oil)", 《콜시카나 데일리 선》, 1957년 2월 15일자, 1쪽.

129. "정부, 석유에 관한 법률 제정(Govt. May Act on Oil)", 《오일 시티 데릭》, 1957년 2월 7일, 1쪽.

130. "텍사스 산 원유 생산량 증가(Texas OKs Boost in Oil Output)", 《서클빌 해럴드》, 1957년 2월 20일, 1쪽.

131. 예긴, 『황금의 샘』 555~557쪽.

132. 같은 인용, 557쪽.

133. 블레어, 『석유의 통제』 166쪽.

134. 로버트 L. 브래들리, 『석유, 가스 그리고 정부』 1권, 724쪽.

135. 아델먼, 『지니』 47쪽.

136. "석유 생산(Oil Production)", 《코퍼스 크리스티 타임스》, 1956년 6월 21일, 16쪽.

137. 로버트 L. 브래들리, 『석유, 가스 그리고 정부』 1권, 728~735쪽.

138. 같은 인용, 731쪽.

139. 같은 인용, 736~750쪽.
    멕시코와 캐나다 수입품에 대한 면제 외에 개정도 거쳤다. 예를 들어, 서해안은 나머지 지역의 정유소, 밭, 파이프라인 및 항만 네트워크로부터 상대적으로 고립되었기 때문에 더 관대한 수입 할당량을 가지고 있었다. 면제 등의 결과로 실제 수입은 공식 목표를 초과했다.

140. 영국 석유회사, "통계 보고서".

141. 파라, 『오일 정책』 14~15쪽.

142. 파라, 『오일 정책』 97~98쪽.

143. 모게리, 『석유의 시대』 84쪽.

144. "철도 위원회가 미래 석유 문제에 경고하다(Railroad Commission Warns of Oil Troubles

Ahead)", 《샌 안토니오 익스프레스》, 1970년 8월 29일, 78쪽.

145. 낸시 허드, "텍사스, 본격적인 석유 생산 계획(Texas Planning Full-scale Oil Production)", 《엘 도라도 타임스》, 1972년 3월 17일자, 1쪽.

146. 낸시 허드, "텍사스 유정, 최고 생산량을 달성 중(Texas Oilwells Attaining Peak Output)," 《샌 안토니오 익스프레스》, 1972년 3월 16일, 30쪽.

147. 모게리, 『석유의 시대』 77쪽.

148. 예긴, 『황금의 샘』 27쪽.

149. 같은 인용, 541쪽.

150. 디골리어, 맥노튼, 『20세기 석유 통계』 108쪽.

151. 예긴, 『황금의 샘』 543~546쪽.

152. 연방무역위원회. 『국제 석유 카르텔』 표 1, 표 8, 5~6쪽, 23쪽.

153. 1950년 데이터, 연방무역위원회. 『국제 석유 카르텔』 표 10, 25쪽).

154. 해밀턴, "전후 오일쇼크의 역사적 원인", 99쪽; 해밀턴, "오일 쇼크의 역사," 9쪽.

155. 모게리, 2006년, 48쪽.

156. "위원회는 다음 달 기업들의 수요 예측을 했고, 1~2주 정도 밖에 차이가 나지 않는 우수한 재고량 데이터를 확보하고 있었다. 비축량이 축적되는 것처럼 보이면 생산은 줄어든다. 만약 재고가 현재 생산을 지원하는 데 필요한 양보다 낮다고 판단되면, 할당량은 증가할 것이다. 모두가 안정성이 위원회의 목표라는 것을 잘 알고 있었고, 따라서 아무도 위아래로 작은 변화를 걱정하지 않았다. 아델먼, 『원유 수급의 경제』 429~430쪽).

157. 샤죠, 칸, 『통합과 경쟁』 151쪽.

158. 프랑켈, 『석유의 본질』 67쪽.

159. 샤죠, 칸, 『통합과 경쟁』 74쪽.

160. 윌리엄슨, 다움, 『미국 석유산업』 554쪽); 해밀턴, 『오일 쇼크의 역사』 8쪽 참고.

161. 『통합과 경쟁』에서, 샤죠와 칸은 1934년 이후의 물가 안정은 "[쿼터]제를 검증하지 않는 한, 어느 정도 성숙된 국내 산업에서 통과되었을 수 있다"고 인정했지만, "쿼터 조정은 1933년 이후 원유 가격 변동의 수가 크게 줄어든 주요 이유이자 발생 시기에 대한 것이다"라고 결론지었다. (150~151쪽)

162. 프린들, 『석유 정책』 126쪽.

163. 짐머만, 『석유 생산의 보존』 111쪽.

164. 같은 인용, 113쪽.

165. 블레어, 『석유의 통제』 165쪽.

166. 프린들, 『석유 정책』 126쪽.

167. 로버트 L. 브래들리, 『석유, 가스 그리고 정부』 1권, 129쪽.
    블레어가 인용한 작품의 제3장에서 전개한 비판을 간략하고 부분적으로만 기술했다. 전 연방 반독점 공무원이었던 블레어는 1976년에 미국 내 석유산업이 만연한 과잉 생산에 직면하여 "다른 어떤 사업 활동 분야보다 국가가 정부의 강제적인 권한으로 사적인 통제 수단을 강화하도록 유도하는 데 성공적이었다"고 언급했다. 블레어, 『석유의 통제』 152쪽.

168. 아델먼, 『지니』 42쪽.

169. FTC 보고서는 1949년 세계 석유 매장량의 65%, 미국을 제외한 생산량의 80%를 장악한 7대 석유사의 운영에 대한 풍부한 역사적 정보와 자료를 담고 있다.

170. 모게리, 『석유의 시대』 72쪽.

171. 연방무역위원회, 『국제 석유 카르텔』 376쪽.

172. 같은 인용, 376~77쪽.

5장. OPEC의 탄생: (1970~1980년)

1. 예긴, 『황금의 샘』 464; 샘슨, 『7대 석유사』 121쪽.

2. 새로운 주식은 영국 석유회사가 40%, 셸이 14%, 엑손 모빌, 소칼, 텍사코, 걸프가 각각 7%, 프랑스 석유회사가 6%, 그리고 "Iricon"이라고 불리는 조직된 소수의 독립 석유회사가 5%였다. (블레어, 『석유의 통제』 46쪽).

3. 블레어, The 『석유의 통제』 44~45쪽.

4. 파라, 『오일 정책』 89~92쪽.

5. 예긴, 『황금의 샘』 512쪽.

6. 파라, 『오일 정책』 89~94쪽; 예긴, 『황금의 샘』 510~513쪽.

7. 예긴, 『황금의 샘』 513쪽.

8. 같은 인용.

9. 소련의 생산량은 1955년에서 1960년 사이에 두 배로 증가했는데, 그때 베네수엘라를 대신하여 미국에 이어 세계 2위의 생산국이 되었다. (예긴, 『황금의 샘』 515쪽).

10. 스킷, 『OPEC』 6~7쪽.

11. 프랑스 석유회사의 공급 조정 외에도, 마아디 조약 체결국들은 정기적으로 (1) 계약 조건의 개선과 [관리] 가격 변동에 대한 협의 요구 사항, (2) 석유산업 운영에 대한 통합 접근 방식, (3) 자국 내 정제 용량 증가, (4) 국가 석유회사의 설립 그리고 (5) 석유 자원의 보존, 생산, 그리고 개발의 국가 조정 등을 따라야 했다. (스킷, 『OPEC』 15~16쪽.)

12. 예긴, 『황금의 샘』 521쪽; 세이무어, "OPEC 생산 감축 협정" 1쪽, 엑손의 사우디아라비아 라이트 관리 가격은 1.90달러에서 1.76달러로 떨어졌다. (스킷, 『OPEC』 17쪽.)

13. 먼로 라스본의 결정은 샘슨, 『7대 석유사』 156~160쪽;
파라, 『오일 정책』 97쪽; and 예긴, 『황금의 샘』 520~522쪽 참조.

14. 예긴, 『황금의 샘』 522쪽.

15. 샘슨, 『7대 석유사』 162쪽.

16. 예긴, 『황금의 샘』 522쪽.

17. 같은 인용, 523쪽.

18. 파라, 『오일 정책』 101쪽.

19. 우심, "악마의 배설물"

20. 파라, 『오일 정책』 105쪽.
21. 같은 인용, 106쪽.

6장. 통제권을 넘겨받는 OPEC: (1970~1980년)

1. 영국 석유회사, 『통계 보고서』 2015년.
2. 파라, 『오일 정책』 116~117쪽.
3. 아델먼, 『지니』 50~51쪽.
4. 예긴, 『황금의 샘』 585~586쪽.
5. 같은 인용. 그러나, 원유 가격 상승의 희망적인 영향은 소비를 장려하고 새로운 공급을 억제함으로써 인플레이션과 싸우기 위해 부과된 자국 내 가격 통제에 의해 상쇄되었다.
6. 파라, 『오일 정책』 117쪽.
7. 영국 석유회사, 『통계 보고서』
8. 예긴, 『황금의 샘』 578쪽.
9. 아델먼, 『지니』 70~71쪽.
10. 파라, 『오일 정책』 123쪽.
11. 파라, 『오일 정책』 124~125쪽.
    리비아의 요구가 '합리적'이라는 국가의 견해는 아델먼, 『지니』 75쪽.
12. 파라, 『오일 정책』 126쪽; 예긴, 『황금의 샘』 580~583쪽.
13. 예긴, 『황금의 샘』 563쪽.
14. 샘슨, 『7대 석유사』 226쪽.
15. 파라, 『오일 정책』 128~130쪽; 아델먼, 『지니』 76~78쪽; 예긴, 『황금의 샘』 580~582쪽.
16. 예긴, 『황금의 샘』 582~583쪽.
17. 같은 인용, 590~591쪽.
18. 원유 가격 데이터 세트(명목상 가격); API, 『석유에 대한 사실과 수치들』 1959년.
19. 파라, 『오일 정책』 162쪽.
20. 햄즈, 윌스, 『검은 황금』 10쪽.
21. 샘슨, 『7대 석유사』 233쪽.
22. 샘슨, 『석유의 통제』 243쪽.
23. 예긴, 『황금의 샘』 592쪽; 파라, 『오일 정책』 161~162쪽.
24. 모게리, 『석유의 시대』 107쪽.
25. 예긴, 『황금의 샘』 600쪽.
26. 1947년에 착공하여 1950년에 개통하여 1990년까지 운영된 사우디아라비아의 카이수마와 레바논 사이돈 사이의 송유관이다.
27. 윌리엄 D. 스미스, "유가의 모든 것: 파급효과", 《뉴욕타임스》, 1937년 12월 25, A1면.
28. 중동의 다른 회원국들과 달리 이란은 이스라엘과 좋은 관계를 유지하고 있었으며 미국과

도 가까웠다. 1967년에도 이란은 OPEC 회원국이 시행한 석유 보이콧에 참여하지 않았다.

29. 『오일 정책』 81쪽. 예긴, 『황금의 샘』 624쪽.

30. 버나드 와인라우브, "이란의 왕", 《뉴욕타임스》, 1973년, 31, 37쪽; 예긴, 『황금의 샘』 630쪽.

31. 윌리엄 D. 스미스, "새로운 상승이 우려된다: 경매 쿠웨이트 석유 거래에서 이란 원유의 가격이 4배로 올랐다.", 《뉴욕타임스》, 1973년 12월 12일, 1, 64쪽.

32. 모게리, 『석유의 시대』 114쪽.

33. 파라, 『오일 정책』 181~182쪽.

34. 아델먼, 『지니』 110~113쪽.

35. 로빈슨, 『야마니』 96쪽.

36. 샘슨, 『7대 석유사』 237쪽.
    리비아는 1973년에 나머지 외국 회사 자산을 국유화한 반면, 사우디아라비아는 1972년 말에 아람코와 즉시 25%의 지분을 가진 계약을 체결하여 1983년에 51%로 증가했다.

37. 예긴, 『황금의 샘』 633쪽.

38. 샘슨은 이번 금수조치가 "공동시장이 시작된 이래 유럽인들의 가장 당혹스러운 분열의 쇼를 촉발시켰다"고 썼다. 샘슨, 『7대 석유사』 262쪽.

39. 미 에너지정보청, "월례 에너지 검토 보고서", 표 3.1.

40. 미 에너지정보청, "미국의 원유 생산 유전."

41. 칼트, 『유가 규정』 9~11쪽.

42. 예긴, 『황금의 샘』 659~660쪽.

43. 유가 규제에 대한 광범위한 분석을 위해, 칼트, 『유가 규정』 참조.

44. 헬빙, 털리, 『유가 통제』 2쪽.

45. 같은 인용, 3, 5쪽.

46. 헬빙, 털리, 『유가 통제』 유가 관리법을 바탕으로 의도하지 않은 결과는 정부의 복잡한 규정이 더 저렴하고 가격이 통제된 '구유'를 사용할 만큼 운이 좋지 않은 미국 내 정유사를 돕기 위해 제정된 것에서 비롯되었다. 모든 정유사들 사이에 원유 비용을 균등하게 하기 위해, 워싱턴은 저비용의 오래된 석유를 공평하게 분배하기 위해 고안된 '구유 권리 프로그램'을 만들었다. 매달 FEA는 신유에 대한 구유의 비율을 사용하여 모든 정유사의 공정한 몫을 결정할 것이다. 예를 들어, 1975년 3월에 미국 원유 공급의 41%가 '구유'였기 때문에, 각 정유사들은 최소한 41%의 원유를 배럴당 5.25달러의 통제된 가격으로 구매할 수 있는 '자격'을 부여받았다. 정유사들은 석유 배럴의 통제된 가격과 통제되지 않은 가격의 차이에 기초하여 가격이 결정되면서 이 석유에 대한 권리를 교환할 수 있었다. 1975년 3월, '신규' 자국 내 및 수입 원유의 배럴당 평균 가격은 12.56달러였고, 따라서 "FEA는 그 달에 대한 가격을 7.31달러로 설정했다." 따라서 41% 미만의 수입 석유를 사용하는 정유사들은 41% 이상의 구유를 사용하는 정유사들에게 자신들의 권리를 7.31달러에 팔게 될 것이다. 구유만 사용한 정유사들은 투입 물량의 59%에 해당하는 자격요건을 구매해야 하는데, 이는 배럴당 4.31달러(7.31달러의 59%)의 실효세로 살 수 있었다. 이렇게 소득재분배 프로그램을 통해 고비용 수입 석유의 '부담'이 균등해졌다. 미국의 오래된 석유에 세금이 부과되었고 수입

석유의 구입을 보조하는 데 사용되었다. 따라서 헬빙과 털리는 "수입산 석유가 미국 총소비에서 차지하는 비중이 높아짐에 따라 자국 내 유효가격도 상승할 것"이라고 결론지었다. 또 "미국이 외국 공급원에 대한 의존도가 높아짐에 따라 외국 석유 카르텔의 단결이 강화되어 미국은 외부 가격과 생산 결정에 점점 더 취약해진다. 향후 세계 유가 상승을 지속할 수 있는 상황이 조성됐다"고 말했다.

47. "통제는 시장이 문제에 효율적으로 대응하는 것을 방해할 수 있으며 공급 부족을 초래하거나 또는 할당이 잘못 되는 원인 중 하나가 될 수 있다." 해밀턴, 『오일 쇼크의 역사』 24쪽.

48. 예긴, 『황금의 샘』 616~617, 692쪽.

49. 뱀버거, 『전략비축유』

50. 도런, 밴, 『경제 기억 상실증』 21쪽.

51. 샘슨, 『7대 석유사』 279~282쪽.

52. 프로디, 클로, 『유럽』 표 6A OECD 데이터 인용, 97쪽.

53. 프로디, 클로, 『유럽』 97쪽.

54. 야마코시, 『1973년 석유파동에 대한 일본의 반응에 관한 연구』 1986년, 24~28쪽.

55. 목표치를 상향 조정한 결정은 스콧, "1974년부터 1994년까지 국제 에너지 기구의 역사", 93쪽 참조.
    미국과 같은 일부 회원국은 정부 소유 및 정부 관리 준비금의 형태로 전략비축유를 보유하고 있다. 다른 IEA 회원들은 석유회사에 강제적인 비축유 요건을 부과한다. 순수출 3개국(캐나다, 덴마크, 노르웨이)은 비축유 보유 의무가 없다.

56. 뱀버거, 『전략비축유』

57. 사우디보다 온건한 OPEC 회원국들이 구상한 부분적 국유화 또는 외국 석유 사업자들과의 채굴권에 대한 '참여'는 준식민지적 태도를 유지하는 것과 완전한 국유화 사이의 타협으로 고안되었다.

58. 샘슨, 『7대 석유사』 241쪽.

59. 아델먼, 『지니』 155쪽 각주 12, 183쪽.

60. 아델먼, 『지니』 155쪽, 표 6.5.

61. 같은 인용, 156쪽.

62. 예긴, 『황금의 샘』 646쪽.

63. 이란의 생산량은 1978년 10월 6mb/d에서 1979년 1월 730kb/d로 최저치를 기록했다. 쿠웨이트와 나이지리아와 같은 국가들의 증가로 인해 OPEC의 총 생산 손실은 더 낮았다(하루 300만 배럴 가량). (미 에너지정보청, "월간 에너지 검토 보고서," 2016년 3월 29일, 표 11.a.)

64. 영국 석유회사, "통계 보고서." 2015년; 브렌트유 가격, 세계 생산량 변화 (미 에너지정보청, "월간 에너지 검토 보고서", 2016년, 표 11.1b).

65. 버리거, 『구조의 문제』 136쪽.

66. 예긴, 『황금의 샘』 688쪽.

67. 파투, 『기원과 혁명』 48쪽.

68. 예긴, 『황금의 샘』 688쪽.

69. 미 에너지정보청, 월간 에너지 검토 보고서(MER) 자료에 따르면 사우디의 생산량은 1978 년 12월 하루 1040만 배럴에서 1979년 1월 980만 배럴로 감소했다. 그러나 MER 데이터 는 1979년 대부분의 달에 하루 980만 배럴을 생산했다고 제시하는데, 이는 1979년 1월 수 치가 월별 수치가 아니라 연간 평균임을 시사한다. 다른 소식통들은 사우디가 생산량을 훨 씬 더 많이 줄었다고 보도했다. 사우디는 1월 초 1020만 배럴에서 1050만 배럴로 이었다 가 1월 말 약 하루 800만 배럴로 줄였다고 무역 언론을 인용해 아델먼이이 보도했다. 아델 먼은 1979년 4월 초 사우디의 생산량이 하루 950만 배럴에서 850만 배럴로 삭감된 것을 기록하여 석유시장 데이터와 관련된 혼란을 보여준다.

70. 파라, 『오일 정책』 220쪽.

71. 핼로런, "오일 동맹이 수사학적으로 일치하지 않는다", 《뉴욕타임스》, 1979년 3월 18일자, E5면.

72. 예긴, 『황금의 샘』 692쪽.

73. 아델먼, 『지니』 178쪽.

74. "중동에 석유 공급을 지키기 위해 필요한 미군: 슐레진저," 《인디애나폴리스 스타》, 1979년 8월 17일자, 1쪽.

75. 아델먼, 『지니』 178쪽.

76. 칼트, 『유가 규정』 287쪽.
   이와 함께 의회는 석유회사에 대해 가격 통제가 풀린 후 가격이 상승할 때 예상되는 이익의 일부를 포착하기 위해 윈드폴 이득세(WPT)를 부과했다. WPT는 1988년 세무당국에 대한 행정적 부담이자 석유산업에 대한 준수적 부담이라는 이유로 폐지됐고, 1986년 유가가 폭 락한 이후 거의 또는 전혀 수익을 내지 못했고, 석유 수입의존도를 높였다.

77. 미국 내무부, 『석유 및 가스 자원 관리』 1988년, 1, 3쪽.

78. 앤드류스, 『오일 셰일』 11쪽.

79. 예긴, 『황금의 샘』 694쪽.

80. 미 에너지정보청, "월간 에너지 검토 보고서," 표 11.1a.

81. 외교 관계 위원회가 설명하듯, "시아파의 정체성은 7세기 예언자 모하메드의 손자 후세인 살해에 대한 희생정신과 다수파인 수니파에 의한 오랜 소외의 역사에 뿌리를 두고 있다. 전 세계 16억 무슬림의 약 85%가 따르는 이슬람의 지배적인 종파는 시아파를 의심으로 바라 보았고, 극단주의자인 수니파는 시아파를 이단자이자 변절자로 묘사했다. 그러나 수니파 와 시아파는 수세기 동안 평화롭게 함께 살아왔다. 많은 나라에서 두 종파의 구성원들이 같 은 모스크에서 서로 결혼하고 기도하는 것이 일반적이 되었다. 그들은 코란과 예언자 모하 메드의 말에 대한 믿음을 공유하고, 이슬람 율법에 대한 의례와 해석에서는 다르지만 비슷 한 기도를 한다." (수니파와 시아파의 분열, 외교 관계 위원회).

82. 루이스 프리 전 FBI 국장은 이란 정부 고위 지도자들이 1996년 사우디 다흐란에서 미 공군 19명의 목숨을 앗아간 헤즈볼라 폭격을 지휘했다고 믿고 있다(프리, 2006). 보도에 따르면 미국 관리들은 2012년 8월 사우디 아람코 컴퓨터에 대한 대규모 사이버 공격의 배후에 이

란이 있다고 믿고 있다.

이후 정보는 니콜 펄로스, "사우디 기업에 대한 사이버 공격, 미국, 이란의 반격을 두고 보는 중", 《뉴욕타임스》, 2012년 10월 23일자.

83. 예긴, 『황금의 샘』 698쪽.

84. 같은 인용, 703쪽.

85. 미 에너지정보청, "월간 에너지 검토 보고서," 2016, 표 11.1b.

86. 브렌트유의 연견 평균 가격은 서부 텍사스산 원유와 달리 미국의 원유 가격이나 할당제의 영향을 거의 받지 않았다. (영국 석유회사, "통계 보고서." 2015).

87. 윌리엄 사파이어, "레이건 계론", 《뉴욕타임스》, 1981년 10월 4일.

7장. 서툴렀던 OPEC, 깨달음을 얻다: (1981~1990년)

1. 아델먼, 『지니』 187~190쪽.

2. 국제에너지기구, 「2015년 석유 정보」

3. OECD 전체 석유 사용량 중 가스/디젤유(교통수단 제외)와 연료유의 총 점유율은 1971년 40%로 1985년 25%, 2013년 10%로 떨어졌다.
    국제에너지기구, 「2015년 석유 정보」 계산 기준.

4. 미 에너지정보청 알래스카 유전, 원유 생산.

5. 영국 석유회사, "통계 보고서." 2015.

6. 모게리, 『석유의 시대』 137쪽; 스킷, 『OPEC』 185쪽.

7. 스킷, 『OPEC』 183쪽.

8. 같은 인용.

9. 같은 인용, 185쪽.
    3월 회의 이후 사우디아라비아는 일방적으로 생산량을 하루 750만 배럴에서 700만 배럴로 줄였고, 따라서 OPEC의 유효 할당량을 하루 1800만 배럴에서 1750만 배럴로 낮췄다.

10. 스킷, 『OPEC』 184~185쪽.

11. 엄밀히 말하면, OPEC과 다른 분석가들은 시장의 균형을 맞추기 위해 "OPEC과 비축량 변화에 대한 요구"를 추정했다.

12. 미 에너지정보청, "월간 에너지 검토 보고서," 표 11.a. 1982년 2월 사우디의 생산량은 하루 840만 배럴.

13. 마브로, 『순가격』 47쪽.
    마브로의 논문은 순가격과 1986년 가격 붕괴를 철저히 검토했다.

14. 마브로, 『OPEC과 세계 석유시장』

15. 파라, 『오일 정책』 286쪽.

16. 순가격 책정은 "원유의 가격이 정제 및 운송 비용을 뺀 사후 제품 실현과 동일하게 설정되는 일반적인 공식과 관련이 있다. 정유사가 석유 한 배럴에서 생산할 수 있는 석유 제품 세

트, 정제 비용, 운송 비용, 적재와 배송 사이의 시간 지연 등 복잡한 계약에서 여러 변수를 정의해야 했다." 파투, 『해부학』 19쪽; 마브로, 『순가격』 10쪽.

17. 아델먼, 『지니』 226쪽.

18. 같은 인용.

19. 마브로, 『순가격』 51쪽.

20. 아델먼, 『지니』 224~225쪽.

21. 파라, 『오일 정책』 286쪽.

22. 아델먼, 『지니』 229~231쪽.

23. 살로몬 브라더스 보고서는 가격 변동성이 할당량 이전에 볼 수 있는 높은 수준으로 돌아올 것이라고 예측했지만, 그것은 단지 2년에서 4년 동안 지속될 것이며 OPEC 생산자와 대형 석유회사로 구성된 다국적 카르텔이 통제력을 회복할 것이라고 전망했다. "원유가 다국적 카르텔을 만들다". 《저널 레코드》, 1986년 4월 8일, 1~2쪽.

24. 파라켄, 『보고서』 1986년, 55쪽.

25. 이 기간 동안 셰브론은 걸프만을 인수했고, 코노코는 석유 사업 이외의 기업인 듀폰에게 추월당했다.

26. 미국 내무부, "석유 및 가스 자원 관리", 1988년. 1.1.

27. 같은 인용, 5쪽.

28. 연방무역위원회, "비판적 평가", 1987년.
무역 규칙을 위반했을 가능성이 있는 것에 대해, 나는 변호사이자 전 상무부 차관인 시어도어 캐신저와의 대화에 의존했다. 지지자들은 미국이 국가 안보상의 이유로 석유 수입에 변동 세금을 부과할 권한이 있다고 주장할 수 있지만, 그러한 주장이 미국의 무역 상대국들의 도전을 견뎌낼지는 논란의 여지가 있다. 예를 들어, 북미자유무역협정에 따라, 미국은 미국의 석유 및 가스 산업에 대한 장기적인 보호 및 지원을 제공하기 위해 고안된 부담금에는 적용되지 않는 매우 제한된 상황을 제외하고는 국가 안보상의 이유로 에너지 상품에 수입 제한 조치를 부과하지 않기로 약속했다.

29. 2006년 유가 호황기와 2014년 가격 폭락 이후 관세 부과 요구가 다시 불거졌다. 향후 유가 안정에 대한 정책 논쟁에서 가변 수입 관세가 돌아올 가능성이 높다.

30. 맥널티, "부시, 석유 과잉이 미국을 약화시킬 것으로 인식하다."

31. 아델먼, 『지니』 228쪽.

32. 미 에너지정보청, "월간 에너지 검토 보고서," 표 11.1a.

33. 아델먼, 『지니』 231쪽.

34. 로빈슨, 『야마니』 278쪽.

35. 이른바 "OPEC 바스켓"은 2011년까지 서부 텍사스 산 원유보다 약간 낮게 거래되는 경향이 있었다. 이후 특별히 언급하지 않는 한, 나는 서부 텍사스 산 원유를 기준으로 한다.

36. 모게리, 『석유의 시대』 145쪽.

37. "OPEC에 대한 미국의 태도 변화 조짐", 《중동경제조사》, 1987년 5월 18일.

38. 파투, 『해부학』 6.

39. 선물 거래는 1978년 뉴욕에서 계약된 난방유로 시작되었다. 원유 선물은 1983년에 거래가 시작되었고 1990년 말까지 10개의 선물 계약이 활발하게 거래되었다. 아델먼, 『지니』 193쪽.

40. 사우디의 대미 판매는 아멕스에서 거래되는 WTI 석유의 가격 차이에 기초할 것이다. 유럽으로의 판매는 국제석유거래소(IPE)에서 거래된 브렌트유에 비해, 아시아로의 판매는 페르시아만에서 거래된 원유인 두바이와 비교해서 가격이 매겨질 것이다. 다른 OPEC 생산국들은 일반적으로 사우디를 따랐다. (유가 진화 과정에 대한 더 자세한 논의는 파투, 『해부학』 참조.)

41. 맥콰일, "데자뷰" 많은 OPEC 국가들이 비축유를 늘리기 시작했다.

42. 앞서 언급했듯이, 할당량을 시행하지 않는 텍사스와 캘리포니아와 같은 다른 산유국들 사이에 마찰이 있었지만, OPEC 국가들 간의 긴장과 비교하면 경미했다.

43. 파투, 『OPEC의 가격결정권』 1쪽.

44. 파라, 『오일 정책』 260~262쪽.
1986년 사우디가 고안한 가격 붕괴는 공급을 줄이는 데 작은 역할을 했지만, 미국의 일부 고비용 및 저용량 유정을 강제로 폐쇄시켰다.

45. 영국 석유회사, 『통계 보고서』

46. 에너지 경제학자 필립 버리거는 베네수엘라와 쿠웨이트와 같은 일부 OPEC 생산자들이 이 기간 동안 다운스트림 정제 능력에 집중적으로 투자하기로 한 결정이 이들 생산자들이 정유소를 통해 공급량을 우회함으로써 다른 산유국과 비교하여 자국의 결정과 정책을 위장하고 완하하여 안정적인 유가 유지에 기여했다고 믿는다. (버리거, 『구조의 문제』 139~140쪽.)

47. 파라, 『오일 정책』 262쪽.

48. 같은 인용, 295쪽.

49. 모게리, 『석유의 시대』 146쪽.

50. 파라, 『오일 정책』 295쪽.

51. 미 에너지정보청, "월간 에너지 검토 보고서," 표 11.1a.

52. 아델먼, 『지니』 296~297쪽.

53. 디피글리오, 『석유, 경제 성제』 55쪽.

54. 마브로, 『석유 생산국과 소비국 사이의 대화』 1~2쪽.
"석유 경제의 독특한 특징, 즉 원유 생산을 위한 매우 낮은 비용과 대체품에 의해 설정된 매우 높은 가격 상한은 유가 수준의 설정이 상당히 자의적인 문제라는 것을 의미한다. 시장은 유가 수준을 경제학적 관점으로 설명하지 못하고, 다른 곳에서 단서를 찾는다. 유가의 불완전성을 제거하는 것 외에는 누구도 시장에 간섭해서는 안 되며, 일상적인 가격 움직임을 전적으로 그 운영에 맡겨서도 안 되지만, 누가 [장기적으로 지속되는] 유가 수준에 대한 신호를 보내야 하는가에 대한 문제가 발생한다."

8장. 난항의 시기: (1991~2003년)

1. 영국 석유회사, "통계 보고서." 2015.
2. 미 에너지정보청, "월간 에너지 검토 보고서," 표 11.1a.
3. 같은 인용.
4. 래피던 그룹 추정치는 부분적으로 미 에너지정보청의 "월간 에너지 검토 보고서," 표 11.1a 와 11.1b.에서 도출하였다.
5. 미 에너지정보청, "월간 에너지 검토 보고서," 표 11.1a. EIA는 그 이후 인도네시아를 포함하기 위해 OPEC의 역사적 자료를 업데이트했다. 향후 EIA 데이터 세트도 2016년 가봉의 가입을 반영할 것으로 보인다.
6. 모게리, 『오일 정책』 171쪽.
7. 기스티, 『OPEC은 이제 변화해야 한다』 4쪽; 모게리, 『석유의 시대』 171쪽.
8. "표류하는 아시아의 호랑이들(Tigers Adrift)," 《이코노미스트》, 1998년 3월 5일.
9. 모게리, 『석유의 시대』 171쪽.
10. 노드하우저, 『유가 안정을 위한 도전』 82~85쪽.
11. OPEC 총 쿼터는 하루 2500만 배럴에서 2750만 배럴로 인상되었다.
12. 비잔 잔가네는 현재 이란 석유부 장관임.
13. 모게리, 『석유의 시대』 175쪽.
14. 서부 텍사스산 원유 현물 유가, 미 에너지정보청 정보.
15. "리야드의 삭감," 《중동 경제조사》, 1998년.
16. 세이무어, "플러스 포인트."
17. OPEC 사무국 자료, 온라인 접속.
18. 마브로, 『유가의 위기』; 세이무어, "플러스 포인트." 참조.
19. 세이무어, "플러스 포인트."
20. 1998년 6월까지, 이란은 하루 390만 배럴 수준에 상대적인 감축을 주장해 온 반면, OPEC은 이란에 보다 현실적인 하루 360만 배럴의 감축을 요구했다; S세이무어, "플러스 포인트."
21. 미 에너지정보청, "월간 에너지 검토 보고서," 표 11.1a.
22. 상원 법사위원회는 2000년에 NOPEC을 승인했지만 법안이 통과되지는 않았다. 그러나 NOPEC 법안은 곧 다시 올라올 것이다.
23. "연료 기준," 《뉴욕타임스》, 1986년.
24. "가스 거즐러 택스" 미국 환경보건국.
25. "원유 가격의 하락" 《뉴욕타임스》, 1996년.
26. 원산지별 미국 원유 수입량, 미 에너지정보청 웹사이트.
27. 다만 우리보다 앞서가지 않기 위해, 2016년 4월 모하메드 빈 살만 부총리이자 왕세자는 이란을 배재하며 생산 동결에 동의했던 결정을 번복하였고, 이로 인하여 사우디 석유정책 결정권자인 나이미 장관의 위상이 떨어졌다.

    스미스 외. "도하에서 나이미의 의사 결정권자 지위가 약화되다." 이후 2016년 5월, 나이미 장관은 경질됐다.

28. "위기 관리," 《뉴욕타임스》, 2000년.

29. 미 에너지정보청, "월간 에너지 검토 보고서," 표 11.1a.

30. 그날 펜실베이니아 행 93편 (워싱턴 D.C와 뉴욕 외곽)에서 사망한 모든 이들에게 조의를 표하는 바이다.

31. 연례 통계 회보, OPEC, 2015년, 표 1.2.
    총 할당량이 하루 2253만 배럴에서 2300만 배럴 정도로 떨어졌다.

32. 연례 통계 회보, OPEC, 2015, 표 1.2. 25.315에서 21.998로 떨어졌다.

33. 연례 통계 회보, OPEC, 2015, 표 1.2.
    총 할당량은 21.998에서 20.575로 떨어졌으나 중동 경제 조사에 따르면 하루 1500만 배럴 수준이다.

34. "OPEC은 생산 감축 결정에 따른 시장의 반응을 기다린다", 중동 경제 조사, 2002년 1월 7일.

35. 미 에너지정보청(EIA), "월간 에너지 검토 보고서," 표 11.1a.

36. 같은 인용.

37. 파라, 『오일 정책』 337~339쪽. 파라는 당시 WTI보다 몇 달러 낮은 가격으로 거래되었던 OPEC 바스켓 가격을 언급하고 있었다고 추측한다.

9장. 유가의 급등을 막기 위한 안간힘: (2004~2008년)

1. 국제통화기금(IMF) 세계 경제 데이터베이스, 2015년.

2. 영국 석유회사, "통계 보고서." 2015년.

3. 중국의 증가하는 수요, CBO, 2006; 피셔-밴든 외., "전기 부족," 172~188쪽.

4. 중국의 증가하는 수요, CBO, 2006; 자체 제작 표,
   단기 에너지 전망, 미 에너지정보청 웹사이트; 영국 석유회사, "통계 보고서." 2015년.

5. 버리거, 『구조의 문제』 144쪽.

6. 마브로, 『소개서』 5쪽.

7. 미 에너지정보청, "월간 에너지 검토 보고서," 표 11.a,

8. 미 에너지정보청, "단기 에너지 전망," 2014년 12월.

9. 서부 텍사스산 원유 현물 유가, 미 에너지정보청.

10. "새로운 현실주의," 《OPEC 회보》, 3쪽.

11. 예를 들어, 2005년 6월 호주 방송 인터뷰 진행자의 UBS 에너지 분석가는 "사우디만이 현재 여유 용량을 갖춘 유일한 생산국이며 거의 틀림없이 하루 생산량은 150만 배럴 사이이다. 계절적으로 1분기부터 4분기 사이에 수요가 하루 250만 배럴 이상 증가할 수 있기 때문에 북반구 겨울로 접어들면서 시장은 긴축에 들어갈 것이다." 알버리치, "고유가에 대비하는 운전자들", 패런프라이스, 『중동의 산유국들』 마브로, 『21세기의 석유』 7쪽 참조.

12. 패런프라이스, "중동의 산유국들."

13. "이제 직면해야 할 때다. 업스트림의 과잉 비축 문제는 앞으로 몇 년 동안 우리와 함께 할 것이다. 가격 상승은 비OPEC 국가의 공급 증가의 부활로 이어질 수 있다. 그러나 가격 기대치가 낮아지지 않더라도, 국제 석유회사들이 저비용 OPEC 지역에 대한 업스트림 투자를 늘림으로써 비OPEC의 공급 감소는 상쇄될 가능성이 높다…… 우리가 《중동경제조사》에서 추정한 바에 따르면, OPEC 지역의 초과 생산 능력의 범위는 2005~2006년에 하루 약 600만에서 800만 배럴로 유지될 것이다. 비록 수요가 그 사이에 하루 1400만에서 1500만 배럴씩 연간 증가하더라도, 장기적으로 비축량의 가용성이 설정될 것이다. 브렌트유 기준 배럴당 20달러 수준이며, 그 이상의 가격은 어떤 식으로든 시장의 추가 공급을 빨아들일 것이다." 세이무어, "OPEC 유가".

14. 패런프라이스, "중동의 산유국들".
    《중동 경제 조사》는 "1월 하루 생산량이 약 900만 배럴로 사우디는 이미 하루 200만 배럴의 비축량을 확보하고 있으며 알리 나이미 석유장관에 따르면 사우디의 생산능력은 항상 1500만 배럴의 합리적인 비축량 유지를 목표로 향후 최소 1250만 배럴까지 증산할 계획"이라고 보도했다.

15. 사우디 아람코 쿠라이스 메가 프로젝트, 쿠라이스, 사우디아라비아.

16. 킹(King), "사우디가 장벽을 만났다", 사우디 아람코 쿠라이스 메가 프로젝트, 쿠라이스. 사우디의 총 생산능력 추정치는 사우디가 하루 1130만 배럴을 주장하는 가운데 미 에너지정보청을 비롯한 다른 전문가들은 하루 1050만 배럴 정도로 추정하고 있다. 나이미 석유장관은 2005년 1월 인터뷰에서 사우디의 최대 용량이 하루 1100만 배럴이라고 밝혔다. 명확하지 않지만 유전 유지보수 또는 일시적으로 용량을 줄여야 하는 다른 문제가 발생할 수도 있다.

17. 파투, 『기원과 혁명』 93쪽.

18. 파투, 『비축용량』

19. 예비 생산능력이 세계 생산량의 약 10%에서 6%로 떨어진 것은 확실하지만 낮지는 않다. 충분한 비축 용량에 대한 자세한 내용은 아델먼, 『지니』 168, 172쪽; 예긴, 『황금의 샘』 711~712쪽 참조.

20. 미 에너지정보청, "월간 에너지 검토 보고서," 표 11.1a.

21. 윌런, "줄어들지 않는 운전자들".

22. 서부 텍사스산 원유 현물가격, 미 에너지정보청.

23. 선물 가격은 실제 미래 가격의 정확한 예측 변수가 아니다. 그러나, 그것들은 소비자와 생산자가 헤지할 수 있는 가격을 반영하기 때문에, 더 긴 선물 가격은 미래의 수급 조건에 대한 기대를 형성하는 데 도움이 된다.
    국제에너지기구, 중반기 석유시장 보고서, 2014년, 25쪽.

24. WTI의 현물과 24개월 선물가격의 R-제곱 상관관계는 1990년대 0.37이었지만 2000년대 들어 0.97이었고 2010년 이후로는 0.97이었다.

25. 마브로, 『소개서』 7쪽.

26. 블레이크 클레이튼은 장기화된 고유가와 신문, 책, 정부 기록에서 석유 고갈에 대한 언급

사이의 강한 역사적 상관관계를 혁신적으로 검토했다. (클레이튼, 『시장의 광기』 xii-xiii쪽)

27. 허쉬 외., 『정점』 19쪽, 표 II-1.
28. 로버츠, 『값싼 석유는 역사다』
29. 클레이튼, 『시장의 광기』, viii-ix.
30. 예긴, 『분명 저기 석유가 있다』
31. 허쉬 외., 『정점』 4쪽.
32. 허버트, '핵에너지와 화석연료', 22쪽(Figure 21).
33. 미국의 원유 생산 현장, 미 에너지정보청, 온라인 접속.
34. 허버트, '핵에너지와 화석연료', 22쪽. 허버트는 세계 최고점을 약 125억 배럴로 추정했는데, 이는 하루 3400만 배럴의 생산량에 해당한다. 2014년 세계 원유 생산량은 하루 7천 8백만 배럴이었다. (미 에너지정보청, "월간 에너지 검토 보고서," 표 11.1b).
35. 미 에너지정보청은 2014년 세계적으로 입증된 원유 매장량이 16억 5600만 배럴이라고 추정한다. (국제 에너지 통계, 미 에너지정보청 웹사이트).
    미 에너지정보청은 2014년 세계 원유 생산량을 하루 7800만 배럴로 추정한다. (미 에너지정보청, "월간 에너지 검토 보고서," 표 11.1b). 미 에너지정보청, "우리에게 충분한 원유가 남아 있는가?" 참조.
36. 여기에는 재래식 자원과 비전통적 자원이 포함된다. 2013, 국제에너지기구, 18쪽.
37. 알 사바, 『21세기의 석유』 xi~xv쪽.
38. 여기에는 비싸게 팔릴 것으로 예상하고 싸게 사는 것과 같은 '방향성' 베팅이 포함될 수 있다. 또는 한 석유 계약의 가격이 다른 계약에 비해 오르거나 내릴 것으로 예상하는 '상대적' 베팅도 있다.
39. 가라다, 『기근과 시장』 3쪽.
40. 콧시리스, 『반독점 사건』 452~455쪽.
41. 스미스, 『세계 석유』 157쪽.
42. 메어, 『바트 칠턴』 전 연방무역위원회 의장 바트 칠튼이 대규모의 수동층 논의를 위해 만든 용어. 파투, 『기원과 혁명』 80~83쪽 참조.
43. 스탠더드 앤 푸어스-골드만삭스 상품지수와 다우존스-AIG 상품지수 등이 대표적이다.
44. 스미스, 『세계 석유』 157쪽.
    2007년과 2008년 가격 상승기에 투기 비평가들에 의해 주장된 것처럼, 선물 시장에서 거래되는 배럴의 양이 석유시장보다 훨씬 더 크다는 널리 받아들여진 믿음에 주목했다. "이러한 오해는 수개월에 걸쳐 연장되는 석유 공급과 관련된 선물 계약의 양을 주어진 날의 석유 생산의 흐름과 비교할 때 발생한다. 날짜를 조정한 후, 심지어 2007년과 2008년 중 가장 바쁜 거래일에도, 주어진 달의 석유 공급에 대한 선물 계약의 양은 생산량의 일부에 불과했다." 로널드 D. 리플, "선물거래: 과잉이란 무엇인가?", 《석유와 가스 저널》, 106권 22호 (2008년), 24~32쪽, 재인용.
45. 마스터스(Masters), 증언.
46. 부르네티 외., 『투기꾼들』 3쪽; 파투 외., "투기꾼의 역할", 11~2쪽; "기원과 혁명", 82쪽 참조.

47. 버냉키, 『석유와 경제』

48. 파투 외., 『투기꾼의 역할』 5쪽, 피롱(Pirrong) 1994 재인용.

49. 해밀턴, 『원인과 결과들』 232쪽.

50. 국제통화기금, 2008년 10월, 91쪽; 파투 외., "투기꾼의 역할", 10쪽.

51. 파투 외., "투기꾼의 역할", 25~26쪽.

52. 국제통화기금, 2008년 10월, 84쪽.

53. 국제에너지기구, '중기 석유시장 보고서', 2009년, 100쪽.

54. 해밀턴, 『원인과 결과들』 23쪽.
    바우미스터, 피어스먼, 『변동성 퍼즐의 근원』 참조. "원유 시장의 변동성 퍼즐은 주로 80년대 중반 이후 매우 낮은 수준에 도달한 석유 공급과 석유 수요의 가격 반응성의 상당한 감소에 의해 주도된다. 이러한 낮은 가격 탄력성의 중요한 의미는 원유의 작은 과잉 수요나 공급이 세계 석유시장을 맑게 하기 위해 큰 폭으로 유가를 상승시킨다는 점이다."

55. 미국 상품선물거래위원회, '원유에 대한 중간 보고서', 3쪽.

56. 뱀버거, 『전략비축유』 8쪽.

57. 같은 인용, 9쪽. 1996년 회계연도에 SPR의 석유는 세 번 방출되었다. 한 번은 저장소의 폐로 비용을 지불하고, 한 번은 예산 적자를 줄이고, 한 번은 SPR과 무관한 지출을 상쇄하기 위해서였다.

58. 8장 참조.

59. 생어, "정치 혹은 정책?", 온라인 접속.

60. 뱀버거, 『전략비축유』 4쪽.

61. 국제에너지기구, "국제에너지기구의 대응 체계," 9쪽. 뱀버거, 『전략비축유』 참조.

62. 맥널리, "스페이스 마운틴 유가".

63. 뱀버거, 『전략비축유』 8쪽.

64. 에너지부, 전 전략석유비축국 사무국장 존 섀지스와의 대화.

65. 뱀버거, 『전략비축유』 11쪽.

66. 전자는 정부가 전략적인 재고 방출과 채움으로 가격을 안정시키기 위해 성공적으로 노력한다면 기업들이 어떻게 행동할지에 대한 현대적 경험이 없기 때문에 필연적으로 투기할 것이다. OPEC이 전략적 재고 방출을 상쇄하는 것에 대해서는, 역사가 거의 없다. 그리고 재고 방출에 대응하여 공급을 줄이기로 한 OPEC의 결정은 심각한 가격 하락을 제외하고 총체적으로 공급을 줄이려는 OPEC의 악명 높은 투쟁으로 인해 복잡해질 것이다. 그러나 OPEC은 2000년 9월 전략비축유 방출 발표 이후 생산을 줄였다.

67. 스미스, 『세계 석유』 156쪽.

68. 서부 텍사스산 원유 현물 거래가격, 미 에너지정보청.

69. 해밀턴, 『원인과 결과들』 8쪽.
    요점을 정확히 짚어냈다. 별도로 명시된 가격 데이터는 미 에너지정보청 사이트 'Real Prices Viewer'에서 인용.

70. 미 에너지정보청 사이트 'Real Prices Viewer'에서 인용.

71. 갤럽, "휘발유 가격," 온라인 접속.

72. 슈미클, "경고".

73. 제이콥, "대다수의 미국인이 가격 통제를 지지한다".

74. 라이트먼, 홀, "공화당 상원의원이 석유 투기꾼들과 싸우는 이유".

75. 슈미클, "경고".

76. 브로디, "국회의원이 말한다."

77. 캐나다 중앙은행은 "유가 상승에 대한 다른 설명으로는 금리와 신흥 아시아 수요 증가 등 거시경제 펀더멘털이 포함된다"고 결론내리며 상품지수의 유입이 고유가를 야기했다고 일축했다. 이 두 가지 설명 중 사실과 가장 일치하는 것으로 보이는 것은 공급 제약이 있는 상황에서 세계 실물 활동의 성장과 관련된 크고 지속적인 수요 충격이다. "알퀴스트, 저바이스 "금융 투기의 역할", iii쪽). 국제에너지기구, '중기 석유시장 보고서', 2009년, 105쪽 참조. 투기가 기초적인 것 외에 부차적인 역할을 했지만 큰 역할을 했던 보기 드문 공식 견해로 볼 때, 주브널, 페트랄라, "석유시장의 투기" 참조. 그러나 댈러스 연방준비제도이사회는 투기가 작은 역할을 했다고 결론지었다. (플란테, 유셀, "투기가 유가를 끌어 올렸는가?", 4쪽 참조)

78. 국제에너지기구, '중기 석유시장 보고서', 2009년, 96~100쪽.

79. 킹, 프리시, "에너지 감시단의 경고".

80. 파투, "석유시장의 역학관계, 41쪽, 54쪽.

81. 킹, 프리시, "에너지 감시단의 경고".

82. 민간 부문 분석가들은 OPEC 비축량은 전적으로 사우디가 지탱하고 있으며 왕국의 비축량은 국제에너지기구 추정치보다 하루 100만 배럴 이상 낮다고 믿는 경향이 있다.

83. 돔비, 블라스, "나이미가 입을 다물다."

84. 스톨버그, 무아와드, "사우디가 부시를 거부했다"; 미어스, "부시, 사우디 지지".

85. 서부 텍사스산 원유 현물 거래 가격, 미 에너지정보청(EIA).

86. "원유를 가볍게 두드리다"《데일리 해럴드》, 2008년 6월 22일, 2쪽.

87. 에벗, "사우디의 의지" 1, 5쪽.

88. 딘닉, "사우디는 생산량을 늘릴 것".

89. 에벗, "사우디의 의지" 1, 5쪽.

90. 편집장, "사우디의 수도꼭지"《워싱턴 포스트》.

91. "전월 서부 텍사스산 원유 선물 가격,《블룸버그》.

92. "미국, 모기지 대기업 통제권 장악"《워싱턴포스트》.

93. 두카(Duca), "서브프라임 모기지 사태(Subprime Mortgage Crisis)."

94. 자체 제작 표, 단기 에너지 전망(Short-Term Energy Outlook), 미 에너지정보청.

95. "원유 가격 호황과 불황의 해(Crude Oil Prices See Year of Boom and Bust)",《중동 경제 조사》.

96. 크라우스, "이제 원유는 어디로 가는가?"《뉴욕타임스》, 2009년 1월 14일.

97. 국제에너지기구, 고유가의 영향, 60쪽.

10장. 세 번째 지각 변동의 시대: (2009~현재)

1. 라타, "OPEC의 움직임".

2. 무아와드, "사우디의 인사".

3. 《OPEC 프레스》 2008년 10월 24일, 미 에너지정보청, "월간 에너지 검토 보고서" 사우디 생산량, 표 11.1a.

4. "OPEC, 생산 공세 개시", 《중동경제조사》.

5. 같은 인용.

6. 같은 인용.

7. 2차 소식통에 따르면, OPEC 월례 보고서는 이란이 2008년 9월 하루 약 3900만 배럴에서 2009년 1월 하루 약 3600만 배럴로 23만 6,000 배럴의 감소를 보였다. 《중동 경제 조사》에 따르면 이란은 1월 공급량을 2008년 9월 수준보다 일일 약 58만 9,000 배럴 낮은 3300만 배럴로 줄여야 한다. "OPEC이 속도를 높이고 있다", 《중동경제조사》

8. 월간 석유시장 보고서, OPEC, 2008년 10월, 2009, 표 14. 2차 소식통에 기반한 OPEC 원유 생산량.

9. 브렌트유 현물 거래 가격, 미 에너지정보청.

10. 이 기간 브렌트유 가격은 미국의 셰일오일 붐이 일어나면서 2015년까지 크게 해결된 물류 장벽으로 인해 서부 텍사스산 원유 기준이 세계 석유시장에서 단절된 바 있다. 이 기간 동안 시장 분석가들은 브렌트유를 세계 원유 가격에 대한 대표적인 기준으로 간주하는 경향이 있었다.

11. OPEC 석유 수입, 미 에너지정보청, 2015.

12. 과거 예비 생산 능력, 래피던 그룹.

13. 자체 제작 표, 단기 에너지 전망(단기 에너지 전망), 미 에너지정보청, 웹사이트.

14. 미 에너지정보청, "월간 에너지 검토 보고서", 2016년 3월 29일.

15. "OPEC이 붕괴를 말하다", 《중동 경제 조사》, 2011년.

16. 같은 인용.

17. 라타와 이타임, "2011년 비엔나에서 일어난 평화"

18. "쿼터제를 실시할 때마다," 《중동 경제 조사》.

19. "슈머, 사우디에 생산량 증가를 요구하다", 《폭스 뉴스》.

20. 전월 브렌트유 선물가격, 《블룸버그》.

21. "미국, 3000만 배럴 방출", 《폭스 뉴스》.

22. 이튼, 익스타인, 241쪽; 뱀버거, 『전략비축유』 법률은 또한 전략비축유 인프라 및 절차를 테스트하고 사소한 응급 상황에 대응할 수 있는 보다 제한된 방출 권한을 부여한다.

23. 전략비축유에 대한 짧고 간단한 사실과 질문들, 미 에너지부.

24. 4년 주기 에너지 검토: 2015년 에너지 전송과 저장, 유통 인프라에 대하여, S-6.

25. 카트리나의 경우 원유 공급은 괜찮았으나 대신 미국산 휘발유와 다른 정제제품에 차질이 있었다. 폭풍은 루이지애나와 미시시피의 정제 및 운송 시스템을 파괴했다. 디피글리오(디

피글리오), "석유," 55쪽). "리타와 카트리나", 《뉴욕타임스》 참조.

26. 로스코, 가드너, "오바마, 비난받다"; 브로더, 클라우스, "세계 석유 매장량".

27. "전략비축유 방출의 역사", 미 에너지부.

28. 홀, "유가 급락", 4쪽; 디피글리오, "석유", 56쪽.

29. 글릭, "국제에너지기구".

30. 같은 인용.

31. 팔리, "늘어나는 불안 속에".

32. 코야마, "국제에너지기구 석유 매장량"; "미국의 방출", 《폭스 뉴스》.

34. 레프, 외, "미국이 길을 찾다"; 쇼어, "유가 급락".

35. 미 에너지정보청, "미국의 셰일오일".

36. 골드, "호황기", 64, 83~84쪽.

37. 같은 인용, 7~8, 28~29쪽.

38. 왕. 크럽닉, "미국의 셰일가스", 11쪽.

39. 미 에너지정보청, "미국의 셰일오일".

40. 헨리 허브 천연가스의 선물 가격, 《블룸버그》.

41. 미 에너지정보청, "미국의 셰일오일".
   윌리스톤 분지의 바켄과 쓰리 포크 지형, 이글 포드, 오스틴 초크, 부다, 걸프 해안을 따라 형성된 우드바인, 퍼미안 분지의 스프래버리, 울프캠프, 본 스프링, 델라웨어, 글로리에타, 예소 등이 있지만 이에 국한되지는 않는다. 로키산맥 분지는 덴버-줄스버그 분지에서 주로 석유를 생산한다.

42. 힐야드, 석유 및 가스 산업, 119쪽

43. 힉스, "바켄 자원의 개발", 32쪽.

44. 국제에너지기구, 세계 에너지 전망, 468쪽.

45. "국제에너지기구: 미국의 셰일오일", 《중동경제조사》.

46. 국제에너지기구, '중기 석유시장 보고서', 2014년, 11쪽.

47. 국제에너지기구 2014년 '중기 석유시장 보고서' 18쪽의 도표에 따르면, 2013년과 2019년 사이에 IEA는 "평균 수입 가격"이 배럴당 약 108달러에서 92달러로 떨어질 것이라고 가정했다. 2013년 브렌트는 평균 111달러로 평균 3달러 높다. 나는 $3가 남아 있다고 가정하고, IEA 가정에 추가함으로써 브렌트유 값을 도출했다.

48. 국제에너지기구, '중기 석유시장 보고서', 2014년, 58쪽.

49. 같은 인용.

50. 국제에너지기구, '중기 석유시장 보고서', 2014년, 11쪽.

51. 마브로는 2006년 이 같은 관측을 2014년까지 연장했다. "지난 20년간 통념의 암묵적인 부분이 된 것처럼 보이는 선진국과 그 기관들은 비OPEC이 세계 석유 수요 증가의 큰 부분을 충족시키는 것이며 OPEC의 역할은 크고 작은 비상사태에 대처하는 데 필요한 비축량을 업스트림에 보관하는 것이었다." (마브로, 『소개서』 7쪽). 당시 시장 참가자들이 비축량 감소에 초점을 맞추기 시작한 2004년 무렵이었다. 저자는 이러한 통념이 2014년과 그 이전

해에 이루어진 예측에도 동일하게 적용되었다고 믿는다.

52. OPEC, 세계 석유 전망, 11Whr.

53. 영국 석유회사, "2035년 에너지 전망", 32~33쪽.

54. 맥널리, "유가 변동의 시기에 오신 걸 환영합니다"

55. 같은 인용.

56. 국제에너지기구, 석유시장 보고서, 2014년 7월과 8월. 7월 수요 증가율은 하루 140만 배럴이었으나 8월, 100백만 배럴로 떨어졌다.

57. 국제에너지기구, 석유시장 보고서, 2014년 9월.

58. 같은 인용.

59. 같은 인용.

60. 브렌트유 현물가격, 미 에너지정보청 정보.
    브렌트는 2011년에서 2015년 당시, 미국 내 셰일오일 생산 급증과 원유 수출 금지 등으로 인한 물류 제약으로 인해 서부 텍사스산 원유 가격이 침체되었기 때문에 여기서 세계 유가를 대표하는 것으로 인용하였다. 당시 서부 텍사스산 원유 가격은 브렌트유보다 5달러 낮은 수준에서 거래되고 있었으며 2014년 7월 31일 100달러 아래로 떨어졌다.

61. "중동 및 중앙아시아 지역 경제 전망", 국제통화기금; 버기스, 리스보릭, 아멘타, "EM 석유 생산국".

62. 맥콰일, "공포에 떨 필요는 없다".

63. 나사랄라, 쉴즈, "OPEC의 바드리, 목표 하향 예상".

64. 맥콰일, "OPEC의 발언은 아직 시기상조".

65. 맥콰일, "공포에 떨 필요는 없다".

66. "브렌트유 일일 유가 마감", 《블룸버그》.

67. 맥콰일, "공포에 떨 필요는 없다".

68. 브렌트유 선물 가격, 《블룸버그》. 언론 보도와 설문 조사에 따르면 OPEC이 회의에서 무엇을 할 것인지에 대한 견해가 엇갈렸지만, 이러한 가격 하락은 많은 사람들에게 놀라움을 주었음을 시사한다. 《중동경제조사》는 "대부분의 분석가들은 OPEC이 가격 하락에 대응하기 위해 하루 100만 배럴까지는 아니더라도 최소한 하루 50만 배럴의 공급을 줄이는 조치를 취할 것이라고 예측했다"고 보도했다. ("과대광고 이후", 《중동경제조사》), 그러나 《블룸버그》 조사에 따르면 58%의 전문가들이 감산은 없을 것이라 예측했었다. (나이팅게일, "바뀐 건 없다".)

69. 서부 텍사스산 원유 전달 선물 가격, 《블룸버그》.

70. 래피던 그룹은 2013년 고객에게 석유 과잉 생산 시 사우디가 생산을 줄이지 않고 유가가 급격히 하락하여 새로운 셰일 시추 속도를 늦출 것이라고 조언했다.
    머프스, "왜 가솔린은 갑자기 갤런에 3달러가 되었는가"; 골드, "원유 과잉은 끝이 보이지 않는다, 1쪽 참고.

71. 나이미, "사우디 왕가의 석유 정책" 2015년.

72. 제 친구이자 존경받는 멘토 중 한 명인 래리 골드스타인과의 대화 중 허락을 받아 인용하였다.

73. 세이무어, 카두리, "나제르 장관, 사우디아라비아 스윙프로듀서 역할 배제".

74. 버트, "OPEC의 카가카스 정상회담".

75. 타키딘, "사우디의 석유 장관이 확답하다."

76. 오스굿, "아람코, 생산능력 확대 중단".

77. 같은 인용.

78. 2015년 12월 연설에서 아민 나세르 아람코 최고경영자는 "2021년까지 현지에서 생산되는 에너지 관련 상품과 서비스의 비율을 두 배로 늘리고, 같은 기간 미국 내 에너지 상품과 서비스의 수출을 생산량의 30%로 끌어올리며, 사우디 국민을 위해 50만 개의 고임금 직간접 일자리를 창출하는 것이 목표"라고 말했다. (나제르, 기조연설).

79. 푸콘, 사이드, "사우디 석유 장관, 가격 전쟁 부인".

80. 2년 전 나이미 장관은 워싱턴에서 한 연설에서 "미국의 유전은 놀라운 진화를 목격하고 있다. 새롭게 상업화된 셰일오일 매장량은 미국의 에너지 산업을 변화시키고 있다. 좋은 소식이라 하지 않을 수 없다. 어려운 시기에 미국 경제를 지탱하고 일자리를 만드는 데 도움을 주고 있다. 나는 오늘 세계 석유시장에 대한 이러한 새로운 공급을 환영한다는 것을 이 자리에서 기록하고 싶다. 나는 이러한 추가 자원이 세계 석유시장의 깊이를 더하고 안정성을 증가시키기를 바란다. 풍부한 매장량으로 미국이 세계 에너지 시장에 훨씬 더 깊이 관여하도록 이끌 것이라고 믿는다. 사우디에게는 더할 나위 없이 좋은 소식이다."
(전략국제문제연구소, "알리 알 나이미 장관과의 대화").

81. 홀, "셰일가스 시추에 나선 사우디".

82. 플러머, "유가는 대체 어디까지 떨어질 것인가?"

83. 서부 텍사스산 원유 현물가격, 미 에너지정보청. 나는 여기서 WTI를 언급하는 이유는 셰일오일 기업의 투자 손익 가격과 더 관련이 있기 때문이다. 그러나 브렌트는 2016년까지 세계 시장 가격에 대한 더 나은 기준점으로 남아 있었다.

84. 단기 에너지 전망, 미 에너지정보청, 2014년 12월부터 2015년 2월.

85. 브렌트유 현물가격, 미 에너지정보청. 83번 참조.

86. "미국의 셰일 생산자들이 새로운 스윙프로듀서가 될 수도 있다", 세계 석유.

87. 도안, 머터프, "셰일오일, 세계의 스윙프로듀서".

88. FRAK 재래식 석유 가스 거래소 거래 펀드 주가, 《블룸버그》.

89. 크룩스, "미국 셰일 산업이 보여준 놀라운 회복력".

90. 단기 에너지 전망, 미 에너지정보청, 2014년 12월부터 2016년 3월.

91. 로자다, "수정된 미국 석유 헤지", 2015년.

92. 디크리스토퍼, 웰스, 쇼언), "석유 루트와 OPEC".

93. 도만스키 외., "석유와 부채".

94. 국제에너지기구, 석유시장 보고서, 2015년 10월.

95. 자체 제작 표, 단기 에너지 전망, 미 에너지정보청.

96. 같은 인용.

97. 브렌트유 현물가격, 미 에너지정보청. 이후부터 세계 유가 기준은 서부 텍사스산 원유로 가

정한다.

98. 스터빙턴, 캔세브, "석유와 주식의 비좁은 상관관계".

99. 도만스키 외., "석유와 부채".

100. 해링턴, "석유 신용 위기".

101. "석유와 가스의 부채 – 다음은 도덕적 해이 차례?" 『알파를 찾아서: 스프로스』 "오일 쇼크는 또 다른 금융 위기의 신호탄인가?"

102. 토치아, "사우디 나이미 장관, 생산동결은 이제 충분하다"

103. OPEC 생산국들(주로 사우디)은 2008년 또는 1998년 또는 1999년과 같은 쇼크 저점 또는 계절적 또는 시장 요인에 따라 소규모의 일시적 조정 후 긴급 삭감을 하는 것과 구조적 공급 과잉에 대응하여 실질적이고 지속적인 시장 점유율을 포기하려는 의지를 구별하는 것이 중요하다. 다른 한편으로는 우리가 시장을 관리하는 사우디나 OPEC에 대해 말할 때, 후자를 의미한다. 지배적인 예측은 사우디가 후자의 시장 관리자 역할을 할 것이라고 가정했다.
맥널리, "유가 변동의 시기에 오신 걸 환영합니다"

104. 공식 자료에 따르면 OPEC 예비 생산능력은 하루 100만 배럴 이하로 줄어들었다. 가격에 강한 영향을 미치는 많은 시장 참여자들은 공식 데이터가 부풀려진 것으로 간주하고 예비 용량이 완전히 고갈되었다고 가정한다.

105. 2016년 CERA 주간 컨퍼런스, 나이미 장관의 발언.

에필로그: 찾기 어렵지만 해결책은 있다

1. 왓킨스, 『석유: 안정이 우선인가 보존이 우선인가?』 40쪽.

2. 조, 정, "석유가 위험에 처했다".

3. "우리의 집계는 현재 270억 BOE를 포함하는 68개의 주요 프로젝트에 있다. 이는 총 프로젝트 지출로 인해 지연되는 자본 지출로 약 3800억 달러다. 유가가 계속 하락하고 자본 배분이 긴축되면서 리스트가 더 커질 것으로 기대한다"고 말했다. 《우드 맥켄지》, "2016년 프로젝트 최종 투자 결정".

4. 퍼시벌, 《우드 맥켄지》; 스미스, "최고의 글로벌 석유 프로젝트".

5. 조, 정, "석유가 위험에 처했다", 2016년.

6. 국제에너지기구, '중기 석유시장 보고서', 2016, 44쪽.
콜롬비아, 이집트, 오만 역시 급격한 감소율을 보이는 생산국.
http://www.reuters.com/article/oil-production-kemp-idUSL5N11L26U20150915 참조.

7. 국제에너지기구, 세계 에너지 전망(World Energy Outlook) 2013, 464쪽.

8. 국제에너지기구, '중기 석유시장 보고서', 2016년; 국제에너지기구, "전 세계 석유 공급 증가율 급락", 2016년 2월 언론 발표.

9. 마브로, 『소개서』 10쪽.

10. 콜건, "벌거벗은 임금님".

11. 같은 인용, 9.

12. 레이벌, 셰퍼드, 흄, "원유 50달러를 만난 OPEC".

13. 프린들(Prindle), 『석유 정책(Petroleum Politics)』 70쪽.

14. 연방무역위원회. 『국제 석유 카르텔』 5~6, 23쪽, 표 1.
    연방무역위원회의 1950년 데이터, 『국제 석유 카르텔』 25쪽, 표8, 표10.

15. 영국 석유회사 정보, 세계 에너지 통계 검토, 국제 에너지 포럼, 2014년 현재 석유 데이터 공동 이그니셔티브.

16. 국제에너지기구, 석유시장 보고서, 2016년 3월, 표 2.
    사우디의 석유 소비는 높은 냉각 요건을 충족시키기 위해 여름에 급격히 증가하는 등 계절적 패턴이 강하다. 사우디 관리들은 자국 내 소비 증가에 대해 매우 우려하고 있다. 2016년 5월 이후, 사우디 석유장관 칼리드 알 팔리 아람코 CEO는 "궁극적으로 유한한 석유와 가스의 소비 증가에 대한 우려를 아무리 강조해도 지나치지 않다"고 말했다. 만약 사우디의 석유와 가스에 대한 수요가 매년 6~7%씩 계속 증가한다면, 사우디 아람코가 가장 큰 패배자가 될 것이다"라고 말했다. 국제에너지기구 『중기 석유시장 보고서』 2021년까지의 성장 둔화의 가능성" 디파올라, 카레이, "아람코가 말했다".

17. 사우디의 국영 아람코와 프랑스의 토탈은 2014년 6월 공동 소유의 하루 40만 배럴 정유소 가동을 시작했다. 아람코는 2018년에 하루 40만 배럴의 세 번째 정제소인 자잔(Jazan)을 시운전할 계획이다.
    (사우디 아람코, "정제 및 화학제품"; 「YASREF 전망」)

18. 파투, "눈에 보이는 것 이상", 19쪽.

19. 연간 평균, 그러나 냉각을 위한 원유의 직접 연소가 연간 하루 30만 배럴에서 100만 배럴로 증가할 수 있기 때문에 계절 변동이 큰 편이다. (파투, "여름이 다시 오면" 8쪽).

20. 조지. 부시, "사우디가 석유 게임을 다시 재편하고 있다".

21. 국제에너지기구, 석유시장 보고서, 2016년 3월, 표 1.
    2015년 수치. 원유 공급은 정유와 바이오 연료를 제외하지만 천연가스 액체를 포함한다. (총 공급량 하루 9680만 배럴 - 바이오연료 230만 배럴 - 처리 이득 220만 배럴 = 9190만 배럴 x 0.05 = 4600만 배럴) 다른 문헌에서는 주로 바이오 연료와 정제소 이득에 대한 데이터 제약으로 인해 원유 생산 대신 전 세계 수요의 백분율로 예비 용량이 언급된다.

22. 필, 블라스, "사우디가 멈췄다".

23. 마디, 카레이, "사우디 왕세자".

24. 월간 석유 데이터 서비스, 국제에너지기구 데이터베이스, 저자 계산.

25. 배럴의 위험성, 래피던 그룹 전매 견적.

26. 로울러, "사우디의 예비 용량".

27. 미클트와이트 외., "사우디만이 동결할 것".

28. 월드먼, "2조 달러 프로젝트".

29. 《플랫 에너지 이코노미스트》 에디터 로스 맥크라켄의 블로그 게시물은 벤텍의 추정치를 인용하여 2015년 8월 노스다코타에서 993개의 DUC(미완결 유정)가 가동되면 6억 배럴의

원유 생산을 추가할 수 있다고 말했다. (맥크라켄, "OPEC의 큰 호의").

30. 왕, "미국의 셰일오일이 비축유를 쓸모없게 만들었나?"

31. 미 내무부, "석유와 가스 관리".

32. 로리스, "의회가 플러그를 뽑아야 하는 이유"; 데이비드, "미국의 전략비축유".

33. 골드윈, 빌링, "전략비축유 저장" 520쪽; 디피글리오, "석유," 48쪽.

34. 머프슨, "의회와 오바마가 석유 비축유를 두드리다".

35. 립스키, "경제의 지각변동".

36. 맥널리, "스페이스 마운틴 유가", 4쪽.

37. 응가이, "세계 은행의 석유 헤지 거래".

38. 소비자에게 직접 유류세를 부과하는 것에 대한 정치적 혐오가 훨씬 더 강하다. 민주당은
    1994년 광범위한 에너지세(연료의 에너지 함량 또는 영국 열단위, BTU)에 대한 지지로 인
    해 하원에 대한 통제권을 상실했다. BTU 세금은 가격을 인상하기 위해 갤런당 약 7.5센트
    를 추가했을 것이고 연간 4달러의 비용이 들 것이다. 그 경험은 하원에서 인기 없는 법안에
    투표했지만 상원 의원들이 주저하고 법안 설립자를 지켜보는 것을 보는 하원 민주당원들
    에게 너무 고통스러웠다. (하일, "언덕에서 들리는 싸움소리"; 브로더, "민주당이 분열한다";
    코헨, "가솔린 세금에 지지자가 붙고 있다.) 휘발유 가격이 오르면 많은 지도자와 선출직 공
    무원들이 감세를 고려하는 경향이 있다. 2008년 5월 휘발유 가격이 급등하고 원유 가격이
    배럴당 120달러를 기록했을 때 민주당 예비후보 힐러리 클린턴은 여름 유세에서 연방 휘
    발유세 18.4%(경유세 24.4%)를 주장했다, 이는 그녀의 주요 상대인 버락 오바마가 '정치적
    묘기'라고 부른 조치이다. (콥, "오바마: 클린턴, 맥케인, 틀렸다. 휘발유 가격이 상대적으로
    낮을 때도 2015년 여름과 가을처럼 공무원들은 유류세 인상을 꺼렸다. 2015년 의회는 고
    속도로 건설 자금을 지원하기 위해 연방 휘발유세 인상에 동의할 수 없었다.

39. 레비 외, "유가 변동성을 어떻게 대처할 것인가".

40. 국제 에너지 포럼, 공동 석유 데이터 이니셔티브.

41. 미국은 2010년부터 2015년까지 1억 6000만 배럴의 저장고를 추가했다. "미국 밖에서는
    2006년과 2016년 사이에 중국의 전략비축유 양이 2억 배럴 이상 증가했을 가능성이 있
    지만 용량 정보가 부족하다." (민간 회사 재고도 종종 혼합되기도 한다.) 국제에너지기구는
    2016년에만 2억 3,000만 배럴의 저장 용량이 추가로 구축될 것으로 예측하고 있다.
    국제에너지기구, 석유시장 보고서, 2016년 1월, 32~33쪽.

42. 마브로, 『소개서』 12쪽.

43. 마디, "사우디 아람코는 유가 반등을 보고 있다"; 세바, "원동력이 쪼개지고 난 후".

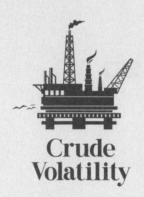

Crude
Volatility

석유의 종말은 없다

초판 1쇄 발행 2022년 12월 30일
초판 2쇄 발행 2023년 1월 20일

지은이 로버트 맥널리
옮긴이 김나연
펴낸이 김동환, 김선준

책임편집 심미정   **편집팀** 정슬기
책임마케팅 권두리   **마케팅** 이진규, 신동빈
책임홍보 이은정   **홍보** 한보라, 유채원, 권희, 유준상
디자인 김세민

펴낸곳 페이지2북스   **출판등록** 2019년 4월 25일 제 2019-000129호
주소 서울시 영등포구 여의대로 108 파크원타워1. 28층
전화 02) 2668-5855   **팩스** 070) 4170-4865
이메일 page2books@naver.com
종이 ㈜ 월드페이퍼   **인쇄·제본** 더블비

ISBN 979-11-6985-001-8 03320